Os inícios da
filosofia na Grécia

Maria Michela Sassi

Os inícios da filosofia na Grécia

tradução
Dennys Garcia Xavier

todavia

A Bruno e Nicola,
que, de formas diferentes, amam o saber

Introdução 9

Advertência 19

Agradecimentos 21

Tabela cronológica 23

Mapa 26

Os inícios da filosofia na Grécia

1. Tales: Pai da filosofia?

O "antes" dos pré-socráticos 29

Ex Oriente lux? 39

Retorno a Aristóteles 54

A sabedoria tem várias faces 65

2. Filosofia nas cosmogonias

Hesíodo: Massas cósmicas e pessoas divinas 73

Anaximandro em um mundo "sem deuses" 80

A invenção do cosmos 90

O horizonte das teogonias 94

A "teologia mista" de Ferécides 99

Uma cosmogonia no templo de Tétis? 102

Um saber novo e consciente 108

3. Provas de escrita

Uma sociedade "quente" 119

Egotismos 127

O poder da escrita 131

Anaximandro: O tratado e o mapa 143

Xenófanes, satírico e polêmico 159

Heráclito, o obscuro 166

4. Eventos da alma

A alma, o cosmos e uma laranja 183
Do respiro ao eu 186
Almas inquietas 194
Empédocles e seu *dáimon* 206
A cada um o seu (composto) 216

5. Vozes relevantes

A estranha dupla 221
Adeus à Musa 225
Jogos de poder 234
A verdade revelada no canto 238
Entre Musas e outros deuses 250
A especialização da razão 258

Quinze adendos 271

Posfácio: Dez anos depois 279
Notas 289
Referências bibliográficas 325
Índice onomástico 365

Introdução

Este livro foi concebido como uma viagem de exploração, com o intuito de reencontrar, no momento e nos lugares em que existiram, traços daqueles pensadores que costumamos denominar "pré-socráticos". O objetivo primário, entretanto, não era oferecer vários ensaios biográfico-literários, como, enfim, acabei por fazer, de personalidades fortes: Anaximandro, Heráclito, Xenófanes, Parmênides, Empédocles. Procurava, de preferência, responder a uma questão de fundo: em que medida eles contribuíram para o nascimento daquela particular forma de saber que hoje chamamos filosofia?

Não é mais possível responder a essa questão aderindo a uma representação de Tales como "primeiro filósofo", que os escritos dos antigos (Platão e Aristóteles em primeiro lugar) nos transmitiram. Há tempos sabemos (graças a um memorável estudo de Werner Jaeger) que essa representação não pode ser tratada como um dado histórico, por ser uma espécie de resposta da teorização de um ideal filosófico da vida, que somente mais tarde obteve espaço, nos ambientes da Academia e na Escola peripatética, e que se apoiou ("publicitariamente", seria possível dizer) em uma elaboração de imagens e narrativas exemplares de sábios mais antigos, tão rica quanto carente (sobretudo no caso de Tales) era a documentação efetivamente disponível.[1] Ainda mais impactantes para a reconstrução dos conteúdos do pensamento pré-socrático foram os efeitos do pontual exame que Harold Cherniss dispensou ao rico complexo de referências presentes na obra de Aristóteles, nossa mais generosa testemunha das doutrinas pré-socráticas, além de promotor, na sua escola, de um filão de literatura dedicado a recolher e sistematizar "opiniões" filosóficas, que veio a ser tão fértil ao longo de toda a Antiguidade quanto precioso hoje para nós (sabe-se que nada desses pensadores chegou até os nossos dias por meio de tradição direta, exceção feita ao Papiro de Estrasburgo, que nos presenteou faz poucos anos com dezenas de versos de um poema de Empédocles).[2] De fato, Cherniss demonstrou que Aristóteles não pretende fazer *história* das teorias precedentes (nem, de resto, deveríamos pedir isso a ele), mas sim identificar momentos específicos a ser deslocados em contextos diversos da sua reflexão, ora para valorizá-los, ora, em sentido oposto, para sublinhar sua insuficiência à luz do *próprio* aparato teórico: então, os termos e os conceitos que atribui aos pré-socráticos são, na maior parte dos casos, fruto de uma reformulação dele.[3] A partir dessa "descoberta" desencadeou-se uma rica linha de estudos que dispensou atenção ao panorama geral da historiografia antiga sobre os pré-socráticos, estabelecendo as particulares modalidades que governam a seleção e a classificação das opiniões dos filósofos (*dóxai*) nos textos da doxografia antiga, de Platão a Diógenes Laércio e aos autores cristãos.[4] Paralelamente, fortes dúvidas foram lançadas sobre a validade daquele que era (e que ainda é, a bem da verdade) o instrumento essencial de pesquisa para o estudioso do pensamento pré-socrático: a sistematização dos textos dos/sobre os *Vorsokratiker* de Hermann Diels, uma das obras mais influentes do *Altertumswissenschaft* do século XIX, fruto maduro da confiança "positivista" de poder reconstruir "o que os pré-socráticos realmente disseram", com base em uma atenta crítica filológica das fontes que os referem, ora em forma de testemunho indireto, ora em forma de citação mais ou menos literal.[5]

Pincelava esse quadro, no entanto, o longo percurso de uma abordagem antropológica à cultura grega, que muito deve, entre outros, aos estudos pioneiros de Eric R. Dodds e Francis M. Cornford.[6] Assim, na segunda metade do século XX, passaram a ocupar o centro das atenções aqueles componentes (o mito, o irracional) — que durante muito tempo ficaram às margens do quadro, cujas cores eram de um forte classicismo — de uma cultura grega presa numa imagem dourada de sereno equilíbrio e racionalidade. Nessa perspectiva, também o saber da era pré-socrática revelou zonas novas (a exposição à magia, a vitalidade do imaginário mítico, as aspirações soteriológicas) a intérpretes libertos daquela dicotomia entre razão e irracionalidade, herdada, por um lado, de Aristóteles e, por outro, da reflexão do Iluminismo, que havia dominado até então uma história da filosofia antiga entendida como história dos progressos da Razão. Aqui, penso no Pitágoras "xamã" de Walter Burkert e no Empédocles "mago" de Peter Kingsley,[7] mas também na atenção que finalmente receberam, em medida progressiva, as condições históricas, sociológicas e antropológicas do trabalho intelectual dos pré-socráticos, com a não secundária consequência de pensá-los em linha, ou em rede, com outras manifestações da vasta "empresa intelectual" da qual participam, na época que precede Platão, não apenas estudiosos da natureza, mas também médicos e matemáticos, ou ainda escritores de geografia ou de história.[8]

O panorama evidenciado pelos estudos de base histórico-comparativa é certamente muito rico, e é com certeza adequado à tendência anti-histórica que atravessa a cultura contemporânea. Devemos, no entanto, notar que boa parte dele foi construída não só *sem* o auxílio das informações registradas no texto aristotélico, mas também, com frequência, *contra* Aristóteles e as suas "falsificações" (entre as mais "dolosas" estaria a identificação da *phýsis* como objeto exclusivo da investigação filosófica, de Tales em diante): como se para nos liberarmos dos esquemas historiográficos de Aristóteles e dos autores sucessivos tivéssemos que negar todo o valor àquelas leituras, ou talvez sistematicamente invertê-las (uma nova forma de escravidão?). Assim, por exemplo, Andrea Nightingale trabalhou (não sem notáveis intuições) com base na tese de que a filosofia seria uma construção artificial produzida no século IV a.C. por Platão e Aristóteles, em concomitância com a reflexão, como mencionado, sobre a contemplação (*theoría*) como o fim último do filósofo. Boa prova dessa tese é, para a estudiosa, o fato de em seus primeiros registros, por volta do final do século V a.C., o termo *philosophía* indicar genericamente uma atividade intelectual, sem referência a uma disciplina específica: então, não se poderia dizer que os pensadores mais antigos fizessem filosofia, na medida em que não definiam especificamente a própria atividade intelectual e portavam, quando muito, o título de "sábios" (*sophói*), empenhados na performance de uma sabedoria prática e política mais do que no conhecimento da natureza.[9]

Há alguns anos, oportunamente considerando os problemas que se abrem nesse quadro interpretativo, André Laks convidou um grande número de estudiosos do mais antigo pensamento grego a direcionar a atenção para uma questão fundamental: "O que é a filosofia pré-socrática?".[10] A formulação não apenas remetia à dificuldade objetiva (e no fundo, até mesmo extrínseca) de dar uma definição unitária do pensamento assim denominado "pré-socrático", mas denunciava um problema mais complexo e intrigante: É legítimo chamar esse pensamento de "filosofia" e, por isso, afirmar que com ele tenha origem *a* filosofia? O próprio Laks, então e depois, buscou dar resposta afirmativa à pergunta com uma série de estudos caracterizados por grande consciência historiográfica e metodológica, nos quais se concentrou no aspecto da recíproca diferenciação entre os diversos âmbitos do saber do período pré-socrático, demonstrando como já antes de Platão estava em curso um processo de especialização do saber que teria levado, na Grécia, à autonomia da filosofia como disciplina.[11] Em semelhante direção deseja caminhar, seguindo uma linha argumentativa diversa, também o presente livro: ele quer oferecer, em outras palavras, uma contribuição a favor da relevância filosófica de uma parte importante da vasta e variada "empresa intelectual" que existiu na época precedente a Sócrates. É o caso de ilustrar brevemente, então, alguns pressupostos interpretativos que sustentam essa tentativa.

Em primeiro lugar, qualquer trabalho de reconstrução do pensamento pré-socrático não pode deixar de prestar contas aos dados da tradição indireta. De fato, dispomos de excelentes instrumentos (os da crítica filológica) para recolher, em meio à trama das sobreposições teóricas e dos excessos anedóticos, os elementos de informação que são, contudo, encontrados nos testemunhos, mesmo quando fortemente pessoais, como nos casos de Platão e Aristóteles, e que podem significar válida ajuda para a compreensão das ipsissima verba dos pré-socráticos (cuja preservação é mínima, e quando preservadas, nem sempre reconstituíveis com razoável grau de certeza). Passar a enxergar nas narrativas antigas o fruto não só de uma projeção retrospectiva, mas de uma reconstrução inexoravelmente forjadora, é como jogar fora o bebê junto com a água suja do banho. Eis por que, a partir do primeiro capítulo, preferi encontrar em uma interpretação "forte" do pensamento pré-socrático, como a que Aristóteles oferece no primeiro livro da *Metafísica*, diversos sinais de tensão problemática da construção, além de aspectos ainda interessantes de reflexão sobre o caráter do novo saber dos naturalistas (a partir de Tales), na sua relação com o saber sobre a natureza depositado na tradição mitológica.

Em segundo lugar, devo precisar minha afirmação, também fundada em uma substancial aceitação do percurso aristotélico, de que a filosofia começa como estudo da natureza, com a busca pela *arché*, iniciada por Tales e levada adiante por outros pensadores da Jônia. Vimos que aqueles que negam caráter filosófico à atividade intelectual dos pré-socráticos — Lloyd e Gemelli Marciano, por um lado, Nightingale, por outro — se valem do fato, enquanto tal inegável, de que uma caracterização (e, sobretudo, uma *auto*caracterização) da filosofia como atividade autônoma não acontece antes de Platão. Fácil demais seria objetar que a ausência de um nome não implica necessariamente a ausência da noção correspondente: se quisermos salvar a "filosofia" pré-socrática, deveremos estar de acordo sobre o significado desse termo, em vez de cair numa noção muito diluída de filosofia, como uma atividade qualquer de pensamento, atribuível, como tal, a todo ser humano que não seja bruto, com a consequência de fazê--la iniciar mais ou menos com o *Homo sapiens* (que, como monsieur Jourdain com a prosa, teria feito filosofia sem sabê--lo). Por isso, no segundo capítulo considerei oportuno identificar ao menos um traço essencial que permita definir como "filosófica" uma atividade intelectual, e indiquei esse traço em uma motivação *crítica* em relação aos pontos de vista tradicionais ou, em todo caso, constituídos. Essa definição deve ser entendida em sentido mínimo, isto é, não requer que a assunção de determinada posição teórica seja acompanhada de justificação explícita e abertamente polêmica em relação aos pontos de vista rejeitados. É suficiente que essa posição seja conscientemente inovadora e *de fato*: o que sem dúvida se pode dizer dos quadros do mundo que o pensamento jônico começou a construir, elaborando uma ideia de ordem cósmica que assinala, por si só, um distanciamento epocal das cosmogonias míticas.

É verdade, então, que me movimento no interior de certa *pre*concepção (ainda que mínima) da natureza da filosofia; mas é também verdade que todo processo hermenêutico é condicionado por alguma pré-compreensão (e da mesma forma, a posição dos estudiosos que afastam a priori a possibilidade de avaliar a reflexão dos pré-socráticos à luz da filosofia sucessiva): a exatidão do procedimento adotado pode encontrar, então, conforto em uma explicitação responsável pelas suas premissas. Por outro lado, busquei contornar os riscos de uma construção predeterminada. Não obstante, como o título indica, prefiro falar de uma *pluralidade* de inícios da filosofia na Grécia, sem ignorar o emergir, em outros setores e momentos do saber dos pré-socráticos, de um discurso sobre a alma ou de uma formulação de princípios do pensamento cujo significado filosófico é, pelo menos, o mesmo daquele em relação ao estudo sobre a natureza (como sua recepção na filosofia do século IV a.C. deveria confirmar, em vez de desmentir). Refutando uma abordagem teleológica, com um início e uma progressão demasiado definidos, desloquei, ademais, a documentação segundo um percurso diverso daquele normalmente seguido nas histórias da filosofia (que é exatamente um percurso progressivo, nos moldes aristotélicos e hegelianos). De fato, busquei colocar os diversos autores, com suas particulares concepções e também as discordâncias críticas de um em relação ao outro, no seu contexto específico: com isso, compreendendo não apenas as conjunturas políticas, mas o ambiente comunicativo no qual sua atividade intelectual tomou forma, antes de circular mais amplamente pelo meio escrito. Aplicando a esse objetivo os instrumentos mais específicos e atualizados da pesquisa histórica sobre a Grécia arcaica, conto com o fato de ter me distanciado tanto da tentação de exaltar o nascimento da filosofia como o resultado de um "milagre grego" (segundo a célebre fórmula de Ernest Renan) quanto daquela de harmonizá-la com outras "revoluções" intelectuais que teriam acontecido, como resposta a transformações ambientais ou políticas similares, em sociedades distantes como Israel (com os profetas), Índia (com Buda), China (com Confúcio e Lao-Tsé), Pérsia (com Zaratustra), numa longa fase de seiscentos anos (800 a.C.-200 a.C., a assim denominada "era axial", na formulação igualmente notória de Karl Jaspers).[12]

Assim, no terceiro capítulo, partindo da convicção de que as diversas modalidades da escrita são significativas de um específico modo de o autor se relacionar com o seu público, procurei compreender Anaximandro de Mileto, envolvido em discussões sobre escolhas políticas do momento; Heráclito, na sua postura de profeta diante dos seus concidadãos; ou Xenófanes, nos lugares pelos quais passou como rapsodo. No capítulo sucessivo, dedicado ao discurso sobre a alma que se vai construindo naquele período, de diversos modos implicado no discurso sobre o cosmos, Empédocles de Agrigento é personagem de um cenário itálico agitado por problemáticas relativas à imortalidade e à salvação espiritual, no qual se encontram, a pouca distância, também Pitágoras e seus primeiros discípulos ou os seguidores da religiosidade órfica. Aqui se insere também a experiência cognoscitiva de Parmênides de Eleia, que no proêmio do próprio texto evoca os conteúdos como fruto de uma revelação religiosa, de traços iniciáticos. Tanto Parmênides quanto Empédocles são autores de um poema em hexâmetros, e esse dado é fundamental para o quinto capítulo: um dado problemático mas iluminante, que nos confirma o fato de que ainda não se viam como filósofos, e sim se colocavam no interior de uma reconhecida tradição literária, a da poesia épica, para conferir autoridade a uma mensagem que, em todo caso, sabiam ser extraordinariamente *nova*.

Tentei, em suma, tratar do pensamento pré-socrático em toda a sua variedade, porque muitas são as direções que percorreu e que foram sacrificadas pela filosofia posterior, especialmente depois da delimitação aristotélica de um preciso território de competência da razão filosófica. Espero ter conseguido realizar uma história não excessivamente marcada por um olhar retrospectivo, mas, de preferência, "perspectivo", nos termos estabelecidos por Michael Frede: uma história que reconstruí buscando, na medida do possível, colocar-me, por assim dizer, na pele dos seus protagonistas, que sabiam de onde partiam e também quais novas vias queriam abrir, sem poderem, no entanto, prever os desvios, os cruzamentos e os obstáculos que outros haveriam de pôr ao longo do caminho.

Advertência

A tradução de passagens de autores antigos é minha (a não ser nos casos especificamente assinalados). Na transliteração do grego, adotou-se um critério simplificado: não é considerada a distinção entre vogais breves e longas; o acento, sempre agudo, é posto, a partir dos dissílabos, sobre a vogal tônica (então, sobre o primeiro elemento de um ditongo, e não sobre o segundo, como na escrita grega); suprimimos o iota subscrito. Os textos dos pré-socráticos são citados segundo a ordem inaugurada por Diels (1903), na edição atualizada por Walther Kranz, aqui DK; cada autor é, assim, reconhecido por um número seguido da letra A (que demarca os testemunhos indiretos) ou B (os fragmentos).

Nas remissões à literatura crítica nas quais sejam indicadas as traduções, as páginas citadas em nota se referem a estas.

Agradecimentos

A ideia deste livro está vinculada a um congresso que ocorreu em outubro de 2000 na Universidade de Lille relativo ao problema "o que é" a filosofia pré-socrática. Então, inicialmente, devo a André Laks, organizador do evento, minha gratidão e, depois, a todos os que, nos anos sucessivos, me ofereceram a ocasião de desenvolver e discutir, em lições universitárias ou conferências em congressos científicos, este ou aquele aspecto da questão que, desde então, absorveu grande parte das minhas energias. Penso, avançando por ordem temporal: em Valeria Andò e Andrea Cozzo, que me ofereceram a brilhante audiência dos seus estudantes da Universidade de Palermo; em Giuliana Scalera McClintock, da Universidade de Salerno; em Fabio Beltram, coordenador do XLI Curso de Orientação Pré-Universitária da Escola Normal Superior de Pisa, em San Miniato, ocasião em que tantas excelentes perguntas de estudantes do ensino médio sobre a relação *mýthos* e *lógos* me deram alguma esperança sobre o futuro da inteligência filosófica e da escola italiana; em Georg Rechenauer, por uma preciosa oportunidade de falar, em Regensburg, sobre a assim denominada cosmogonia de Álcman; a Attilio Stazio, diretor do Instituto de Taranto de História e Arqueologia da Magna Grécia, pelo convite para falar sobre eleatas no coração da Magna Grécia; a Glenn Most, pela oportunidade de submeter algumas ideias sobre o estilo expressivo de Heráclito à sua atenção e à dos seus estudantes da Escola Normal Superior. Quero lembrar também os estudantes da Universidade de Pisa que acompanharam dois de meus cursos universitários dedicados aos pré-socráticos, confortando-me ao longo do percurso com a sua atenção e com perguntas estimulantes.

Em momentos diversos, leram partes diferentes de uma primeira redação deste trabalho, contribuindo para o seu aperfeiçoamento em vários pontos com preciosas observações, Benedetto Bravo, Giuseppe Cambiano, Walter Cavini, Vincenzo Di Benedetto, Bruce Lincoln, Luca Mori: levei em consideração todas as observações críticas, mesmo quando não a ponto de modificar as minhas posições (pelas quais, como por eventuais erros, sou a única responsável). Agradeço ainda a David Sedley por uma breve, mas densa, troca telemática de ideias sobre Empédocles, e a outros amigos e colegas que, às vezes sem sabê-lo, ajudaram-me com várias sugestões e informações úteis para este livro: entre eles (peço desculpas se me esqueço de alguém), Riccardo Di Donato, Maria Serena Funghi, Laura Gemelli Marciano, Lorenzo Perilli, Leonid Zhmud. À generosidade intelectual de Michael Frede devo, por fim, um precioso esclarecimento epistolar sobre o que ele entendia por "história prospectiva": forte é o sentimento de não mais poder lhe perguntar se fiz bom uso dela.

Tabela cronológica

Estão incluídos nesta tabela, por um lado, um número muito selecionado de eventos da história grega contemporânea relativos a determinados desenvolvimentos culturais e, por outro, os nomes dos autores, filósofos ou poetas, historiadores ou escultores mencionados neste livro, pela sua relação mais ou menos direta com os inícios do pensamento grego. Dada a dificuldade de estabelecer as datas precisas de nascimento e morte, e por razões de simplicidade do esquema, preferiu-se fazer corresponder a cada nome uma única data (entendida sempre como a.C.), que se considera indicativa do "florescimento" (*akmé*, em grego), ou seja, o momento central da biografia e da obra, que, segundo os esquemas da cronografia antiga, situava-se em torno dos quarenta anos. Por isso, todas as datas devem ser entendidas em sentido amplamente aproximativo, sobretudo para autores como Xenófanes e Eurípedes, cuja atividade se estendeu por vários decênios.

Eventos históricos			Desenvolvimentos culturais
Primeira Olimpíada	776		
		750-725(?)	Poemas homéricos
		700	Hesíodo
		650	Arquíloco
		630	Álcman Epimênides
Leis de Drácon em Atenas	620		
Tirania de Trasíbulo em Mileto	610		
		600	Tales Safo Alceu
Arcontado de Sólon em Atenas	594		
Três períodos de governo de Pisístrato em Atenas	561-528	555	Anaximandro Ferécides Templos de Hera em Samos e de Artêmis em Éfeso
Conquista persa da Ásia Menor	545		Anaxímenes
		530	Xenófanes
Tirania de Hípias e Hiparco em Atenas	527-510	525	Pitágoras
Morte de Polícrates de Samos	523		
Guerra entre Síbaris e Crotona; revoltas antipitagóricas na Magna Grécia	510		
Reformas de Clístenes em Atenas	508		
		500	Hípaso de Metaponto Alcméon Acusilau de Argos
Revolta jônica	499		Hecateu de Mileto Heráclito
Destruição de Mileto	494		

Guerras persas	490-480		Parmênides Píndaro Ésquilo
		455	Zenão
		450	Empédocles Policleto
Era de Péricles	440-430		Anaxágoras Heródoto Sófocles Fídias Hipodamos Melisso Íon de Quio Hipócrates de Cós Protágoras Górgias
Guerra do Peloponeso	431-404		Antifonte Hípias Leucipo Eurípedes Hipócrates de Quio Diógenes de Apolônia Filolau Enópides de Quio
		427	Nascimento de Platão (m. 347)
		420	Texto contido no papiro de Derveni; lâminas áureas mais antigas
Expedição ateniense na Sicília	415-413		Demócrito Tucídides Aristófanes
Restauração da democracia em Atenas	403		
		399	Morte de Sócrates
		398	Primeira viagem de Platão à Sicília Arquitas de Tarento Filistião de Locros

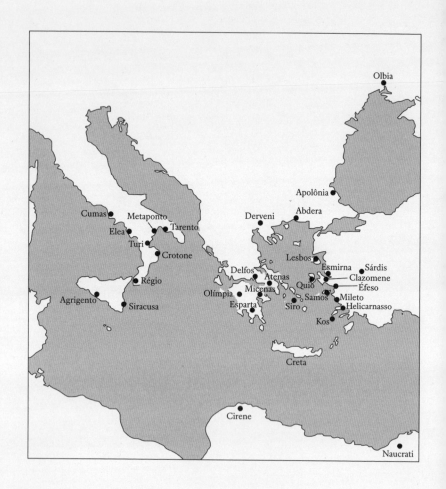

Os inícios da filosofia na Grécia

I.
Tales: Pai da filosofia?

O "antes" dos pré-socráticos

Estende-se por dois séculos (VI a.C. e V a.C.) aquela longa fase do pensamento grego que se costuma denominar "período pré-socrático". Essa denominação, muito bem-aceita pela tradição, surgiu pela primeira vez num manual de história da filosofia universal publicado no fim do século XVIII, em momento de "reestruturação da consciência histórica", que "foi também aquele de novas periodizações".[1] Ela foi inevitavelmente posta várias vezes em discussão nas últimas décadas, em consonância com uma tendência geral anti-historicista, que não deixou de se fazer sentir também no âmbito dos estudos do mundo antigo.

Com efeito, a categoria "pré-socráticos" pode soar redutiva já por si mesma, na medida em que restringe a uma realidade supostamente homogênea uma série de figuras muito diversas entre si, por intenções, interesses e escrita. Esses pensadores aparecem reunidos, antes de tudo, até mesmo pelo estado fragmentário em que nos chegaram suas obras, por meio de testemunhos ou citações de outros autores da Antiguidade. E outros motivos que reforçam o dado poderiam ser elencados. Mais útil, entretanto, pode ser, em primeira instância, refletir sobre a duradoura fortuna do termo "pré-socrático" (que de agora em diante será usado sem aspas).

É evidente que esse termo identifica Sócrates como limite final de determinada linha de desenvolvimento do pensamento grego, no interior de um quadro historiográfico em que o filósofo ateniense atua como aquele que funda a pesquisa ética e que, então, marca uma clara ruptura com uma tradição de investigação dedicada à natureza do mundo físico. Esse é um quadro eficaz que os próprios antigos buscaram delinear. O devoto discípulo Xenofonte, por exemplo, faz questão de sublinhar o desinteresse do mestre pela "natureza de todas as coisas" e, por sua vez, a nova atenção que dedica às realidades "humanas", vale dizer, à exploração de noções morais como a sabedoria e a coragem (*Memoráveis*, I, I, II-2 e 16). Sobretudo, Platão insiste no afastamento de Sócrates relativamente à perspectiva da pesquisa naturalística. Na sua *Apologia de Sócrates* (19d) representa-o, durante o processo, preocupado em se defender da acusação de ter formulado doutrinas cosmológicas perigosas. E na situação dramática ainda mais intensa do *Fédon* (96a ss.), Sócrates dedica parte da extrema conversação com os discípulos ao esclarecimento das razões da profunda insatisfação que sentia com uma pesquisa sobre a natureza (*perí phýseos historía*) como aquela desenvolvida por Anaxágoras, pela qual se sentiu, de início, atraído. De resto, de toda a primeira fase da produção platônica emerge um Sócrates pronto a tecer inumeráveis considerações sobre o problema de definir este e outros conceitos morais.

Sobre essa imagem preexistente, se insere um juízo de Aristóteles, que desemboca no potente quadro da tradição filosófica já delineado no livro I da *Metafísica*. Também aqui é construído um cenário dominado pela investigação da natureza, até quando Sócrates interveio, delimitando o problemático campo da ética e enfrentando-o com um método específico (a busca pelo universal e pelas definições: *Metafísica*, I, 987b I, analogamente *Partes dos animais*, I, I, 642a 28). Sócrates é posto, assim, como um divisor de águas entre uma primeira fase da filosofia, na qual predominava o interesse físico, e uma fase sucessiva e mais completa, caracterizada — a partir da investigação de Platão sobre as ideias — pela dialética (*Metafísica*, I, 3, 983b 7; I, 6, 987b 31). À sucessão pré-socráticos-Sócrates-Platão se sobrepõe, então, um esquema de divisão da filosofia em física, ética e dialética (que depois será aperfeiçoado, em particular pelos estoicos), e essa combinação passará pelo texto inaugural da historiografia helenística: *Vidas e doutrinas dos filósofos ilustres*, de Diógenes Laércio (I, 14; II, 16; III, 56).

Bastaria Platão para que Sócrates fosse apresentado aos pósteros como o *primus inventor* e descobridor de um mundo novo, o mais próximo ao homem, sim, mas não entrevisto por ninguém antes dele, tal como descrito por Cícero, como aquele que "foi o primeiro a tratar da filosofia sob o céu e a colocou nas cidades, e até mesmo a introduziu nas casas" (*Discussões tusculanas*, V, 4, 10). No entanto, seria necessária a potente construção da doutrina de Aristóteles, ainda que popularizada através de Diógenes Laércio, para que essa mudança da perspectiva filosófica se identificasse como uma etapa no interior de um desenho evolutivo forte, destinado a ressurgir na historiografia filosófica alemã do final do século XVIII e do início do século XIX, cujas exigências de periodização encontravam ali grande satisfação. A eficácia da categoria de filosofia pré-socrática se explica, então, com esse processo de refuncionalização do projeto aristotélico, que encontra em *Lições de história da filosofia* (1833), de Hegel, e depois em *A filosofia dos gregos* (1844 ss.), de Zeller, suas etapas mais ilustres e decisivas.[2] E sua recente decadência, a bem da verdade, deve ser sobremaneira relativizada.

Sim, é verdade que a identificação de Sócrates como o *pós* dos pré-socráticos encontrou crescentes objeções. Por exemplo: elementos de interesse ético e antropológico em sentido amplo talvez já não aflorassem antes de Sócrates (tome-se a preocupação com a alma que marca a tradição órfica e pitagórica, Heráclito, Empédocles)? Alguns dos que chamamos pré-socráticos (como Demócrito) não são talvez contemporâneos de Sócrates?

Onde se situam os sofistas?[3] Entretanto, como se vê, trata-se de interrogações relativamente simples, com as quais se demarcam limites muito bem definidos. De fato, a maior parte dos estudiosos pode continuar a usar por comodidade, com reserva mais ou menos declarada, a classificação corrente, enquanto outros abordam o problema falando em pensadores "pré-platônicos" (e deixam Sócrates, no entanto, em completo isolamento). Em sua totalidade, em suma, o *pós* dos pré-socráticos parece pôr um problema definitório preliminar, de escassa influência sobre a avaliação de autores e contextos específicos. No entanto, a respeito do *antes* dos pré-socráticos, podemos dizer o mesmo?

Célebre é também a fórmula que diz ser Tales o "pai da filosofia": e também esta, é o caso de recordar, depende de uma imagem projetada no mundo antigo. A atividade de Tales — o primeiro pensador ao qual foram atribuídas doutrinas sobre a natureza e demonstrações geométricas embrionárias, além de interesses astronômicos e meteorológicos (são atestadas as suas opiniões sobre problemas que se tornarão tópicos, como as causas dos terremotos ou das cheias do Nilo) — localiza-se em Mileto, entre a segunda metade do século VII a.C. e as primeiras décadas do século VI a.C. (teria, entre outras coisas, previsto um famoso eclipse em 585 a.C.: notícia que, em todo caso, deve ser avaliada com cautela). A atividade comercial de Mileto, cidade portuária situada na costa da Jônia e agitadíssima ponte entre o Oriente e o Ocidente, é, naquele momento, particularmente próspera e intensa, como testemunha a significativa fundação de colônias em todo o Mediterrâneo e na costa do mar Negro. Não por acaso Mileto será, no século VI a.C., também a pátria de Anaximandro e Anaxímenes (que, com Tales, formam a renomada tríade dos "cientistas jônicos"), além de Hecateu de Mileto, autor da primeira obra grega de geografia (uma *Periegese*) e de um escrito mitográfico

(*Genealogias*), no qual as narrativas míticas são submetidas a uma crítica racionalista sistemática, a fim de encontrar ali o núcleo histórico que subjaz aos exageros fantásticos e às contraditórias elaborações da lenda. De um lado, os contatos com diversas culturas (tanto as orientais quanto as das terras colonizadas), de outro, as exigências da navegação incitam a elaboração de novos conhecimentos, úteis à compreensão dos fenômenos atmosféricos, à exploração de novos territórios, à reflexão sobre a tradição grega do saber.

A partir da era helenística, são atribuídos a Tales (já com alguma margem para dúvidas) vários escritos, entre os quais um poema intitulado "Astronomia para navegantes". Contudo, é mais provável que ele não tenha deixado nenhuma obra escrita: os autores mais antigos que se referem à sua doutrina, como Heródoto ou Aristóteles, parecem depender de uma tradição oral. Não surpreende que os contornos da sua figura cedo tenham sido envolvidos em uma aura lendária, marcada pelo fascínio do arquétipo.[4] O nome de Tales surge em uma célebre digressão do *Teeteto* de Platão (164a-b) como o filósofo que, distraído pela observação dos astros, cai em um poço, suscitando o desprezo da serva trácia: memorável prefiguração, no ambiente dramático daquele diálogo, do triste fim que a cidade de Atenas está preparando para Sócrates, e depois famosa metáfora do insucesso destinado à teoria no "mundo da vida".[5] Ainda sobre a figura exemplar de Tales, Aristóteles promove uma tentativa de reabilitação da filosofia em plano prático, narrando que uma vez prevendo com larga antecipação, graças aos seus conhecimentos astronômicos, uma abundante colheita de azeitonas, Tales teria adquirido a baixo preço todas as prensas da região, para depois revendê-las no momento justo: não tanto para obter um grande lucro, mas para refutar alguns que, denunciando seu materialmente limitado estilo de vida, haviam acusado a filosofia de inutilidade no plano prático (*Política*, I, 11, 1259a 7-22). É evidente que, tanto para Platão quanto para Aristóteles, Tales é "bom para pensar": isto é, vale como figura originária sobre a qual se pode projetar, de diversas formas, uma reflexão sobre o ideal filosófico da vida tal como desenvolvido mais tarde, entre a Academia platônica e o Perípato.[6] Note-se, no entanto, que ambas as representações referem competências de tipo meteorológico e astronômico: nem Platão nem Aristóteles, em outras palavras, duvidam que o "primeiro filósofo" concentrasse o próprio olhar sobre o mundo natural.

É ainda Aristóteles, no primeiro livro da *Metafísica*, a fazer de tal interesse a marca de uma transformação epocal. Para tanto, Tales é posto em uma posição tão definida quanto a de Sócrates, e a ela simétrica. Aliás, por ter identificado a água como o princípio de todas as coisas, ele é considerado o "iniciador" daquela investigação sobre a causa material com a qual começa o estudo da natureza e, com isso, a própria filosofia, que depois se desenvolve — em perspectiva aristotélica — como conhecimento das causas primeiras de *todas* as coisas (*Metafísica*, I, 3, 983b 20).[7]

Também esse movimento de Aristóteles se revelou crucial. Certo que cedo ele foi contrastado com uma tendência, de marca oposta, que buscou o início da filosofia no mundo oriental. Já Heródoto e Platão haviam manifestado admiração pelo arcabouço de conhecimentos desenvolvidos pela civilização egípcia até mesmo antes que os gregos surgissem no horizonte. Platão sabe algo de Zaratustra (*Alcibíades*, I, 122a) e o próprio Aristóteles menciona com interesse as concepções dualísticas dos magos persas (*Sobre a filosofia*, fr. 6 Ross; *Metafísica*, XIV, 4, 1091b 10). Todavia, são numerosos os autores gregos que, sobretudo a partir do século IV a.C., declaram a prioridade filosófica de persas ou caldeus, dos "gimnosofistas" indianos ou dos druidas. Contra essa posição, Diógenes

Laércio polemizará vigorosamente no proêmio das *Vidas e doutrinas dos filósofos ilustres*: obra inspirada, segundo uma hipótese bem construída, exatamente pela preocupação de reclamar o caráter grego da filosofia em função anticristã.[8] A reivindicação de uma filosofia bárbara anterior à grega, renascida e recomposta no interior da nova filosofia cristã, terminará, todavia, por prevalecer (sobretudo graças à influência dos *Stromata* de Clemente de Alexandria, século III d.C.) e atravessará vitoriosamente a historiografia filosófica moderna até Brucker, antes da inversão de rota provocada por aquele "renascimento" do paradigma historiográfico aristotélico, ao qual já me referi, por volta do século XIX. Também aqui se cumpriu uma triangulação Aristóteles-Hegel-Zeller, que sancionou a expulsão do Oriente da história da filosofia e devolveu Tales à sua posição de iniciador. A operação, como sabemos, foi um enorme sucesso: até não muito tempo atrás, a maior parte dos manuais escolásticos de história da filosofia se inspiravam inevitavelmente, e não problematicamente, em terras gregas e em Tales.

De um tempo para cá, todavia, também esse esquema enfrentou uma crescente série de objeções. Na Itália, é representativa desse ponto de vista a obra de Giorgio Colli, *La sapienza greca*, inspirada no intento de reescrever a clássica edição dos fragmentos dos pré-socráticos de Hermann Diels (*Die Fragmente der Vorsokratiker*, 1903, ponto de referência dos estudos dedicados a essa área, na edição revista por Walther Kranz). Por causa da morte do autor, o projeto, que previa onze volumes, teve fim no terceiro, dedicado a Heráclito, mas suas linhas gerais surgem com clareza no complexo da obra, mesmo porque ancoradas em reflexões que Colli desenvolveu alhures. Claríssima, antes de tudo, era a intenção de dedicar o primeiro volume ao saber religioso, anterior ao pensamento pré-socrático, enquanto no segundo seguia-se os jônios — ademais precedidos (como, de resto, na edição de Diels-Kranz) pelas figuras sapienciais de Epimênides e Ferécides. Tratava-se de uma proposta, de declarada matriz nietzschiana, de reestruturação global da abordagem à filosofia antiga: a fonte desta (ou ainda da "sabedoria", diversa de uma "filosofia" entendida como expressão de racionalismo decadente, e inaugurada como tal por Sócrates e Platão) era individuada no estado cognoscitivo produzido pela experiência extática, em um quadro de culto dominado por Apolo e Dioniso. Essa hipótese vinha, em verdade, desenvolvida à custa de inumeráveis arranjos, mas (talvez por isso mesmo) tinha o mérito de deslocar para o primeiro plano um problema central, de natureza hermenêutica: a inseparabilidade da questão do *início* da filosofia e da *natureza* da própria filosofia.[9]

A identificação de determinado momento de início da filosofia tende, de fato, a vincular-se a uma específica opção relativa a objetos, modalidades e finalidades dela. Estaremos tão mais dispostos a aceitar a indicação aristotélica sobre Tales quanto mais estivermos convencidos de que a atividade filosófica tenha a ver com uma curiosidade positiva do mundo exterior. Assim ocorreu, por exemplo, naquelas sistematizações de matriz positivista, também de autores dotados de grande penetração histórica (como Burnet e Gomperz), em que a história do pensamento grego arcaico se faz história de aquisições possivelmente precursoras da ciência moderna. Ao contrário, estaremos mais dispostos a refutar aquela mesma indicação se tendermos a identificar a filosofia com a conquista sapiencial das fontes do ser (como fez Colli da forma mais evidente: mas não foi e não é o único).

Um problema como esse tratado aqui exige, a nosso ver, respostas mais articuladas. No entanto, queremos, como primeiro movimento, reformulá-lo em termos mais nítidos: podemos nos perguntar se a filosofia nasceu como exercício autônomo da razão crítica, dedicada em certa medida a criar espaço no panorama dominado pelo saber religioso e mítico, ou se esse mesmo saber foi para ela a fonte mais propulsora e íntima. Ou ainda, em outras palavras (gregas): a filosofia nasce como *lógos* que irrompe e toma o monopólio do *mýthos* ou é, também ela, *mýthos*?

Muito está em jogo: e não se pode evitá-lo com algum fácil *escamotage* terminológico, como aquele de que nos valemos quando falamos de pensadores "pré-platônicos" para romper com o obstáculo de Sócrates. Aqui, devemos avançar, para o alto, a fim de compreender a base de crenças sobre o cosmos e a sua origem, assim como Tales pode ter feito. Não podemos ignorar o fato de que uma valorização da água como princípio da realidade natural seja feita já no mais antigo texto da literatura grega, aquele homérico, no qual Oceano (Okeanós) é denominado "origem dos deuses" e "de todas as coisas": é fonte de todas as águas, doces e salgadas, e é, além disso, representado como um rio que circunda a Terra (vista como plana). E Hesíodo, na *Teogonia*, precisa que da união de Oceano e Tétis, ambos filhos de Céu (Ouranós) e Terra (Gaia), nasça numerosa prole aquosa: 3 mil Oceânides (que, espalhadas por toda a terra, vigiam todos os seus limites e os abismos do mar) e tantos outros rios.[10] Nosso olhar, porém, pode retroceder ainda mais, dada a possibilidade de que essas representações derivem, por sua vez, de crenças não gregas. A água, de fato, assume papel de princípio cosmogônico no quadro das grandes civilizações fluviais do Egito e da Mesopotâmia. Numerosos textos egípcios fazem referência a uma massa aquosa originária (denominada Num no *Livro dos mortos*, por volta de 2000 a.C.) da qual o mundo emerge: e a potência fertilizante do princípio originário era comumente reconhecida nas cheias anuais do Nilo. No que diz respeito à Mesopotâmia, Apsû designa, na mitologia suméria e acadiana, o reino da água cósmica: o *Enuma elish*, o mais célebre poema mesopotâmico "da criação", escrito por volta do final do segundo milênio a.C. (o título, que corresponde às palavras iniciais do texto, significa "quando no alto"), postula uma mistura primordial das águas (Apsû, macho, e Tiamat, fêmea), da qual tiveram origem vários deuses do céu e da terra, que são a linhagem de Marduk, e Apsû permanece como a região cósmica que subjaz à terra no quadro do mundo presente.[11] Tales, que também afirmou que a terra flutua sobre a água, podia ter conhecido algumas dessas concepções. Não faltam notícias antigas das suas viagens pelo Egito. Elas são típicas, é verdade, de uma tradição biográfica que faz da viagem em terra egípcia, de venerável e admirável sabedoria, quase uma obrigação para tantos entre os primeiros sábios. Vale recordar ainda que exatamente a mercadores de Mileto, além de Quio e de Samos, deve-se a fundação, no Egito, do porto comercial de Náucrates (por volta de 620 a.C.), propiciada pelo faraó Psamético I para facilitar as trocas com o mundo jônico: não se exclui que, aqui ou alhures, com mercadorias e recursos humanos da Grécia (pensemos nos mercenários da Jônia e da Caria, recrutados pelo próprio Psamético), chegassem também viajantes curiosos, como pode ter sido Tales.[12] Em todo caso, é provável que a posição de Mileto relativamente às rotas comerciais tenha favorecido, por meio do continente médio-oriental e através do Mediterrâneo, o conhecimento do patrimônio de outras culturas.

Em conclusão, as coisas se complicam quando tentamos ir para além de Tales — em outras palavras, quando nos perguntamos de quem é "filho" esse controverso "pai" da filosofia —, porque isso nos obriga a entrar no árduo terreno do saber tradicional, conservado no mito: em particular nos mitos cosmogônicos, que lançarão suas ramificações para além da fase das cosmologias jônicas, aprofundando suas raízes muito atrás no tempo, o suficiente para que se deva buscá-las *alhures*, quer se trate do Egito ou do Oriente Próximo. A pergunta sobre o *quando* da filosofia se entrecruza com aquela sobre o *onde*, e a exploração do conteúdo filosófico do mito enfraquece o paradigma da origem grega da razão filosófica.

Ex Oriente lux?

Ao tocar no problema do status cognoscitivo do mito, não podemos prescindir de uma história dos estudos que se põe entre as mais ricas e acidentadas: dela devemos recordar pelo menos alguns momentos essenciais, antes de adentrar na essência do nosso discurso.[13] A reflexão dos antigos, como se sabe, havia manifestado uma evidente desvalorização do repertório mitológico clássico, como mistura de ficções e erros, que avançou até o século XVIII, encontrando terreno mais do que nunca fértil no racionalismo iluminista. Já no clima pré-romântico das últimas décadas do século XVIII, filósofos como Herder e classicistas inovadores como Christian Gottlob Heyne iniciaram um processo de reabilitação do conteúdo intelectual do mito que veio alcançar nossos dias, com alternância de ritmo, pausas e resistências. Outro passo decisivo foi realizado, na segunda metade do século sucessivo, pelo filólogo e historiador das religiões Hermann Usener, cuja lição foi retomada não só no âmbito da *Altertumswissenschaft*, por um Rohde ou por um Diels, mas também — fora desse âmbito — por Warburg e por Cassirer. Desde então, o desenvolvimento de uma história das religiões atenta à comparação antropológica e, por outro lado, a atenção às modalidades de expressão simbólica impuseram sempre mais duros golpes à barreira entre mito e filosofia. Não se pode esquecer o papel de Nietzsche na recuperação da força de verdade e vitalidade do mito, que joga contra a rigidez e o falso otimismo da racionalidade científica, simbolizada, aos seus olhos, por Sócrates (além disso, nessa mesma perspectiva crítica, Nietzsche foi levado à descoberta, também influente, da peculiaridade do pensamento pré-socrático, valorizado em termos de autenticidade primigênia).

Não faltaram estratégias contrárias, parcialmente exitosas, que propuseram a ideia de um desenvolvimento teleológico da imaginação mítica ao pensamento lógico. Recorde-se a repercussão de um livro de Wilhelm Nestle, *Vom Mythos zum Logos* (1940), cujo título rotulou por muito tempo a cultura grega como aquela que operou, desde a idade arcaica, a passagem triunfal "do mito à razão".[14] Em geral, todavia, os estudiosos mais atentos a essa problemática mostraram-se sempre menos dispostos a falar em termos de nítida polaridade entre *mýthos* e *lógos*, e, paralelamente, demonstraram estar progressivamente mais interessados nas relações entre Ocidente e Oriente. Ao mesmo tempo, o problema dos inícios da filosofia repousava no centro das atenções, mas — perdido o segundo ponto de referência mito/razão — de forma cada vez mais complicada. Veremos agora como, analisando dois casos exemplares.

Na primeira metade do século passado, o "início da sabedoria" foi assumido como objeto fundamental de reflexão por Francis MacDonald Cornford. Ele foi certa vez definido como "um homem imaginativo que tem o raro poder de desafiar a mente dos seus leitores".[15] Com efeito, há mais de meio século da publicação do seu *Principium sapientiae*, o livro conserva intacto seu poder de persuasão, fruto de uma perfeita síntese de capacidade intuitiva, lucidez da argumentação, eficácia da escrita.[16] Estudioso sagaz e sensível da religião e da filosofia gregas, Cornford formou-se sob a influência apaixonada de Jane Harrison, e seus primeiros trabalhos dependem fortemente da abordagem antropológica à cultura antiga (com atenção voltada para o ritual e para as manifestações do primitivo), que é marca característica do grupo dos assim denominados ritualistas de Cambridge (entre os quais está também Gilbert Murray, que, no entanto, estava em Oxford).

A influência de Harrison, que para alguns foi a alma do grupo, não impediu que a autonomia intelectual dos seus componentes emergisse livremente.[17] De fato, depois de mais de uma década de trabalho comum, no início da Primeira Guerra Mundial, as várias estradas se abriram e Cornford, em particular, cultivou sempre mais intensamente aquele *penchant* filosófico que sempre lhe foi peculiar.[18]

Exatamente o problema do início da filosofia despertou cedo o interesse de Cornford. É de 1907 o seu *Thucydides mythistoricus*, um livro que descobre em Tucídides uma visão trágica da natureza humana, de traços de Ésquilo, por meio do qual convida a ler a obra daquele autor como verdadeira e própria tragédia, a tragédia de Atenas. Trata-se, ademais, de uma tese ainda hoje estimulante para o estudo de Tucídides,[19] mas a nós importa notar como a ela segue-se uma reflexão de ordem mais geral, condensada no seguinte passo:

> A qualquer tempo a interpretação comum do mundo das coisas é controlada por alguma combinação de pressupostos insuspeitos, que não são colocados em discussão; e a mente de quem quer que seja, mesmo de quem possa se sentir pouco de acordo com os seus contemporâneos, distante de constituir um compartimento isolado, é de preferência semelhante a uma mina naquele meio contínuo que é a atmosfera, que o envolve, com o lugar e com o tempo no qual vive.[20]

O pensamento de cada indivíduo é, então, condicionado, inconscientemente, por pressupostos tácitos que estão inseridos na mentalidade do mundo no qual vive. Assim como Dante não imaginava que seu projeto de redenção fosse considerado improvável em um quadro astronômico não mais geocêntrico, como Cornford — ele mesmo o nota — não sabia dizer até que ponto sua visão do mundo e a dos contemporâneos era "marcada" pela biologia darwiniana, os historiadores gregos, entre os quais Tucídides, não podem ser compreendidos sem que se tenha presente a produção poética. E aqui, para todos, e também para os filósofos, é preciso ter presente aquele "estágio mitológico do pensamento", aquele "fundo cintilante de caos" do qual emergiu, em aparente exterior harmonia de beleza, o intelecto grego. Esse fundo mitológico é, entretanto, normalmente esquecido nos estudos sobre o mundo clássico. Em particular, "a história da filosofia é escrita como se Tales tivesse subitamente baixado do céu e, tocando a terra, tivesse exclamado: 'Tudo é composto de água!'".[21]

Em trabalho publicado poucos anos depois, *From Religion to Philosophy*, Cornford harmoniza a noção de representação coletiva (elaborada sob o influxo de Durkheim e Mauss) com a exigência de estabelecer uma continuidade entre tradição mítico-religiosa e pré-socráticos: o que lhe permite, entre outras coisas, fazer derivar de uma antiga tendência "totêmica" uma antecipação dos modelos cosmológicos sucessivos, baseados na doutrina dos elementos. O trabalho da filosofia, no interior desse quadro, é apresentado como uma simples clarificação de temas já inseridos na consciência coletiva de uma sociedade de tipo tribal, que não encontra mais satisfação no plano do ritual: mesmo o conceito de natureza ou *phýsis*, um dos pontos de força da reflexão pré-socrática, é reconduzido (com operação que foi sobremaneira criticada) à noção de *mana* do grupo tribal.[22]

A bem da verdade, Cornford depois abandonou essa direção de pesquisa tão fascinante quanto marcada — temos que admitir — por um alto grau de especulação. Analogamente deixou em suspenso a referência à teoria junguiana do inconsciente coletivo — que havia intervindo em certa medida — em favor da noção dos "pressupostos implícitos",[23] e preferiu buscar no interior do próprio terreno problemático uma confirmação das próprias intuições. E ei-lo, em uma aula inaugural de 1931, re-propondo a convicção de que a discussão filosófica é orientada por "pressupostos que raramente, ou nunca, são explicitados" (porque compartilhados por todos os homens de determinada cultura e, então, dados por evidentes), dizendo que a abordagem da ciência antiga ao problema do movimento é orientada, exatamente, por máximas de antiquíssimo saber popular (do tipo "o semelhante influencia o semelhante"), mais do que pela observação da natureza.[24] Os esquemas de pensamento dos filósofos antigos, projetados no arcabouço de um saber pré-filosófico, inserem-se, por isso, no interior de um dogmatismo que prejudica a descoberta das leis científicas do movimento e do devir. A relação da tradição grega do pensamento com uma tradição precedente, intuída mais de vinte anos antes, encontra uma primeira exemplificação em um quadro de amplas dimensões. Desmedido é também o quadro que se abre no último grande livro, que declara no título seu problema central: *Principium sapientiae*.

Na primeira parte da obra, Cornford distingue e contrapõe duas tendências dominantes no interior da mais antiga filosofia grega: de um lado, o estudo da natureza, iniciado pelos jônios; de outro, a configuração de um nível de verdade que subjaz aos fenômenos, proposta por filósofos como Pitágoras, Parmênides, Empédocles (e Platão, herdeiro deles nesse sentido), que escolhem para sua mensagem tons proféticos e inspirados. Note-se que Cornford acompanha a insistência nessa preciosa vertente "inspirada" com a asserção, cheia de fascínio, de que nessa vertente se encontram elementos antiquíssimos de tradição xamanista. Essa operação faz emergir uma ideia de filosofia como sabedoria religiosa (não por acaso o título do livro é retomado pelo famoso verso dos Provérbios bíblicos: "*Timor domini principium sapientiae*"). Deixando por ora o problema dos aspectos sapienciais do pensamento pré-socrático,[25] detenhamo-nos um momento na segunda parte do trabalho, dedicada à "Cosmologia filosófica e as suas origens no mito e no ritual". Resta imediatamente claro que Cornford, com um argumento que não é novo, quer desvalorizar o eventual caráter de novidade das cosmologias dos jônios:

> Se renunciarmos à ideia de que a filosofia ou ciência seja uma Atenas nascida sem mãe, uma disciplina completamente nova, que irrompe de não se sabe onde em uma cultura dominada, até aquele ponto, por discursos poéticos ou místicos sobre os deuses, veremos que o processo de racionalização estava em curso havia tempos, antes do nascimento de Tales.[26]

Nas páginas sucessivas, com tenacidade e coerência, Cornford realiza o propósito, declarado, de examinar as doutrinas dos jônios, distinguindo os elementos derivados de observações da natureza daqueles herdados pela tradição.[27] Em particular, ele se dedica a Anaximandro, cuja abordagem parece mais complexa do que a de Tales (sobre esta, contudo, estamos mais bem informados), e a reinterpreta à luz de uma constelação de imagens e problemas que considera terem sido preventivamente elaborados, em um plano mitopoético, no quadro da tradição religiosa. Logo desceremos aos detalhes, mas é o caso de recordar aqui que para Anaximandro o nascimento e a formação do cosmos ocorreram mediante diferenciações relativas a um estado originário ao qual chama *ápeiron* (isto é, "ilimitado" ou "indefinido", tanto quantitativa quanto qualitativamente). Esse dado induz Cornford a propor uma rede de analogias, não propriamente absurdas, entre a concepção de Anaximandro e uma variedade de narrativas cosmogônicas registradas não apenas na cultura grega anterior ao próprio Anaximandro, mas também no Oriente Próximo antigo, na Índia, na China ou nas culturas tradicionais da

Oceania. Cornford observa com perspicácia que, em todas essas narrativas, a criação é representada como um ato de *separação* concernente a um estado originário de *indiferenciação*.

Note-se, então, de início, a cosmogonia registrada na *Teogonia* de Hesíodo (vv. 116 ss.), cuja primeira etapa é a separação de Céu (Ouranós) e Terra (Gaia). Segundo Cornford, esse ato de separação encontra uma dúplice representação na sanguinária história que se desvela sem solução de continuidade relativa à cosmogonia. Trata-se do notório episódio de Cronos, que se rebela contra o seu pai Urano (o qual, por temor dos filhos concebidos por Terra, os mantém presos no interior da genitora) e arranca-lhe o membro com uma foice construída pela própria Terra, tomada pela ira (vv. 176 ss.; depois, como se sabe, a história se repete: Cronos devorará os filhos gerados por Reia, até que seja deposto pelo último deles, Zeus — v. 453 ss.). Cornford entrevê o precedente direto dessa narrativa na epopeia babilônica *Enuma elish*, em que o deus criador Marduk, depois de ter assassinado Tiamat, divindade primordial da água, "divide-o em dois como a um peixe", concebendo a abóbada celeste com sua metade superior. Mesmo a antiga mitologia egípcia refere uma disjunção de Terra (o deus Geb, que flutua sobre águas abissais) e Céu (a deusa Nut), por obra do deus do ar Shu. E ainda, de forma semelhante, no início do Gênesis, antes de criar a luz, o deus hebraico se movimenta sobre um todo indistinto de água, que depois dividirá entre águas que estão acima e as que estão abaixo do firmamento. Também em uma narrativa maori, que é a versão mais célebre entre os mitos polinésios de criação, Cornford encontra um mecanismo de separação de céu (Rangi) e terra (Papa), as duas entidades das quais os deuses, os homens e todas as coisas se originam.

O material comparativo recolhido por Cornford é impressionante pela evidência e pela quantidade. É também notável que, pouco depois da sua morte, tenha se somado àqueles paralelos o poema hitita de Kumarbi (publicado em 1943). Esse texto, que precede Hesíodo em meio milênio, apresenta, como nesse autor, uma história de violentas usurpações que permeia uma sucessão cósmica de desordem e de ordem. Alalu, primeiro deus do céu, é deposto no nono ano de reinado por Anu, que, por sua vez, é deposto — depois de nove anos — por Kumarbi, que o emascula. Recordar-se-á que Urano recebe de Cronos tratamento análogo; Kumarbi, no entanto, morde e engole a genitália de Anu, concebendo filhos, entre os quais um deus da tempestade, que por sua vez o destronará, como o grego Cronos o é por Zeus. A hipótese segundo a qual a *Teogonia* de Hesíodo apresenta adaptação do mito babilônico, talvez poupado dos detalhes mais cruentos, encontrou brilhante reforço, fornecido pela prova de uma mediação hitita.[28] De modo geral, como veremos mais adiante, depois de Cornford não se pode prescindir da consciência dos débitos da cultura grega com relação ao Oriente. Desse quadro, no entanto, Cornford aduzia um juízo sobre cosmogonias jônicas não facilmente compartilhável: elas seriam vistas, sob nova luz, como o resultado de uma purificação do imaginário mítico, progressivamente enfraquecido durante um longo processo de racionalização que encontra em Anaximandro um ponto extremo, mas que já havia sido iniciado muito tempo antes dele. Por isso a cosmogonia de Anaximandro não seria nada mais que uma "livre construção do intelecto que pensa a partir da observação direta do mundo existente".[29]

Cornford, todavia, não se detém aqui, e dedica algumas páginas a um confronto cuidadoso entre a *Teogonia* de Hesíodo, reinterpretada como um hino a Zeus, soberano dos outros deuses, e a epopeia babilônica *Enuma elish*, hino à vitória de Marduk sobre Tiamat, potência cósmica da desordem, e à sua obra de restabelecimento de uma ordem que é, a um só tempo, natural e política. Para o estudioso, é importante recordar que o texto do *Enuma elish* estava ligado a uma cerimônia bem determinada. De fato, ele era recitado normalmente (é provável que desde o fim do segundo milênio a.C.) na festa do Ano-Novo babilônico, e então no contexto de um ritual de celebração da regularidade das estações, e também — em um quadro de osmose entre a ordem natural e a política — de soberania: o mito de criação deve, assim, ser lido, como qualquer outro mito, como a versão narrativa de um ritual. Cornford aplica aqui o que para os ritualistas de Cambridge era uma espécie de axioma — como é notório, muito discutido[30] — e acrescenta que, ainda que a ponte com o rito se perca — porque o mito é transportado para um terreno cultural diverso —, seu significado originário continua a ser sentido "obscuramente", e sobrevive: mas sobrevive à custa de um processo de racionalização que é substituído por uma reflexão sobre a natureza, por não ser senão um aglomerado de imagens herdadas.[31] É em Hesíodo que o mito de Marduk ressurge em uma veste, afinal, prosaica, não mais autenticamente mítica, que apenas uma operação muito sutil separa "daqueles antigos sistemas gregos que os historiadores tratam ainda de modo inocente como construções puramente racionais".[32] As linhas da narrativa de criação, em última análise, não dependem da observação dos fenômenos naturais (apenas um "lunático sob influência do haxixe" poderia chegar, a partir da simples visão do céu estrelado e da terra sob os seus pés, à estranha teoria de que derivem da laceração em dois de uma monstruosa divindade!).[33] Elas, na verdade, foram traçadas no contexto de antiquíssimos rituais.

O fator fundamental, e também o início mais apropriado para a pesquisa, é *o que se faz*. Em vez de delinear um hipotético bando de selvagens sentados ao redor do fogo, em tempo e lugar não determinados, especulando sobre a origem do mundo, podemos assumir como ponto de partida uma série de rituais que sabemos terem se desenvolvido nas cidades mesopotâmicas, no período ao qual remetem os documentos mais antigos de que dispomos. Rituais já extremamente elaborados, provavelmente preparados por um longo período pré-histórico de desenvolvimento por meio de estágios sociais mais simples, que remontam até a idade paleolítica, terminando, ninguém sabe quando ou onde, em algo que poderíamos denominar "primitivo".[34]

No âmbito dos estudos sobre o mundo antigo, a perspectiva comparativa de Cornford indicou uma abertura na direção anticlassicista que se tornou irrenunciável: impossível negar que a cultura grega, exatamente a propósito daquele pensamento racional, que é uma das suas mais aclamadas conquistas, seja devedora do pensamento mítico e das culturas orientais. É, no entanto, também inegável que uma investigação que aponte acriticamente para as semelhanças, mais do que para as diferenças, termine por fazer desaparecer os caracteres distintivos de uma ou de outra cultura. Em relação aos gregos, é oportuno questionar como *transformaram* as influências orientais, articulando-as em constelações de pensamento nas quais os elementos derivados possam ter assumido novo significado. Tomemos, exatamente, o caso de Marduk e do Zeus de Hesíodo, ambos eleitos líderes dos outros deuses e autores de uma ordem cósmica baseada na distribuição de diversas zonas de poder a várias divindades. Para além dessa semelhança, deve-se notar uma diferença significativa: enquanto nenhum dos outros deuses é filho de Marduk, a organização de Zeus segue o caminho das suas relações familiares. Ora, a estrutura da família joga a favor da sistematicidade do quadro cósmico, e é útil para a dramatização da relação sempre conflituosa entre o poder de Zeus e as competências dos outros deuses. Em todo caso, mesmo que Hesíodo tenha feito derivar elementos de tradições orientais, é notável que os tenha recomposto em um complexo coerente, centrado numa representação da supremacia de Zeus sobre a ordem divina e humana, que desenha um modelo narrativo por muito tempo influente na cultura grega.[35]

O tratamento dispensado por Cornford às cosmologias jônicas foi exposto, a fortiori, à mesma objeção. Aqui, o estudioso, como se obcecado pela exigência de fazer retroagir o mais possível as coisas da filosofia, a ponto de fazer "desaparecer" a filosofia no mito (ou até mesmo a ambos no rito), reporta o sistema de Anaximandro (reduzido a um padrão de indiferenciação/separação) a uma origem não especulativa e antiquíssima, que se perde nas brumas dos tempos. Por consequência, na sua exposição repousa sob a sombra a real dimensão inovadora do pensamento jônico, que nasce da expulsão dos deuses pessoais: no conflito entre as forças opostas do quente e do frio, do seco e do úmido, que está no centro da reflexão dos jônios, o estudioso prefere destacar a herança das figuras míticas de Gaia e Oceano em vez de salientar a elaboração de uma noção de *natureza* que leve em conta uma ideia de regularidade interna independente da intervenção de forças sobrenaturais. Cornford se fecha, assim, ao reconhecimento do trabalho dedicado à ideia de *ordem* natural, iniciado no contexto das cosmologias jônicas: ideia que, ao contrário, foi valorizada por estudiosos prontos a relativizar a importância da tradição religiosa, como um fator entre tantos, no específico contexto político-social do mundo grego.[36]

Alguns dos melhores estudos de viés comparativo sobre o problema mito/filosofia avançam ainda hoje pelo caminho aberto por Cornford. De fato, o constante incremento da documentação oriental viabilizou a descoberta de um número crescente de analogias com as cosmologias pré-socráticas, confirmando que o problema da origem oriental não pode ser posto de lado.[37] Todavia, a justa avaliação da relação entre o material documental e os traços distintivos do pensamento grego arcaico não parece obedecer ainda a critérios bem definidos, no sentido de que ao necessário reconhecimento de débitos relativos a outras culturas acompanha, desde Cornford, uma avaliação um tanto problemática do contributo específico dos gregos para o nascimento da filosofia. É esse o caso (o segundo, e último, escolhido para ilustrar a nossa análise) de um estudioso de filosofia e religiões antigas como Walter Burkert.

Walter Burkert é ainda hoje — como o foi Jean-Pierre Vernant — figura de ponta de uma abordagem antropológica ao mundo antigo que, para ambos, começou a frutificar nos anos 1960. Na obra de Burkert, como na de Vernant, o interesse pela história das religiões é dominante. Daí que, enquanto Vernant se interessou pelos aspectos mais específicos e inovadores da sociedade e da cultura gregas, Burkert preferiu insistir — acompanhado por Konrad Lorenz — nas constantes psicobiológicas do gênero humano. A comparação antropológica, por consequência, não foi para ele apenas um antídoto contra a tentação humanística de idealizar os gregos, mas um instrumento central para a leitura da documentação grega, vista como um "espelho" de raízes muito distantes da cultura (no singular), que remontam ao Paleolítico. Enquanto Vernant se dedica aos elementos de descontinuidade que caracterizam o pensamento grego e as suas origens, Burkert sempre compartilhou com Cornford (a quem citava, significativamente, em muitas ocasiões) aquela que ousaríamos denominar uma obsessão de continuidade.[38] Há, entretanto, uma variante importante: para Burkert, a filosofia grega lança suas raízes no mundo religioso, do mito e do rito, mas para ele — diferentemente de Cornford — o mito não se explica apenas em conexão com fatos de culto. O mito é, antes, ele mesmo lugar de especulação desde os seus primórdios: é que tais inícios não estão na Grécia.

Partamos de algumas considerações de método que estão na introdução de um livro no qual Burkert reconstruiu a presença de imagens, mitos e rituais estrangeiros em solo grego, sustentando a tese de que, no período entre 750 a.C. e 650 a.C., a religião e a literatura gregas foram condicionadas por modelos orientais de modo significativo e determinante para os acontecimentos posteriores:

> Os estudos apresentados neste livro podem [...] opor-se a uma última e talvez insuperável linha de defesa: a tendência das teorias modernas da cultura a tratar esta última como um sistema que se desenvolveu por meio das suas próprias e internas dinâmicas econômicas e sociais, reduzindo, com isso, qualquer influência externa a parâmetro não essencial. Não se quer negar a vivacidade e os resultados dessas teorias: é verdade, no entanto, que elas evidenciam apenas um lado da moeda. É igualmente legítimo ver a cultura como uma rede de comunicações com inextinguíveis possibilidades de recomeçar a aprender, com fronteiras convencionais e, no entanto, penetráveis, num mundo aberto, de um modo geral, à mudança e à expansão. O impacto da cultura escrita sobre a oral é talvez o exemplo mais dramático de transformação obtida por empréstimo do exterior. Pode-se admitir que o mero fato do empréstimo oferece apenas um ponto de partida para uma interpretação mais atenta, e que a forma de seleção e ajuste, de reelaboração e readaptação em um novo sistema seja iluminante e interessante em cada caso particular. Entretanto, a "transformação criativa" realizada pelos gregos, ainda que importante, não deveria se opor ao simples fato de que houve um empréstimo: isto equivaleria a uma estratégia adicional de imunização, com escopo de ocultar tudo o que se afigure estranho e inquietante.[39]

Aqui, Burkert quer formular um modelo teórico de aproximação à cultura grega que, de um lado, salve sua autonomia interna e, de outro, projete-a em um mundo composto de "fronteiras [...] penetráveis": assim, o trabalho de "transformação criativa" realizado pelos gregos[40] não será desprezado, mas tampouco ocultará seus débitos relativos a outras civilizações. Tudo bem, ao menos em teoria: de fato, no curso deste livro a ênfase é dada ao débito que o mundo arcaico tem para com o Oriente semítico nos mais diversos âmbitos, da tecnologia à medicina e à mitologia. Algo que não surpreende, visto que o interesse de Burkert sempre foi explorar as bases, mais do que identificar traços característicos do mais antigo pensamento grego. Sua reflexão nesse âmbito foi, no entanto, tormentosa, e essa tormenta é, por si própria, significativa.

Confrontemos ainda dois escritos de Burkert separados por aproximadamente uma década. Em um trabalho de 1987, dedicado aos múltiplos paralelos entrevistos entre a mitologia grega (leia-se: Hesíodo) e as do Oriente Próximo antigo, o estudioso faz retroceder "a origem da filosofia grega [...] aos sumérios, babilônios e hititas, para não mencionar os egípcios"[41] (exatamente no mesmo ano Erik Hornung, respeitado egiptólogo, defendia que já os egípcios "puseram em movimento o processo da filosofia", apontando na literatura egípcia, por exemplo no livro *Sobre as coisas no Hades*, a primeira formulação de questionamentos sobre o Ser, a morte, o cosmos).[42] Depois, entretanto, na conclusão de uma aula sobre cosmogonias gregas e orientais (1996), Burkert ajustou a própria posição, identificando o signo distintivo da filosofia grega na *argumentação* racional, que tem início com Parmênides. Isso significou reservar o privilégio da relação estreita com a esfera do mito às cosmologias jônicas, que Burkert atribuiu (com as cosmogonias hititas, babilônicas ou egípcias) ao gênero *just so story*. Em todos esses textos — disse — o nascimento e os primeiros acontecimentos do cosmos são expostos na forma de uma narrativa sequencial: e é ela que produz os mitos.[43] Um longo itinerário de reflexão desemboca, então, neste ponto, que merece grande atenção: o discurso mítico é tal — e se distingue do filosófico — por meio da sua *forma*, imaginativa e narrativa.

Cornford, ainda vinculado — para além das suas intenções, isso é certo — a uma herança iluminista, relutava em atribuir ao mito um autônomo *conteúdo especulativo*. Burkert, ao contrário, que assimilou a lição de Usener e de Cassirer, não teme conferir-lhe um valor de organização e representação da experiência, que alcança em alguns casos níveis elevados de abstração: como escreveu há não muitos anos, "no mito cosmológico, há *lógos* desde o início".[44] Daqui nasce a exigência de introduzir uma noção de *forma* —uma imaginativa, extraída do *lógos* mítico; e outra argumentativa, a do *lógos* filosófico — que estabeleça uma fronteira entre um e outro. Trata-se de uma reformulação interessante no que diz respeito à tese segundo a qual o início da filosofia deve ser buscado na esfera do mito, sustentada, a seu tempo, pelo próprio Burkert. Todavia, a identificação da forma argumentativa como critério distintivo da filosofia não parece ser resolutiva. Ela corresponde, de fato, a uma concepção da filosofia como pensamento de tipo lógico-dedutivo, que parece redutiva, tanto em plano definitório geral quanto se levamos em consideração a extrema diversificação das formas de pensamento na época dos pré-socráticos. Para nos limitar a Parmênides: se lhe conferimos o papel de "descobridor" da lógica, o que fazer com o proêmio em que narra, em tom inspirado, a viagem que o conduziu a uma deusa que lhe revelou a verdade sobre o ser? Jaap Mansfeld, por exemplo, propõe limitar o papel fundador de Tales ao âmbito da ciência, na medida em que hoje já não seria mais parte da filosofia. A filosofia, de preferência, teria nascido com Heráclito e Parmênides. Mesmo essa tese dependia de uma definição restritiva da filosofia (entendida, para a ocasião, como especulação ontológica e epistemológica), produzida por uma categorização do observador que não faz justiça ao sentido filosófico da investigação naturalista dos jônios, que precedeu Heráclito e Parmênides.[45]

Outro limite do quadro proposto por Burkert (Mansfeld argumentou nesses mesmos termos) é que as cosmogonias jônicas, destituídas de interesse, terminam confinadas a uma terra de ninguém: com outra importante consequência de que, nessa perspectiva, cabe a Parmênides, ou a Heráclito, aparecer como inesperadas flores no deserto, semelhantes — como diz Cornford — a uma "Atenas sem mãe". Recuperar as cosmogonias jônicas será, no entanto, necessário se quisermos delinear um quadro do *início* da filosofia grega que leve em consideração toda a complexidade dos componentes que a caracterizam neste longo percurso e, ao mesmo tempo, salve sua continuidade com a base mítica. A esse fim não bastará repassar os documentos da clássica dupla *mýthos/lógos*, reformulando-a na oposição entre um *lógos* mítico e um *lógos* filosófico, distintos apenas com base na diversa dose de imaginação e/ou abstração. Dever-se-á combinar esse movimento com outros: inicialmente, e com certa surpresa, poderá nos guiar nessa direção o próprio Aristóteles.

Retorno a Aristóteles

De início, cabe dizer que o termo grego *mýthos* é um típico falso cognato: isto é, ele não possui aquela acepção tendencialmente desvalorativa de uma "história não verdadeira" (ou dotada, na melhor das hipóteses, de significado simbólico) que inevitavelmente acompanha a palavra "mito" nas línguas do Ocidente moderno. Aliás, em Homero, *mýthos* designa, na maior parte das suas numerosas recorrências, um discurso pronunciado em público, em posição de autoridade, de chefe na assembleia ou herói no campo de batalha: é um discurso de poder e impõe obediência pelo prestígio do orador. Ao contrário, no que diz respeito a *lógos*, nas poucas vezes em que surge, tende a designar um discurso bem construído, mas também potencialmente enganador. Depois da idade homérica, a relação de frequência entre os dois termos se inverte aos poucos, e assim também sua relação de *valor*. *Lógos* assume progressivamente importância como designação de um discurso que não apela a uma tradição, mas que deve ser avaliado de acordo com a sua organização interna, enquanto *mýthos*, na medida em que tem o prestígio avaliado em função de quem o profere, assume o sentido de um discurso não verificável. Isso faz que *mýthos* venha a indicar, de preferência (mas não sempre), um discurso privado de credibilidade no contexto de estratégias argumentativas, em particular de historiadores ou filósofos, que denominam com o termo posições *alheias*, que querem desvalorizar.

Trata-se de um desenvolvimento demasiado complexo para que seja traçado aqui por inteiro.[46] É o caso, no entanto, de evocar pelo menos Tucídides, que, na assim denominada *Archaiologia* do primeiro livro, reconstrói a fase mais antiga da história grega com base em uma tradição de narrativas precedentes: tradição que o historiador enfrenta com o cuidado de separar os dados mais verossímeis daqueles que, no longo período transcorrido, tornaram-se claramente fabulosos (*to mythódes*: I, 21, I). E depois, devemos dedicar alguma atenção a Platão. Assim como demonstrou Luc Brisson, *mýthos* é para o filósofo todo discurso que quer persuadir e que, para tal, faz uso de imagens mais ou menos eficazes, em vez de utilizar discursos argumentativos, pensados para atingir de modo elaborado a verdade teórica.[47] O juízo platônico sobre as narrativas míticas não é, aliás, constantemente negativo: vemos, de fato, que pode variar de sentido de um contexto para o outro, com base em considerações de valor ético. Eis, então, que as narrativas, em geral imorais, da tradição poética (antes de todas, aquela sobre Urano e Cronos, que transmite do mundo divino uma imagem entre as mais cruentas), devem ser absolutamente afastadas do horizonte educativo da cidade da *República*. Por outro lado, vemos o próprio Platão adotar os módulos do discurso mítico (entrando assim em concorrência com os poetas) em contextos em que prefere apostar mais na persuasão e não na conquista de certezas racionais, em âmbitos, pela sua natureza, inexploráveis, como a essência da alma ou a origem do universo. São mitos, na sua articulação vivida e grandiosa, os quadros de vida sobre-humana traçados do *Fédon* ao *Górgias*, do *Fedro* ao último livro da *República*, prontos a representar com eficácia, no transmigrar das almas em corpos de natureza superior ou inferior, os prêmios ou as penas que aguardam o indivíduo no além, dependendo da conduta moral que teve em vida.

Mesmo a descrição da criação cósmica operada por um demiurgo divino, exposta por Timeu no diálogo homônimo, é denominada *mýthos* (mas também, com significado equivalente, *lógos*), cuja descrição declarada, se não exata, é "plausível". Em uma diversa estratégia de discurso, aliás, a conotação depreciada de *mýthos* pode voltar ao primeiro plano para qualificar *outros* discursos cosmológicos, considerados incapazes de satisfazer um problema específico da discussão. Em um célebre passo do *Sofista* (242b-243c), Platão traça — por meio do Estrangeiro de Eleia — o quadro daqueles que precedentemente investigaram o ser. Bem, cada um deles parece querer "contar-nos uma história, como se fôssemos crianças". Houve quem dissesse que os entes são três, por vezes em conflito entre si; outros, como amigos que se unem em matrimônio e geram (possível alusão à teogonia de Ferécides, centrada em *Chthoníe*, *Zas* e *Chrónos*). Houve ainda quem dissesse que os

entes são dois (quente e frio, seco e úmido) e os uniu em matrimônio. A estirpe eleática propugnou a unicidade do ente, "for-
jando, dessa forma, um próprio mito", enquanto outros ainda
afirmaram que o ser é uno e muitos ao mesmo tempo (mais se-
veras as Musas jônicas — Heráclito —, menos as sicilianas —
Empédocles). Nenhum deles, em todo caso, preocupou-se realmente com a inteligibilidade do próprio discurso, aliás "nos
ignoraram, massa que desprezam", não se dedicando a esclarecer o que entendem por "ser". Platão insere, então, no âmbito
do mito, toda a tradição precedente de pensamento sobre o ser,
e mesmo a reflexão dos eleatas, para afirmar com convicção o
próprio domínio sobre o território da investigação metafísica.
A operação só se tornou viável por conta da particular maleabi-
lidade que a noção de *mýthos* conserva aos seus olhos, no jogo
mutável de relações com o *lógos*: no passo do *Sofista*, *mýthos* é,
no fundo, quase uma variação de *lógos*, não privado de racionalidade, e caracterizado não tanto pela falsidade quanto pela
insuficiência em plano metodológico e dialético.[48]

Constataremos agora que a posição de Aristóteles sobre
o mito se apresenta igualmente flexível, detendo-nos exatamente no livro I da *Metafísica*, no qual Tales surge como o primeiro "daqueles que enfrentaram a investigação das coisas que
são e que filosofaram acerca da verdade" (I, 3, 983b 1-3). Nesse
livro, que se apresenta como uma introdução ao problema da
substância, que atravessará todo o tratado, Aristóteles propõe
um quadro geral do pensamento precedente, reinterpretado à
luz da própria reflexão sobre as causas (material, eficiente, formal e final). Sabe-se que Aristóteles apresenta a doutrina dos
predecessores como antecipação progressivamente mais completa, mas inconsciente, de uma concepção que considera ter
levado à fase final de maturação. A perspectiva marcadamente
teleológica, que determinou a prosperidade desse quadro no
clima historicizante do século XIX, gerou também o descrédito

no qual caiu, cada vez mais, no século passado. Todavia, talvez tenha chegado o momento de recuperar alguns dos seus elementos. Será sempre, é certo, o caso de sondar com cautela a exposição aristotélica, que não quer ser uma narrativa historicamente objetiva, mas uma construção retrospectiva, útil para ilustrar uma teoria pessoal.[49] Contudo, será também possível encontrar, nas entrelinhas do texto, elementos de tensão interna que indicam uma postura não dogmática ou simplificadora relativa à tradição.

De fato, ao refletir sobre a gênese do interesse filosófico, Aristóteles parece bem-disposto, talvez mais do que Platão, a conceder uma dimensão cognitiva ao mito. Ele considera que os homens começaram a filosofar, ou a buscar o saber, por um sentido de ignorância induzido pela maravilha diante de problemas de não imediata compreensão, como os postos pela origem do cosmos e pelos fenômenos astrais: ora, os conteúdos do mito são expressões dessa maravilha, e "quem ama o mito é, de certa forma, filósofo" (*ho philómythos philósophós pós estin*: I, 2, 982b 18). De resto, Aristóteles não se limita a essa afirmação de princípio, como demonstram duas referências a conteúdos da *Teogonia* de Hesíodo que surgem dali a pouco. A primeira surge na discussão sobre a causa eficiente, que pensadores como Empédocles ou Anaxágoras intuíram: ambos, um evocando as formas da Amizade e da Discórdia, o outro a Inteligência, revelaram a exigência de ir em busca de um princípio do movimento que fosse, em alguma medida, também princípio da ordem e do bem no cosmos, e, por essa via, mas sem que o soubessem e de modo imperfeito, aproximaram-se de uma visão do papel da finalidade na determinação do devir (com atenção à causa final, que abarca a da causa formal das coisas, Aristóteles pensa ter dado a sua contribuição mais relevante e o coroamento da reflexão sobre a causalidade). Segundo Aristóteles, "poder-se-ia suspeitar que tenha sido Hesíodo o primeiro a buscar um fator desse gênero, ou qualquer um que tenha posto amor ou desejo como princípio dos seres, como também, por exemplo, Parmênides" (I, 4, 984b 23; segue-se uma citação de Parmênides, fr. 13, depois o início do trecho cosmogônico na *Teogonia*, vv. 116 ss., registrado, a bem da verdade, de modo ligeiramente inexato e muito abreviado: "Antes de todas as coisas, veio a ser Caos, depois, Terra de ampla extensão, e Amor que emerge entre todos os imortais").[50] Hesíodo é posteriormente evocado como legítima testemunha da ideia de que a terra tenha se gerado antes de todos os elementos: ideia compartilhada pela maior parte dos homens que os filósofos desdenham, mas que merece atenção seja pela sua antiguidade, seja pela sua difusão (I, 8, 989a 10).

Essa valorização do saber mítico depositado na tradição poética não é ocasional em Aristóteles. Em outra parte, ele avança a hipótese de que os mitos conservam os "restos" (com frequência, ocultados sob elementos formais progressivamente mais pesados) de uma sabedoria antiquíssima, perdida em periódicas catástrofes, mas depois reencontrada (porque a perda teria sido parcial). Exemplos dessas "relíquias" de uma "antiga filosofia" são os provérbios, que sobreviveram a enormes destruições de homens graças à concisão e à objetividade particulares da máxima (segundo o fr. 8 Ross do diálogo perdido *Sobre a filosofia*). No livro XII da *Metafísica*, Aristóteles chega mesmo a reconhecer que a humanidade mais antiga percebeu a natureza divina dos astros. Depois, essa intuição foi transmitida "em uma forma mítica" (*en mýthou schémati*), ainda que a ela se tenha sobreposto uma representação dos deuses em forma humana ou animal, pronta a persuadir o povo a seguir as leis e o útil. Contudo, para os que sabem "separar" esses acréscimos do restante, é possível "agarrar" um núcleo doutrinário ainda válido: com efeito, Aristóteles indica na antiga divinização dos astros (em suas palavras, "substâncias primeiras") um precedente da própria concepção de um primeiro motor imóvel e divino (XII, 8, 1074a 38-b 14).[51]

Então, a narrativa mítica, se devidamente purificada das deformações impostas no curso do tempo, revela elementos de antiquíssima verdade filosófica. Ademais, como atestam as referências supracitadas de Hesíodo, Aristóteles admite que o *medium* poético pode incluir concepções de teor filosófico. Em outras palavras, nem mesmo em Aristóteles a contraposição entre *lógos* e *mýthos* é estabelecida em termos muito rígidos: ousaríamos até a dizer que já para ele "há um *lógos* no *mýthos*", não fosse o fato de o modo de decifrar o discurso mítico seguir um código evidentemente racional. Não é essa, porém, a única dimensão inesperada que o texto aristotélico oferece no interior da chave de leitura que propomos. Se voltarmos, agora, ao lugar de início da filosofia referido a Tales, descobriremos, examinando-o mais detidamente, que para demarcar a fronteira do novo território cognoscitivo relativamente ao mito, Aristóteles pôs em movimento uma reflexão particularmente complexa. Uma reflexão que não apenas aplica precocemente o princípio hermenêutico da oposição entre abstração da razão filosófica e o mundo imagético do mito, mas colhe a exigência de combiná-lo com ulteriores critérios de distinção. E então:

A maior parte daqueles que primeiramente filosofaram considerou que os princípios das coisas fossem unicamente de caráter material. De fato, eles chamam elemento e princípio dos seres isto de que todos os seres são constituídos e do que derivam a sua origem e a que, por fim, retornam, e cuja realidade permanece, ainda que mude segundo as afeições [...]. Todavia, sobre o número e a espécie desse princípio nem todos estão de acordo. Tales, iniciador desse tipo de filosofia, diz que esse [princípio] é a água (por isso afirmou também que a terra se apoia na água), extraindo, provavelmente, essa hipótese da constatação de que a nutrição de todas as coisas é úmida, e que o próprio calor nasce do úmido e nele vive (e isso de onde tudo nasce, das coisas é princípio): é, então, com base nessa consideração que formula essa hipótese, e pelo fato de que o sêmen de todas as coisas tem natureza úmida, e a água é princípio natural das coisas úmidas. Há, em verdade, alguns que consideram que mesmo os homens antiquíssimos, que viveram muito antes da presente geração, e que primeiramente discursaram sobre os deuses, sustentaram hipótese semelhante relativa à natureza. De fato, colocaram Oceano e Tétis como autores da geração, e a água, a que denominavam Estige, por quem juram os deuses: ora, a coisa mais antiga é a mais estimada, e a coisa mais estimada é aquela pela qual ocorre o juramento. Entretanto, é pouco claro se essa opinião, de qualquer forma venerável e antiga, consista em algo acerca da natureza: fato é que de Tales se diz que tenha se expressado precisamente assim sobre a causa primeira. (I, 3, 983b 6-984a 2)[52]

Na primeira parte dessa passagem, se entrevê bem o trabalho de filtragem ao qual Aristóteles submete o pensamento precedente: os elementos de doutrina recolhidos pela tradição (que, no caso de Tales, é tradição apenas oral e escassa) são selecionados e recompostos com base em coordenadas pessoais. Aliás, não é impossível, para o leitor moderno, extrair, de um quadro teórico, que é potente, mas também muito legível,[53] alguma informação útil durante o processo de reconstrução histórica.

Nesse caso, vemos que Aristóteles atribui àqueles "que primeiramente filosofaram" um interesse pelo "princípio" (*arché*) das coisas, a ideia de que esse princípio é único, e a tendência

a enxergá-lo no âmbito da matéria (ou seja, em termos aristotélicos, na "causa material"). No entanto, não é tudo: esse princípio, na forma do substrato aristotélico, seria algo que permanece sob as variações qualitativas que surgem no devir. Ora, a
noção de um substrato material caracterizado pela estabilidade
e pela permanência é de cunho aristotélico, e projetá-la na origem da filosofia da natureza produz um evidente anacronismo.
Deve-se excluir ainda a possibilidade de o termo *arché* ter sido
empregado naquela fase[54] com o significado de "princípio fundamental": na literatura arcaica, ele sempre surge com o significado de "comando" ou "início" temporal, e no âmbito do
pensamento sobre a natureza, pode ter eventualmente designado um princípio de origem das coisas, escolhido com base
em considerações de prioridades diversas. É improvável que
a água de Tales respondesse à exigência de estabelecer uma
conexão qualitativa entre as coisas e um princípio entendido
como sua *essência* unitária. Mais provável é que ele tenha se
interrogado sobre a *origem* das coisas, e a água lhe tenha pa-
recido um fator capaz de explicar, de alguma forma, o devir.

Nessa direção nos leva, poucas linhas adiante, o próprio
texto de Aristóteles, o qual, note-se bem, depois de ter introduzido o nome de Tales, deixa de lado a referência a um raciocínio sobre os requisitos da causa material, preferindo re-
introduzir sua concepção com dados mais concretos. De um
lado, em Tales, a valorização da água se vincularia à ideia de
que a terra é sustentada por uma massa de água cósmica;
de outro, ele teria derivado a sua teoria de uma observação do
papel realizado pelo úmido, em conexão com o calor, nos fenômenos vitais. Quanto a esta última observação, Aristóteles diz que foi "provavelmente" a motivação de Tales, e com
isso assinala o fato de não a ter encontrado como um dado da
tradição (como, ao contrário, é o caso da doutrina sobre a posição da terra):[55] algo que confirma a substancial correção de

um procedimento que convida o leitor a avaliar pessoalmente a hipótese proposta. De fato, é plausível que uma constatação do papel da água na geração e no crescimento dos seres animados tenha induzido Tales a assumi-la como elemento "vital" para todo o universo sensível, com um processo de extrapolação muito justificado em uma fase em que permanece ausente uma distinção clara entre a esfera biológica e a dos fenômenos geológicos.[56]

Todavia, Aristóteles acrescenta uma ulterior observação relativa ao papel fundante de Tales. Ele menciona "alguns" que atribuem uma especulação sobre a natureza também aos "antiquíssimos" que primeiramente discursaram sobre os deuses, colocando como "pais da geração" Oceano e Tétis, ou afirmando que os deuses juram sobre a água do Estige (o que demonstra a sacralidade desse elemento). Aqui, Aristóteles tem em mente alguns ambientes homéricos que se remetem à prioridade generativa de Oceano e da sua esposa Tétis (*Ilíada*, XIV, 201, 246, 302) e à prerrogativa de Estige como "água terrível do juramento" (*Ilíada*, II, 755; XIV, 271; XV, 37-8; água antiquíssima, visto que Estige é a filha mais velha de Oceano na *Teogonia* de Hesíodo, vv. 400 e 775-806). Trata-se, em parte, dos mesmos textos que os estudiosos modernos costumam aduzir, neles encontrando sedimentos de um saber de derivação oriental que podem convidar a uma retrodatação do início da filosofia. Aristóteles diz que mesmo na Antiguidade existiam um ou mais intérpretes convencidos de que da poesia teogônica se pudesse extrair, graças a um método alegórico de leitura, elementos especulativos. Pouco interessa identificar aqui, entre os que sustentavam essa posição, à qual Aristóteles se refere sem mencionar nomes, o sofista Hípias e/ou Platão.[57] É interessante, no entanto, que ele conheça um método de leitura (e que reflita sobre ele), posto em movimento por outros, que vise à descoberta de *dóxai* filosóficas nos textos poéticos, por meio da decodificação da sua expressiva ramificação: um método, em outras palavras, que pressupõe uma distinção de *forma* entre *mýthos* e *lógos*.

Em suma, a forma conta. No entanto, dessa constatação Aristóteles extrai consequências diversas das de Burkert. Ele, de fato, afirma, a propósito da representação de Oceano e Tétis e do juramento sobre Estige, achar *"pouco claro* se essa opinião, de qualquer forma venerável e antiga, consista em algo acerca da natureza".[58] Então, talvez seja possível entrever, sob as camadas imaginativas do texto homérico, certa visão da natureza: mas a própria operação interpretativa necessária para esse fim denuncia o que no texto, per se, é pouco claro. Ao contrário, de Tales "se diz que tenha se expressado precisamente assim sobre a causa primeira". "Diz-se", porque sobre as opiniões de Tales não temos à disposição conhecimento direto: mas, se verdadeiro, o dado certamente não revela uma obscura intuição, ancorada em nomes de figuras divinas, densas de ressonâncias simbólicas. Parafraseando Aristóteles, poderíamos dizer que Tales chamou as coisas "com o seu nome", no momento em que buscou a propósito delas uma explicação na água-objeto de experiência cotidiana. A *clareza* da sua formulação supõe um novo conteúdo: ao projetar na natureza um olhar que tende a afastar o recurso do divino, Tales não se comporta como receptor passivo do quadro do mundo transmitido pelo saber mítico.

Mais um importante critério que guia Aristóteles na demarcação entre saber da tradição poética e saber filosófico é esclarecido e confirmado em outro passo da *Metafísica* (III, 4, 1000a 9-20). No terceiro livro, ao discutir uma aporia entre as maiores (os princípios dos entes corruptíveis e dos incorruptíveis são os mesmos ou diversos?), Aristóteles nota que "os discípulos de Hesíodo e todos os teólogos se preocuparam unicamente com isso que a eles mesmos parecia plausível e nos ignoraram".[59] De fato, puseram os deuses como princípios das coisas, mas nos disseram que são imortais graças ao néctar e à ambrosia dos quais se nutrem. Contudo, como é possível que os deuses sejam eternos se necessitam de nutrição? O néctar e a ambrosia não são mais do que "excogitações míticas" que não devem ser levadas a sério, ao contrário das opiniões daqueles que fornecem a "demonstração" e a "causa" do que dizem. Reformulando agora o problema de Tales nos termos dessa argumentação, poderíamos dizer que os poetas que falam de Oceano e de Tétis transmitem histórias sem fundamento, enquanto Tales, com sua observação do poder do úmido e do calor, chegou (talvez!) a um argumento que reforça suas asserções.

Proponho, por fim, em essência e mesmo com as devidas cautelas relativas à terminologia e às categorias conceituais postas em movimento, observar com maior confiança as razões aduzidas por Aristóteles para eleger Tales o "pai da filosofia": transparência expressiva, a que se vincula uma redução da intervenção do divino na natureza, e possível aplicação de determinado, ainda que embrionário, procedimento de tipo empírico. São indicações que podem se mostrar proveitosas para o acadêmico moderno.

A sabedoria tem várias faces

Uma derradeira observação deve ser feita: a natureza não foi o único objeto de interesse dos pré-socráticos. Aristóteles, ao escolher fazer uma história da *physiologhía* que tende à conversão operada por Sócrates, normalizou, de fato, uma paisagem intelectual que havia sido mais rica do que a projetada pelo primeiro livro da *Metafísica*. É a mesma figura de Tales que sofre com essa perspectiva, que exalta o interesse teórico pelo mundo físico enquanto sacrifica outros traços da sua atividade intelectual, que, ainda assim, encontravam ressonância na tradição conhecida por Aristóteles.

Como já observado, Tales podia emergir dessa tradição também como portador de um saber socialmente útil: aspecto que Aristóteles demonstra assimilar, visto citar na *Política* o episódio do aluguel das prensas. Ele era, ademais, presença constante nas várias listas antigas dos Sete Sábios, nas quais era projetado, com outras figuras das primeiras décadas do século VI, à condição de expoente de uma sabedoria em que a sapiência moral se entrecruza ora com a habilidade prática, ora com a capacidade política, ora também com o talento poético — ou, em todo caso, com um bom grau de eloquência, tanto verbal quanto gestual. Aliás, o próprio Tales teria sido proclamado "primeiramente" *sophós* da cidade de Atenas, por meio de decreto de 582 a.C. (a notícia, conservada por Diógenes Laércio, I, 22, remonta ao discípulo de Aristóteles e importante personagem político, Demétrio de Faleros). Nessas listas, eram suas companhias personalidades políticas como Sólon e Pítaco, um tirano como Periandro, um vidente como Epimênides. Seria vão buscar elementos particulares de verdade com base nas muitas anedotas das quais este ou aquele sábio é protagonista: como demonstrado por Bruno Snell, a tradição dos Sete Sábios é, em grande medida, fruto de uma construção que tem início no século V a.C.[60] Ela conserva o reflexo de uma particular concepção do saber, centrada não tanto na aquisição de conhecimentos científicos quanto na reflexão de ordem prática e moral. Essa concepção é uma manifestação característica da cultura grega em uma fase que vê, entre os séculos VII a.C. e VI a.C., o laborioso erigir das instituições da pólis sobre uma base de fortes contrastes econômicos e sociais, percebidos como fruto de uma crise dos valores do mundo aristocrático. Ela encontra, de resto, uma encarnação célebre em Sólon, que é aquele que, entre os Sete, para nós, possui maior consistência histórica. Arconte em Atenas em 594 a.C.-593 a.C., Sólon é autor de uma complexa legislação concebida para salvar a cidade de uma crise política e, ao mesmo tempo, moral, cuja causa principal ele entrevê na avidez e na prevaricação dos ricos em relação aos pobres: suas reformas visam a uma mediação coerente dos conflitos sociais e são inspiradas em um ideal de moderação que encontra nas suas elegias um meio memorável de propaganda.

A tradição dos Sete Sábios era obviamente bem conhecida por Aristóteles, e é provável que exatamente sobre ela, pelo menos em uma ocasião, ele tenha iniciado uma representação dos inícios e do desenvolvimento do saber alternativa àquela oferecida com outros fins — com mais alto nível de elaboração e sistematicidade (além de sucesso incomparavelmente maior) — no primeiro livro da *Metafísica*. No texto aristotélico *Sobre a filosofia*, como testemunha o longo passo de João Filopono (fr. 8 Ross),[61] devia encontrar espaço um amplo quadro civilizatório dos homens sobreviventes do dilúvio, desenvolvido por meio de descobertas sucessivas das técnicas de subsistência, das artes do belo, das "virtudes cívicas" que acompanham — com os Sete Sábios — a invenção das leis e de tudo o que favorece a convivência na pólis, enfim, do interesse pelos corpos naturais (*physiké theoría*) e do conhecimento das realidades divinas. Estas últimas são definidas como objeto da *sophía* suprema, mas também todas as etapas precedentes são vistas como manifestações, cada vez mais completas, de *sophía* (o termo é usado aqui em uma acepção polivalente, mas com referência unitária, própria do uso arcaico, a uma habilidade, cognoscitiva e prática, em um espaço específico de competência). Estamos aqui, como no primeiro livro da *Metafísica*, diante de uma história do saber orientada teleologicamente: mas, neste caso, o percurso parte do terreno das *téchnai* e da sabedoria política dos Sete Sábios para centrar-se depois nas ciências teoréticas.[62] A diferente opção se poderia explicar com conteúdos específicos do tratado *Sobre a filosofia*, no qual Aristóteles se interrogaria sobre a natureza intrínseca da atividade filosófica, examinando as diversas vestes paulatinamente assumidas pela *sophía*, de acordo com a mudança do seu âmbito de referência: por isso, a sabedoria mais alta (representada, presume-se, por Platão) seria assim pelo fato de referir-se aos entes ontologicamente supremos. Na *Metafísica*, em vez disso, o interesse de Aristóteles concentra-se no saber especificamente teorético, cujo mais alto grau se alcança quando completado o conhecimento dos princípios causais da realidade.

Na *Metafísica*, em suma, o estreito funil dos princípios deixa passar Tales, aquele entre os Sete Sábios que contribuiu com a ciência da natureza, com a intuição da causa material, pondo de lado as contribuições trazidas — na qualidade de *sóphos* — ao pensamento técnico prático. Aqui, Sócrates ocupa uma posição simétrica, ponto de viragem rumo a um itinerário de reflexão — a ética — não experimentado antes, ainda que redutiva, dada a importância conferida à análise de conceitos no seu discurso sobre a virtude. Na lição de Sócrates, são facilmente reconhecíveis alguns aspectos centrais da tradição sobre os Sete Sábios: considere-se não apenas a evocação de máximas de sabedoria (em particular de natureza délfica), mas sobretudo o seu comportamento, mais do que exposição teórica, em uma performance da sabedoria, realizada na prática do diálogo e no *exemplum*. A relação entre experiência socrática e a precedente prática do discurso moral, também este longamente ocultado pela fortuna historiográfica dedicada à *Metafísica*, é algo significativo, que aos poucos se vai descobrindo.[63]

Na realidade, o traço característico da paisagem intelectual que precede Platão é exatamente a coexistência e o entrecruzamento de uma pluralidade de correntes intelectuais que se sobrepõem e entram em concorrência por áreas de interesse e modalidades de abordagem.[64] Cedo, por exemplo, encontramos poetas (Hesíodo e, como veremos, talvez também Alcméon) interessados em temas cosmogônicos e cosmológicos, ou um autor de obras de caráter histórico como Hecateu, que por conta da sua posição crítica em relação às narrativas tradicionais se aproxima de Xenófanes (para o qual, aliás, a qualificação de filósofo pode parecer não completamente apropriada).

Por outro lado, a natureza não é a única seara em que se exercita, desde o século VI a.C., a racionalidade filosófica. A propósito desse ponto, deve-se destacar o valor da experiência dos Sete Sábios, e em particular de Sólon, cujas reflexões sobre os requisitos de legalidade e justiça, necessários à manutenção da pólis, marcam justamente os inícios do pensamento ético e político: de fato, com base nessa consideração, reivindicou-se para ele recentemente o título de pensador, com peso idêntico ao conferido aos outros "pré-socráticos".[65] No entanto, os *physiológoi* fazem incursões frequentes em campos diversos do estudo da natureza. A matemática é um deles, desde Tales, provavelmente, depois com Pitágoras e a sua escola; é possível, ademais, que os argumentos de Zenão de Eleia fossem dirigidos contra os procedimentos dos matemáticos seus contemporâneos. A medicina, depois, é, para todos os efeitos, campo de pesquisa dos estudiosos da natureza.[66] Essa constatação se impõe, antes de tudo, pela figura de Alcméon de Crotona, mas vale também para pensadores célebres, sobretudo pela sua complexa explicação do ser e do devir, como um Parmênides, um Empédocles ou um Anaxágoras. Pode chocar, em particular, o fato de que para todos eles, seja referido um conspícuo número de *dóxai* nos estudos da embriologia, com discreta variação de soluções referentes ao papel de um ou do outro genitor na geração, à determinação do sexo ou ao desenvolvimento do feto. É possível que a quantidade de notícias conservadas sobre esses temas seja uma preferência dos doxógrafos (originada, quem sabe, pelo interesse de Aristóteles pelas explorações mais antigas dessa problemática no texto *Sobre a reprodução dos animais*). Essa observação não deveria, vale dizer, induzir-nos a uma refutação tout court do valor dessas notícias: pode trazer algum conforto o fato de que seja fonte externa à linha da doxografia filosófica, o lexicógrafo Pólux, a atestar a formulação de doutrinas de caráter embriológico e médico até mesmo para o sofista Antifonte (87 B 34-39 DK). Não há dúvida, em suma, de que no período pré-socrático o terreno da embriologia, distante de ser apanágio exclusivo dos médicos profissionais, estaria aberto à discussão de quem quer que seja, independentemente de delimitações da disciplina.

Outras situações semelhantes emergirão aos poucos destas páginas. Contudo, deve ser mencionada aqui ainda outra categoria de autores: aqueles que escreveram sobre a própria *téchne*.[67] O mais célebre entre eles é certamente o *Cânone* de Policleto, dedicado à descrição das regras postas em jogo na execução da célebre estátua de *Doríforo*. A centralidade que a noção de simetria assume nesse escrito (tanto quanto na prática do escultor) foi vinculada a teorias pitagóricas, algo que deu a Policleto um posto entre os *Vorsokratiker* de Diels (com o número 40) e, como consequência direta, suscitou um peculiar interesse por parte dos historiadores da filosofia antiga.[68] Análogo é o caso da obra do arquiteto Hipodamos de Mileto, que viveu por volta da metade do século V. a.C., célebre pela sistematização urbana do Pireu e (talvez) de Turi, e lembrado por Aristóteles pelas suas reflexões sobre a forma de melhorar a organização política, conectadas ao problema de uma distribuição equilibrada da cidadania no território, mas também pelas vestes suntuosas e pesadas que usava mesmo no verão, como manifestações de uma expertise levada a "toda a natureza" (*Política*, II, 7, 1267b 22-1268b 25: testemunho parcialmente extraído de 39 A I DK).[69]

Deixemos de lado o problema, puramente nominalístico, se Policleto ou Hipodamos deveriam ser acolhidos ou não entre os pensadores pré-socráticos. O que se deve destacar, diante do conspícuo número de "técnicos" que refletem sobre a própria atividade (da cozinha à dietética, da luta à equitação, da medicina à pintura), às vezes com resultados de notável interesse teórico, é o pluralismo de saberes e estilos de racionalidade que caracteriza o esforço intelectual dos séculos VI a.C. e V a.C. Aliás, depois desses esclarecimentos em via preliminar, não sacrificaremos a extraordinária complexidade da situação, nem impediremos a fluidez das suas segmentações internas, ao buscarmos contornar um âmbito suficientemente unitário do saber especificamente filosófico. Será possível reconduzir, a esse âmbito, personalidades muito diversas por abordagens e problemáticas, graças a uma série de elementos significativos que, em todo caso, as unem. Um primeiro elemento — com base em sugestão de Anthony Long — pode ser entrevisto no interesse por "todas as coisas".[70] Essa fórmula, mais do que "investigação da natureza", aduzida no primeiro livro da *Metafísica* aristotélica, é apropriada para um projeto de conhecimento que não se remete apenas ao mundo físico, mas também à outra grande vertente problemática da alma e do conhecimento (que será enfrentado no quarto capítulo). Certo que "a ambição intelectual de restituir ordem ao mundo, de elaborar um discurso que possa abraçar tudo" move, desde Homero, também os poetas:[71] sobre esse ponto, os filósofos terminam por se distinguir mediante remissão a diversas fontes de autoridade (tema que será desenvolvido sobretudo no quinto capítulo). Outro traço distintivo do discurso filosófico que será com frequência destacado (em particular no segundo e no terceiro capítulos) é uma peculiar atitude crítica, exercitada tanto "verticalmente", com relação à tradição das narrativas míticas ou a formulações precedentes de um mesmo problema, quanto "horizontalmente", relativa a detentores de outro tipo de saber e defensores de diversas abordagens. Que fique claro: a crítica não é prerrogativa exclusiva dos filósofos (em igual medida, por exemplo, caracteriza o trabalho dos historiadores), mas o é em conjunção com a determinação do problema de "todas as coisas". Tentaremos demonstrá-lo a partir das cosmologias jônicas.

2.
Filosofia nas cosmogonias

Hesíodo: Massas cósmicas e pessoas divinas

Se Homero é o primeiro autor da literatura grega, Hesíodo, que viveu por volta de 700 a.C., é o primeiro que fala de si, em primeira pessoa. Em um dos seus dois grandes poemas, *Os trabalhos e os dias*, diz ter embarcado certa vez para Eubeia, onde em Cálcides deveriam ocorrer os jogos fúnebres em honra ao valoroso Anfidamante. Ali, ele tinha obtido com um "hino" a vitória em um embate poético, e como prêmio, entre tantos postos em jogo pelos filhos do nobre guerreiro, recebeu uma trípode que, depois, dedicou às Musas do Hélicon, vale dizer, "no lugar em que pela primeira vez elas me propiciaram o canto harmonioso" (vv. 650-62). O Hélicon é o monte da Beócia (região natal de Hesíodo) no qual o poeta teve a sua iniciação, como ele mesmo narra com riqueza de detalhes no proêmio da *Teogonia*: ventilou-se a hipótese de que o hino que lhe conferiu a vitória em Cálcides fosse exatamente a *Teogonia*.

Podemos olhar para os dois poemas de Hesíodo como para tábuas de um díptico.[1] *Os trabalhos e os dias*, sob a veste de um vade-mécum para a realização de uma vida de trabalho honesto, no qual a protréptica moral se entrecruza com uma série de instruções de ordem prática em diversos campos de atividade, propõem a visão de uma condição humana caracterizada pelo sofrimento e pela injustiça. As raízes dos males atuais são remetidas à criação funesta de Pandora (punição desejada por Zeus, derivada do furto do fogo perpetrado por

Prometeu em favor dos homens) ou à noção de uma decadência crescente relativa a uma idade primordial, irremediavelmente perdida, na qual vivia uma "áurea estirpe" (na dura realidade atual, que é a da idade do ferro, o único alívio dado ao homem é a fadiga do trabalho honesto). Contrasta com essa imagem a *Teogonia* (composta precedentemente, como asseguram as referências retrospectivas encontradas em *Os trabalhos*), em que, ao contrário, encontramos delineado (ou redesenhado, mediante pessoal sistematização de um patrimônio mítico, não apenas grego) um quadro das relações internas do mundo divino. Após a inicial invocação das Musas, de fato, o canto do poeta visa acontecimentos da sucessão Urano-Cronos-Zeus e da conquista do poder por parte de Zeus. Instaura-se um reino de ordem violentamente atacado — mas depois recuperado — pela enorme luta com os filhos rebeldes de Urano, os Titãs, e com o monstruoso Tifeu. O êxito final da narrativa (que prossegue com as diversas uniões de Zeus, seguidas de numerosa prole divina) é a remissão à ordem do mundo humano, sustentado pelas relações de poder estabelecidas no mundo divino.

Não há dúvida de que a operação conduzida por Hesíodo na *Teogonia* tenha tido sucesso. Seu papel determinante na sistematização do panteão grego é notoriamente reconhecido por Heródoto em uma passagem do segundo livro das *Histórias* (aquele dedicado ao Egito). Ali, Heródoto diz que antes de Homero e Hesíodo (que considera terem vivido quatrocentos anos antes) não se sabia quais eram as genealogias dos deuses ou qual era o seu aspecto: foram Homero e Hesíodo, antes de outros poetas posteriores (a alusão é a Orfeu e a Museu), a compor para os gregos uma "teogonia", conferindo epítetos aos deuses e distribuindo honras e competências (*Histórias*, II, 53). O teor geral da passagem deixa claro que Heródoto (que afirma ser seu, não derivado de mais ninguém, o juízo que exprime) colhe também a eficácia do módulo genealógico com vistas à sistematização das esferas de influência das várias divindades: esse peculiar uso da genealogia é — também para os estudiosos modernos — a fundamental contribuição de Hesíodo para a formação da cultura religiosa dos gregos.

É certo que mais elementos do quadro estabelecido por Hesíodo surgem permeados por crenças orientais. Recordemos novamente: a sequência Urano-Cronos-Zeus evoca de perto as divindades primordiais descritas no mito hitita de Kumarbi, ou o babilônico de Marduk; de resto, a luta por poder entre divindades deixa entrever, tanto em Hesíodo quanto em seus possíveis modelos, uma representação cosmogônica. Hesíodo, então, não é o primeiro a recorrer à genealogia como instrumento mais adequado para delinear — sob a forma de relações gerais — um quadro de origem do cosmos. Permanece, porém, o primeiro a dele fazer uso em terra grega, com uma ambição enciclopédica sem precedentes e a vontade de apresentar sua sistematização como *aquela justa*. Essa consciência inovadora emerge com clareza no proêmio da *Teogonia*, em que Hesíodo descreve a própria iniciação à poesia (vv. 1-115). Estava ele certo dia pastoreando junto ao Hélicon quando as Musas foram ao seu encontro; depois de terem energicamente se dirigido a ele,[2] atribuíram-lhe tal como um cetro um ramo de louro e lhe inspiraram uma voz divina para cantar tanto as coisas futuras quanto as passadas, ordenando-lhe que celebrasse sempre, no início e no fim dos seus cantos, a estirpe dos deuses. Esse convite é retomado na invocação final do proêmio, enquanto Hesíodo dirige às Musas um pedido preciso e articulado (vv. 104 ss.): suplica não só que lhe concedam um canto agradável, mas que digam "como de início nasceram os deuses, a terra, os rios, o imenso mar proceloso, os astros luminosos e o amplo céu que está no alto", e "como foram divididas as honrarias". Elas deverão dizer-lhe, "começando do início [...] o que primeiro veio à luz" (v. 115).

É aqui, após longa insistência na novidade dos objetivos e dos conteúdos, que tem início a história das gerações divinas. Ao que tudo indica, um signo de inovação é o próprio fato de que esse quadro teogônico, que quer partir dos primeiríssimos inícios, esteja aberto a uma cosmogonia no interior da qual aquelas que agirão em seguida como pessoas divinas, dotadas de psicologia complexa e vívidas emoções (medo da usurpação, ira da mãe ofendida, ódio pelo pai), venham à luz na forma abstrata de entidades cósmicas:

E então antes de tudo veio a ser Caos, e em seguida
Gaia de amplo seio, de todos sede sempre segura
dos imortais que demoram sobre o cimo do Olimpo nevado
e Tártaro nevoento nos recessos da terra de largas vias,
e Eros, o mais belo entre os deuses imortais,
separa membros, e de todos os deuses e todos os homens
doma no peito o pensamento e o sábio querer.
Do Caos, nasceram Érebo e a negra Noite,
e da Noite Éter e Dia nasceram,
que ela concebeu e gerou unindo-se em amor com Érebo.
Primeiro pariu Gaia, igual a si mesma,
Urano estrelado, para que a cobrisse toda ao redor
e que fosse sede para sempre segura dos deuses venturosos.
Gerou ainda grandes montes, graciosos abrigos de deusas
Ninfas, que habitam os montes frondosos,
e ainda gerou o mar infecundo, proceloso,
Ponto, sem o tenro amor. Mas depois,
do coito com Urano, gerou Oceano de profundos vórtices
e Coio e Crios e Hipérion e Jápeto
e Teia e Reia e Têmis e Mnemósine
e Febe de áurea coroa, e a amável Tétis.

Depois deles, mais jovem de todos, nasceu Cronos, de
[pensamento oblíquo,
o mais terrível dos filhos, odiou o potente pai. (vv. 116-38)

Esse celebérrimo trecho se presta a diversos níveis de leitura.
Aquele que de início salta à vista é o entrecruzar-se de sequências generativas, prontas a delinear as linhas essenciais do quadro em que se desenvolvem, cada vez mais numerosas, as pre-
senças divinas que habitam o mundo dos homens: não apenas
as divindades mais familiares dos cultos gregos, como Zeus ou
Afrodite, mas também personalidades que pertencem à mitologia mais do que ao culto, como os Titãs e personificações de
noções abstratas ou experiências, tanto positivas quanto ne-
gativas, como *Níke*, a Vitória, ou *Pséudos*, a Mentira. Por outro
lado, um olhar atento consegue colher nas entrelinhas do texto
alguns percursos estruturais que, ainda que não se mostrem
imediatamente evidentes, refletem seguramente uma operação cuidadosa de racionalização do patrimônio tradicional.

Em primeiro lugar, é significativa a escolha de um *cháos* originário. Ao termo não é conferido o significado de "confusão"
ou "desordem" (que se desenvolveu bem mais tarde), mas de
preferência, o de "abismo": ele tem, de fato, um vínculo etimológico com uma raiz **cha* que remete a alguma coisa que "se
abre por completo" (da mesma raiz deriva, na língua grega, o
verbo *cháino/chásko*, "abrir a boca", às vezes para bocejar, às vezes mesmo em sentido figurado). Com base nesse ponto, Cornford argumenta que o primeiro ato da cosmogonia de Hesíodo
é a separação de Urano (Céu) e Gaia (Terra).[3] Por outro lado,
se nos restringimos ao texto, Gaia nasce depois de Caos, e
Urano, em uma fase ainda posterior, da própria Gaia. Pareceria, por isso, preferível pensar que a abertura inicial de um indefinido e imenso espaço vazio seja aqui um postulado: também o tenebroso e profundíssimo Tártaro (que poderia ser uma

representação duplicada de Caos) é descrito em outra parte do poema como um abismo (*chásma*), e diz-se que nele se encontram "as fontes e os confins" de todas as coisas, da terra e do próprio Tártaro, do mar, do céu e da noite (vv. 736 ss.). Se essa interpretação é válida, estamos diante de um estado primordial caracterizado principalmente pela ausência de forma e anterior à separação de céu e terra. Em todo caso, sobre esse ponto Hesíodo se põe em linha de continuidade com os seus modelos orientais,[4] mas não só: põe-se também como uma importante passagem entre eles e o *ápeiron* de Anaximandro.[5]

Certo é que Hesíodo, ao inserir, antes de tudo, o *cháos*, diz que ele "vem a ser", enquanto Anaximandro manifestará a exigência de estabelecer, como própria ao seu caráter de princípio, a eternidade de *ápeiron*. Não se pode excluir a tese segundo a qual Hesíodo pretendia aludir a uma precondição da qual o próprio *cháos* fosse uma modificação. No entanto, seria alusão demasiado obscura, e é, ao contrário, improvável que Hesíodo seja de alguma forma "forçado" pelo seu esquema genealógico. A descrição dos processos físicos em termos de geração, de resto, terá vida longa também em seguida, no interior da especulação dos pré-socráticos sobre o cosmos. E nesse plano, se quisermos pensar em termos de desenvolvimento, Hesíodo surge como um precursor (ou, em todo caso, um mediador), no momento em que faz nascer, depois de Caos, em paralelo com Gaia e com o Tártaro, um Eros cósmico, cuja função é acompanhar a união entre Noite e Érebo, ou entre Gaia e Urano. Parmênides, de fato, confiará a Eros um papel análogo na segunda parte do seu poema (tal como se extrai do fr. 13), e Empédocles jogará com a contraposição entre Amizade e Discórdia como as duas forças das quais dependem o agregar-se e o desagregar-se dos quatro elementos. Não surpreende que Aristóteles leve em consideração essa consonância no seu quadro de desenvolvimento da teoria da causalidade.[6]

Outros elementos indicam que Hesíodo, mesmo no interior do paradigma genealógico, imprimiu esforço considerável para compor o próprio material em um quadro de complexas relações entre as várias partes do cosmos. Após a primeira fase, em que nasce Caos, e logo depois Gaia (com Tártaro e com Eros), de um e de outro derivam duas linhas diversas e paralelas. De Caos germinam, de acordo com uma relação de semelhança, entidades informes como Érebo (que designa uma obscuridade genérica) e Noite; e depois, da união entre Érebo e Noite, segundo um mecanismo de oposição, Éter (luminosidade difusa) e Dia. Essa progênie não possui "história", no sentido de que não se prolonga em conflitos e acontecimentos de indivíduos antropomórficos, com resultados concretos no curso do tempo: esse é, ao contrário, privilégio da descendência de Gaia.[7] Ela gera Urano por partenogênese (como seu oposto específico) e, então, as Montanhas e o Mar (segundo um processo de autoespecificação). Depois da diferenciação Gaia-Urano, pode ocorrer sua integração, por meio da união da qual nascem Oceano (símbolo de unidade na diferenciação, na medida em que une os genitores na linha do horizonte) e os outros Titãs. Com o último nascimento, o de Cronos, têm início os notórios acontecimentos ao longo dos quais as forças cósmicas assumem uma fisionomia progressivamente mais pessoal, que desembocam na ordem de Zeus. Podemos, assim, entrever um itinerário completo do informe ao plenamente formado (de Caos a Zeus), que compreende vários subitinerários, do negativo ao positivo (da obscuridade à luz), do que possui forma (Gaia) às suas sucessivas especificações (tudo o que nasce de Gaia).

Há algo de lógico nessa cosmogonia. Ela é o produto, mais do que de um processo mitopoético, de uma vontade sistemática e de uma reflexão inovadora. Essa constatação justifica plenamente o juízo de dois grandes estudiosos do pensamento grego arcaico e clássico a respeito de Hesíodo como um "pensador produtivo" e como uma "personalidade especulativa" fundamental para a "pré-história da filosofia grega".[8] Por outro lado, por volta daquela mesma época, um Cornford envolvido com o problema do *principium sapientiae* preferia inserir Hesíodo no quadro de suporte do imaginário mítico oriental: nele, como vimos no capítulo precedente, o filtro do racionalismo de Hesíodo tendia a ser considerado como um véu exterior, realmente incapaz de ocultar a vitalidade da herança mítica. É evidente que avaliações assim divergentes são possíveis porque uma e outra medem a relevância filosófica de Hesíodo a partir de uma perspectiva resultante de abstração: e desse ponto de vista, Hesíodo será sempre uma garrafa ou meio cheia ou meio vazia, de acordo com o ponto de vista do observador. Entretanto, outros são os critérios que se deve pôr em movimento — já tínhamos antecipado — para individuar o momento em que a "garrafa da filosofia" começa a se encher.

Anaximandro em um mundo "sem deuses"

As fontes antigas situam a maturidade de Anaximandro de Mileto (aquela que, em termos antigos, se denominava *akmé*, ou "florescimento") a menos de quarenta anos daquela de Tales, por volta da metade do século VI a.C. O *floruit* do terceiro famoso milesiano, Anaxímenes, pode ter sido imediatamente sucessivo, por volta de 550 a.C. e 540 a.C. A tradição biográfica helenística põe os três pensadores em relação precisa de sucessão: Anaximandro teria sido "ouvinte" e aluno de Tales, como Anaxímenes, por sua vez, de Anaximandro. A existência de vínculos de escola não é provada antes da era helenística, e menos ainda encontra confirmação nos escassos textos conservados de Anaximandro e Anaxímenes: certamente, então, é fruto de uma construção erudita, estimulada pela constatação — para além da pátria comum — do comum interesse cosmológico. Pode-se presumir que, em contextos comunicativos hoje dificilmente determináveis, um conhecesse as ideias do outro, e que as levasse em consideração ao conceber as próprias; em todo caso, as modalidades desse processo, que tentaremos esclarecer mais adiante, não parecem pressupor um programa de transmissão "institucional" do saber.

O ponto de partida mais favorável para a nossa análise é representado por Anaximandro, cujas doutrinas podemos reconstruir com alguma segurança, combinando as indicações da tradição indireta com o exame do maior fragmento que chegou aos nossos dias. É muito dúbio que Anaximandro tenha adotado o termo *arché* como designação formal de "princípio". Parece certo, em vez disso, que tenha reconduzido o nascimento do cosmos a uma entidade chamada *ápeiron*: termo formado por *a* (alfa) "privativo" e *péras* (limite), que indica algo de "ilimitado", por extensão tanto temporal quanto espacial e, ao mesmo tempo, qualitativamente indeterminado. Do *ápeiron*, de acordo com Anaximandro, destaca-se inicialmente um núcleo gerador de calor e frio, e dele, segundo uma sequência progressiva, distinguem-se aos poucos as diversas massas que assumem no cosmos um lugar determinado próprio. A terra, imaginada como um tronco cilíndrico (cujo diâmetro da base equivale ao triplo da altura), põe-se no centro e ali permanece em equilíbrio porque, graças à sua "equidistância de todas as coisas", "não é dominada" por nenhum fator que a empurre em uma ou em outra direção: pode-se deduzir que, enquanto o *ápeiron* se expande infinitamente em todas as direções, o mundo no centro de onde ela se encontra tem a forma esférica. A solução dada ao problema da estabilidade da terra é muito interessante em si (seria possível ver a aplicação de um princípio físico de razão suficiente), e pode ter surgido da reflexão sobre a ideia de Tales segundo a qual a terra flutua sobre a água, e da fundamental objeção daí derivada: O que sustentaria, no caso, a própria água?[9]

Mesmo a teoria dos corpos celestes é engenhosa. Ela devia servir para explicar problemas centrais para a astronomia do tempo (eclipses, definição dos solstícios e dos equinócios, fases da lua): os interesses astronômicos de Anaximandro refletem-se ademais na notícia antiga (do *Suda*) de que teria sido ele a introduzir na Grécia um instrumento essencial como o gnômon (eixo vertical cuja sombra indica a direção e a posição do sol). Ora, de acordo com a descrição de Anaximandro, no curso do processo cosmogônico um estrato de atmosfera adere à terra e, ao redor dele — como uma casca ao redor de uma árvore —, uma ulterior camada de fogo, que sob a pressão do ar se divide em mais círculos de vapor. As estrelas, a lua e o sol correspondem a diversas aberturas no ar atmosférico, através das quais se entrevê o fogo, como por meio de um "tubo" (fr. 4). Curiosamente, estrelas, lua e sol estão dispostos em uma sequência de distância crescente da terra: sequência que não tem correspondência com nenhum outro sistema astronômico grego e que, em vez disso, foi referida por Burkert nos documentos de uma tradição religiosa do Irã, de caráter xamanista, na qual estrelas, lua e sol figuram como estações sucessivas da viagem da alma rumo ao Paraíso. Burkert valorizou esse indício de dependência do Oriente e, mesmo admitindo que o esquema religioso estrangeiro tenha sido "transposto" por Anaximandro em nova linguagem, aduziu motivos para afirmar que a filosofia grega nasceu, em todo caso, como "religião da natureza".[10] Nada, entretanto, obriga a pensar que a sequência estrelas-lua-sol mantivesse no quadro de Anaximandro o significado místico que pudesse ter tido no início, e alhures. Em princípio, nada impede que um particular elemento derivado assuma significado completamente diverso no interior de uma estrutura nova, em especial se teoricamente complexa.[11]

A propósito especificamente da disposição dos corpos celestes, há outro dado importante que se deve levar em consideração: de acordo com alguns testemunhos, Anaximandro teria dito que a distância entre a Terra e as órbitas de estrelas-lua-sol se põe em termos de 9-18-27 vezes o diâmetro da terra. É uma ideia, como evidente, que não dispõe de nenhuma base empírica, mas é significativa quanto a uma peculiar preocupação de simetria e equilíbrio cósmico. Vimos já a mesma preocupação a propósito da abordagem ao problema da forma e posição da Terra; encontramos prova disso na grandiosa formulação do fragmento 1:

De onde surgem as coisas que são, aqui tem lugar também a sua destruição, segundo a necessidade: elas, de fato, cumprem a pena e o preço da injustiça, e vice-versa, de acordo com a disposição do tempo.

A imagem da disputa judiciária representa com grande eficácia as modalidades da relação conflituosa entre as coisas que surgem do *ápeiron*. Anaximandro não parece possuir uma noção abstrata de opostos, como calor e frio, seco e úmido, ao menos não no sentido que se tornará canônico no esquema aristotélico de explicação dos processos físicos. As "coisas" das quais fala o fragmento são provavelmente substâncias naturais em que se combinam os aspectos de matéria, força e qualidade física.[12] São substâncias como vento ou água, ou vapor, ou fogo, que surgem para entrar em competição incessante: uma pode, por vezes, prevalecer sobre a outra, mas isso configura um ato de injustiça que deve ser reparado em determinado limite de tempo. Essa sucessão obrigatória de injustiça e sanção se manifesta, por exemplo, na variação regular das estações, na alternância dia/noite ou no ciclo da água que evapora do mar para retornar à terra sob forma de chuva.

Nas palavras de Anaximandro, podemos, então, ver a primeira afirmação de uma lei cósmica permeada por um princípio de equilíbrio dinâmico.

Voltemos agora à cosmogonia de Anaximandro, para destacar que ela desemboca não numa luta entre indivíduos divinos, mas no nascimento da vida animal e humana. Já esse fato pode ser interpretado como uma superação das narrativas míticas. Nenhum Prometeu, que fique claro, também nenhum Deucalião e nenhuma Pirra salvos de um dilúvio. Ao longo de um itinerário gradual, das origens ao mundo presente, o nascimento do gênero humano se dá sem saltos de continuidade nem criadores divinos: aliás, ele é relatado como a continuação daquelas mesmas modalidades de interação entre fatores físicos que determinam as transformações do cosmos desde as suas origens. É notável que mesmo na tradição indireta tenham se conservado traços do papel atribuído ao fator tempo na regulação do devir. De acordo com Anaximandro, de fato, os primeiros animais teriam nascido da umidade aquecida pelo sol: envolvidos por cascas espinhosas, "com o avançar da idade" teriam migrado para a terra firme (talvez também por um progressivo ressecamento da superfície terrestre) e sobrevivido "por breve tempo" por causa da ruptura da casca no novo ambiente. É implícito que outros animais mais adaptados ao novo habitat tenham, então, nascido. Os homens, depois, teriam se desenvolvido no ventre de certo tipo de peixe, no interior do qual teriam ficado protegidos e nutridos até o momento em que puderam cuidar de si próprios em terra firme.[13]

O equilíbrio das coisas e das espécies não parece ser algo imanente ao mundo. Depois de ter determinado os primeiros movimentos das massas cósmicas, o *ápeiron* continua a regular as transformações no mundo atual. Em outras palavras, ele é o princípio não apenas por ter dado origem a um mundo ordenado, mas também por continuar a "circundar todas as coisas e governá-las todas" (Aristóteles, *Física*, III, 4, 203b 6 = 12 A 15 DK).[14] Seu poder soberano é exercitado para garantir que nenhum dos princípios constitutivos do mundo ultrapasse os limites de um predomínio provisório a ponto de se impor aos outros: uma função que se aproxima daquela do médico hipocrático, que garante ou restaura o equilíbrio de poderes no corpo — com frequência ameaçado pelo predomínio de um em detrimento dos outros —, no qual consiste a saúde do indivíduo.[15] Por isso, ainda que o *ápeiron* possa ser devedor do *cháos* de Hesíodo, afasta-se dele em um ponto fundamental: sua supremacia não é substituída nem substituível, enquanto ao *cháos*, como sabemos, sucede no presente o governo de Zeus (e a trama da *Teogonia* serve, justamente, para reconstruir esse intrincado processo).

O *ápeiron* não possui conotação pessoal: são elementos que participam dos acontecimentos do devir. Como no caso da água de Tales, os elementos de compreensão do mundo que nos cercam são buscados em dado material e objetivados, retirados do ambiente das personificações divinas. Todavia, diferente da água de Tales (como do ar de Anaxímenes), o *ápeiron* não é substância imediatamente reconhecível no mundo fenomênico, nem está presente nas coisas como seu princípio constitutivo. Sua natureza é, de preferência, inferida na teoria da necessidade de postular uma entidade perfeitamente neutra, graças ao seu caráter "outro", relativo ao conflito cósmico. Esse conflito, ademais, encontra explicação redutivista: onde o mundo de Hesíodo pulula de figuras divinas, Anaximandro reconduz a variedade dos fenômenos à interação de um número limitado de fatores (essencialmente dois: o quente e o frio), prestando atenção em sua modalidade de relação.

Anaximandro falou, em termos definitivos, simplesmente de sol, lua, estrelas, assim como falou de "ilimitado" e de "coisas que são". O uso de expressões como *to ápeiron* ("o ilimitado") e *ta ónta* ("as coisas que são", do fr. 1), que são, respectivamente, substantivações de um adjetivo e de um particípio, é significativo. A substantivação, com o auxílio do artigo determinado, responde de fato a uma possibilidade peculiar da língua grega, favorável a processos de abstração e conceitualização.[16] A desantropomorfização da natureza passa também por uma busca de transparência linguística: uma busca por "clareza" que (como Aristóteles demonstrou ter entendido bem a propósito de Tales) não é mero fato formal, mas substancia a elaboração de novos conteúdos. E a novidade fundamental do discurso cosmológico de Anaximandro encontra-se numa noção de ordem física que, diversamente do que acontece na visão de mundo de Homero e de Hesíodo, não depende da presença e/ou da intervenção de figuras divinas.

Esse desenvolvimento é reflexo e parte de um processo mais amplo de "secularização" da sociedade grega arcaica. Na fase de formação e consolidação do tecido da pólis, com a necessidade de complexas técnicas de procedimentos e de decisões e de uma atenta regulação legislativa das relações econômicas e de poder entre as classes, as modalidades de manutenção da ordem social se separam progressivamente da referência ao sobrenatural.[17] Essa situação é bem retratada na obra de Sólon, cujos versos manifestam a evidente consciência de que a vida de uma comunidade política tem uma lógica imanente própria. No fragmento 11, por exemplo, Sólon deplora os concidadãos que se submeteram a Pisístrato, lembrando-lhes que não são os deuses, mas os homens os responsáveis pelas próprias desventuras: "se sofrestes desgraças por causa de vossa maldade, não as imputeis aos deuses" (vv. 1-2). Em particular, na longa elegia denominada *Sobre o bom governo* (*Eunomía*), Sólon insiste no fato de que são a prepotência e a arrogância dos homens as responsáveis pela destruição da cidade:

[...] nossa cidade nunca será destruída por um destino
desejado por Zeus ou por planos de beatos deuses imortais,
pois uma tal magnânima protetora, filha de um potente
[senhor,
Palas Atena, tem suas mãos sobre nós.
São esses que, aos quais nada importa, querem destruir
[uma grande cidade,
os cidadãos que cedem às riquezas,
e a mente injusta dos governantes: aos quais incumbe,
devido à sua grande prepotência, sofrer muitas penas. (fr. 4,
vv. 1-8)

Sólon é homem religioso, e Atena resta para ele a protetora
da cidade: mas ela não protege os homens deles mesmos. Sólon nega precisamente aqueles aspectos da presença dos deuses no mundo, intencionalidade e responsabilidade, que eram
centrais no horizonte de Homero e Hesíodo. A seus olhos, a
salvação de Atenas pode ser conquistada apenas com um governo sustentado pela justiça, que imponha limite à *hýbris* dos
ricos. De maneira coerente, Sólon inspirou sua obra de re-
formador nessa visão da pólis como estrutura ordenada, que
é responsabilidade dos seus habitantes, não sujeitos a vonta-
des externas. A escolha de um diagnóstico *interno* dos males
da cidade, com consequente identificação dos remédios a ser
ministrados, é o que faz de Sólon um *pensador político*.[18] No
entanto, aqui importa destacar sobretudo a afinidade entre
essa abordagem aos problemas da pólis e a perspectiva "sem
deuses" na qual Anaximandro, no mesmo período, situa a
sua explicação sobre o cosmos. Mileto, tão distante de Atenas, ainda é uma cidade grega, que passa por mudanças não
diferentes (trataremos melhor desse ponto no próximo capítulo). É lícito pensar que a problemática viva da racionalidade
e da regularidade da ordem social tenha contribuído para o

desenvolvimento de uma nova concepção do mundo da natureza, centrada em noções de equilíbrio e simetria.

Vale dizer que a postura dos pré-socráticos relativa à presença do divino na natureza está longe de traduzir-se em refutação racionalista. É indicativo que, se repassamos os índices da edição de Diels e Kranz, poucas palavras são mais recorrentes do que "deus". Aristóteles atribui a Tales a máxima "Tudo está cheio de deuses", vinculando-a à ideia de que no universo inteiro encontra-se misturada a alma, entendida como princípio de movimento. A conexão é estabelecida em termos duvidosos, como assinala aquele *ísos* ("talvez") que é uma espécie de marca da abordagem de Aristóteles à obra do "primeiro filósofo" (*De anima*, I, 411a 7 = II A 22 DK):[19] evidentemente, já no século IV a.C., a sentença era transmitida sem um contexto necessário à sua compreensão. Não surpreenderia se Tales tivesse desejado exprimir naquela forma de constatação do poder de movimento manifesto no universo algo de divino, graças à presença nele de alguma forma de *psyché* imortal. Menos incerta é, em todo caso, a posição dos outros dois milesianos. O *ápeiron* de Anaximandro parece portar atributos tipicamente divinos, como a ausência de velhice, a imortalidade, a indestrutibilidade (fr. 2 e 3), e é presumível que mesmo Anaxímenes atribua caráter divino ao elemento que identifica como *arché* ou origem das coisas existentes, vale dizer, o ar: respiro e ar circundam o mundo segundo nossa alma, que, feita de ar, nos mantém unos (fr. 2).

A frequência de afirmações sobre a divindade do princípio no pensamento pré-socrático levou Werner Jaeger a sustentar uma célebre tese: os primeiros pensadores gregos se empenharam — alguns com ambição de reformadores religiosos — na construção de uma espécie de "teologia" da natureza. Essa tese deve ser lida com algumas reservas.[20] Em primeiro lugar, é sim lícito falar de "teologia" na medida em que nos encontramos diante de reflexões dedicadas à natureza dos deuses ou à validade das crenças. Nesse sentido, pode-se atribuir um pensamento teológico a vários pré-socráticos: Xenófanes, por exemplo, por conta das suas críticas à representação dos deuses nos mitos; ou Heráclito e Empédocles, pelas numerosas referências a práticas religiosas contemporâneas, que se inserem — para ambos — em uma profunda reflexão pessoal sobre a ideia do divino; talvez também Parmênides, por apresentar o próprio discurso sob a égide de uma revelação religiosa. Diverso é o caso de um discurso sobre a natureza também elaborado em chave teísta ou panteísta se o "divino" se apresenta não como objeto direto da investigação, mas como seu "efeito colateral". Essa distinção ajuda a entender como Platão, no décimo livro das *Leis*, pôde ignorar as várias caracterizações divinas dos princípios dos naturalistas e lançar sua censura sobre o conjunto dos pensadores precedentes por terem visto na natureza não mais do que elementos materiais e o acaso, negando a existência dos deuses (888e-889b). Em uma perspectiva análoga, Aristóteles define a investigação de Tales e dos seus sucessores como *physiologhía*, isto é, como um "discurso sobre a natureza" (*phýsis*), distinguindo-a claramente da *theologhía*, que antes do próprio Aristóteles, e da fundação por ele operada de uma ciência racional do divino, é simplesmente o "discurso sobre os deuses" de poetas como Homero e Hesíodo. Em termos importantes, Aristóteles não considera contraditório o uso que os próprios pensadores fazem da referência ao divino: é sempre ele a nos informar, ao tratar do *ápeiron* de Anaximandro, que "a maior parte dos *physiológoi*" atribui ao princípio do qual as coisas se geram e para a qual retornam as características da imortalidade e da indestrutibilidade, o que equivale a identificá-lo com "o divino" (*Física*, III, 4, 203b 10-15).

Platão e Aristóteles registram em suas convicções um ponto real e crucial da tradição de pensamento precedente.

O *horizonte explicativo* do estudo da natureza, com efeito, tendia a afastar a intervenção de personalidades divinas. Se tomamos, por exemplo, os terremotos, eventos que por sua excepcionalidade e sua violência eram tradicionalmente atribuídos a ações sobrenaturais (um movimento do tridente de Poseidon, em Homero), temos que Tales os via como o efeito de bruscos movimentos da terra flutuante sobre a água (11 A 15 DK), enquanto Anaxímenes os atribuía a fraturas produzidas pela súbita aridez da crosta terrestre (13 A 21 DK; cf. A 7, 8 DK). No interior da noção de natureza que a partir de Tales se elabora, não é mais necessário buscar alhures a explicação dos eventos: a própria natureza, por onde perpassa certo poder divino, inspira uma reverência tradicionalmente reservada ao deus.

A invenção do cosmos

Algum tempo depois, por volta de 500 a.C., Heráclito declara sem possíveis equívocos que "esta ordem cósmica (*kósmos*), a mesma para todos, não a fez nenhum dos deuses nem dos homens, mas sempre foi, é e será fogo sempre vivo, que se acende segundo medida e segundo medida se apaga" (fr. 30).

Para Heráclito, substância de todas as coisas é o fogo, um elemento físico capaz de atravessar com sutileza e mobilidade o processo incessante de um devir no qual ora se acende, alimentando-se dos outros elementos (água e terra), ora neles se extingue, mas assegurando a permanência em qualidade e quantidade das partes do mundo, colocando-se como razão (*lógos*) e medida (*métron*) da transformação. A ideia de um fogo "sempre vivo" permite a Heráclito um movimento inédito: a sua cosmologia não precisa de uma cosmogonia; a medida do devir — que é fogo — é eterna, e o mundo sempre foi aquele complexo ordenado que conhecemos. Ainda mais notável é que aqui, provavelmente pela primeira vez, o universo é designado como *kósmos*: um termo que na língua grega, desde Homero, tem o significado primário de "ordem" e "boa disposição" em sentido ético e estético (às vezes se pode traduzir por "ornamento", com uma conotação que se mantém fiel até o nosso "cosmético"), e não apresenta um vínculo imediato com o âmbito da natureza: essa ligação, pelo que atesta a tradição, parece ter sido estabelecida por Heráclito.[21]

A Anaximandro se deve, como vimos, a identificação da ordem como característica intrínseca do universo: mas o texto de Heráclito é marcado pela clareza com relação a esse ponto, e por um peculiar traço seu de polêmica. Tensão similar, não por acaso, é usada mais tarde por aqueles médicos da tradição hipocrática que conduzem um cerrado ataque à medicina de orientação religiosa e mágica em nome de uma nova visão da doença. Pensemos em como o autor do tratado *Mau sacro*, entre os séculos V a.C. e IV a.C., desacredita os expoentes de uma medicina mágica ("magos, purificadores, charlatães e enganadores") que reduzem a epilepsia a uma punição divina e prescrevem purificações e encantamentos de cura (o mais antigo precedente desse esquema explicativo é entrevisto na *Ilíada*, quando Apolo atinge os aqueus com a peste). O médico hipocrático afirma, ao contrário, que essa doença "tem uma causa natural como as outras doenças" (uma obstrução dos vasos cerebrais, que atinge sobretudo os indivíduos de constituição fleumática), e não é mais divina do que as outras: ou ainda, todas o são, porque divina é a própria natureza em todas as suas manifestações (caps. 1 e 2).

Mais ou menos no mesmo período, o autor de *Ares águas lugares* (o célebre escrito dedicado à influência do ambiente nas características psicofísicas das populações da Ásia e da Europa) enfrenta com análoga disposição o problema da difusão da impotência entre os citas. Ela era tradicionalmente atribuída à ira de Afrodite causada pela destruição de um templo dedicado a ela: o médico, em vez disso, sustenta que "não há doença mais divina ou humana, mas todas são iguais e todas divinas", e "todas têm características naturais" (o problema dos citas, então, não diz respeito a todos, mas aos mais nobres, pelo inchaço das articulações causado pelo andar a cavalo, cap. 22).

Nesses textos, como se vê, a referência a entidades divinas é rejeitada porque implica a aceitação de uma intervenção obscura e sobrenatural, para a qual quem cura deve exercitar ações de persuasão (com a oração) ou pressão concreta (por meio de atos mágicos de diversos tipos). As manifestações da própria natureza, aliás, são declaradas divinas enquanto se revelam segundo uma estrutura muito regular, e por isso compreensíveis: o médico hipocrático proclama sua capacidade de identificar as causas da doença e de propor os remédios mais adequados em termos puramente físicos e fisiológicos.[22] Ora, se olhamos com atenção, as linhas essenciais dessa visão da natureza foram esboçadas no quadro das cosmologias jônicas. Nos ilustres pontos da reflexão hipocrática que citamos, encontra sua elaboração mais madura uma concepção central do pensamento grego, à qual, desde o início, também os naturalistas deram sua contribuição, mesmo que de forma não tão explícita: trata-se da noção geral de natureza (*phýsis*) como âmbito que compreende todos os fenômenos do mundo, que podem ser explicados de acordo com processos materiais marcados por regularidade interna, sem reivindicar a ação externa de uma entidade divina.

Eis que a noção de natureza não estava simplesmente ali, à espera de ser descoberta: ela foi, antes, *construída*, como um passo de uma específica estratégia cultural. Como bem observou Lloyd,

alguns entre aqueles que insistiam na categoria do natural a utilizavam para demarcar e justificar a própria metodologia, em oposição àquelas de rivais que eles esperavam de qualquer forma vencer [...]. Alguns autores hipocráticos [...] utilizavam a natureza para excluir qualquer possibilidade de uma interferência *sobre*natural no âmbito das doenças. A noção do natural lhes era cara exatamente porque permitia criar um contraste entre a sua prática médica e aquela da concorrência.[23]

Não há dúvida de que por volta do final do século v a.C. o termo "natureza" abarca completamente aquele terreno investigativo definido pela referência a um modelo de regularidade "do qual os naturalistas, os *physikói*, se apropriaram".[24] Incerta é, no entanto, a tarefa de determinar as etapas iniciais desse processo de apropriação. As modalidades do debate intelectual podem ser identificadas e estudadas, segundo Lloyd, apenas onde há tomadas de posição explícitas dos atores da discussão (como é exatamente o caso dos escritos hipocráticos supracitados). Mesmo as omissões contam, quando não são simplesmente fruto do acaso. E deve contar o fato de que a compacta tradição sobre Anaximandro não faz menção à intervenção de deuses no mundo físico: porque, tal como concebido por ele, o mundo não precisa de deuses (ao menos não dos deuses olímpicos: falaremos melhor sobre o estatuto soberano do *ápeiron* nas próximas páginas). O trabalho sobre uma ideia de ordem natural, que logo será reivindicada abertamente por Heráclito, devia ser já um objetivo *consciente* de Anaximandro. Decerto, se estabelecermos um confronto com um debate entre médicos, imediatamente justificado em termos de rivalidade profissional, deveremos admitir que não é muito claro que papel profissional um Anaximandro ou um Heráclito reivindicavam *para si próprios*. Por ora, deixemos de lado essa interrogação, para sublinhar que com suas teorias eles certamente se voltaram *contra* outros: contra Hesíodo, por exemplo, e, em geral, contra uma tradição de cosmogonias permeadas por referências de caráter religioso.

O horizonte das teogonias

Recordemos uma vez mais: a narrativa da *Teogonia* de Hesíodo é útil para a construção do panteão olímpico, cuja ordem, regida por um Zeus que se impõe a Cronos e, então, à monstruosa força de Tifeu e dos Titãs, apresenta-se como projeção da ordem cósmica. Nesse sentido, o poema de Hesíodo poderia ser lido como um hino a Zeus. Não temos elementos que permitam postular para ele um vínculo formal com a prática ritualista, como sucede com o *Enuma elish*. Aqui, o herói e soberano dos deuses, Marduk, que derrotou o monstro Tiamat, é autor de um ordenamento do tempo e do espaço que o canto sobre os seus feitos queria periodicamente renovar no ritual mesopotâmico das festas de Ano-Novo. Certo, não se pode excluir que a *Teogonia* tenha sido composta no contexto de jogos fúnebres, em honra a Anfidamante, e, então, para uma ocasião ritual: na Grécia arcaica as cerimônias religiosas deviam oferecer ainda os lugares mais adequados para hospedar recitações de conteúdo teogônico. Em todo caso, um elemento que une os aspectos cosmogônicos dos dois textos (mas caracteriza, por exemplo, também a criação descrita no Gênesis) é que o estado primordial é concebido como um amálgama indistinto, que requer trabalho de organização. Em ambos, ademais, assume importância central a identificação de um princípio ordenador que intervém em um segundo momento, e que possui traços de um deus soberano. A narrativa das adversidades que o divino autor da ordem teve antes de enfrentar, então, é necessária para a legitimação do seu poder.

Em um memorável ensaio, Jean-Pierre Vernant entreviu nessas cosmogonias mitos "de soberania". De acordo com ele, a estruturação do mito babilônico da criação (mas também de outras teogonias documentadas em âmbito fenício e hitita) explica-se com sua dependência de um ordenamento social e político governado por uma figura real. Análoga é a teogonia de Hesíodo, que manifesta a sobrevivência de uma concepção forte de soberania, mantenedora da ordem cósmica e social, que remete ao período micênico. No entanto, após a queda da monarquia micênica, perdeu-se o sentido dessa concepção, bem como dos rituais da realeza aos quais estava vinculada. Essa separação entre o mito e o ritual, ademais, confere a Hesíodo uma relativa autonomia no modo como lida com o seu material e, em particular, produz certa tensão "naturalística" em sua cosmogonia. Todavia, "malgrado o esforço conceitual que ali se nota, o pensamento de Hesíodo resta prisioneiro do seu quadro mítico".[25] Do quadro mítico das hierarquias divinas Hesíodo teria podido escapar apenas se tivesse tido a capacidade de representar o universo como um *kósmos* regido por uma lei de equilíbrio e simetria. Segundo Vernant, ao contrário, Anaximandro se mostra dotado dessa capacidade no momento em que: a) repudia o caráter "monárquico" próprio do mito; b) desenvolve a ideia de que o princípio regulador do universo está presente desde o início, levando a coincidir no *ápeiron* o princípio temporal e o princípio da ordem do universo. "Para o físico, de fato, a ordem do mundo não pode ter sido instaurada em dado momento por obra de um único agente: imanente à *phýsis*, a grande lei que rege o universo devia estar já presente, de qualquer modo, no elemento originário, do qual o mundo pouco a pouco vem à luz."[26]

Essa interpretação teve o mérito de demarcar, graças à remissão a um quadro histórico específico, uma separação importante entre cosmogonias míticas e filosóficas, na medida em que as primeiras surgem modeladas por uma ordem social dominada por uma figura soberana e as outras, de

Anaximandro em diante, orientadas por uma nova ideia de equilíbrio que é emanação direta, segundo Vernant, da experiência da nascente cidade grega. No interior desse quadro, a filosofia nasce como cosmologia e é filha da pólis. Não será inútil tecer, desde agora, algumas observações relativas a essa tese fundamental, à qual nos referiremos mais de uma vez.

Aqui, então, torna-se central a leitura de uma passagem do livro XIV da *Metafísica*, no qual Aristóteles registra uma posição comum dos teólogos em relação ao problema da ordem cósmica (o próprio Vernant se vale dessa passagem em sua argumentação, ainda que faça uma breve alusão a ela). Recordemos que no livro XII da *Metafísica*, ao refletir sobre a natureza do primeiro motor do universo, Aristóteles afirma que ele sempre esteve em ação porque, se em algum momento tivesse sido potência de algo, capaz de passar, então, de potência a ação, ter-se-ia a possibilidade de que o movimento não viesse a ser (e o mundo não pode ser, no entanto, produto contingente). Teriam ignorado essa dificuldade tanto os *theológoi*, que fazem derivar o universo da noite, quanto os *physikói*, que postulam uma primeira fase de confusão, na qual "todas as coisas estão reunidas" (como Anaxágoras), pois nem um nem outro aduziu uma causa já em ação, capaz de explicar o início do movimento (XII, 1071b 23). No decorrer do livro XIV, o problema é enfrentado em termos teóricos substancialmente análogos, mas a mudança de objetivo (uma crítica à concepção do bem sustentada, entre outros, por Espeusipo) provoca um ajuste no curso da polêmica e, com Espeusipo, se tornam alvos essencialmente os teólogos (enquanto os naturalistas, como veremos adiante, escapam ao ataque). E nesse ponto a formulação de Aristóteles se apresenta de modo particularmente interessante. De fato, ele põe o problema da relação entre o princípio da geração e o do bem (se coincidem ou se o bem nasce apenas em um momento sucessivo), e nota que os "antigos poetas", "os teólogos", concordam com aqueles contemporâneos para os quais "o bem e o belo se manifestam sós enquanto a natureza dos seres já avançou em alguma medida". Eles sustentam, de fato, que "reinam e ocupam posição de governo não os que se encontram na origem [*basiléuein kai árchein... ou tous prótous...*], como Noite, Urano, Caos ou Oceano, mas Zeus: todavia são levados a essas afirmações pelo fato [de considerarem] que muda a identidade daqueles que possuem o governo dos seres [*diá to metabállein tous árchontas ton ónton*])" (XIV, 4, 1091a 33-b 8).

Aristóteles, então, unifica sob o signo da derivação de um princípio que é primeiro, mas não definitivo, concepções cosmogônicas de âmbitos diversos. A geração do mundo por Oceano era sustentada, como sabemos, no texto homérico, enquanto Caos atuava como princípio originário em Hesíodo. No que diz respeito à Noite (Nix), ela entrava com poder primordial e supremo, para além de contextos órficos,[27] em uma *Teogonia* atribuída a Museu, assim como naquela de Epimênides de Creta. Vale a pena lançar um olhar mais cuidadoso sobre esta última. Epimênides é personagem semilendário — dotado, segundo a tradição, de capacidades proféticas e milagrosas, atribuídas a poderes xamanistas —, que a presumível datação de um episódio histórico do qual teria sido protagonista (a purificação de Atenas após um sacrilégio) induz a situar no século VII.[28] A julgar pelos fragmentos que restaram, seu poema era, por um lado, próximo ao de Hesíodo e, por outro, do orfismo. Uma posição primária era confiada, de fato, a um casal constituído por Ar (Aer) e Noite (Nix): dele nascem Tártaro e dois Titãs, e da sua união um ovo do qual nasce a geração sucessiva. Provavelmente nesse ponto entram em cena Urano e Gaia, e, então, o filho Cronos e, por fim, Zeus: nessa *Teogonia*, provavelmente, situava-se também a lenda cretense dos Curetes, que, em segredo, cuidavam de Zeus na caverna do monte Ida.

É pouco provável que o Ar de Epimênides possa ser visto como uma antecipação do elemento físico que, segundo Anaxímenes, dá origem a todas as coisas por meio de condensação e rarefação. Ele é, de preferência, a "neblina, parte obscura e densa da atmosfera", e com Noite e Tártaro delineia a imagem de uma "realidade primigênia noturna e obscura". Também em Epimênides atua o "primado do obscuro" do qual vimos variantes em Hesíodo e no interior do orfismo.[29] Ademais, mesmo em Epimênides o poder das forças cósmicas cede ao das divindades pessoais, o módulo da genealogia domina e os acontecimentos entre os deuses ocultam os eventos do mundo natural. Aristóteles, então, tocava num ponto importante enquanto entrevia no papel privilegiado da Noite, ou de outros princípios semelhantes, um traço unificador do discurso dos "teólogos". Com efeito, conferir importância primordial a potências como a Noite ou o Caos pode parecer uma resposta "teológica" ao problema das origens, ao menos na medida em que é, em si, uma resposta parcial, que requer como corolário a intervenção de um deus proveniente da esfera da luz, capaz de garantir, como soberano, a ordem presente.

Se a leitura proposta para a passagem da *Metafísica* pode, por um lado, confirmar as linhas gerais da interpretação de Vernant, por outro autoriza uma correção pontual dela. Aos olhos de Aristóteles, o que caracteriza as cosmogonias dos teólogos não é em si o elemento da realeza, mas o fato de uma função ordenadora ser atribuída apenas a quem, em um segundo momento, sai vitorioso de um embate entre poderes. Diversamente disso, o "ilimitado" de Anaximandro e os princípios cósmicos de outros pré-socráticos são invariavelmente permeados por conotações de soberania.[30] O próprio Aristóteles atribui ao *ápeiron* a função de "acolher" e "governar" o todo, em termos que não deixam dúvida sobre o fato de que a imagem da soberania continua a atuar, na representação da supremacia do princípio, mesmo quando evocados fundamentos de ordem presentes desde a origem (*Física*, III, 4, 203b 7).

Em conclusão, a novidade de Anaximandro não parece residir tanto no primeiro ponto destacado por Vernant (o repúdio de um vocabulário "monárquico", mais aparente do que real) quanto no segundo: vale dizer, na superação de uma lógica de sucessão desordem-ordem imposta, refletida nos conflitos violentos entre divindades, a favor de uma noção de ordem cujos pressupostos estão inscritos, ab origine, na própria natureza. Também aqui avançamos com base no texto de Aristóteles, que não por acaso recorre à forma masculina (*tous prótous*, *tous árchontas*) para qualificar os princípios postulados pelos teólogos, visto tratarem, exatamente, de *personalidades* divinas. O que faz de Hesíodo um *theológos*, e o distingue de um *physiológos* como Anaximandro, não é algo próprio da forma narrativa do seu pensamento, na medida em que por meio dessa forma é sempre discernível um pensamento que possui características de racionalidade (aliás, como vimos, de racionalismo); de resto, Anaximandro recorre por conta própria a imagens e personificações (os mecanismos de ilicitude e punição que regulam as relações entre as coisas, a supremacia do *ápeiron*). O ponto é, ainda, que a narração de Hesíodo se apresenta como a evocação de um passado dos deuses, pronta a justificar suas prerrogativas presentes no âmbito da religião oficial. Esse problema, ao contrário, é completamente estranho ao horizonte dos naturalistas, ocupados com a circunscrição da *phýsis* como um âmbito que pode e merece ser estudado em si mesmo.

A "teologia mista" de Ferécides

Ferécides de Siro é, tanto quanto Epimênides (e Ábaris e Aristeas), uma figura característica da sabedoria arcaica, a quem a tradição biográfica atribui poderes milagrosos e viagens de saber no Oriente. Ele nos interessa aqui enquanto autor de um escrito de caráter cosmogônico, cujos fragmentos conservados são de difícil leitura (mesmo o título, *Sobre os cinco [ou sete] recessos*, é incerto e não completamente explicável).[31] É notável que esse escrito, mais ou menos contemporâneo do de Anaximandro, esteja em prosa. É uma prosa de tom elevado, congruente com um tema "alto" como o do nascimento dos deuses e a criação do mundo, que, todavia, poderia denunciar a aspiração a um contexto e a um público selecionado, não coincidente com a multidão que acorre a uma celebração religiosa, mas talvez também recomposto no interior dela. A essa escolha expressiva devia acompanhar, em todo caso, uma busca de conteúdos novos, como mostra a afirmação vigorosa da eternidade das principais divindades cósmicas, com a qual verossimilmente o escrito tinha início (hoje fr. I DK): "De fato, Zas e Chrónos sempre existiram, e também Chthoníe: mas Chthoníe recebe o nome Terra (Ghe) depois que Zas deu-lhe de presente a terra (*ghen*)".

Essas divindades correspondem apenas parcialmente a Zeus, Cronos e Gaia da tradição hesiódica. Para destacar seu mais íntimo significado cosmológico, Ferécides faz da etimologia um eficaz instrumento cognoscitivo. Eleva então Zeus, com o nome Zas, a absoluto detentor de potência vital (em grego *zen/zan* é "viver"), enquanto Krónos se torna Chrónos, ou seja, o Tempo, que por sua natureza coexiste com os outros desde sempre e para sempre (é do sêmen de Chrónos que nascem fogo, ar, água, distribuídos em cinco recessos nos quais nasce uma segunda geração de deuses). Com a Terra o jogo linguístico se torna também mais complicado: de início ela é Chthoníe (nome que remete às suas zonas mais profundas e ancestrais), mas se torna Ghe (variante regular de Gaia), graças a um presente de Zas. Do longo fragmento 2, vívida descrição do matrimônio entre Ghe e Zas, aprendemos que se trata de um presente de núpcias, um "manto grande e belo", no qual estão tecidas imagens da própria Ghe e de Oghenós (Oceano), com o qual Zas "honra" no terceiro dia a esposa, convidando-a à união, desvelando-a em seguida. A representação tem ainda um significado etiológico: quer descrever, pela primeira vez, como foram os "ritos de desvelamento" ou *anakalyptéria*, a cerimônia que ocorre no terceiro dia do ritual matrimonial dos mortais (no qual era comum um presente do marido). Ao mesmo tempo, trata-se de uma clara alegoria da criação: o poder fecundante do céu transforma Chthoníe na Terra que conhecemos, revestindo-a de seus traços visíveis como um faustoso manto.

No momento que assevera a eternidade dos poderes divinos, Ferécides corrige o modelo de Hesíodo, que atribui um nascimento a todos os deuses (e, de resto, também a Caos), e demonstra mover-se ao longo de uma linha de reflexão compartilhada por Anaximandro, bem como, depois, por Anaxímenes, Heráclito e pelo poeta cômico Epicarmo (fr. I DK). Ademais, Zas e Chrónos são, desde o início, "cocriadores" em plano de paridade, assim como Chthoníe, pelo menos desde quando transformada em Ghe, e a criação não se dá por imposição de um estado de ordem a uma situação de desordem e violência. Tal como diz Vernant, para Ferécides o princípio da origem coincide com o do poder, e isso parece aproximá-lo mais de Anaximandro do que das cosmogonias míticas. Já Aristóteles compreendia bem, exatamente a propósito desse ponto, a peculiaridade da posição de Ferécides. De fato, na mesma passagem da *Metafísica* em que unifica as cosmogonias míticas sob o signo da diferença entre divindades "de origem" e divindades "que governam", prossegue precisando que entre os antigos poetas há alguns "mistos [...] no sentido de que não disseram tudo por mitologias, como Ferécides e outros, que identificam o primeiro princípio da geração como o melhor" (XIV, 1091b 8).

A narrativa de Ferécides não sai, no entanto, dos confins de uma representação do mundo divino. Ademais, ele dá espaço à detalhada descrição de uma batalha entre duas fileiras comandadas, respectivamente, por Chrónos (que para a ocasião retoma o nome tradicional Krónos e os traços do deus soberano) e pelo deus-serpente Ophíon (ou Ophionéus). Esse Ophíon se assemelha muito a Tifeu, o monstruoso filho rebelde de Terra e Tártaro, expulso do Tártaro pelo raio de Zeus (Hesíodo, *Teogonia*, vv. 821 ss.). Se pensamos também nos combates entre Marduk e Tiamat ou entre Hórus-Osíris e Seth, não podemos não entrever em Ferécides a memória de modelos orientais. O fato de que a luta aconteça, provavelmente, quando a ordem já havia sido estabelecida poderia responder a uma tentativa de tomada de distância daqueles modelos. Em todo caso, Ferécides parece pressupor que processos de nascimento e ordenação implicam necessariamente, em algum momento, conflitos: ele permanece, então, ligado àquela lógica de sucessão desordem-ordem que identificamos, entre Aristóteles e Vernant, como um critério útil para caracterizar as cosmogonias míticas em confronto com as científicas.

Poder-se-á definitivamente chamar Ferécides de "teólogo", porque mais interessado em histórias de deuses do que num estudo da natureza, ainda que mereça o título de teólogo "misto" por conta da combinação de elementos tradicionais e reflexões pessoais sobre o problema da origem. A validade do juízo aristotélico sai reforçada por um exame aprofundado dos fragmentos conservados dessa *Teogonia*, e seu autor se impõe como importante figura de transição.

Uma cosmogonia no templo de Tétis?

A comunidade dos estudiosos reagiu com compreensível estranheza à publicação (1957) de um papiro — que se põe entre os séculos I e II d.C. — que traz um comentário a uma composição de Álcman, o poeta lírico que viveu em Esparta na segunda metade do século VII a.C., autor de composições corais destinadas em sua maioria a ser cantadas por corais femininos, no contexto de celebrações religiosas (denominados partênios).[32] O comentador, depois de ter recordado que o canto era confiado a um coral de jovens moças, registra que nele o poeta "fala como" ou "é filósofo da natureza" (*physiologhéi* ou *physikós esti*). Com efeito, da paráfrase que se segue — intercalada por citações de poucas palavras do texto original e claramente condicionada por enquadramentos da física aristotélica e estoica — parece restar claro que na composição estivesse representado um quadro primordial de confusão de "todas as coisas" no qual, graças a uma intervenção da Nereida Tétis, vêm a ser um *póros* (uma "via" ou "passagem") e, sucessivamente, um *tékmor* (um "signo de fronteira" ou simplesmente um "limite"). Esses "balizamentos" presumivelmente dão início a um processo de diferenciação no qual emergem progressivamente as características distintas do mundo ordenado: o primeiro estágio desse processo é o surgimento, no fundo primitivo de "obscuridade", do dia, da lua e dos seus "brilhos".

O elemento de qualquer forma óbvio nesse quadro é a posição primigênia da "obscuridade", traço característico (como vimos) de várias cosmogonias arcaicas. Outros elementos, no entanto, despertam alguma perplexidade. A ideia de uma massa indefinida originária, da qual o cosmos nasce mediante um processo de diferenciação, remete à concepção de Anaximandro; mesmo *póros* e *tékmor*, os princípios eficazes na ordenação do cosmos, têm aquele estatuto intermediário entre a concretude e a abstração que caracterizará, no fragmento I de Anaximandro, a representação do devir como sequência de prevaricação e compensação. No entanto, em Anaximandro (e em geral nas cosmologias jônicas) atua um modelo de autonomia do devir que se desenvolve independentemente de intervenções "sobrenaturais", enquanto aqui *póros* e *tékmor* são apresentados como instrumentos de uma personalidade divina, Tétis (Thétis), exatamente. Ela não deve ser tomada pela Tétis que encontramos no início da teogonia de Hesíodo (em grego, Tethýs), titânide dada em casamento a Oceano. Trata-se sim da neta de Ponto e filha de Nereu, esposa de Peleu e mãe de Aquiles. É curioso que a ela seja atribuída uma função demiúrgica, sem precedentes no pensamento cosmogônico, de tal força que o comentador (devedor seguro da figura do demiurgo no *Timeu* de Platão) compara sua ação com a de um artesão.

Essas dúvidas foram, a seu tempo, dissipadas por duas preciosas indicações de Martin West. Em primeiro lugar, West assinalou uma passagem de Pausânias (III, 14, 4) que faz referência a um templo erigido em Esparta em honra de Tétis, exatamente no tempo de Álcman. Depois, ele insistiu na valência etimológica do nome Thétis, interpretado como *nomen agentis* (no feminino) do verbo *títhemi* ("pôr", "estabelecer"): Tétis seria, então, "aquela que dispõe". A referência histórico-cultural e a descoberta do jogo etimológico (prática frequente em idade arcaica, de Homero a Hesíodo e a Ferécides) reforçaram o papel de Tétis como ordenadora divina. E não só: a "cosmogonia de Álcman" foi posta pelos estudiosos em uma posição crucial na passagem do *mýthos* ao *lógos*.[33] Nesse sentido, soa como uma consagração ter sido incluída na segunda edição (1983) dos *Presocratic Philosophers*, de Kirk, Raven e Schofield, no primeiro capítulo, dedicado aos "precursores da cosmogonia filosófica": aqui, aliás, ela toma lugar ao lado de Ferécides como outra "teogonia mista".

Algum tempo depois, todavia, essa situação foi submetida a um pormenorizado exame por Glenn Most, que sustentou com boas razões que o canto de Álcman devia consistir na simples evocação de uma história de deuses: ela teria sido torcida em sentido cosmológico pelo comentador, especialista no método alegórico estoico de leitura dos mitos. Nos hinos de Álcman é normal que à invocação às Musas suceda uma narração mítica, seguida por reflexões gnômicas e referências precisas a ocasiões cerimoniais. Por isso, é mais provável, segundo Most, que Álcman tenha cantado o evento mítico do contraste amoroso entre Peleu e a futura esposa, propensa a declinar a corte de um mortal graças ao poder de metamorfose típico de uma divindade marinha. *Póros* seria, segundo essa hipótese, o "expediente" usado por Peleu para seduzir Tétis, e *tékmor* o "objetivo" da sua ação.[34]

Aqui não podemos avançar em uma questão assim intrincada.[35] Vale a pena, porém, refletir, se não sobre a *cosmogonia* de Álcman, ao menos sobre *a possibilidade de uma inserção cosmogônica* em uma composição de Álcman. Most contesta essa possibilidade, valendo-se da falta de referências antigas a uma cosmogonia de Álcman: é estranho para ele que ela não tenha sido levada em consideração por Aristóteles no primeiro livro da *Metafísica* e que jamais tenha sido mencionada na literatura doxográfica. De acordo com Most, ademais, a poesia de Álcman é de preferência vinculada às cerimônias religiosas espartanas, e seria curioso que, relativamente a uma ocasião de culto, o poeta se concedesse a liberdade de um tratado cosmogônico: poderíamos admiti-lo apenas ao custo de atribuir-lhe implicações sociais que não são atestadas. Ao menos sobre esse ponto pode-se discordar: nada impede que a exaltação do papel cosmogônico de uma divindade feminina recubra-se de uma função paradigmática de critério de um mito comemorativo, no interior de uma composição cantada por jovens mulheres, em uma cidade na qual aquela divindade é reverenciada. Por outro lado, a *Teogonia* de Hesíodo atesta a relevância que pode ter, em plano ritual e social, a especulação cosmogônica de um poeta: a remissão a Tétis como a uma divindade ordenadora poderia confirmar um vínculo análogo de culto, mesmo que em versão muito localizada.

Ademais, Álcman demonstra também saber elevar-se para além do nível mais imediato do evento cerimonial. No famoso "Partênio do Louvre", por exemplo, aparecem, com status de princípios divinizados, as noções de *Áisa* (o "destino" estabelecido para o homem) e do próprio *Póros* (a "via" que ao homem é possível percorrer): o contexto é o de uma reflexão sobre os limites da condição humana, que se encontra como se incrustada entre a remissão à saga espartana dos filhos de Hipocoonte e um elogio à beleza formidável das coreutas. Esse e outros elementos autorizam o parecer de Hermann Fränkel, segundo o qual Álcman demonstra ter uma propensão significativa à "especulação filosófica abstrata".[36] Certo, diante da fortuna filosófica de Hesíodo, o silêncio sobre uma eventual cosmogonia de Alcméon pode chocar. Poderíamos, no entanto, considerá-la uma operação isolada — e, por isso, em parte ignorada — no quadro de uma produção que, em seu complexo, resta lírica e não filosófica.

Não se pode negar que as precisas linhas do quadro desenhado por Álcman permaneçam sobremaneira problemáticas. Ao reagir à interpretação vigente, Most tinha razão, enquanto observava que mais desconcertante do que a presença de Tétis é a presença tout court de um demiurgo.[37] Com efeito, o pensamento cosmológico grego não parece ter elaborado, de Anaximandro até o *Timeu*, a noção de uma criação inteligente, produzida por poderes externos orientados segundo intenções conscientes. Dessa noção não há pistas nem mesmo entre os poetas. Na *Teogonia* de Hesíodo, a primeira fase da criação se dá segundo uma dinâmica de relações genéticas entre massas cósmicas, que são divinizadas, mas que agem sem discernimento: apenas em uma segunda fase emerge uma figura dominante, Zeus, que, entretanto, não é onipotente, e leva adiante, não sem esforço, uma operação de ordenação final. Essa concepção foi reconduzida a um ponto fundamental da religião grega: os deuses gregos, fortemente antropomórficos, não são suficientemente potentes para criar o mundo.[38] E se as forças do Zeus de Hesíodo são insuficientes não deveriam, a fortiori, ser também insuficientes as da Tétis de Álcman?

Todavia, tomemos ainda a defesa da interpretação tradicional. Podemos recordar a origem de Álcman. Em Sardi, sua cidade natal, poder-se-ia conhecer aquelas narrativas, comuns nas mitologias do Oriente Próximo, centradas na ideia de um deus criador: como Marduk, que corta em duas Tiamat, a massa da água primordial, ou como o deus hebraico, que cria a luz antes de tudo, distinguindo-a da obscuridade das águas. De resto, encontramos em terra grega Ferécides de Siro, que, ao que tudo indica, sob influência de modelos orientais, confere a Zeus uma posição de excepcional preeminência. Com Ferécides, no entanto, temos um projeto de racionalização do patrimônio tradicional que, pela sua originalidade, mereceu o apreço de Aristóteles. Francamente, é difícil imaginar que Álcman tenha realizado uma operação do gênero, que devia soar temerária aos gregos, no interior de uma composição poética. É ainda mais difícil crer que o ator principal da cosmogonia pudesse ser uma divindade, tudo somado, menor como Tétis. Na obra de Ferécides é ainda sempre Zeus, soberano do panteão olímpico, que se recobre de uma potência comparável àquela do seu homólogo babilônico, Marduk. Ainda que valorizemos a notícia segundo a qual Tétis era objeto de culto em Esparta, esse dado não parece suficiente para conferir-lhe um papel de tamanha importância nessa cidade, cuja cultura devia ter com o mar uma relação, real ou simbólica, praticamente nula. Parece improvável, em suma, que Álcman tenha podido importar, no contexto particular de uma cidade grega — em especial valendo-se de uma figura mitológica "frágil" —, uma cosmogonia "forte", baseada em um modelo de soberania divina característico das religiões do antigo Oriente Próximo.

Resta, por outro lado, a possibilidade de que Álcman tenha delineado uma cosmologia, por assim dizer, *soft*, congruente com a ocasião e o contexto de fruição da composição. Uma fecunda série de confrontos permite imaginar, de fato, que ele tenha construído uma situação na qual uma figura divina conhece e/ou estabelece a "via" (ou o "curso") de "todas as coisas", em relação a um "fim" ou "êxito" estabelecido. Não é nada rara na lírica arcaica a exaltação do poder exercitado pela divindade (normalmente Zeus) no "decurso" e no "êxito" dos eventos, às vezes também no caminho dos astros (Hesíodo, *Trabalhos*, v. 565; Simônides, fr. 1, vv. 1 ss. West; Arquíloco, fr. 298b West; Sólon, fr. 13 W2; Píndaro, *Pítica*, IX, vv. 44 ss.; *Olímpica*, II, vv. 15 ss.). No interior dessa visão, os deuses são dotados, se não de poderes cosmogônicos, de capacidade de garantir aquela regularidade dos ritmos da natureza da qual os itinerários dos astros oferecem esplêndida manifestação. Poderia ser essa a visão cosmológica *soft* — que se insere bem no gênero lírico, bem ao gosto do poeta e do seu público — que estamos buscando. É plausível que no texto em questão Álcman representasse uma figura divina dotada de consciência e domínio das "vias" do cosmos (*póros*), do qual é marca tangível (*tékmor*) a distinção entre o dia e a lua. E pode-se conceder que uma ação como aquela descrita fosse atribuída, em uma particular ocasião encomiástica, à personagem Tétis. Nada demais, mas também nada de menos.

Um saber novo e consciente

Hesíodo, Álcman, Epimênides, Xenófanes e outros nos mostram que a cosmologia não foi apanágio exclusivo de um grupo eleito de "pré-socráticos": em qualquer cidade grega, em qualquer geração, havia rapsodos, videntes e sábios não profissionais prontos a fornecer descrições da origem do mundo. Eram pessoas anônimas e, em sua maioria, sem dúvida, nem mesmo originais. Foi entre elas, porém, que se desenvolveram ideias e que pressupostos se consolidaram: elementos que não devemos esquecer, sob pena de exagerar na projeção de originalidade dos nossos pré-socráticos.[39]

Não podemos não concordar com a sugestão de West (notemos, aliás, que o elenco inicial poderia se estender até Ferécides), mas para fazê-la de fato frutificar para uma compreensão das cosmologias pré-socráticas, devemos acrescentar algumas precisões.

Retomemos o início da intrincada relação entre filosofia e mito para observar um dado importante, com frequência ignorado nas discussões sobre o tema. Na esfera do mito germinam narrativas bastante diversas entre si, derivadas de vários modelos possíveis de geração do cosmos e do homem, coexistentes por longo período de tempo. O *Enuma elish*, citado com frequência nestas páginas, de fato não detém a exclusividade representativa da cosmogonia em terreno mesopotâmico. Outros textos da mesma região apontam, mais do que para uma ruptura originária entre o céu e a terra, para um modelo por "gemação" no qual o céu produz a terra, a terra, os rios, os rios, a lama etc. (como o *Verme do mal de dente*), ou para a imagem do céu que fecunda a terra mediante a chuva (óbvia analogia com a geração humana: prólogo da disputa *Árvore contra a Cana*). Estamos no mundo das "imaginações calculadas", como apropriadamente as denominou Jean Bottéro: representações que desejam oferecer um quadro verossímil da realidade cósmica sustentado pela relação homem-deuses.

Nesse mundo, representações diversas podem ser percebidas como compatíveis.[40] Ao contrário, os mais antigos filósofos gregos parecem inspirados pela convicção, mesmo que tácita, de que "as diversas teorias e as explicações propostas por elas estão em direta competição", e o objetivo de sua investigação é "a busca pela melhor explicação, pela teoria mais adequada" em relação a outras: o que implica algum grau de crítica e de discussão.[41]

No mundo das imaginações calculadas, Hesíodo tem certamente um pé bem firme. Na *Teogonia*, o Tártaro surge ora após Caos, ora como uma dimensão escura deste, e Urano pode ser tanto o céu quanto o deus que leva esse nome, dotado de emoções, que perpetra e sofre tremenda violência. Em *Os trabalhos e os dias*, o mito de Prometeu e Pandora e o das "raças" visam ao mesmo fim (a justificação da infelicidade da condição humana). Esses exemplos, que poderiam certamente se multiplicar, indicam que Hesíodo admite "múltiplas abordagens" a um mesmo problema, porque mais do que uma investigação causal sobre a natureza o impele uma reflexão de caráter existencial e moral. O critério das abordagens múltiplas foi eficazmente usado por Christopher Rowe para decidir sobre o caráter não científico da reflexão hesiódica. Rowe notou bem que a ideia de um Hesíodo

em competição com um Anaximandro ou um Heródoto (ou um Tucídides) não funciona; em vez disso, ainda que exista alguma sobreposição, como, por exemplo, na descrição hesiódica do nascimento do mundo, ele está jogando, na realidade, outra partida, com regras diversas. Conhecer as causas, com precisão e sistematicidade, é tarefa de filósofos e historiadores: não de Hesíodo. Nos seus comportamentos morais é que realmente encontramos sistema e coerência.[42]

Vimos que Hesíodo aborda o problema da origem e da constituição do cosmos com uma atitude fortemente pessoal, medindo-se com outras narrativas existentes. Por isso sua operação não é isenta de interesse para a história da filosofia, não apenas porque alguns dos seus elementos mais inovadores (da noção de *cháos* à de um *éros* cósmico) chamarão em seguida a atenção dos filósofos, mas porque é também produto, ela mesma, de uma atitude crítica.

A *Teogonia* de Ferécides sugere considerações apenas parcialmente análogas. Mesmo aqui podemos perceber um escopo crítico: não só no plano temático (a asserção da eternidade dos deuses), mas também no formal (a escolha pela prosa), Ferécides parece querer destacar-se da tradição marcada por Hesíodo, à sombra da qual outras teogonias (Epimênides, por exemplo) permaneciam. É, entretanto, uma tentativa que permanece isolada e, pelo que sabemos, não conhece ulteriores retomadas e desenvolvimentos. Há, é verdade, um Acusilau de Argos que, por volta do final do século VI a.C. e início de V a.C., escreve teogonia em prosa (figura nos *Vorsokratiker* sob o número 9). Contudo, a julgar pelos fragmentos conservados, sua produção acompanha de perto a de Hesíodo. Mesmo ele, de fato, põe Caos no início, do qual faz derivar Érebo e a Noite, e de Érebo e Noite (ou Éter e Noite) faz nascer Eros, conferindo-lhe uma posição de primazia semelhante à que se vê em Hesíodo: por isso Platão cita Acusilau com Hesíodo (e Parmênides) na passagem do *Banquete* (178a-b) na qual celebra, pela boca de Fedro, a antiguidade daquele deus.[43] Em todo caso, a exposição teogônica de Acusilau devia estar registrada no primeiro livro de um tratado de *Genealogias*, transposição de mitos divinos e heróis provavelmente posterior à de Hecateu, mesmo que modelada, não sem ingenuidade, pela tradição épica. Acusilau se destaca dessa tradição (como, de resto, o fazem Ferécides de Siro, por um lado, e Hecateu, por outro) ao adotar a prosa, considerada ao que tudo indica mais funcional para um escopo sistemático e classificatório:[44] compreende-se, também por isso, que tenha sido normalmente posto entre os logógrafos (autores de escritos de caráter histórico), e posto por Felix Jacoby na sua coletânea de fragmentos de historiadores gregos. Talvez fosse mais apropriado defini-lo como um mitógrafo: tanto é que a edição mais recente dos seus fragmentos se encontra na coletânea de textos dos mais antigos mitógrafos gregos, organizada por Fowler.[45] Mesmo essa recolocação traz os seus problemas se pensamos que a mitografia não assume os contornos de um verdadeiro e próprio gênero até a era helenística. É verdade, todavia, que uma atividade de transcrição de mitos em prosa se estabelece e se intensifica no século V a.C. (por exemplo, com Ferécides de Atenas), para continuar em idade clássica, em resposta a um interesse definido e difuso. Em suma, a obra de Acusilau é relevante para nosso propósito na medida em que reforça a fluidez de interesses e sobreposições de gênero que caracteriza a cultura grega arcaica.

Se depois desse excurso nos voltarmos para o âmbito do pensamento cosmológico, poderemos ressaltar com maior eficácia como sua história, ao longo da linha inaugurada por Anaximandro (se não já por Tales), desenvolve-se sob o peculiar signo da retificação consciente e da *transformação*. As cosmologias jônicas — que renunciam aos deuses como autores da ordem cósmica — desvelam um horizonte inteiramente novo: novos produtores de um saber não vinculado a círculos de culto que reclamam o monopólio de um tratado do cosmos, que se desenvolve com a mais ampla liberdade relativa às representações míticas. Entretanto, a crítica atua, com igual vivacidade, também no ambiente do novo campo intelectual: as teorias dos jônios, de fato, desenvolvem-se de acordo com uma sequência que não seria exagerado definir como antagônica.[46] É provável que Anaximandro tenha elaborado a noção de *ápeiron* refletindo sobre as dificuldades teoréticas concernentes à relação entre o princípio e as outras substâncias, em relação às quais a doutrina de Tales talvez parecesse inadequada: uma substância determinada como a água não possui os requisitos para justificar, por exemplo, a existência do fogo (aliás, água e fogo se destroem mutuamente), enquanto o *ápeiron* está em condições de explicar, precisamente graças à sua indefinição, a existência tanto da água quanto do fogo. Mesmo a concepção de Anaxímenes, que volta a privilegiar um elemento concreto como o ar, não é vista (como com frequência se pensou) como retorno a um pensamento mais rudimentar, porque distante da potência de abstração de Anaximandro. O fragmento 2[47] mostra que Anaxímenes pode ter pensado com base em uma analogia: se o ar, matéria da alma, é causa para o homem de vida e movimento, pode sê-lo também para as mudanças atmosféricas e, progressivamente generalizando, para o inteiro devir cósmico. Além disso, Anaxímenes parece ter valorizado a observação de que o sopro é mais ou menos quente a depender do modo como é emitido: com os lábios abertos ou fechados. Ele infere daí uma importante conexão entre variações de temperatura e graus de densidade do ar, capaz de explicar — em plano macrocósmico — as relações de transformação entre o ar e os outros elementos (fr. I). O mecanismo de condensação/rarefação oferece uma possibilidade de explicação extremamente econômica das transformações elementares e se vale, de modo diverso ao *ápeiron*, de um suporte empírico não rigorosamente fundamentado, mas seguramente eficaz.

Outro problema que é debatido ao longo de uma linha de sucessivas retificações é aquele relativo à estabilidade da terra. Como vimos, enquanto Tales concebe uma terra plana, que flutua sobre uma massa de água cósmica (e nesse ponto não se distancia muito do modelo mítico), Anaximandro lhe atribui uma forma grosseiramente cilíndrica e uma posição central no universo, medida pela equidistância dos pontos da circunferência externa. É presumível que Anaximandro tenha procurado superar uma dificuldade implícita da teoria de Tales (se se postula um elemento como base da terra, também este precisará de sustentação, e assim por diante): é, em todo caso, notável o recurso a uma forma de raciocínio ditada por considerações de simetria do universo. Sucessivamente, Anaxímenes volta a atribuir à Terra uma forma plana, mas apoiada em ar, cuja condensação se dá originariamente (13 A 6; A 7, 4; A 20 DK).[48] Ainda diversa será a opinião de Xenófanes, para o qual a Terra se prolonga indefinidamente, com raízes encravadas (fr. 28): essa solução — que Aristóteles critica como solução de conforto, citando como apoio o juízo depreciativo que emerge de um texto de Empédocles (*Sobre o céu*, II, 13, 294a 21 = 21 A 47 e 31 B 39 DK) — parece, também ela, inspirada na exigência de "bloquear" uma pesquisa de causas da estabilidade da terra que pudesse avançar ad infinitum.

A pluralidade das opiniões sobre o princípio do devir e sobre a estabilidade da terra foi tema central do célebre debate sobre o método científico dos pré-socráticos iniciado há meio século por Karl Popper. Foi na abordagem refutatória identificada nas teorias pré-socráticas, a partir das cosmologias jônicas, que Popper viu uma rica confirmação de sua própria concepção de conhecimento científico, que procede por conjecturas e falsificações.[49] Entre as reações que sua intervenção de excelente outsider provocou entre os especialistas do pensamento antigo, se destaca a discordância de Geoffrey S. Kirk. Ele partia, em sentido contrário ao de Popper, da concepção baconiana segundo a qual a ciência procede do registro das observações à construção de teorias: a seu ver, alguns traços essenciais dessa concepção eram ainda rastreáveis em época pré-socrática. Junto aos pré-socráticos, para Popper, o papel da observação era limitado à verificação de conjecturas formuladas com base em um raciocínio; para Kirk, ao contrário, na formulação das hipóteses eles eram guiados normalmente por *common sense*, vale dizer, pelo sentido do que é possível ou aceitável no horizonte da experiência.[50]

Demandaria espaço excessivo discutir aqui os prós e contras das duas posições. Ambas, de resto, poderiam buscar reforço nessa ou naquela doutrina pré-socrática: por exemplo, o papel da intuição intelectual na construção do cosmos de Anaximandro joga água no moinho de Popper, mas não se pode de igual modo negar que a teoria de Anaxímenes tenha um vínculo mais direto com a experiência, no sentido demarcado por Kirk. A bem da verdade, que a observação exerça papel importante na investigação dos pré-socráticos é fato, em si, não sujeito a discussões. Variam, no entanto, aqui e ali os modos em que ela surge em função da teoria e, em todo caso, as referências empíricas de que temos notícias vêm separadas de um programa de registro exaustivo dos dados, ainda que não deixem de fornecer elementos importantes para a formulação de novos argumentos. Não se pode dizer que a observação do sopro por parte de Anaxímenes, por exemplo, seja suficiente para uma rigorosa demonstração do status de princípio do ar, na medida em que não se enquadra num registro sistemático de observações controladas em vista de um processo indutivo. Essa observação pode ser produtora de teoria apenas por via arriscada de generalização: é certo, todavia, que ela produz uma retificação da teoria de Anaximandro, jogando luz diversa sobre o problema da mudança do princípio.

Com relação à reconstrução de Popper, pode-se exprimir uma ulterior reserva. Como notou Giuseppe Cambiano, Popper apresenta os pré-socráticos como cientistas que não só criticam as teorias dos colegas mas também pretendem submeter à discussão as suas próprias, na busca da melhor solução para o problema. No entanto, essa é uma imagem "irênica" modelada pelos caracteres da comunidade científica moderna, que ignora a forte competitividade que, ao contrário, anima o trabalho teórico dos pré-socráticos.[51] Acrescentemos que se trata de imagem fechada, no sentido de que configura uma discussão circunscrita a uma comunidade bem definida de cientistas que dialogam apenas entre si, sem se comunicar com outros âmbitos do saber. É preciso, em vez disso, ter presente (mais adiante voltaremos a este ponto) que na enunciação das *próprias* verdades os pré-socráticos tendem de preferência a um tom dogmático, reforçado pelo apelo a fontes pessoais de autoridade, enquanto a crítica se concentra em verdades *alheias*: e podem ser objeto de polêmica tanto estudiosos da natureza quanto sábios de outro tipo (primeiros entre eles Homero e Hesíodo).

Feitas essas ressalvas, devemos, no entanto, a Popper uma intuição fundamental: a investigação dos pré-socráticos extrai impulso decisivo, desde os seus inícios, de uma atitude crítica. Essa atitude alimenta — de Tales a Anaximandro e a Anaxímenes — uma consciência crescente de determinados problemas e dos relativos procedimentos de pesquisa, da analogia à inferência, da aplicação de mecanismos de polaridade à generalização. E a constatação de que esses procedimentos não foram assumidos como objeto de uma reflexão epistemológica explícita não nos deve levar a subestimar o fato de que foram, todavia, postos em movimento.[52]

Registramos progressivamente, entre outros aspectos que distinguem as cosmologias jônicas daquelas assim denominadas míticas, elementos substanciais do ponto de vista teórico, como a redução da intervenção de caracteres divinos na natureza; elementos formais, como a busca por uma linguagem mais adequada à descrição da experiência; elementos de método (e não deveria escapar a convergência entre este diagnóstico e aquele que Aristóteles oferece sobre a contribuição de Tales no primeiro livro da *Metafísica*). A isso acrescentamos o emergir de uma atitude crítica que marca, dali em diante, o desenvolvimento do pensamento pré-socrático. No próximo capítulo veremos como essa atitude se vale de uma tecnologia cognitiva recém-nascida: a escrita.

3.
Provas de escrita

Uma sociedade "quente"

No capítulo anterior observamos que tanto a mitologia mesopotâmica quanto a egípcia abarcam modelos cosmogônicos diversos, modelos que aparentemente convivem em um arco de tempo muito longo sem ser percebidos como alternativos no interior do patrimônio coletivo do saber. Em contrapartida, na cultura filosófica grega, a partir do momento que ela tem início para Aristóteles (com Tales), o que se vê é uma sucessão de teorias em velocidade inaudita. Cada uma dessas teorias deseja substituir a precedente, com hipóteses claramente diversas sobre o nascimento e o devir do cosmos, com frequência germinadas na "falsificação" das hipóteses precedentes. Podemos mesmo dizer que assistimos, num todo, a uma verdadeira e própria mutação da dimensão temporal da reflexão.

Essa mutação se vincula certamente ao papel central que assume na filosofia grega o interesse — para dizê-lo com Lloyd — por questões de segundo grau, vale dizer, pela exigência de justificar as próprias escolhas teóricas, primeiro, relativas ao que já foi dito acima a propósito do mesmo problema e, depois, relativas a outras categorias de detentores do saber, em um quadro fortemente competitivo. A rivalidade é, de fato, endêmica no mundo cultural grego, que não conhece, pelo menos durante toda a era arcaica e clássica, suportes institucionais e atribuições oficiais do saber: *physiológoi*, médicos, geógrafos ou astrônomos devem abrir espaço não apenas exibindo conteúdos originais e inovadores, mas também sustentando argumentos hábeis e mesmo formalmente sofisticados, fundamentais para que se imponham sobre os adversários.[1] Particulares elementos promotores de mudanças, ademais, percorrem o mundo grego entre os séculos VII a.C. e VI a.C. O fulcro da vida política e social se afasta progressivamente da cerrada morada aristocrática, passando pela corte do tirano para chegar à ágora. Em paralelo, a função intelectual antes concentrada no aedo, cantor dos valores de um ambiente do qual fazia integralmente parte (o *oîkos* aristocrático), cede espaço a novas atribuições intelectuais, derivadas da abertura de novas paragens. Já Hesíodo, nos seus dois poemas, toma distância dos valores convencionais da épica no momento em que propõe a visão fortemente pessoal de um mundo regido por valores de justiça. Os líricos são, de qualquer forma, herdeiros do empenho moral e religioso de Hesíodo, em versão ora mais, ora menos crítica em relação aos valores sustentados pela elite aristocrática dominante. No século VI a.C., ademais, começam a emergir formas de produção intelectual ancoradas em novas modalidades de relação com aquela cultura aristocrática que é o terreno fértil da pólis que está nascendo. Elas tendem a circunscrever — com uma escolha fortemente marcada por significado crítico — âmbitos de interesse "transcendentes" em relação aos contornos da comunidade citadina: a natureza do universo, com os cosmólogos de Mileto; a reconstrução do passado da Grécia, com a crítica histórica do mito iniciada com Hecateu, também ele de Mileto.[2]

Estudiosos como Lloyd e Vernant nos ensinaram que a dimensão política é determinante para a compreensão de alguns aspectos peculiares do pensamento grego. Vernant destacou a fundação de um novo pensamento sobre o cosmos vinculado a uma noção de equilíbrio, a seu ver, correlata ao ideal de uma relação paritária entre os membros da cidade-Estado, iguais enquanto tais, que está na base da experiência da pólis. Essa experiência tem valor crucial também para Lloyd, mas na medida em que explica, mais do que os conteúdos, o estilo da racionalidade filosófica: um estilo eminentemente crítico, que reflete um hábito de debate entre teses contrapostas, em relação à necessidade de decisões comuns, no recesso do tribunal ou da assembleia. Tanto Lloyd quanto Vernant, em todo caso, sustentam que a filosofia grega é filha da pólis: tese com a qual se pode perfeitamente concordar, desde que a ela se acrescentem algumas correções necessárias.

Em primeiro lugar, ambos os estudiosos pressupõem que a igualdade entre os cidadãos e o hábito da discussão mais ou menos difuso a respeito de matérias públicas caracterizam a experiência da pólis desde os seus primórdios, e não apenas na fase de sua afirmação em chave democrática. Exatamente naquele "mais ou menos" encontra-se um problema: devemos, de fato, ter presente que na sociedade arcaica, em contextos de transição que devem ser avaliados caso a caso, mas também junto a regimes oligárquicos em idade clássica, o processo decisório devia ser mais restrito e esporádico.

Outra objeção consistente foi ventilada em âmbito antropológico, ao se observar que nos mitos cosmogônicos das sociedades tradicionais se manifesta essa mesma busca por ordem e unidade que, na perspectiva de Vernant, seria própria do pensamento grego em suas origens.[3] Eis que a noção de ordem cósmica perde o seu status de traço característico da racionalidade grega e ocidental, mas não só isso: torna-se muito difícil estabelecer um nexo causal imediato entre a estrutura particular da sociedade grega arcaica e o nascimento/desenvolvimento do pensamento racional.

É também difícil, ademais, negar que essa conexão exista. Não podemos ignorar, por exemplo, o fato de tantas vezes (como veremos) os quadros pré-socráticos do cosmos se ancorarem em analogias com a esfera do poder. Isso indica que certa homogeneidade entre dimensão natural e dimensão política era algo pertencente ao plano da teorização consciente: e esse é um bom ponto a favor da tese de uma filosofia "filha" da pólis. O ponto dessa tese que, ao contrário, funciona menos é a ideia de que a *ordem*, no pensamento naturalístico assim como na práxis do governo da pólis, fosse sempre e em todo caso pensada em termos de igualdade *democrática* (respectivamente, entre as forças cósmicas e as classes sociais). Essa é uma forte simplificação, a qual se deve remediar com uma análise diferenciada dos contextos políticos nos quais os diversos pré-socráticos operam, das diversas opções ideológicas a eles disponíveis: sem ignorar, por outro lado, aquele elemento de "transcendência" ao qual já acenamos quando observávamos que o voltar-se dos primeiros filósofos para o estudo da natureza representa, em si, uma superação dos limites da pólis. E não só: como amplamente constatamos no capítulo precedente, o estudo da natureza segue, de imediato, caminhos que o levam para "fora" da cidade: distante, em especial, da busca por razões de ordem e coesão nos institutos religiosos da comunidade.

Em suma, a posição da filosofia em relação à cidade é uma posição ambivalente: outros fatores serão investigados, outros "genitores" que possam explicar seu complexo status. De resto, é sempre frutífero, em perspectiva histórica, ampliar o espectro da pesquisa causal. É oportuno, então, pensar que uma constelação de elementos *interativos* tenha contribuído para o desenvolvimento daquela particular *vis* crítica que caracteriza as primeiras expressões da racionalidade filosófica.[4] Tentemos agora identificar alguns deles.

Um elemento importante é sem dúvida o caráter específico da religião grega: uma religião que não requeria adesão a um *corpus* dogmático, na medida em que não se fundava em assuntos de fé, mas de preferência na visibilidade do culto, que tinha função vinculante com a comunidade cívica (mitos fundadores e rituais, por certo, variavam bastante de uma cidade para outra). Apenas de modo aparente essa situação é afrontada pelas notícias conservadas sobre processos de impiedade que envolvem Anaxágoras, Protágoras, o poeta lírico Diágoras e, por fim, Sócrates (399 a.C.). De fato, não por acaso esses eventos se colocam em Atenas e nas últimas décadas do século V a.C., vale dizer, num lugar e num tempo marcados por fortíssimos contrastes políticos internos, na crise produzida pela Guerra do Peloponeso. Pode-se presumir que não fosse um momento fácil para os intelectuais, sobretudo se expostos como Anaxágoras (que frequentava Péricles), e pelo menos no caso de Sócrates (que é, aliás, o único historicamente certo) é bastante claro que a acusação se valia de pretexto de sua pretensa ou efetiva inobservância do culto para silenciar um incômodo crítico da classe política ateniense.[5] O certo é que a religião grega, imune (como a romana) a qualquer oposição entre ortodoxia e heresia, oferece campo livre para o exercício da crítica filosófica, a qual — até a época dos neoplatônicos — aponta para a natureza e para a atribuição do divino, sem normalmente envolver as formas institucionais da prática religiosa. Os filósofos não se arriscam a entrar em conflito com o interesse dos sacerdotes porque estes não formam uma casta sacerdotal separada, responsável pela custódia do dogma. Eles rivalizam de preferência com os poetas, depositários de um saber tradicional sobre os deuses, em relação ao qual os filósofos podem se permitir assumir posições diversas, que vão da aceitação com reserva ao ceticismo e à correção inovadora.[6] Essa liberdade age desde a fase mais antiga da reflexão filosófica. Notamos já no capítulo precedente que os pré-socráticos não apontam tanto para uma negação do divino tout court, mas para uma retificação racionalista dos traços do culto considerados mais ingênuos. Dessa postura Xenófanes constitui o exemplo mais célebre, tanto mais representativo porque sua polêmica contra o antropomorfismo religioso não pode ser entendida, como veremos, a não ser no arcabouço da rede de contatos interculturais favorecida pelo florescimento do comércio e pela fundação das colônias.

Esta última nota introduz um ulterior elemento que devemos levar em consideração: aquela extraordinária possibilidade de recepção e confronto crítico das diversas tradições do saber que foi aberta pela colonização grega na região jônica, abaixo do continente asiático, ou na Magna Grécia e na Sicília. Por outro lado, a consciência da possibilidade de abordagens alternativas a problemas idênticos, além de ser alimentada pelo contato com outras culturas, era fermentada pela pluralidade das situações locais e dos regimes no interior da própria Grécia. Isso se torna evidente pelo modo, ou melhor, pelos modos como se afrontou um problema crucial, ao qual já nos referimos: o problema da ordem da natureza.

Um ponto no qual normalmente não se presta atenção (mesmo porque permanece à sombra na investigação de Vernant) é que a noção de ordem encontra no pensamento grego pelo menos duas versões distintas.[7] A primeira, mais frequentemente evocada, é aquela já encontrada na cosmologia de Anaximandro, que configura a necessidade de uma relação globalmente equilibrada entre as forças cósmicas. Aqui podemos entrever as marcas de uma reflexão inicial sobre a relação de igualdade entre os membros da pólis que será expressa no vocabulário político clássico pelo termo *isonomía* ("paridade de direitos"): termo que define, note-se bem, um princípio de igualdade jurídica, cuja afirmação não acompanha necessariamente uma aspiração à igualdade econômica. No entanto, outra importante reflexão sobre o problema da ordem encontra lugar no final do século V a.C. na escola de Pitágoras, na Magna

Grécia: e aqui, vale notar, o que é tematizado é uma ordem de tipo hierárquica. De acordo com o ensinamento pitagórico, o cosmos é regido por uma série de relações que, inspiradas nos acordes musicais, são relações entre números *diversos*, que compõem, no seu conjunto, uma *harmonía* universal. O correlato direto dessa visão é uma atividade política de orientação aristocrática, duramente contrastada pelas comunidades da Magna Grécia com verdadeiras (e sanguinárias) rebeliões. Por outro lado, na própria Crotona, que acolheu Pitágoras, entre os séculos VI a.C. e V a.C., Álcman desenha uma próspera definição da saúde como igualdade perfeita (*isonomía*) dos poderes do corpo, e da doença como desequilíbrio derivado do poder excessivo de um deles (*monarchía*, em grego, que é "governo de um só": 24 B 4 DK). Reivindicação de um ideal democrático por parte de um pitagórico dissidente? Sem chegar a tanto, podemos, em todo caso, afirmar que as noções de *harmonía* e *isonomía* remetem a duas visões distintas da ordem física, correspondentes a duas diversas imagens possíveis de uma sociedade em movimento.

Poder-se-ia andar além nessa enumeração de coordenadas múltiplas no interior das quais tentamos colocar o emergir do pensamento grego arcaico. Vale a pena recordar, por exemplo, que, em um livro recente, Richard Seaford teve a ousadia de retomar uma antiga hipótese de George Thomson, há tempos abandonada provavelmente por ser de teor veteromarxista. De acordo com essa hipótese, as primeiras manifestações do pensamento filosófico se explicariam como o produto intelectual das transformações sociais produzidas pela "invenção" da moeda cunhada (a bem da verdade, introduzida na Grécia pela Lídia, provavelmente no início do século VI a.C., e velozmente difundida). O valor da moeda, estabelecido por convenção, constituiria um tácito e potente movimento rumo à abstração conceitual. A hipótese é atraente e não lhe faltam bons argumentos, mas no complexo permanece escassamente verificável, pela falta de explícitas reflexões dos próprios filósofos (os "atores", em termos antropológicos, do processo) sobre uma conexão entre a abstração e o uso do dinheiro. Contudo, é sem dúvida correto acentuar, como faz Seaford, as condições de excepcional prosperidade econômica (obviamente vinculada ao recurso à moeda nas transações comerciais) de que gozam na idade arcaica, inicialmente, as cidades jônicas, a partir de Mileto, a pátria da cosmologia filosófica.[8] Essas condições explicam a situação de grande mobilidade social à qual, por vias diversas, não todas igualmente rastreáveis, talvez se possa vincular o extraordinário florescimento do saber grego arcaico.

No entanto, o que realmente surpreende na cultura grega da idade arcaica e clássica são as expressões de viva consciência dessa mobilidade. Tornar-se-á lugar-comum nos textos autocelebrativos da cultura grega dos séculos V a.C. e IV a.C. a orgulhosa afirmação do nível de civilidade alcançado por meio de uma série de progressos, tal que os gregos se elevaram de um estágio primitivo de barbárie, enquanto os bárbaros permaneceram bárbaros (recorde-se Heródoto, I, 58, e Tucídides, I, 6). O teor dessas afirmações levou François Hartog a recuperar uma categoria de juízo que poderia soar obsoleta, como a oposição de Lévi-Strauss entre sociedades "quentes" e "frias", vale dizer, "com" e "sem" história:

A grecidade surge de um arcabouço de "barbárie", como se duas temporalidades, duas relações de tempos diversos fossem por um momento ligadas, ilustrando o paradigma de Lévi-Strauss de "sociedades quentes" e "sociedades frias". Os "gregos" eram bárbaros, mas se tornaram gregos, os bárbaros eram bárbaros e assim permaneceram. Os bárbaros permaneceram uma sociedade "fria", enquanto os gregos se "esquentavam", manifestando seu caráter grego nessa atitude de "crescimento".[9]

A observação é precisa e é útil retomá-la aqui, com o importante esclarecimento (a qual devemos a Jan Assmann) de que mais do que contrapor *povos* com ou sem história devemos contrapor duas estratégias possíveis da memória cultural. Segundo Assmann, podemos falar de uma opção "fria" para as antigas sociedades orientais, sociedades que também são civilizadas, alfabetizadas e dotadas de um alto grau de organização estatal, mas que escolhem fazer um uso "frio" da própria tradição, colocando em movimento vários sistemas de congelamento do passado (então, não é que vivam no esquecimento: apenas recordam de modo diverso). Uma opção "quente", ao contrário, determina a cultura grega, levada desde o início a pensar o passado em função da inovação.[10]

Egotismos

Em verdade, assim como não há sociedade sem história, não há cultura sem inovação. E que tenham existido inovações também na cultura mesopotâmica ou na egípcia é algo testemunhado pelo alto nível que elas alcançaram em âmbitos como a matemática, a astronomia ou a medicina. No todo, porém, nessas culturas tende-se a estimar como preferencial a conservação do saber adquirido, em textos dotados de autoridade, fielmente reproduzidos. É significativo o caso de um texto ilustre da medicina egípcia, o papiro Edwin Smith, redigido por volta de 1600 a.C. com material que remonta a 3000 a.C.-2500 a.C.: note-se, ainda, que as glosas dos redatores finais são subordinadas à fiel interpretação do saber conservado. De forma análoga, à inquestionável capacidade de abstração de que dão prova diversos setores da cultura mesopotâmica (considere-se a sofisticação a que podem chegar os textos matemáticos), acompanham raras e lacônicas expressões de autoconsciência, e, em geral, permanecem uma resistência à novidade e uma tolerância relativa a perspectivas contraditórias, que se explicam no quadro de uma cultura tradicional, que privilegia os valores da integração e da comunidade, de preferência à contribuição individual.[11]

Ao contrário, nas fontes gregas o sentido da inovação se enche de um alto grau de "egotismo".[12] Os dois aspectos são já unidos em Hesíodo, que usa o próprio nome e a autobiografia para delimitar um território pessoal no contexto, até então anônimo, de produção e recepção da poesia. Uma combinação análoga se encontra na insistência dos poetas líricos sobre a própria originalidade: manifestação do surgir de um novo conceito de individualidade magistralmente estudado por Snell, e identificado por Sergej Averincev como traço típico da literatura grega, que ressalta ainda mais se pensamos na ausência de consciência criativa que caracteriza (mesmo onde se mantenham conservados os nomes) a produção de sábios e profetas do Oriente Próximo.[13] De fato, deve-se considerar também o fato — evidente nos vestígios arqueológicos — de que os artistas ceramistas, já a partir do final do século VIII a.C., assinam as suas obras com cada vez mais frequência.

No que diz respeito aos filósofos, poderíamos talvez ver no próprio fato de o nome Tales ter perdurado no tempo (ainda que não o tenhamos conservado ipsissima verba) a marca de uma ruptura com o anonimato que caracteriza a tradição poética. Em todo caso, para uma afirmação de presença autoral é registrado o uso de anunciar o nome do autor ao princípio de uma obra.[14] Aqui, o primado é repartido igualmente entre um historiador, Hecateu de Mileto, e um cientista, Alcméon de Crotona, que escrevem, ambos, por volta do final do século VI a.C. As *Genealogias* de Hecateu, uma exposição de eventos míticos e históricos em sequência cronológica que pode ser considerada a mais antiga obra histórica grega, iniciavam-se com a seguinte declaração: "Hecateu de Mileto assim fala. Escrevo estas coisas como a mim parecem verdadeiras (*hós moi dokéi alethéa éinai*), porque as narrativas (*lógoi*) dos gregos, a mim parece, são muitas e ridículas" (1 F 1 a *FGH*).

Aqui é significativo, ademais, que o anúncio da operação fortemente pessoal que está por iniciar — uma revisão racionalista e até mesmo derrisória da tradição mítica, em particular das lendas que atribuem origem divina a determinadas estirpes — vincule-se explicitamente ao ato de escrever. A escrita (cuja operatividade cognitiva será objeto da próxima seção), de fato, propiciará a Hecateu a possibilidade de denunciar a multiplicidade, em si contraditória, das narrativas míticas que florescem no fluxo sedutor da tradição oral, na qual a realidade histórica emerge facilmente exagerada e distorcida (como nas histórias de Gerião e Cérbero, redimensionadas nos fr. 26 e 27).[15]

Por sua vez, Alcméon, estudioso da natureza e médico vinculado ao círculo pitagórico (com o pitagorismo certamente compartilhou, além da pátria, Crotona, uma leitura da realidade natural baseada em uma teia de forças opostas), registra a própria "assinatura" na dedicatória de um escrito seu a três outros membros daquela comunidade ("Alcméon de Crotona, filho de Pirítoo, disse a Brontino, Leon e Batilo o que se segue"). Como notou com precisão Maria Laura Gemelli Marciano, essa formulação demarca o caráter oral de um ensinamento destinado a um auditório restrito, que agora é posto por escrito com o escopo de uma circulação mais ampla.[16] A assinatura responde à exigência, nem um pouco óbvia naquele momento, de declarar a propriedade pessoal de um produto intelectual no momento que ele sai do espaço controlado pelo seu autor. No caso de Alcméon, podemos pensar que influencie também um desejo de distinção relativo ao ambiente pitagórico, e sobre esse ponto vale a pena avançar um pouco mais.

A interpretação do pensamento pitagórico é normalmente condicionada pela impressão, favorecida por uma tradição neoplatônica (Porfírio e Jâmblico), de que os pitagóricos formassem uma identidade coletiva, atravessada por uma única divisão interna entre um grupo de *akousmatikói*, mais ligados à observação das regras religiosas emanadas (oralmente) pelo mestre fundador, e *mathematikói* ou "estudiosos" (da ciência matemática), vinculados pela prática do segredo (famosa a história de Hípaso de Metaponto, que teria sido afogado pelos condiscípulos por ter divulgado a descoberta do irracional, destruidora para uma visão de mundo baseada na convicção da redução dos fenômenos a relações entre números racionais). Essa impressão deve ser redimensionada à luz do grande número de personalidades bem definidas, ativas em mais frentes de interesse, que mais ou menos diretamente se vinculam à matriz pitagórica: sabemos de *physikói* com fortes interesses médicos, como o próprio Alcméon e, mais tarde, Hípon de Metaponto e Filolau, mas também de médicos como Demócedes de Crotona e Ico de Tarento, ou de *mathematikói* como Hípaso, Teodoro, Arquitas. O pitagorismo constitui, em suma, uma exceção relativa a um panorama em que, tal como indicado por Popper e Lloyd, encontramos um traço determinante de individualismo e polêmica. Mesmo ali deve ter havido uma discussão interna (por exemplo, sobre o número dos opostos — sobre o qual Aristóteles diz que Alcméon tomou uma posição pessoal — ou sobre a organização do cosmos) e, então, um desenvolvimento: apenas contra um pano de fundo "movimentado" poder-se-ia explicar o emergir, por volta do século V a.C., de um produto altamente original como a obra de Filolau.[17]

Portanto, a tendência a falar em primeira pessoa e/ou com tom fortemente pessoal é muito difundida entre os filósofos e cientistas da idade arcaica. Pensemos também em um Heráclito, que proclama "investiguei a mim mesmo" (fr. 101), sublinhando que extraiu da meditação isolada e personalíssima os conteúdos do *lógos*. E veremos que igualmente um Xenofonte, um Parmênides, um Empédocles não são exceções: a riqueza de textos desse teor faz da combinação de egotismo e inovação um fato constitutivo do estilo cultural grego.

Quanto a esse ponto joga um papel fundamental a tecnologia da escrita, que permite registrar em textos (mesmo em vasos, como vimos), de modo mais ou menos articulado, a contribuição individualmente oferecida ao progresso do saber (ou, no que diz respeito aos vasos, do saber fazer). Vimos, por exemplo, como já Hecateu se vale da escrita com plena consciência do seu poder esclarecedor em relação à tradição oral, desvelando as contradições que se encerram no flutuante mundo dos mitos e, ao mesmo tempo, fazendo dela um dispositivo de autoridade para o conteúdo pessoal que deseja propor. Ademais, o conhecimento e o uso da escrita são já componentes fundamentais daquelas culturas orientais que indicamos, em confronto com a grega, de escasso poder de inovação: aquelas culturas não fizeram de uma tecnologia, da qual de fato dispunham, o uso que dela fizeram os gregos. Pode-se deduzir que a relação entre a posse da escrita e o desenvolvimento do pensamento crítico constitui — exatamente como a relação pólis/filosofia — um problema circular, no sentido de que não é possível estabelecer a prioridade de um fator em relação ao outro. Esse é o problema de que trataremos agora.

O poder da escrita

A tese de que a adoção da escrita no mundo grego tenha sido fator determinante para o nascimento do pensamento crítico foi sustentada anos atrás em um estudo, merecidamente célebre, de Jack Goody e Ian Watt.[18] Os dois antropólogos partiram da constatação de que nas sociedades privadas da escrita a organização da tradição cultural tem caráter "homeostático": o funcionamento da memória oral é tal que os elementos socialmente relevantes são progressivamente depositados, removendo o restante, em um processo de reatualização constante do patrimônio do saber coletivo, que produz uma impressão (mas é, note-se bem, apenas uma impressão) de imutabilidade. Algo do gênero acontece também no âmbito da civilização suméria ou da egípcia, nas quais a escrita é conhecida, mas em uma forma especializada, reservada a grupos restritos de escribas e sacerdotes, com escopo de perpetuação da forma exata de um saber civil e religioso.

O mesmo vale para a civilização grega em seus primórdios. Deixando de lado a linear A, usada em Creta (*c.* 1800 a.C.-1480 a.C.) para escrever uma língua diversa do grego e ainda não decifrada, a linear B, empregada para escrever grego em Creta e em outros centros da era micênica (foi decifrada por Chadwick, em 1958), era uma escrita silábica ainda distante pela simplicidade, e limitada a restritas elites do corpo administrativo do palácio. A partir do século XII a.C., com a queda da civilização palaciana micênica, a escrita sofreu um longo eclipse até que um novo sistema foi introduzido na Grécia, por volta da metade do século VIII a.C. (ou na segunda metade do século IX a.C., como alguns tendem a considerar atualmente).[19] Esse sistema era derivado de um silabário semítico já muito simples, adaptado com o acréscimo de alguns signos para as vogais. Nascia assim o alfabeto, no qual cada signo corresponde a um fonema. Graças a essa "revolução" a escrita se tornou disponível para classes econômicas diversas e, não sendo mais prerrogativa exclusiva de categorias profissionais especializadas, conheceu célere difusão (entre os testemunhos mais antigos figuram assinaturas de ceramistas já no século VIII a.C., mas do ponto de vista da estratificação social são ainda mais notáveis os grafites deixados em Abu Simbel, no início do século VI a.C., por mercenários gregos do faraó Rampsinito).[20]

Com exatidão, essa nova tecnologia da escrita, segundo Goody e Watt, foi determinante para os caracteres da cultura grega desde seu início. Ela é, com efeito, um instrumento essencial para a construção do pensamento, na medida em que permite depositar a reflexão em textos que podem ser objeto de calma meditação (permitindo, em particular, encontrar ali eventuais contradições internas). Na fixação visual do escrito e na possibilidade de reproduzi-lo, mais do que com as móveis formas do escutar, o discurso encontra uma configuração objetiva, favorável à elaboração do pensamento abstrato. Ademais, o registro escrito facilita o reconhecimento do pensamento reflexivo como tal, deposita-o em uma corrente cumulativa de resultados e o expõe, a um só tempo, à crítica: de fato, é base de futuras inovações.

Essas observações sobre o papel da escrita foram retomadas e integradas por Jan Assmann em uma reconstrução atenta às diversas formas assumidas pela "memória cultural" nas grandes civilizações antigas. No amplo quadro de Assmann colhe--se mais claramente a relação de condicionamento recíproco entre as potencialidades oferecidas pelo texto escrito e as múltiplas componentes que modelam a tradição cultural: daí a escolha de uma opção "fria" ou "quente" que uma específica cultura desenvolve em relação à memória, a elaboração (ou não) de narrativas fundadoras, a relação com o poder político e/ou com a religião, as diversas imagens possíveis das fontes do saber.[21] Nessa chave, as civilizações do Oriente Próximo são aquelas que optam por um "congelamento" do passado, e por isso se valem da escrita para a *conservação*. Ela pode se referir a textos da mais ampla variedade (míticos, cosmológicos, técnicos, de matemática, astronomia, medicina), mas os une uma função social: a composição por escrito os dota, vale dizer, de autoridade canônica. Tomemos o caso, ao qual nos referimos com frequência, do *Enuma elish*. Esse texto de caráter religioso, antes que cosmogônico, composto anonimamente no interior de um grupo sacerdotal, foi copiado por séculos sem modificações no plano da sua organização conceitual, em homenagem à fixidez da recitação ritual.[22] Isso ocorreu porque na esfera do rito (como, de resto, na tradição oral do mito) a transmissão do saber se dá sob a forma da repetição. Na cultura grega, diversamente disso, o registro escrito dos conteúdos do saber produz um estímulo à *variação*: aquela variação que, para voltarmos ao âmbito das cosmogonias jônicas, vimos atravessar a sequência Tales-Anaximandro-Anaxímenes.

A conexão estabelecida por Goody e Watt entre escrita e pensamento crítico na Grécia se confirma, então, como uma conexão forte. Dificilmente, no entanto, poder-se-á conferir-lhe um valor exclusivo. Será mais prudente dizer que naquela sociedade "quente" que é a Grécia arcaica produziu-se em certo momento uma constelação complexa de condições nas quais a escrita (melhor: a escrita alfabética) se inseriu como um fator importante e necessário (mas não suficiente) para sustentar um estilo cultural altamente competitivo.[23] A valorização do papel da escrita deve ser, além disso, modulada em contextos concretos e específicos. Antes de tudo será oportuno notar que, não obstante o caráter "democrático" destacado por Goody e Watt, o nível de alfabetização da sociedade grega não é fácil de determinar, bem como reduzi-la a um diagnóstico unitário. A alfabetização foi, é certo, gradual. Em um período de grande difusão, como se presume tenha sido o da democracia ateniense, pode ter tocado o teto dos 10% da população (é a estimativa, em verdade minimalista, de Harris).[24] Esse dado indicaria, em todo caso, que algo em torno de 30% dos cidadãos homens, provavelmente os mais influentes e ativos da vida política e cultural, podiam ler; e na idade arcaica o conjunto dos cidadãos, mais selecionado em relação à população total, devia ser por isso mais culto.

Em certos contextos, seguramente, a escrita pôde funcionar — para dizê-lo com Marcel Detienne — como um potente "operador de publicidade", e foi "constitutiva do campo do político".[25] O caso provavelmente mais rico e significativo nesse sentido é oferecido no âmbito da legislação grega: a fixação das leis por escrito constitui, de fato, um momento fundamental no processo de codificação que teve início por volta da metade do século VII a.C. (parece que em Atenas, com Drácon) e avançou com tal força (em evidente concomitância com o desenvolvimento da pólis) que ao final do século VI a.C. a maior parte das cidades gregas dispunha de um sistema de leis escritas.

Pode-se supor que na base do registro das leis houvesse uma exigência dos grupos ao governo de oferecer forma visível à autoridade pública, garantindo um conhecimento virtualmente generalizado do sistema jurídico citadino para dele obter um funcionamento mais eficiente (não por acaso Esparta era exceção, visto poder contar com um sistema educativo solidamente estruturado, pensado para reforçar o poder estatal). Trata-se de uma tendência comum às cidades gregas, independentemente da sua orientação em sentido oligárquico ou democrático. O caso da legislação de Sólon e do movimento rumo à democracia que ele imprime em Atenas é, de todo modo, o que podemos investigar melhor.

Não há dúvida de que Sólon tenha encontrado no registro escrito das leis um instrumento de maior operacionalidade, como o demonstra a orgulhosa afirmação com a qual ele mesmo encerra a complexa série de reformas nas quais tentou a difícil tarefa de reequilibrar socialmente as partes da cidade: "Escrevi leis igualmente para o pobre e para o nobre, aplicando a cada um a reta justiça" (fr. 36, vv. 18-20). Depois, Heródoto diz que Sólon, tendo levado a termo a própria tarefa, teria viajado longamente, por "desejo de ver o mundo" (*theoría*), da Lídia de Creso ao Egito (I, 29-30, cf. 86 ss.), e a história é, se não verdadeira, indicativa de um dado importante em nossa perspectiva: a solução da crise relativa à pólis encontra-se, simbolicamente, na estabilidade impessoal da legislação, que — graças à escrita — exibe independência do indivíduo que a concebeu, entregando-se a um controle coletivo. Podemos ver aqui o início de um caminho longo e complexo de práxis e de reflexão que levará, na cultura ateniense da segunda parte do século V a.C., até mesmo a identificar a lei *escrita* como fator necessário para que a justiça reine em uma cidade. Nas *Suplicantes* de Eurípedes, o rei Teseu faz ecoar com semelhança as palavras de Sólon, recordando ao arauto bárbaro que "quando as leis foram escritas", como na sua Atenas, "o fraco e o rico obtêm igual justiça" (vv. 430-4). Analogamente, o Palamedes de Górgias recorda entre as suas mais benéficas invenções as "leis escritas [...] protetoras do justo" (82 B 11a, 30 DK).

Certamente, não se esperava capacidade de leitura e compreensão das leis por parte de *toda* a população: no entanto, não se teria mantido a função oficial nas cidades gregas — testemunhada por um grande número de inscrições — de *mnémones* ou *hieromnémones* ("recordadores") destinados a conservar por meio de repetição oral a memória de atos e normas processuais, além de uma classe mais antiga de leis não escritas, que devem frequentemente pressupor a integração do ditado da lei em seus princípios fundamentais (por exemplo, a consideração do homicídio como crime grave, que deve ser punido). Não é preciso, ademais, insistir no impacto simbólico de uma norma inscrita sobre material como madeira, bronze e pedra, algo que exibe a estável autoridade também a um público não alfabetizado, em lugares escolhidos por conta do efeito causado, como na ágora ou no templo. Em definitivo, sobre esse terreno, a passagem da oralidade à escrita não deve ter sido tão direta como se poderia pensar: aliás, é prudente cogitar uma dialética complexa entre os dois polos do conhecimento especializado e da publicização do texto legislativo.

No âmbito da comunicação literária, a trajetória do texto escrito ao leitor é, se possível, até mais complexa de seguir. Nele, como bem notou Luigi Enrico Rossi, são distintos três momentos: a composição, a transmissão ou difusão, e a publicação, vale dizer, a execução (no sentido inglês de performance). Em cada um deles o uso da escrita é adotado de forma variada, a depender dos gêneros a que correspondem diversas modalidades de fruição.

No que diz respeito à poesia, a escrita é utilizada para compor desde quando, no século VIII a.C., a longa tradição oral das narrativas épicas encontra unificação nos poemas conhecidos por nós, como a *Ilíada* e a *Odisseia*. O mesmo vale também para Hesíodo, como se vê pelos vários aspectos, tanto formais quanto de conteúdo, dos seus poemas,[26] assim como vale para a lírica, tanto monódica quanto coral, desde Álcman (é a extrema complexidade métrica, ademais, a comprovar que tantas composições não podem ser fruto de improvisação). Entretanto, por muito tempo, tanto a difusão quanto a execução da palavra poética se impuseram por via oral: é um fenômeno que se prolonga pelo menos até o final do século IV a.C. (obviamente diz respeito também a obras dramáticas) e se explica com o vínculo estrutural entre a execução poética e as ocasiões da festa ou do simpósio. Por conta dessa situação de oralidade "mista", na qual dois meios de comunicação, oral e escrito, convivem em uma relação variável, que condiciona a configuração dos textos, costuma-se falar em "auralidade": fórmula que eleva ao primeiro plano o fato de que o texto, mesmo que escrito, não é destinado primariamente à leitura, mas ao escutar.[27]

Para os escritos de caráter científico-filosófico, o discurso é parcialmente diverso, mas igualmente complexo. Eric A. Havelock, que foi, entre os estudiosos do mundo antigo, o mais determinado a ler os caracteres da cultura grega mais antiga com base em uma oposição entre oralidade e escrita, tendia a postergar os efeitos da escrita e a considerar que os primeiros pré-socráticos fossem, na realidade, poetas, dedicados à composição oral (a seus olhos, o fr. 1 de Anaximandro, por exemplo, não é genuíno).[28] Pode-se considerar, ao contrário, que o elevado grau de elaboração evidenciado pelos textos filosóficos e científicos demandasse um suporte de redação não apenas no momento da composição, mas também no da difusão. Depois, é significativo que tanto Anaximandro quanto Anaxímenes tenham escolhido a forma da prosa, que não se presta à memorização como o verso poético (que o metro da poesia servisse como suporte mnemônico era algo claro para os antigos, como evidencia Aristóteles, *Retórica*, III, 9, 1409b 4). Sobre essa escolha falaremos mais adiante, como também sobre o peculiar caso de Xenófanes, rapsodo profissional que faz poesia de interesse (para nós) filosófico. Quanto a Parmênides e Empédocles, é certo que escrevem em versos, mas a configuração formal do seu hexâmetro leva a pensar que também sua escrita esteja vinculada a exigências de memorização (e as razões da adoção da forma poética serão buscadas alhures, como demonstraremos adiante).

No que diz respeito à difusão dos escritos, o discurso requer uma diferenciação de modalidades e contextos igualmente ampla. Comecemos com os eventos de transmissão das Máximas dos Sete Sábios, que possuem caráter peculiar. Como demonstram inclusive alguns claros acenos de Platão (*Cármides*, 164e-165a, e *Protágoras*, 343a-b), ao menos um núcleo originário daquelas Máximas (entre as quais certamente figuravam as mais célebres "Conhece-te a ti mesmo" ou "Nada em excesso") estava inscrito no Templo de Apolo em Delfos. O lugar era evidentemente muito propício a uma propagação pan-helênica, que deve ter sido realizada predominante por meio oral (a forma concentrada das sentenças lhe assegurava a fácil memorização/repetição), sem, entretanto, excluir momentos de fixação escrita. Foram, de fato, encontradas entre Thera, a Ásia Menor e o Afeganistão diversas inscrições com elencos de sentenças dos Sete, situadas entre os séculos IV a.C. e III a.C., que fazem remeter ao exemplar délfico: e a colocação mais ou menos acertada dessas inscrições em ambiente público testemunha a longa duração da função paidêutica confiada às expressões da mais antiga sabedoria grega.

Esse tipo de propagação, extraordinário nos modos e nos lugares, tem precedentes orientais significativos: pode-se pensar na grande prosperidade da *História de Ahiqar*, autobiografia de um sábio conselheiro do rei em uma corte assíria do século VII a.C., com muita probabilidade de ter sido redigida, a princípio (em acádio e cuneiforme), em colunas e difundida entre os séculos VI a.C. e V a.C. em diversas línguas e meios (rolos de pergaminhos ou de papiro em aramaico, aramaico oral em contexto de simpósios), até, talvez, a Ática.[29] Contudo, a difusão das Máximas dos Sábios se vincula também, em específico, com a percepção da imediata disponibilidade política das normas da sabedoria moral arcaica: uma percepção de que na Grécia veio à luz precocemente, se a lista dos Sete contou com proclamação oficial em Atenas em 582 a.C., como narra o peripatético Demétrio de Falero em seu escrito *Sobre os arcontes* (a notícia foi conservada por Diógenes Laércio, I, 22).[30] Nessa conexão, é interessante uma passagem do *Hiparco* (um diálogo atribuído a Platão, mas quase certamente não platônico) na qual se diz que Hiparco, filho de Pisístrato (no governo de Atenas entre 527 a.C. e 514 a.C.), teria inscrito máximas morais de sua própria lavra sobre hermas espalhadas pelas estradas rurais "com o intuito, em primeiro lugar, de que seus cidadãos não ficassem admirados diante das máximas délficas escritas [...] mas que considerassem sábios, de preferência, os ditos de Hiparco; e, em segundo lugar, ao poderem ler e degustar sua sabedoria ao andar para lá e para cá, viessem dos campos para terem completada a própria educação" nos limites dos muros da cidade (228d-e). Independentemente da consistência histórica do episódio, dessas linhas deriva uma consciência inquestionável do poder publicitário da escrita e, ao mesmo tempo, da necessidade de fazer dela um uso concorrencial (ou até mesmo manipulatório) com relação a outras fontes de saber, para capturar seus destinatários.

Tratou-se até aqui de um caso, por razões evidentes, muito particular. De resto, pode-se supor que o público dos sábios do período pré-socrático fosse tendencialmente bem selecionado em termos de receptividade intelectual. A situação pode ter sido semelhante àquela que se verifica na historiografia grega com Tucídides. Com base em uma tradição bastante tardia, mas em geral aceita, parece que Heródoto ministrou leitura pública de várias passagens das suas *Histórias* (cuja redação final e completa foi, depois, publicada postumamente). Desse ponto de vista, ele deve ter seguido as pistas dos seus predecessores, os assim denominados logógrafos. Em todo caso, a vivacidade da narração de Heródoto e a busca por efeitos épicos são congruentes com a conquista de um público amplo, disposto a deixar-se levar pela performance oral de revisitação de um momento da história grega (o das Guerras Persas) considerado heroico. Poucas décadas depois, no entanto, Tucídides se separa declaradamente dessa abordagem: seu projeto de deixar escrita uma obra que fosse "uma aquisição perene, mais do que um pedaço de bravura para um imediato escutar" (I, 22) vincula-se à busca de um público selecionado tanto pela capacidade de ler quanto por um específico interesse pela análise dos eventos. Tucídides requer, assim como Platão (mas antes, ao que tudo indica, muitos dos pré-socráticos), um leitor "crítico" que se dedique a um estudo atento do texto, na ausência do seu autor.[31]

É, entretanto, oportuno recordar que até a Antiguidade tardia a leitura individual era feita, em geral (mesmo que não inevitavelmente), em voz alta. Então, mesmo uma obra que fosse composta e circulasse por meio do escrito não era necessariamente destinada a ser lida em silencioso isolamento. Pode-se imaginar que a leitura em voz alta de um texto escrito (por parte do autor, mas depois por leitores interessados, que o encontrassem em zonas distantes daquela de origem) fosse facilmente compartilhada por amigos ou por um auditório.[32] O quadro de fruição do texto filosófico devia ser, por isso, variado e vivaz, e Platão, na sua atenta preocupação com o problema da transmissão do saber, nos traz passagens iluminadoras. De acordo com a narrativa do *Fédon* (97b ss.), por exemplo, Sócrates veio a saber da filosofia de Anaxágoras porque ouviu alguém ler algumas passagens do seu livro: curioso, procurou-o (estava à venda por baixo preço) e o leu por conta própria, ficando ao final, como sabemos, frustrado. No *Parmênides*, por sua vez, é posto em cena um Parmênides que, figura respeitável, chega de Eleia a Atenas em companhia do jovem discípulo Zenão (o fato de que nesse diálogo surja um Sócrates "muito jovem" é indício de uma ambientação que se dá por volta de 450 a.C.). Zenão trouxe consigo o próprio escrito, concebido como defesa das objeções que tinham como alvo as concepções do mestre, e o leu a um numeroso grupo reunido em uma casa particular: aqui, ao término da leitura, foi também Sócrates que avançou uma profunda discussão. Independentemente da veracidade histórica do episódio, ele nos revela uma série de circunstâncias que deviam ser consideradas normais: um texto escrito, transmitido em novo ambiente graças ao afastamento físico do seu dono (não necessariamente o autor, como nesse caso), mesmo que tecnicamente elaborado pode ser divulgado mediante uma leitura pública, instigadora de uma ulterior discussão. A situação parece típica daquela fase de transição definida como "auditiva", na qual, mesmo na presença do escrito, a recepção continua a depender, ainda que não exclusivamente, da oralidade. A persistência de canais orais, entre outras coisas, explica como alguns filósofos (Tales, Pitágoras, o próprio Sócrates) não se sentiram obrigados a registrar a própria mensagem por escrito. Por outro lado, ela se explica pelas particulares condições estruturais nas quais o intelectual grego opera: dada a falta de instituições especialmente concebidas para sustentar a atividade, a exibição do saber diante de um público visa à obtenção — em competição direta com os rivais em sabedoria — de alunos pagantes e fama.[33]

Em princípio, não se exige de um público ouvinte que seja alfabetizado. Ademais, a fruição oral mantém suas atrações estéticas: é evidente, por exemplo, o fato de Heráclito dedicar grande atenção aos efeitos sonoros da sua mensagem, que devem ser envolventes. A comunicação filosófica, de fato, na medida em que requer a compreensão de pensamentos profundamente pessoais, tende a atingir um público mais restrito do que aquele da mitologia, em ocasiões não institucionalizadas como a festa religiosa, mas, isso sim, criadas ad hoc.

O panorama delineado até aqui, ainda que extremamente sintético, deve dar sentido a uma situação complexa, na qual é preciso usar de grande prudência, para não incorrer em fáceis generalizações, ao colocar em relação a dupla categorial oralidade/escrita e o problema das formas da racionalidade. Em particular, ao examinar agora três diversas opções de escrita filosófica (Anaximandro, Xenófanes e Heráclito), significativa, aliás, pela sua diversidade, deveremos dedicar atenção a um complexo variável de coordenadas específicas, como o contexto cultural e social da composição, os seus objetivos polêmicos e o público pensado para a performance.

Anaximandro: O tratado e o mapa

As fontes antigas são unânimes ao atribuir a Anaximandro — sublinhando a absoluta novidade introduzida por ele no panorama grego — a redação do escrito *Sobre a natureza* (Diógenes Laércio, II, 1-2 = 12 A I DK; Temístio, *Orações*, XXXVI, 317 = 12 A 7 DK).[34] Diógenes Laércio, aliás, precisa que o filósofo "fez uma exposição sumária (*kephalaióde*) das suas opiniões", frase que se presta a diversas interpretações. Pode ser que Diógenes tenha em mente um sumário composto em época tardia, mas é também possível que as suas palavras descrevam a fisionomia do escrito original e, então, façam referência à sua concisão (o que se harmonizaria com o caráter pragmático da prosa arcaica)[35] ou (com base em outra hipótese) a uma ordenação da matéria "segundo capítulos temáticos". Anaximandro talvez também seja o primeiro autor da literatura grega a escrever em prosa. Tal primado é disputado ainda por Ferécides de Siro, que é mais ou menos contemporâneo dele, mas a escolha pela prosa pode ter sido independente, num e noutro: em todo caso, em ambos a escolha deve ter marcado um deliberado distanciamento da tradição literária, que até então havia sido tradicional e uniformemente poética.

Recentemente, André Laks defendeu, com bons argumentos, que para os inícios da filosofia deve ter sido determinante não tanto o ato da escrita em si, mas, mais especificamente, a escrita em prosa. O recurso à prosa, de fato, implica uma busca por transparência e univocidade de sentido (busca livre da constrição da prosódia) que exprime uma separação não simplesmente formal do discurso poético, constituindo uma emancipação relativa aos conteúdos do saber mítico e, ao mesmo tempo, uma nova relação com o público. Que pense em um público ouvinte ou de leitores, o escritor de prosa se põe em primeiro plano como autor, e não como mediador inspirado pela voz divina, e busca, mais que efeitos de envolvimento emotivo, tons de objetividade. O novo meio expressivo é, então, útil para uma reivindicação pessoal de autoridade (na medida em que a autoridade do poeta era garantida pelo apelo à Musa) por parte de uma nova figura de sábio, que busca um espaço social próprio.[36]

Essas considerações podem ser válidas também para diversos âmbitos da filosofia. Pensemos, por exemplo, na obra de Hecateu de Mileto. Nas *Genealogias*, a escrita determina a distância dos conteúdos da épica genealógica, constituindo-se em instrumento de uma redução racionalista dos elementos lendários que não exageraríamos ao definir como "positivista": mas a adoção da prosa serve, de modo particular, para indicar que a busca por efeito na performance passou, decisivamente, para um segundo plano. Mesmo a *Periegese* de Hecateu, estruturada como uma lista paratática e assindética de nomes de cidades, seguidos por breves comentários, marca provavelmente uma reviravolta quanto a uma tradição de périplos em hexâmetros.[37]

No texto *Sobre os oráculos da Pítia* (406c), Plutarco observará, a propósito do abandono da forma poética nas respostas oraculares, que junto aos historiadores mais antigos esse processo produziu, a seu tempo, uma separação do plano do mito, em favor da verdade, e, analogamente, junto aos filósofos realizou um propósito de clareza didascálica em um âmbito no qual precedentemente buscara-se o arrebatamento do público. É evidente que já os antigos estavam cientes das potencialidades da prosa, tanto histórica quanto filosófica. Note-se, todavia, que a prosa não se tornou imediatamente *a* escrita da filosofia. Parece, é verdade, que em um primeiro momento essa escolha tenha sido compartilhada por Anaxímenes, com uma preferência pessoal por um estilo simples e linear (como se vê em Diógenes Laércio, II, 3 = 13 A 1 DK). Aquela mesma escolha, contudo, não foi feita por Xenofonte, cujo pensamento será, aliás, examinado a partir da sua profissão de rapsodo; enquanto Heráclito trabalhará, como veremos, com uma prosa rítmica muito particular (e não precisamente com propósitos de clareza). Os poemas de Parmênides e Empédocles, depois, são escritos no verso da épica, o hexâmetro (para não dizer que ambos voltam a fazer referência a uma figura divina, sustentáculo de verdade: mas isso, como já dito, merecerá um discurso à parte). Em suma, o longo percurso no qual a prosa se impõe como a forma standard de expressão da filosofia estará completo apenas na segunda metade do século V a.C., em Atenas, com os textos de Anaxágoras, Diógenes de Apolônia e Demócrito.[38] Em sua primeira fase ele é um percurso bastante acidentado, porque marcado — em contextos sociais progressivamente diversos — por uma sucessão de escolhas formais sempre personalíssimas, que tendem a destacar, aqui e ali, a originalidade do conteúdo (não necessariamente passando pela prosa), em um intento de maior eficácia comunicativa e, ao mesmo tempo, de autopromoção,[39] ditado por um estilo de pensamento coerente ao "egotístico".

Vale a pena, todavia, perguntar-se quais objetivos particulares um Anaximandro e um Ferécides nutriam com sua pessoal opção expressiva. É até mesmo óbvio que eles não pudessem estar cientes ab initio daquela potencialidade de clareza da prosa filosófica que mereceu o aplauso dos estudiosos hodiernos: essa potencialidade pôde se manifestar, de preferência, no decorrer de toda uma linha sucessiva de desenvolvimento. Igualmente anacrônico seria buscar já nessa fase uma distinção por gêneros literários. E nessa tentação caiu, ultimamente, um estudioso de grande valor ao observar que, enquanto o texto de

Ferécides se inscreve (em implícita mas clara oposição a Hesíodo) na tradição teogônica, o de Anaximandro "não se enquadra em nenhum gênero estabelecido, motivo pelo qual não deseja representar a prosa 'como uma divisão da literatura'":[40] ele daria, isso sim, continuidade a uma próspera linha de prosa técnica de caráter geográfico astronômico ou de engenharia (sobre o qual, vale dizer, temos pouquíssima documentação), e inauguraria por sua conta um novo gênero, o do tratado *perí phýseos*. É evidente, no entanto, que a natureza de protótipo do texto de Anaximandro foi decretada a posteriori, graças ao fato de que lhe "ocorreu" aquela que era, enquanto a realizava, a experimentação de um novo discurso sobre o cosmos. Mesmo a de Ferécides é vista como uma operação experimental, que visa a racionalizar o elemento mítico das teogonias sob o influxo de uma vontade de especulação pessoal e abstrata: com a diferença de que não dá início a nenhum gênero, permanecendo, aliás, sem continuidade, presumivelmente porque seus objetivos ainda pertencem à área do pensamento religioso tradicional e por causa da tensão não solucionada entre a vontade de oferecer uma exposição clara e ordenada dos eventos naturais e a tentação persistente de providenciar representações alegóricas e digressões imaginárias. Em suma, não tem muito sentido perguntar-se pelo gênero literário próprio dos nossos autores, mas sim: Quais elementos da prosa escrita existente poderiam lhes parecer úteis ao particular discurso que desejavam construir? Porque, ainda que conteúdo e objetivos fossem novos, tiveram de se inspirar em algum modelo.

Aqui é preciso voltar o olhar para textos mais complexos do que aqueles redigidos na simples prosa informativa, que visava à comunicação ou ao registro, que devia ser de uso comum e cotidiano desde o início da alfabetização (e que no mundo jônico era sobretudo favorecida pela vivacidade das trocas comerciais).[41] Sabemos que por volta da metade do século VI a.C.

já se consolidara a publicação escrita das leis, mas que também circulavam, ao que tudo indica, alguns textos de arquitetos. Vitrúvio relata a existência de numerosos tratados gregos de arquitetura, entre os quais o de Teodoro, o arquiteto do Templo de Hera em Samos, e Quersifrão e Metágenes, construtores do Templo de Ártemis em Éfeso (o que leva exatamente à metade do século VI a.C.). Estes últimos infelizmente se perderam, e sobre o seu conteúdo podemos apenas estabelecer alguma conjetura a partir das indicações de Vitrúvio (*Sobre a arquitetura*, VII, prefácio, 12, e X, 2, 11-2) e Plínio, o Velho (*História natural*, XXXVI, 95-97). Ao que parece, essa literatura técnica tinha caráter essencialmente ilustrativo e justificador: ela devia, por isso, apresentar, mais do que um sistema de reflexões teóricas, os procedimentos práticos seguidos na construção do edifício, mediante esboços e elencos de medidas e proporções ou mesmo descrições de especiais noções técnicas (por exemplo, para levantar as colunas).[42] É sugestiva a hipótese de que Anaximandro tenha podido ser influenciado, na sua descrição de um cosmos regido por proporção e medida, pela leitura de um tratado de arquitetura, e um instigante indício nesse sentido poderia ser visto na imagem da terra como uma coluna posta no centro do universo: algo que, dado o estado da nossa documentação, deve restar, no entanto, como mera sugestão.[43]

A hipótese de uma influência da prosa legislativa é mais fecunda. Do processo de registro escrito das leis, iniciado por volta da metade do século VII a.C., possuímos relativa ao período arcaico documentação não riquíssima, mas segura, que revela uma tendência significativa à formulação impessoal (a vontade da pólis ou deste ou daquele instituto de decisão), consolidada na inscrição em material concreto, pronta a exibir a validade geral e duradoura da norma. Laks levou em consideração esses elementos de ordem geral, acenando com a hipótese de que para a iniciativa de naturalização da teogonia, patrocinada por Ferécides, o enunciado da lei atuou como precedente importante, enquanto expressão de um instituto humano, e ainda dotado de validade permanente.[44] Em verdade, a propósito de Ferécides não é possível avançar para além da mera hipótese, na medida em que tanto a intenção quanto a destinação da sua obra, que vimos ser de difícil classificação entre cosmologia e teologia, permanecem um enigma.[45] Temos, entretanto, bons argumentos para sustentar que Anaximandro concebeu consciente a própria escrita com base na das leis, pelo menos no enunciado solene do fragmento I: "De onde nascem as coisas que são, aqui é sede também da sua destruição, como é devido: elas, de fato, pagam reciprocamente a pena e o castigo pela injustiça segundo a ordem do tempo".[46]

O melhor comentário à analogia instituída aqui entre os ritmos da mudança cósmica e uma precisa situação jurídica continua a ser, provavelmente, o de Jaeger:

Imagine uma cena de tribunal. Aquela entre as duas partes que recebeu em excesso, seja com astúcia ou com a violência, deve pagar por essa *pleonexía* uma indenização à parte prejudicada. A *pleonexía*, o "tomar em excesso", é, para os gregos, a verdadeira injustiça, dado que o justo é para eles o igual. Não devemos pensar de imediato no direito civil ou constitucional, mas apenas no direito privado, nos litígios cotidianos para o meu e o teu. Se, então, Anaximandro a ela recorre para explicar a origem e a morte das coisas na natureza, sua existência se deve evidentemente a uma posse excessiva pela qual devem ser penalizadas, cedendo a outros o que têm. Heráclito teria dito: "Essas coisas vivem a morte daquelas e aquelas morrem a vida dessas". De acordo com Anaximandro, isso acontece "segundo a ordem do tempo" (como traduz Diels) ou, como prefiro, "segundo a sentença do tempo".[47]

Prestemos agora atenção na articulação expressiva do fragmento. Simplício, derivando, talvez, o próprio juízo de Teofrasto, nota que Anaximandro se exprime "com palavras demasiado poéticas". A presença das metáforas postas em movimento, com efeito, parece responder a uma emulação da expressão poética. Essa impressão é confirmada nos outros, ainda que pouco numerosos, fragmentos: da representação imagética dos círculos astrais à imagem da Terra como "coluna de pedra" (fr. 5), aos atributos de celebração do *ápeiron*, "eterno" e "privado de velhice" (fr. 2). Então, o fragmento 1, mesmo orbitando uma clara imagem de matriz jurídica (a pena que as coisas devem pagar pela sua injustiça), afasta-se por determinação estilística do tecnicismo das leis escritas. De resto, como demonstrou o próprio Jaeger, expressões como "como é devido" (*katá to chreón*), "pagar a pena e o castigo pela injustiça" (*didónai... díken kai tísin... tes adikías*), "segundo a ordem do tempo" (*katá ten tou chrónou táxin*) encontram rico paralelo na poesia arcaica e clássica, assim como, depois, na prosa ática. Por essa razão, talvez, é normalmente ignorada a possibilidade de um confronto pontual entre a escrita de Anaximandro e a dos textos legislativos.[48] É lícito, no entanto, suspeitar que Anaximandro, buscando conferir à própria intuição da ordem cósmica a força impositiva de uma norma jurídica, tenha buscado se valer de módulos formais já praticados na expressão assertiva e impositiva de artigos de lei: suspeita que se torna certeza quando confrontada com o complexo das inscrições legislativas em época arcaica e clássica.[49]

Em primeiro lugar, e de forma mais óbvia, nessa documentação encontramos com muita frequência o termo *díke*, com o sentido técnico de "causa processual" e "organização" de uma disputa, em geral relativa a problemas de propriedade. Mesmo na literatura de época arcaica, de resto, o termo tendia a ter um significado estritamente legal, mais do que aquele geral de Justiça ou Lei, com maiúsculas.[50] É muito frequente depois do mesmo modo o termo complementar *adikía* — também central no fragmento de Anaximandro — para designar um ato ofensivo a ser levado a juízo; assim como o são os verbos *tínein* e *tínesthai*, com seus compostos, para indicar o pagamento de ressarcimento de determinado litígio (o exemplo mais antigo vem de uma lei de Gortina dos séculos VII a.C.-VI a.C. a respeito do direito de pasto). Certo que Anaximandro explora o significado com uma expressão, *tísin didónai*, não entrevista em nenhum dos textos legislativos. Neles, aliás, não se encontra nunca o substantivo *tísis* ("punição" ou "vingança"), algo coerente com uma tendência geral a recorrer a descrições de atos concretos e não a conceitos abstratos: o termo *tísis* é, ao contrário, frequente desde Homero em contextos literários elevados. Notamos já, de resto, que Anaximandro não cessa de transpor a linguagem do seu modelo a um registro estilístico mais elevado. Pode-se talvez explicar nesse sentido, além da expressão *tísin didónai*, também a conotação "existencial" do termo *chreón*, que frequentemente surge em inscrições sepulcrais e em referência ao destino de vida reservado ao indivíduo.

O interior do círculo de uma situação legislativa nos leva, em todo caso, ainda a outra expressão que no fragmento de Anaximandro remete ao tempo que baliza o ritmo de expiação/restituição das coisas: *katá ten tou chrónou táxin*. Também esta não é encontrada tal e qual nos textos legislativos, que contêm, todavia, referências significativas ao fator tempo, de modo tão insistente a ponto de nos parecer obsessivo (impressão devida, provavelmente, ao fato de que o direito moderno não confere a esse fator semelhante importância). Uma preocupação difundida, por exemplo (testemunhada desde a lei mais antiga, conservada em pedra, a de Dreros, de 650 a.C.-600 a.C.), é a de evitar o uso de recursos antes do transcorrer de determinado período. Outra versão da atenção ao elemento tempo é representada pela fixação de termos para a remissão ao âmbito judicial (também aqui temos um exemplo arcaico: a lei de Quio, 575 a.C.-500 a. C.). No entanto, a situação mais frequente entre todas é aquela na qual é atribuída aos órgãos judiciários competentes a prerrogativa de fixar determinado prazo para a restituição de um empréstimo, ou o pagamento de uma multa, ou o ressarcimento de um dano. É importante notar que em casos assim, ou semelhantes a esses, o termo *chrónos* emerge regularmente em conexão com formas do verbo *tássein* (que indica o ato de "estabelecer").

Pode-se dizer, em definitivo, que Anaximandro construiu a própria formulação com base em uma série de elementos constitutivos dos textos legislativos. Admitiu-se sempre, a bem da verdade, que o recurso à imagem de injustiça e reparação pressupusesse uma analogia entre mundo físico e mundo da pólis: mas a hipótese de que tenha havido um atento trabalho expressivo a propósito da linguagem da normativa jurídica nos induz a buscar nessa analogia implicações ainda mais decisivas do que se pensou até agora.

Em primeiro lugar, consideremos o papel que a "determinação do tempo", nas suas diversas acepções, assume na redação das leis. Supondo que a expressão *katá ten tou chrónou táxin* (de interpretação muito incerta) implica uma referência a esse particular elemento de regulação da vida da pólis, podemos considerar provável uma tradução como "segundo a ordem do tempo" ou ainda "segundo o tempo estabelecido" (entendendo *chrónou* como genitivo objetivo), em vez de "segundo a sentença do Tempo" (com *chrónou* genitivo subjetivo). Esta segunda tradução não pode ser totalmente excluída, mesmo porque a ideia de um Tempo divinizado, autor supremo de sentenças, seria tudo menos incompatível com a visão de Anaximandro: mas a primeira tradução pareceria agora corroborada com os paralelismos que vimos com a literatura jurídica. Consideramos, de resto, que o *ápeiron* baste, em Anaximandro, para servir como garantidor do "decreto" cósmico", papel que exerce com autoridade de princípio divino: analogamente, a lei grega buscava sanção na referência explícita à aprovação do deus local ou na afixação nas paredes dos templos.[51] Em outras palavras, o *ápeiron* se presta bem a um papel regulador forte, que pode incluir a definição de limites temporais à injustiça perpetrada pelos elementos (com o periódico prevalecer e regredir de um ou de outro ao longo do ciclo das estações).

Em segundo lugar, refletir sobre a natureza e os caracteres da legislação da época arcaica poderá levar à compreensão do modelo cósmico configurado por Anaximandro. Em anos recentes, mais historiadores do direito grego nos convidaram a redimensionar a ideia de que existiu na Grécia um movimento geral e consciente rumo a um sistema codificado de leis, caracterizado por unidade e coerência interna, que tende, desde o início, a um ideal "democrático" de igualdade de todos os cidadãos diante da lei. Esses estudiosos consideram que, ao contrário, o registro escrito das leis teve, especialmente (mas não sempre), a função de fixar, vez ou outra, soluções e problemas particulares, em comunidade de crescente complexidade, submetida a pressões externas e a conflitos não apenas entre os grupos de poder e os não aristocratas, mas também no seio da aristocracia.[52] Podemos, então, nos perguntar, à luz da analogia entre realidade física e realidade política na qual se apoia o enunciado de Anaximandro, se sua atenção não se volta para o aspecto do processo e da *conflituosidade* no interior do cosmos em vez do equilíbrio resultante desse processo. Em todo caso, parece-nos certo que no centro da sua reflexão existe um equilíbrio *dinâmico*, o único pensável em um contexto "quente" como aquele no qual vivia. Vale a pena notar, nessa perspectiva, que a reflexão de Anaximandro adquire uma fisionomia reflexiva com relação à de Sólon: Sólon que em Atenas, naqueles mesmos anos, buscava intervir nos contrastes internos da sua cidade com medidas de justiça (inspiradas em uma noção de justiça cósmica) pensadas para reequilibrar, em plano político, desigualdades que ainda assim eram consideradas, em plano social, inarredáveis.[53]

Menos certas, dada a escassez da documentação a respeito delas, são as hipóteses que podemos ventilar sobre destinatários e condições de fruição do texto de Anaximandro. É óbvio que para ele não pode ser concebida uma trajetória dirigida do texto escrito a um amplo público, como aquela pressuposta, ao menos idealmente, pela escrita da lei (mas também pelos preceitos dos Sete Sábios, no sentido que propusemos antes).[54] Em outras palavras, é difícil imaginar uma sequência de reflexões *perí phýseos* inscritas à vista na ágora de Mileto. Contudo, também aqui pode ser útil uma remissão ao processo de publicação das leis, porque exatamente na época de Anaximandro ele passa por aquela longa fase de oralidade "mista", à qual já nos referimos,[55] em que os dois canais da comunicação, o oral e o escrito, convivem em uma relação variável que condiciona a configuração dos textos. Nessa situação, a mensagem de Anaximandro, mesmo que composta em uma forma sofisticada, que emula a força e a autoridade da escrita legislativa, é destinada a ser transmitida oralmente, *in primis* pelo seu autor, a um auditório propositalmente formado. É ademais evidente que se trata de uma mensagem de tipo peculiar, que deseja mirar atenção a conteúdos originais. Ela visa, assim, verossimilmente, a um público mais restrito do que aquele de cidadãos interessados na observação das normas comunitárias ou atraídos por recitações poéticas. Para um discurso novo serão necessárias novas ocasiões. Mas quais?

Para melhor responder a essa pergunta, pode ser útil relembrar que os interesses de Anaximandro não se voltaram apenas para o estudo da natureza do cosmos, como poderia parecer, com base na atenção que Aristóteles lhe dedica nos seus textos de física, assim como nos dados de uma tradição doxográfica fortemente influenciada por Aristóteles. Anaximandro se ocupou, por exemplo, também de geografia, extraindo grande parte dos seus conhecimentos, ao que tudo indica, das narrativas de comerciantes e navegantes de passagem por Mileto, mas também de alguma experiência pessoal (as fontes acenam para uma participação dele na fundação de uma colônia no atual mar Negro, assim como para uma viagem a Esparta: cf. 12 A 3 e A 5 a DK). Seu papel, nesse âmbito, não pode ser ignorado, se é verdade que "primeiramente ousou desenhar a terra habitada em uma pequena tábua": a notícia nos é transmitida nesses termos, que sublinham o ato de nascimento do mapa geográfico e não poderiam se integrar melhor na tradição que atribui a Anaximandro o primeiro texto sobre a natureza, por um autor antigo que aqui depende de Eratóstenes, o grande geógrafo e astrônomo do século III a.C. (Agatemero, I, 1 = 12 A 6 DK).

Christian Jacob observou, com razão, que a ideia de colocar o instrumento gráfico a serviço de uma representação da terra (mais precisamente, do complexo da terra habitada, não perceptível na experiência cotidiana) pressupõe não só no autor, mas também no destinatário, uma boa capacidade de atenção e abstração.[56] Também nesse caso, então, como no texto sobre a natureza, Anaximandro se dirigirá a um público selecionado e, por assim dizer, intelectualizado, ao qual apresenta o traçado cartográfico unido a uma ilustração oral voltada para espectadores-ouvintes.

Jacob nega, além disso, que o mapa pudesse ter alguma utilidade para viajantes, militares ou políticos, colocando-o no quadro de um projeto de conhecimento global da natureza. Opinião essa condicionada por um prejulgamento de raiz platônico-aristoté-lica com base no qual o interesse filosófico nasceria como pura contemplação. No que diz respeito especificamente ao estudo da geografia, deve nos conduzir a conclusões diversas, ainda que referentes a uma situação mais tardia, a narrativa de Heródoto sobre Aristágoras de Mileto. Enviado em missão diplomática a Esparta para pedir ajuda ao rei Cleômenes I contra o domínio persa (estamos em 499 a.C.), ele leva consigo um mapa desenhado por Hecateu: isso lhe serve tanto para informar o rei acerca da situação política das cidades jônicas quanto para lhe mostrar como ocorrerá a eventual campanha militar (V, 49, I). É o caso de notar que a pressão do Império persa em Jônia e em Mileto começa a se fazer sentir, após a reviravolta da monarquia lídia, exatamente no período da maturidade de Anaximandro: pode-se deduzir daí, com certa facilidade, que seu mapa tenha sido concebido como um instrumento de informação geopolítica para os cidadãos mais atentos aos movimentos em ato.

Vejamos agora se as considerações relativas às possíveis origem e função do mapa de Anaximandro podem ser lidas em relação ao problema do contexto no qual foi concebido o primeiro texto sobre a natureza. Certo é que não sabemos quase nada do quadro em que operavam os primeiros naturalistas: mas exatamente por isso não podemos excluir que eles esperassem algum *efeito* da comunicação do próprio saber. Assim, não podemos excluir que Anaximandro propusesse a própria visão do cosmos, modelada em um ideal de simetria, como um olhar "do alto" pensado para instilar equilíbrio nas escolhas da elite da cidade, à qual se voltava: terminologia e noções jurídicas deviam funcionar, nesse ambiente, como uma espécie de *entry point* relativo a um público chamado a se reconhecer na própria visão. Mileto era então uma cidade economicamente próspera e culturalmente florescente, cuja independência era ameaçada, tomada por repetidas passagens de poder entre tiranos e oligarcas, e atravessada por tensões sociais internas e disputas confiadas ao juízo de figuras competentes chamadas de fora (sabemos de uma intervenção dos habitantes de Paros, cuja datação é incerta, mas não é impossível de ser estimada para a metade do século VI a.C.).[57] A analogia pólis-cosmos funcionaria, então, em uma dúplice direção: não só, como há muito se reconhece, a relação entre os opostos no cosmos é representada em termos derivados dos conflitos (especialmente de propriedades) que agitam a pólis; se essa leitura é válida, o quadro do cosmos, por sua vez, pode servir como modelo daquele equilíbrio dinâmico, assegurado por leis adequadas das quais, imagina-se, a cidade precise.

Podemos, por fim, pensar que o discurso de Anaximandro se voltava para um público selecionado de cidadãos de alto nível, vinculados por afinidade social e política, acostumados aos textos legislativos e em condições de discutir a respeito deles e de outros fatos associados à pólis, em ocasiões criadas ad hoc. Não excluiria que discussões desse tipo pudessem ocorrer no curso de encontros sociais de convivência. Não obstante o caráter prevalentemente lúdico das suas manifestações, o instituto do simpósio encontrava sua motivação, mais ou menos subterrânea, na exibição de solidariedade de classe (aristocrática) e de harmonia social. Na especial atenção dedicada, de um lado, ao comportamento ordinário dos comensais e, por outro, à ordem formal do canto, ele constituía uma espécie de projeção estética de um ideal de ordem política.[58] Por isso podia incluir, além de performance poética, obrigatória para todos os participantes, discursos em verso e em prosa sobre o amor (do tipo que surge na imagem idealizada no *Banquete* de Platão), além de conversas sobre temas variados de sabedoria moral ou política (os ditos dos Sete Sábios, ademais, giravam em ambientes semelhantes). Não queremos avançar no desenvolvimento dessa hipótese relativa a Anaximandro: o certo é que um discurso como o seu, ao exigir um alto grau de reflexão, exigia um momento e uma sede apropriados, e parece natural que esse ambiente fosse oferecido por uma residência privada, do próprio autor ou de alguém próximo.

Pode-se supor, por fim, que o primeiro texto sobre a natureza tenha sido lido publicamente pela primeira vez em uma rica casa de Mileto. Pode-se, ademais, conjecturar que à leitura tenha se seguido uma discussão pensada para analisar a analogia entre os conflitos do cosmos e aqueles em movimento na móvel sociedade do lugar. Em relação a este último aspecto (a possibilidade de uma *discussão*) se poderá aduzir uma ulterior indicação do confronto entre as primeiras tentativas de representação cartográfica e os inícios da investigação sobre a natureza. Notamos que no ato de exibição de seus dados, o traçado cartográfico se presta à discussão e à crítica. Sabemos que por volta de uma década após Anaximandro, na mesma Mileto em que o seu mapa estava à disposição de qualquer interessado, ele foi retificado por Hecateu (também a ele são naturalmente atribuídas viagens à Pérsia e ao Egito, das quais pode ter extraído um patrimônio mais rico de noções geográficas). Anaximandro, talvez inspirado por aquela mesma preocupação de simetria que emerge da sua descrição do cosmos, tinha representado uma divisão bipartida da superfície terrestre (considerada de forma circular) entre um continente setentrional (a Europa) e um meridional (a Ásia). Hecateu complica o quadro, mas, permanecendo ligado a exigências de geometrização, representa a Cítia em forma de quadrado, a Ásia Menor e a Arábia como trapézios, a África repartida em três zonas, por sua vez divididas pela metade em sentido vertical. Essa operação suscita, significativamente, o desprezo de Heródoto (IV, 36, 2):

Faz-me rir, ao ver, afinal, tantos que desenharam mapas da Terra, que nenhum a tenha explicado racionalmente. Eles desenham Oceano que corre ao redor da Terra, que seria redonda como se desenhada com um compasso, e representam a Ásia como a Europa. Eu, de minha parte, mostrarei com poucas palavras a grandeza de cada uma daquelas partes, e qual seja sua configuração.

Note-se como Hecateu, entre outros, é atacado com a mesma arma, a escrita corrosiva usada em primeira pessoa, que ele mesmo havia utilizado contra as genealogias míticas. Heródoto exprime assim, com vivacidade, o intento de substituir o espaço dos primeiros mapas, geométrico e abstrato, por uma representação mais móvel e concreta: de fato, nas páginas sucessivas registrará uma descrição da terra que passa, à maneira de um périplo, de povo em povo. Entretanto, não teria havido polêmica nem desenvolvimento constatável de conhecimentos se uma primeira representação geográfica e, depois, uma segunda, não tivessem sido conservadas em uma tábua.

A sequência Anaximandro-Hecateu-Heródoto pode ser adotada como caso exemplar do nexo entre a escrita e a variação no sentido definido por Assmann.[59] O mapa geográfico funcionou de imediato como um texto útil à conservação de determinado conteúdo, mas também convidou seus observadores — em contextos sociais motivados — à reflexão e à crítica. Ademais, a linha das sucessivas retificações não ocultou o conhecimento das etapas precedentes: um Heródoto que declara, com malícia, o propósito de superar o esquematismo dos mapas mais antigos contribui sempre com a conservação da memória daquelas primeiríssimas tentativas. Analogamente, as ideias de Anaximandro sobre o cosmos encontraram no livro um suporte material estável, graças ao qual se conservaram na memória cultural e, ao mesmo tempo, inauguraram — mesmo para além das intenções do autor — uma longa linha de discussão.

Xenófanes, satírico e polêmico

Xenófanes nasce em Cólofon, na Jônia, por volta de 570 a.C. Após uma série de reviravoltas políticas (instauração de um regime tirânico em Cólofon, conquista da Ásia Menor por parte dos persas entre 546 a.C. e 544 a.C.), deixa a pátria com 25 anos, e dali em diante "67 anos agitam a *sua* reflexão (*phrontís*) por todos os lados na terra da Grécia" (narra ele mesmo em uma composição que se calcula tenha escrito aos 92 anos: fr. 8 DK). Sua carreira se apresenta, assim, como a de um poeta itinerante, cujo método de publicação implica contínuas mudanças de um público a outro, no horizonte pan-helênico. Ademais, como notou Havelock, um Homero ou um Hesíodo não teriam nunca denominado *phrontís* a própria atividade poética: com esse termo Xenófanes demarca o próprio distanciamento dos temas tradicionais da épica e a exploração de novos territórios intelectuais.[60]

As longas peregrinações levam Xenófanes a várias cidades da Sicília (por exemplo, a Siracusa, à corte de Hieron) e à Magna Grécia. Uma próspera tradição biográfica o vincula, depois, a Eleia, a cuja colonização teria dedicado um poema, e se faz (dado, a bem da verdade, incerto) mestre de Parmênides. Os 34 fragmentos que restam, no total 121 versos de métrica variada (hexâmetros datílicos, dísticos elegíacos, trímetros jâmbicos), compreendem duas consistentes passagens elegíacas, passos (quase todos em hexâmetros) sobre temas cosmológicos, teológicos, gnosiológicos, e um bom número de versos que poderíamos definir como de polêmica cultural. É natural pensar que estes últimos fizessem parte dos assim denominados *Silloi*, composições de gênero satírico que os antigos atribuem a Xenófanes. É incerta, por sua vez, a colocação de gênero dos fragmentos de teor especulativo. Os antigos, segundo um habitual clichê, atribuem a Xenófanes também um poema *Sobre a natureza*, mas não se tem a impressão de que tenha organizado suas ideias sobre o mundo físico em um texto específico.

Para compreender a obra de Xenófanes na sua importância para a história da filosofia, sem sacrificar nem sua variedade nem sua originalidade, um exame das modalidades de comunicação postas em ato nos seus versos resulta muito clarificador. Para esse propósito deve ser valorizada uma notícia conservada em Diógenes Laércio: "escreveu em metro épico, ademais, elegias e iambos, contra Hesíodo e Homero, censurando-os pelas coisas ditas sobre os deuses. Ele mesmo, porém, recitava (*errhapsódei*) as próprias composições" (IX, 18 = 21 A I DK). Xenófanes é aqui representado como um rapsodo, vale dizer, um recitador de poesia, e pode-se bem tomar por hipótese que tenha conquistado com essa veste, em festas e competições públicas, ou em encontros sociais e cortes de tiranos, os meios para viver sua centenária vida. Que ele não renunciasse a essa identidade profissional o demonstra, ademais, um verso elegíaco seu que repercute o final standard de muitos hinos homéricos (por exemplo, *Ad Afrodite*, v. 293), no qual se anuncia a conclusão do canto e a passagem a um canto superior: "passo agora a outra narrativa, e mostrarei um caminho" (21 B 7 DK).[61]

Todavia, enquanto a prerrogativa normal do rapsodo era a recitação (memorizada) de um repertório tradicional (sobretudo Homero, mas também outros poetas), Xenófanes propunha conteúdos próprios, na maior parte vivamente polêmicos com relação à tradição poética. Em particular, suas armas se voltavam contra a representação dos deuses olímpicos transmitida pelos poemas de Homero e Hesíodo.[62] Nesse ponto, a informação fornecida por Diógenes tem confirmação notória em alguns dos fragmentos conservados, que testemunham uma abordagem crítica, lúcida e virulenta contra a representação antropomórfica do divino:

Homero e Hesíodo atribuíram aos deuses tudo isto
que junto aos homens é motivo de ignomínia e reprovação:
roubar, cometer adultério e enganar um ao outro. (fr. 11)

Narraram enorme número de ações ilícitas dos deuses:
roubar, cometer adultério e enganar um ao outro. (fr. 12)

Aos olhos de Xenófanes, a imagem dos deuses que os dois
grandes poetas forjaram, por imitação do mundo humano, é
desprezível em plano moral. Aquela imagem, no entanto, também
bém graças à profunda influência exercitada pela sua obra no
tecido da cultura grega, tornou-se opinião comum:

[...] pois todos aprenderam desde o início com Homero.
(fr. 10)

Mas os mortais pensam que os deuses nascem,
e têm roupas, voz e corpo como eles. (fr. 14)

Aqui emerge, entre outras, uma contraposição entre a opinião
comum dos "mortais" e aquela (obviamente correta) do sábio,
que é motivo difundido, de grande eficácia promocional, na literatura
teratura pré-socrática. O sábio do caso, Xenófanes, desmascara
com eficácia a noção ingênua de que os deuses sejam feitos à
semelhança dos homens — e sua ironia se torna sarcasmo —,
confrontando as possíveis versões do antropomorfismo em
outras populações e — por absurdo, mas por que não? — em
várias espécies animais.

Os etíopes dizem que os próprios deuses são negroides e
[escuros,
os trácios, que possuem olhos azuis e cor rósea. (fr. 16)[63]

Mas se tivessem mãos os bois, e os cavalos, e os leões,
ou pudessem desenhar com as mãos e realizar obras como
[aquelas dos homens,
os cavalos semelhantes aos cavalos e os bois aos bois,
desenhariam as figuras dos deuses, e assim representariam
[os corpos
na mesma conformação que eles mesmos têm. (fr. 15)

Esses textos revelam também como o desenvolvimento de modalidades de pensamento crítico pôde ser solicitado na Grécia arcaica pela exposição a outros sistemas de crenças, em uma época de migrações por motivos políticos, mas também de florescente comércio e de fundações de colônias, como a de Xenófanes. Os mecanismos da sua crítica ao antropomorfismo, de fato, emanam diretamente da descoberta de uma diversidade cultural cujo corolário é a consciência de que a própria cultura grega é uma *construção*: em particular, uma construção devida a Homero e a Hesíodo, cuja hegemonia de poetas-educadores é o principal objeto da polêmica de Xenófanes.

Entretanto, não só a representação depreciativa dos deuses olímpicos é combatida. Xenófanes refuta a condição de passivo repetidor de todo um mundo de valores de que é depositária a inteira tradição poética. Um forte conteúdo crítico emerge também nas duas mais longas elegias conservadas, que, assim mesmo, nos remetem ao contexto tipicamente aristocrático do simpósio. A primeira elegia demarca a cena de um banquete "moralizado": após adequadas instruções cerimoniais e um convite à devida homenagem aos deuses, em versos que inspiram uma atmosfera de religiosa compostura, se afirma a exigência de beber evitando a desmedida (*hýbris*) e se elogia o homem que a memória e o culto da virtude incitam, após o vinho, com discursos nobres, a rememorar "batalhas de Titãs, Gigantes e Centauros, ficções dos antigos" ou lutas, todas coisas de nenhum valor (fr. I, vv. 21 ss.). É clara a separação da tradição das narrativas míticas, mas também de uma poesia política sectária (como era, por exemplo, a de Teógnis ou de Alceu), em nome de um ideal de virtude entendida já, no mundo clássico, como moderação. Combatendo com outra elegia, em uma frente diversa, mas contígua, Xenófanes declara com acento fortemente pessoal a superioridade da própria habilidade e sabedoria com relação aos valores da força física, exaltados pela cultura do atletismo, cara à sociedade aristocrática. Note-se que aqui, no verso 12, ele não hesita em destacar "a nossa sabedoria" (*hemetére sophía*). Contudo, deve--se notar também que essa autopromoção se dá no próprio espaço do banquete: nessas composições, Xenófanes se move no mesmo plano de outros poetas monódicos contemporâneos, que refutam as narrativas de tensão épica em favor de temáticas consideradas mais adequadas à atmosfera do simpósio (a temática erótica, em primeiro lugar, no caso de Anacreonte e Íbico), no momento mesmo em que reivindicam a própria distinção profissional.[64]

Xenófanes, em suma, utiliza formas da poesia tradicional como elegia ou hexâmetro épico para fundar um projeto pessoal e inovador. Evidentemente seu propósito é alcançar aquele mesmo amplo público cuja identidade cultural se formou na frequentação de peças rapsódicas. Até sua versificação revela, além de uma óbvia busca por eficácia expressiva (esta, por si só, pode ser desejada mesmo em um texto destinado à leitura), certo cuidado para favorecer a memorização em um contexto de fruição auditiva. Bom indício, nesse sentido, é a retomada do mesmo verso nos fragmentos II e 12 (há pouco citados); em geral, outros elementos explicáveis à luz das exigências de memorização são a variação paródica de fórmulas homéricas, além do uso frequente de esquemas repetitivos.[65] Esses traços não dizem respeito apenas aos textos de natureza mais diretamente polêmica. Tomemos por exemplo o quadro cosmológico do fragmento 30, no qual não só muitos termos são repetidos, mas em que o último verso retoma o conteúdo do primeiro, de acordo com uma modalidade característica da formulação oral:

> Fonte é o mar d'água, fonte do vento:
> nem, de fato, nas nuvens poderia haver força de vento
> soprada de dentro sem o grande mar,
> nem correntes de rios nem água de chuva do céu,
> mas o grande mar é gerador de nuvens e ventos
> e rios.

É razoável pensar que mesmo aqueles textos que atualmente classificamos como cosmológicos, ou teológicos, ou gnosiológicos se voltassem para um público não especificamente de "filósofos" e obedecessem às mesmas exigências expressivas daqueles mais abertamente polêmicos. A atitude crítica e o caráter pessoal, às vezes agressivo, são, ademais, uma cifra caracterizadora do inteiro discurso de Xenófanes.[66] De sua posição gnosiológica falaremos mais adiante,[67] mas podemos nos voltar já para sua "teologia", na qual se verifica particularmente bem o vínculo de complementaridade entre parte destrutiva e construtiva da reflexão.

É esta, ademais, a ocasião para recordar que Xenófanes está longe de querer negar a existência dos deuses propriamente ditos: de preferência, sua intenção (como mais tarde é a de Platão) é "reformar" a visão tradicional, depurando-a dos seus traços filosoficamente inaceitáveis. A imagem do divino que Xenófanes propõe, por isso, é construída precisamente por meio de *negação* de atributos humanos, ou melhor, daqueles traços que poetas como Homero e Hesíodo extrapolaram ingenuamente do mundo humano para representar o agir dos deuses.

Seu único deus, de fato, "não é semelhante aos mortais, nem no corpo, nem no pensamento" (fr. 23); "*não* lhe toca andar daqui para ali, mas tudo agita sem fadiga com o entendimento da sua mente" (fr. 25-26); *privado* de órgãos sensíveis, vê, ouve e pensa "na sua inteireza" (fr. 24; essa imagem poderia aludir em particular a uma forma esférica).

Sobre essa representação, notável resultado de um procedimento intelectual sofisticado e de certa capacidade de abstração, a tradição antiga construiu a ideia, largamente aceita na modernidade, de que Parmênides tenha extraído de Xenófanes o princípio central de unicidade do ser.[68] Certamente, não se pode excluir que Parmênides tenha escutado alguma recitação de Xenófanes em Eleia, mesmo encontrando motivos particulares de interesse na sua idiossincrática concepção do divino, mas seria bastante anacrônico fazer de Xenófanes o fundador de uma "escola" eleática, e até mesmo o primeiro autor de um monismo ontológico. Com base nas considerações desenvolvidas aqui, deveria ficar claro que a reflexão de Xenófanes, diferentemente da de Parmênides, permanece no interior da batalha contra o monopólio cultural da tradição homérico-hesiódica. A esse propósito, notamos que nos seus fragmentos "teológicos" é possível entrever uma série de precisas remissões a linguagem e imagens da épica: pense-se em particular na imagem de Zeus em Homero, que com um movimento de cabeça faz tremer o Olimpo (*Ilíada*, I, vv. 528-30).[69] Essas remissões têm seguramente função paródica, com o objetivo de enfatizar a distância da cultura religiosa corrente. Ao mesmo tempo, no entanto, a retomada de formas expressivas que deviam soar familiares tinha o objetivo de facilitar a audição de um conteúdo novo a um auditório, tradicional, do simpósio.

Heráclito, o obscuro

A leitura de Heráclito nos transporta, mais uma vez, para um clima expressivo altamente peculiar. Seu estilo, já assumido na retórica antiga como protótipo de obscuridade,[70] parece constituir uma vistosa exceção relativa àquela busca por uma linguagem comum a muitas opções de escrita dos filósofos. Contudo, a exceção é mais aparente do que real, no sentido de que mesmo Heráclito, nos modos que lhe são próprios, elabora uma escrita intimamente aderente à realidade que descreve: uma realidade cujo sentido profundo se desvela apenas a quem sabe decifrá-lo no íntimo do contraditório próprio do sensível. De acordo com Heráclito, de fato, as coisas que estão sob os olhos de todos (mas a maioria nem mesmo se apercebe disso) são perpassadas por uma incessante tensão (melhor, por uma "guerra") entre forças opostas. Essa tensão se revela na transformação recíproca dos elementos ou no alternar-se do dia e da noite; mas também se realiza, em plano existencial, na sucessão cíclica do sono e da vigília, imagem, de um lado, da passagem da ignorância ao conhecimento e, de outro, da contiguidade morte-vida; ou se reflete no conflito insuperável de pontos de vista, como, por exemplo: a água, que é boa para os peixes, é para nós não potável e mortal, ou "a via para o alto e para baixo é a mesma" (porque se trata da mesma via, seja num sentido ou noutro; ver fr. 8, 10, 51, 53, 54, 60, 61 e 88).

O universo heraclitiano, em suma, exibe no seu conjunto e em cada parte sua um estado de luta perpétua. É difusa a opinião de que, sobre esse ponto, Heráclito queira corrigir a noção de equilíbrio que sustenta o cosmos de Anaximandro. No entanto, essa opinião não se sustenta se entrevemos também no fragmento de Anaximandro (como tentamos fazer antes) uma atenção ao conflito entre poderes cósmicos mais que à necessidade de uma compensação recíproca. Num e noutro, entretanto, a visão do conflito cósmico se apresenta como uma imagem-projeção de uma forte instabilidade da conexão social, na qual os conflitos internos entre os indivíduos constituem um dado "fisiológico" inevitável. São indicativos desse propósito os termos que emergem do fragmento 80 de Heráclito: "É necessário saber que a guerra é comum (*xynón*), e a discórdia (*érin*) é justiça (*díken*), e todas as coisas vêm a ser segundo discórdia e necessidade".

A imagem comum de Heráclito como o filósofo para quem "tudo escorre" deve ser ajustada com a importante observação segundo a qual, na sua visão, a estabilidade é inseparável da mobilidade, assim como a unidade do conflito: vale dizer, como afirma o fragmento 54, "o acordo (*harmonía*) que não aparece é mais forte do que aquele que aparece". Para além do pulular das dissonâncias, de fato, o sábio descobriu que os opostos são vinculados por uma tensão, a qual, mesmo que levada ao extremo, não alcança nunca a margem da ruptura (como na estrutura curvilínea do arco e da lira, cujos limites extremos se aproximam de uma "conjunção [*harmoníe*] de tensões contrárias", fr. 51).

Heráclito afirma a existência de um *lógos* como "razão" e "regra" do devir, e o identifica na substância mobilíssima e impalpável do fogo (um elemento natural que parece absorver a função revestida para os jônios de água, *ápeiron* e ar, mas que assume também — de maneira completamente nova — a cifra existencial da mudança). Ora, *lógos* em grego significa também "discurso", e Heráclito, com efeito, assume o termo na sua dúplice acepção, servindo-se dele para fazer referência à própria mensagem e, ao mesmo tempo, àquele seu núcleo de conteúdo essencial que é o princípio-*lógos* das coisas. Ele insiste, por consequência, na necessidade de que o seu saber não seja recebido passivamente, mas *compreendido* nos seus conteúdos. Esse motivo emerge com clareza em dois fragmentos que deviam figurar no exórdio do seu texto.[71] Aqui, com enérgico tom protréptico, os homens são convidados a uma verdadeira e própria conversão relativa ao sono da razão no qual normalmente jazem: apenas quando saem do seu isolamento solipsista adquirem consciência do sentido das palavras do sábio e, ao mesmo tempo, do profundo sentido da realidade na qual estão imersos:

> Este *lógos*, que é sempre (*aiéi*), os homens são incapazes de compreendê-lo (*axýnetoi*), tanto antes de escutá-lo quanto depois de tê-lo escutado uma primeira vez. De fato, ainda que tudo venha a ser segundo este *lógos*, eles se assemelham a gente inexperta, mesmo experimentando as palavras e as ações que exponho de acordo com a sua natureza, distinguindo cada coisa e dizendo como as coisas são. Todavia, aos outros homens escapa o que fazem acordados, assim como se esquecem daquilo que [fazem] dormindo. (fr. 1)

> Ainda que o *lógos* seja comum [*xynoú*, como a guerra no fr. 80], vivem os muitos como se possuíssem uma inteligência privada. (fr. 2)

A vontade de liberar a maior parte dos homens da condição de ignorância é acompanhada da polêmica com alguns sábios, evidentemente renomados, com os quais Heráclito se põe em relação de concorrência. Pode parecer estranho que, a confiar nos textos conservados, tenham sido preservados dos seus ataques tanto Tales quanto Anaximandro e Anaxímenes. Certo que, com exceção de Tales, pela sua importância emblemática (é também recordado por Heráclito, no fr. 38, como o "primeiro investigador dos astros"), os jônios não encontram nenhuma menção explícita à tradição pré-aristotélica; nem deveremos tentar vincular à força os diversos *physiológoi*, "aristotelicamente", ao longo de uma série concatenada de aquisições cognoscitivas. No entanto, é também verdade que o pensamento de Heráclito resulta legível em seu complexo como uma resposta ao naturalismo jônico, revisitado em chave existencial.[72] Poder-se ia, então, pensar que ele reserve aos sábios de Mileto os modos de uma interlocução implícita: por exemplo, operando uma escolha, como a de confiar um papel preeminente a uma substância como o fogo, cuja novidade é evidente, e que, ao mesmo tempo, subentende o reconhecimento positivo de um âmbito problemático comum. Sua crítica se volta, em vez disso, da forma mais explícita, para não dizer violenta, não apenas contra Homero e Hesíodo, os mais ilustres representantes da tradição épica, mas também contra outros que, como Xenófanes, Hecateu e Pitágoras, mantiveram-se distantes dessa tradição: "Saber muitas coisas (*polymathíe*) não ensina a ter bom senso: porque, então, o teria ensinado a Hesíodo e Pitágoras, assim como a Xenófanes e Hecateu" (fr. 40).

O fato de que nessa polêmica estejam envolvidas personalidades tão diversas indica, é óbvio, que Heráclito não pensa no interior de uma tradição filosófica já constituída, à qual se contraponha uma tradição de poetas não filósofos. Ele ataca com seu sarcasmo todos aqueles que têm fama de ser sábios reduzindo o conhecimento a um acúmulo de noções exteriores, incapaz de reconduzir a pluralidade do real à intuição essencial da sua unidade. Lemos ainda:

Homero deve ser expulso dos embates poéticos e espancado, assim como Arquíloco. (fr. 42)

Mestre de muitíssimos, Hesíodo: dizem saber muitíssimas coisas, ele que não distinguia o dia e a noite: são, de fato, uma só coisa. (fr. 57)

Pitágoras, filho de Mnesarco, praticou a investigação (*historíen*) mais do que todos os homens e, selecionando escritos, construiu uma sabedoria (*sophíen*) própria: um saber muitas coisas (*polymathíen*), uma arte maléfica (*kakotechníen*). (fr. 129)[73]

Impressiona pela dureza o tratamento dispensado a Pitágoras, apresentado como um charlatão que adotou para suas ideias o que extraiu de escritos alheios. Seu caso indica, entre outras coisas, que Heráclito vê a *polymathíe*, culpa comum dos seus adversários, como um modelo de saber dispersivo enquanto fruto não de meditação pessoal, mas de apanhado de conhecimentos alheios. É claro, em todo caso, que aos olhos de Heráclito o "saber muitas coisas", que é um superficial aglomerado de noções, encontra, pela própria natureza, fácil popularidade, propiciada (podemos bem imaginar que fosse interpretada como um agravante) por recurso à modalidade expressiva sedutora.

A polêmica tem, então, o escopo evidente de ressaltar, competitivamente, o valor dos conteúdos transmitidos por Heráclito. Coerente a isso, no plano formal, ele não busca imediato e extemporâneo sucesso perante um auditório disposto a deixar-se levar por um fluir de versos, e mira, de preferência, à ativação de instâncias individuais de reflexão. Daí a dissolução do discurso contínuo em uma sucessão de frases emblemáticas, cada uma das quais como uma unidade (densíssima) de significado. Aqui, no interior de cada frase, uma busca expressiva que tende a jogar com dois planos entrecruzados.[74] De um lado, ela visa a reproduzir, com o uso abundante de antíteses, a estrutura de contraste da realidade sensível, aliás, enfatizando-a para aqueles que não se aperceberam disso. Por outro, a exaltação do contraste remete ao reconhecimento de um quadro complexo ordenado, regido por um princípio (divino) de unidade. Bom exemplo dessa duplicidade irredutível, que é a receita da notória "ambiguidade" heraclitiana, pode ser o fragmento 67: "O deus: dia noite, inverno verão, guerra paz, saciedade fome. Muda como [o fogo] quando se mistura com os aromas, toma nome de acordo com a fragrância de cada um".[75]

Heráclito devia antever destinatários capazes de se colocar diante de um texto, num movimento de ida e volta sobre o mesmo pensamento para extrair dele as múltiplas ressonâncias. É indicativo um aceno de Aristóteles na *Retórica* (III, 5, 1407b 11 = 22 A 4 DK) à particular dificuldade de estabelecer a pontuação do texto de Heráclito, a tal ponto que não é claro se determinada palavra acompanha o que precede ou o que sucede. Essa observação é mais bem compreendida se recordamos que a escrita grega era contínua, vale dizer, sem separação entre as palavras (algo que se tornará comum apenas na época carolíngia) e sinais de pontuação (os quais, com efeito, só viriam a ser aplicados regularmente com a imprensa). Aristóteles cita exatamente o início do fragmento 1 ("este *lógos* que é *sempre* os homens são incapazes de compreendê-lo") para fazer notar que não resta claro se aquele "sempre" se referia à validade (eterna) do *lógos* ou ao defeito cognitivo (generalizado) dos homens. Talvez sejamos mais fiéis às intenções de Heráclito se renunciarmos à escolha, deixando ao advérbio a possibilidade de um proceder nas duas direções, com uma construção *apó koinoú* (e exemplos do gênero poderiam se multiplicar).[76] É inevitável, ademais, que essa possibilidade se resolva na leitura em voz alta. Então, a perplexidade denunciada por Aristóteles e o correspondente sentido de ambiguidade que destacamos são reações que apenas a atenção dedicada a um texto escrito permite.

À luz dessas observações, não temos motivo para duvidar que Heráclito se dirigisse, em segunda instância, a um público de leitores. Contudo, tomemos agora a desconcertante abordagem proposta em um famoso fragmento entre o nome grego do arco, *biós*, e o da vida, *bíos*. Podemos entrever um jogo antitético entre os dois termos, idênticos pela sequência de fonemas, mas distintos pelo acento (que não era marcado no escrito): jogo que devia ser entendido como um apreço aural/oral, mas que, ao mesmo tempo, servia como convite para suspender, interrogativamente, a reflexão sobre o texto.[77] "Nome do arco (*biós*) é vida (*bíos*), mas tem por obra a morte" (fr. 48). O próprio fragmento 1, recordemos, convida claramente a "escutar" o *lógos*.[78] Heráclito não deixava, então, de confiar na impressão auditiva produzida por uma leitura própria (feita, presumivelmente, com tons de profeta inspirado, rivalizando com o estilo de aedos e rapsodos) para ouvintes que desejava proteger da fácil atração da poesia. A eficácia de uma leitura em voz alta, em todo caso, não parece ter sido ignorada; aliás, a fraseologia de Heráclito é muito cuidadosa nos efeitos sonoros: ela se revelou, diante de atento exame filológico, como uma prosa rítmica estruturada segundo complicadas correspondências métricas de elementos antitéticos, eficaz reflexo de uma realidade entendida como identidade de opostos.[79] Ao mesmo tempo, substituindo o fluxo do hexâmetro por uma frutífera sequência de aforismos, Heráclito escapa completamente da tradição rapsódica, à qual Xenófanes permanecia vinculado. Projeta-o para fora dessa tradição, de resto, também o fato de parecer transmitir sua mensagem, em vida, apenas ao público de cidadãos de Éfeso: proveniente de uma família aristocrática (de estirpe real, se aceitamos a notícia transmitida por Diógenes Laércio, IX, 6), Heráclito não precisou viajar para ganhar a vida como poeta itinerante.

Heráclito não se limita ao duplo jogo no plano da oralidade e da escrita. Ele também atinge uma rica variedade de modelos expressivos existentes, dos quais desenvolve as potencialidades em relação a um objetivo constante: que é naturalmente aquele de *épater* os seus destinatários.[80] Vários indícios sugerem que a esfera dos mistérios tenha sido para Heráclito uma importante fonte de inspiração, tanto no plano dos conteúdos quanto no estilístico. É certo que ele não parece admitir uma imortalidade pessoal, que é, ao contrário, a preocupação mais urgente dos seguidores dos mistérios, e pensa em uma dissolução das almas individuais em uma força vital cósmica.[81] Todavia, o sentido da precariedade da existência individual e a urgência de transcender a mortalidade em uma superior unidade de vida e morte, elementos centrais no pensamento de Heráclito, encontram-se também na raiz da experiência dos mistérios, e em ambos os casos exprimem uma série de antíteses simbolicamente correlatas ao contraste fundamental vida/morte, como luz/obscuridade, dia/noite, vigília/sono. Essa consonância encontra confirmação significativa nas sequências verbais inscritas, com alguns desenhos simbólicos, em três pequenas tábuas de osso descobertas no interior de uma área sagrada em Ólbia Pôntica (colônia de Mileto no mar Negro), em um depósito provavelmente do século V a.C. Aqui se encontra, entre outras coisas, a menção mais antiga a "órficos" (*orphikói*) como membros de um grupo reconhecido, ainda que nos interessem sobretudo três breves frases estruturadas antiteticamente relativas a contrastes significativos: "vida morte vida" (*bíos thánatos bíos*), "paz guerra" (*eiréne pólemos*), "verdade falsidade" (*alétheia pséudos*).[82] As duas primeiras cópias de oposição surgem em aforismos importantes de Heráclito (ver, em particular, os fr. 48, 62, 67 e 88), e poderíamos ver a terceira (oposição entre verdade e falsidade) como o núcleo inspirador da sua postura de sábio contra aqueles que o fingem ser. Na realidade, diverso é o sentido que essas oposições têm em ambiente órfico: paz e verdade descrevem aqui a condição alcançada pelo iniciado, contra o engano típico da condição mortal, enquanto em Heráclito dependem, isso sim, da compreensão de que o conflito no cosmos esconde, a bem da verdade, um fundamental equilíbrio.[83] Todavia, não estamos perguntando se o pensamento de Heráclito pôde influenciar os textos de Ólbia ou se precisos elementos das doutrinas órficas atraíram a atenção (e talvez a transformação polêmica) de Heráclito. O que importa aqui é individuar a afinidade de uma percepção da realidade em termos contrastantes, que acompanha o recurso à antítese como o modelo estilístico mais adequado para exprimir essa percepção. A predileção de Heráclito pela antítese, que já conhecemos, é um elemento compartilhado com a liturgia dos discursos dos mistérios, eleusinos ou órficos: o mesmo se pode dizer do assíndeto (também ele observável nas inscrições de Ólbia) ou da abordagem paronomástica (como aquela entre *bíos* e *biós*).

Outro dado interessante é que Heráclito, no momento em que anuncia solenemente o próprio *lógos*, com as palavras que lemos nos fragmentos 1 e 2, o faz como Hierofante (o sacerdote que anuncia os mistérios). Aqui, de fato, ele qualifica seus ouvintes como não iniciados (*axýnetoi*, que encontramos no fr. 1, poderia ter sido um termo "técnico" nesse sentido) e dirige a eles uma *prórrhesis*, vale dizer, um discurso preliminar de teor afim ao daquele que o primeiro sacerdote pronunciava na antecâmara do sacro círculo de Elêusis, prometendo acesso aos mistérios apenas àqueles que se submetessem à iniciação: a revelação final, tanto em Heráclito quanto na religião de mistérios, acontece por meio de visão e, ao mesmo tempo, de audição de uma verdade reservada a pouquíssimos.[84]

Mesmo a expressão por enigmas pertence à práxis dos mistérios, pensada para ser compreendida apenas pelos iniciados. De resto, o recurso ao enigma e ao jogo de palavras, ao enunciado paradoxal e à narrativa moralizante é um elemento característico da sabedoria arcaica: a habilidade de propor ou decifrar quebra-cabeças verbais assevera ou aumenta a fama do *sophós*.[85] Heráclito, como é notório, não só ama as expressões enigmáticas como avança com um projeto que pensa o enigma como a forma paradigmática na qual a realidade se apresenta:[86] o conhecimento deve proceder por adivinhações, como aquele que nem mesmo o pobre Homero, em um apólogo cunhado ad hoc, conseguiu resolver:

> Os homens são enganados no reconhecimento das coisas mais evidentes, como Homero, que era o mais sábio entre todos os gregos. Ele, de fato, foi enganado por rapazes que matavam piolhos, dizendo: "O que vimos e pegamos, deixamos para trás, enquanto isso que não vimos nem pegamos trazemos conosco". (fr. 56)

Outro modelo sapiencial forte, também evocado em termos programáticos em um célebre fragmento, é o do vaticínio oracular, seja ele apolíneo ou sibilino:

> O senhor de Delfos não declara nem esconde, mas alude por signos (*semáinei*). (fr. 93)

> [...] a Sibila com boca delirante [...]. (fr. 92)

A segunda citação, que constitui o testemunho mais antigo sobre a tradição dos oráculos sibilinos, é também a mais problemática. Do contraste entre as duas representações, de fato, pode-se inferir uma preferência de Heráclito pelo "estilo" de Delfos, porque a Sibila colheu um aspecto de posse que torna improvável algum desejo de identificação do autor. No entanto, alguns textos de Heráclito evidenciam significativos traços comuns exatamente com as profecias sibilinas. Pontos de maior afinidade parecem ser: a predileção pelo enunciado em primeira pessoa (Heráclito e a Sibila tendem a falar em nome próprio, em vez de representando um deus); a direção da mensagem — com tons muitas vezes melodramáticos e, ocasionalmente, apocalípticos — à humanidade em geral, e não a um destinatário específico; a frequência das referências a um processo de audição, que simula uma comunicação direta e oral, mesmo onde o texto circula em suporte material (a forma de divinação prevalente na Grécia era oral, mas a profecia sibilina tinha a peculiaridade de circular em forma de livro desde a idade arcaica).[87]

Seja como for, Heráclito acolhe da práxis dos oráculos a ideia cardeal da construção intencional de um texto polissêmico. Nesse sentido, é ainda exemplar a articulação do fragmento I, que se presta a duas diversas interpretações, a depender da ligação do advérbio de tempo *aiéi* com o que precede ou com o que segue. O mecanismo é aquele que age, por exemplo, na frase paradigmática do estilo oracular: *ibis redibis non morieris in bello*. Também esta configura dois destinos opostos, de sobrevivência ou morte na guerra, a depender da posição atribuída à partícula negativa, cuja interpretação é deixada completamente em aberto pela ausência de pontuação. É evidente uma diferença substancial: a ambiguidade desejada por Heráclito nunca tem, como em geral sucede com os oráculos, o propósito de confundir o indivíduo desarmado diante do desastre iminente, mas o de agitar as consciências e incitar a uma compreensão lúcida da realidade.

A essa pluralidade de influências expressivas acrescenta-se, por fim, a da máxima moral, breve, como tantos aforismos de Heráclito.[88] Também aqui a afinidade de estilo remete a uma sintonia intelectual: o ideal de sabedoria de Heráclito é aquele — fruto de moderação e, ao mesmo tempo, de introspecção — que emerge igualmente das Máximas dos Sete Sábios, e em ambos os casos a enérgica incitação a uma regeneração moral é expressa na forma da afirmação breve e categórica (por exemplo, B 112, B 116 DK).

176

A exploração do laboratório de escrita de Heráclito, em suma, nos levou a descobrir um melting pot de ingredientes em número quase excessivo. Contudo, é supérfluo, cremos, comentar a qualidade única do produto final. De resto, aquele excesso de significação, que para nós é o resultado de um trabalho filológico e histórico, devia ser imediatamente arrebatador — em plano emotivo e intelectual — para um público contemporâneo.

A mensagem de Heráclito se apresenta, então, como virtualmente acessível a quem quer que envide um esforço cognitivo consciente, ainda que se remeta a público selecionado: selecionado exatamente pela capacidade de compreender uma rede muito complexa de referências de forma e conteúdo. Essa mesma elite devia ser envolvida ou disposta a se envolver no governo da pólis: o que nos leva a pensar em circunstâncias de divulgação não diversas daquelas que postulamos para Anaximandro. Não por acaso, também Heráclito recorre — para sublinhar o caráter normativo e soberano do *lógos* — a uma analogia com a lei humana, apresentada como um fator de estabilidade não menos importante, em âmbito interno, da necessidade de se defender de inimigos externos (fr. 44: "é preciso que o povo combata pela lei tal como pelos muros [da cidade]"). Com uma explicação que falta em Anaximandro, Heráclito diz ainda que a força da lei é garantida, por sua vez, pela referência a um princípio divino comum a tudo, verossimilmente identificado com o próprio *lógos*.

> Se se quer falar sensatamente (*xýn nóoi*), é preciso apoiar-se no que é comum (*xynói*)[89] a todos [ou também: a todas as coisas], como a cidade sob lei e também mais firmemente. São nutridas, de fato, todas as leis humanas pela única que é divina: esta predomina tanto quanto quer e basta para tudo, aliás, é abundante. (fr. 114)

Se, por um lado, a esfera do político fornece as duas imagens complementares (o conflito e a sua mediação na lei) mais adequadas para representar o problema do equilíbrio na mudança, por outro, com um movimento de retorno, o princípio divino do equilíbrio é individuado como o princípio último com o qual a construção humana deve se unificar. Entre o primeiro plano da política e o da metafísica, aliás, mais que troca recíproca, parece haver, por vezes, osmose completa: um texto como o do fragmento 33, por exemplo ("É lei obedecer à vontade de apenas um"), se presta bem a essa interpretação sobre outros níveis.

Não parece, então, impossível que Heráclito tenha manifestado seu pensamento sobre "todas as coisas" em contextos de discussão sobre decisões importantes para a cidade (mesmo que não necessariamente apenas neles). Essa hipótese poderia encontrar conforto na tradição biográfica, que faz referência a uma posição de relevo sua (como aristocrata) em Éfeso e seria coerente com a valorização de um princípio único e soberano. Nessa perspectiva, ademais, ganha credibilidade a referência de Diógenes Laércio (IX, 5) a uma divisão do seu livro em três seções, com três diversos objetos: o "todo", as coisas da cidade, o divino. A notícia pressupõe, provavelmente, a existência de um remanejamento estoico do texto de Heráclito, ainda que exista algo de verdadeiro na ideia de que Heráclito distingue esses três planos de discurso e, ao mesmo tempo, coloca-os em comunicação, com uma série de analogias e referências pensadas para se iluminarem mutuamente (Charles Kahn, na sua reconstrução magistral do livro de Heráclito, extraiu muitos frutos dessa indicação).

Desejando adquirir autoridade entre os cidadãos, tal como Anaximandro, Heráclito estrutura sua voz, pelo menos em uma ocasião, como a de um legislador. Trata-se de um texto de conteúdo cosmológico no qual é ventilada a possibilidade de que o Sol escape à sua órbita regular (aproximando-se demasiado da Terra, por exemplo, ou restando mais tempo do que o devido durante o dia, ou na posição de solstício), com o detalhe de que essa transgressão demandaria a necessária reparação por obra de um soberano princípio de ordem. A eficácia da afirmação é assegurada pelo recurso metafórico a figuras da religião grega, como as Erínias e a própria Justiça, que reafirmam a inevitabilidade da sanção divina. Essa mobilização de figuras da ordem cívica que garantem a ordem natural encontra um precedente, como sabemos, em Anaximandro, assim como em Parmênides, que põe uma "Justiça das muitas punições" como guardiã da porta cósmica na qual se alternam os caminhos do dia e da noite (fr. I, v. 14). Todavia, aqui convém notar sobretudo que o fragmento de Heráclito evoca também estruturalmente o andamento textual de uma lei, no qual era comum que à descrição do reato (com frequência no futuro do indicativo) seguisse menção a figuras jurídicas que deviam se ocupar dele:[90] "O sol não ultrapassará as medidas, dado que, diversamente, as Erínias, ministras de Justiça, o descobrirão" (fr. 94). Essas considerações introduzem um novo elemento de avaliação da tradição antiga sobre Heráclito, que deposita o próprio livro no Templo de Ártemis em Éfeso (Diógenes Laércio, IX, 6). Nele foi entrevisto um ato de "conservação sacra, típica de uma época sem bibliotecas",[91] não separado daquele propósito de autoapresentação que vimos agir no plano das escolhas expressivas.[92] São juízos compartilháveis, mesmo que o confiar ao santuário indique uma exigência de maior acessibilidade do escrito, mais do que de custódia invejosa. Em um estudo de grande interesse, Lorenzo Perilli forneceu ampla prova da função conferida ao templo, em todas as fases do mundo grego, como lugar de conservação/disponibilização de material livresco heterogêneo (não apenas livros, mas qualquer texto de caráter científico, jurídico ou documental).[93] Pode-se dizer ainda que o templo arcaico era o lugar no qual a maior parte das leis era *mostrada*, além de conservada, com o objetivo de se impor sob o manto de um respeito sacro e, ao mesmo tempo, ostentar o caráter de objetividade, estabilidade e permanência.[94] Não nos esqueçamos de que também a divulgação das Máximas dos Sete Sábios havia seguido essa via.[95] Uma "monumentalização" do próprio escrito diante dos habitantes de Éfeso pode até ter sido um dos objetivos de Heráclito no momento em que o depositava num templo: mas outro importante escopo deve ter sido torná-lo *disponível*.

As ambições do filósofo não se limitam ao âmbito local: o seu olhar, mesmo que carregado de preocupação com o tecido social da pátria, abraça horizontes mais vastos. A amplitude da visão encontra satisfação na natureza do meio: o livro, diferente das leis, é concebido para ser copiado e difundido para além dos limites da pólis. Quem sabe em um daqueles navios que, entre outras mercadorias, transportavam de um lado ao outro do Egeu também livros, encerrados em caixas de madeira (como atesta Xenofonte, *Anábase*, VII, 14), o escrito de Heráclito terá chegado a alguma parte do mundo grego, nas mãos do autor do texto (420 a.C.-400 a.C.) que se encontra no célebre papiro de Derveni. Aqui se faz referência a Heráclito como um "clássico", no qual se pode buscar elementos de doutrina comparáveis às concepções órficas do texto comentado. Das duas citações diretas que encontramos no papiro, uma é exatamente do fragmento 94, aquele relativo às "medidas" do sol e à relativa patrulha das Erínias (a outra é do fragmento 3, que atribui ao sol a "largura de um pé humano"). Perdeu-se nos eventos da transmissão todo vínculo entre aquele preciso texto de Heráclito e o contexto no qual foi elaborado e, então, cada sentido das suas possíveis implicações pragmáticas. Em todo caso, conta para o comentador a possibilidade de se

aproximar livremente de temáticas órficas o motivo heraclitiano de harmonia e estabilidade dos opostos no quadro cósmico.[96] A escrita não garante apenas a fixação do pensamento,
mas também a possibilidade de que ele saia dos espaços da cidade na qual, em todo caso, se nutriu, e se projete para além:
para outros leitores, para novas leituras.

4.
Eventos da alma

A alma, o cosmos e uma laranja

Há mais ou menos cinquenta anos, em uma vibrante aula de abertura das reuniões da Aristotelian Society — publicada logo depois e em pouco tempo considerada um ponto de virada nos estudos sobre os pré-socráticos —, Karl Popper defendia, sem meio-termo, um "retorno" àquele tempo dourado da "racionalidade".[1] Entre as razões do seu entusiasmo, o filósofo evocava, de um lado, a "atitude crítica" inaugurada pelos jônios e, por outro, a "simplicidade" e a "audácia" das interrogações que os pré-socráticos propunham, desde o início, acerca do radical problema do *cosmos* e aquela — que necessariamente o acompanha — relativa ao *conhecimento*:

> É, de fato, de grande interesse considerar como para eles tanto a prática quanto a teoria do conhecimento estão vinculadas a problemas teológicos e cosmológicos, motivos de suas reflexões. A sua teoria do conhecimento não partia da pergunta "como sei que esta é uma laranja?" ou "como sei o que o objeto que neste momento percebo é uma laranja?", mas sim de problemas do tipo "como sabemos que o mundo é feito de água?", ou ainda "como sabemos que o mundo é cheio de deuses?", ou também "como podemos saber algo sobre os deuses?".[2]

Popper declarava a convicção de que a compreensão do mundo que nos cerca, do nosso lugar nele e o conhecimento que dele temos formam um único problema, e que este é *o* problema filosófico por excelência. Contra uma difundida concepção de ascendência baconiana, com base na qual a teoria do conhecimento se referiria ao que sabemos sobre uma laranja, mais do que sobre o cosmos, ele afirmava que com os pré-socráticos "a nossa ciência ocidental [...] não iniciou recolhendo informações sobre laranjas, mas com audaciosas teorias sobre o mundo".[3]

Popper também desenvolveu uma análise das diversas soluções progressivamente dadas ao problema do devir cósmico e da metodologia ali posta em ação: análise que deu origem, como vimos no capítulo precedente, a uma viva discussão sobre o vínculo entre observação e teoria na formulação das doutrinas pré-socráticas, assim como sobre a particular postura "crítica" que ditou o seu desenvolvimento.[4] Nessa discussão permaneceu intocada, todavia, a vigorosa afirmação de uma conexão intrínseca e *de princípio* entre cosmologia e teoria do conhecimento, que, no entanto, era exatamente seu ponto de partida. Precisamente sobre ela queremos chamar a atenção: sem a intenção, aqui, de julgar sua legitimidade teórica em termos de filosofia da ciência, cremos que refletir sobre ela em uma perspectiva histórica possa ser útil.

Comecemos dizendo que os primeiros jônios não parecem ter *manifestado* preocupações gnosiológicas. Tanto quanto sabemos, Tales, Anaximandro e Anaxímenes não vincularam suas investigações sobre a natureza a uma reflexão consciente sobre modalidade e valor da própria investigação. Cada um deles, como vimos, recorreu a algum tipo de observação empírica ou raciocínio por analogia, mas tem-se a impressão de que esse procedimento tenha surgido, por assim dizer, por instinto, no decorrer da construção teórica, sem que fosse considerado novidade no interior de um programa de método. Bastaram, no entanto, poucas décadas para que autores ligados ao ambiente jônico, como Xenófanes e Heráclito, atentos às implicações do novo saber cosmológico, se encontrassem comprometidos com afirmações sobre o valor do saber humano em relação ao divino e/ou sobre a relação entre as informações dos sentidos e a razão, no que diz respeito à possibilidade do conhecimento.[5] Podemos dizer que, nesse sentido, a indicação de Popper se confirma, ainda que necessite de importante adendo. Admitindo que exista um vínculo, originário ou quase, entre cosmologia e teoria do conhecimento, não deveríamos nos perguntar se a cosmologia requer, a fortiori, uma noção do *sujeito* daquele conhecimento?

Devemos agora ajustar a rota da nossa exploração. Até o momento, com base nas pistas oferecidas pelo primeiro livro da *Metafísica* de Aristóteles, havíamos colocado em primeiro plano os modelos cosmológicos, que são, de resto, o produto mais visível — e, em todo caso, mais fartamente documentado — da reflexão dos pré-socráticos. Não podemos, porém, ignorar o fato de que ao estudo da natureza física se aproxima e se entrecruza, muito cedo, o interesse pela natureza e pelas operações daquilo que hoje denominamos "alma" e que os gregos chamavam de *psyché*. Aristóteles, recordemos, dedica todo o primeiro livro do seu tratado *De anima* (*Perí psychés*, em três livros) a uma atenta análise das opiniões precedentes sobre esse tema, das quais reconhece a relevância teórica: como consequência, temos que a reconstrução da psicologia pré-socrática, como a da física, não pode abrir mão das notícias fornecidas por Aristóteles e por uma tradição doxográfica que depende largamente da mediação aristotélica (particularmente importante, a esse propósito, é o texto de Teofrasto *Sobre os sentidos*).

É notável que na obra de um pré-socrático, Heráclito, o termo *psyché* surja pela primeira vez com o significado que permeará todo o desenvolvimento da cultura grega: denominando, vale dizer, um princípio unificador dos processos vitais e cognitivos (percepções, emoções, pensamento), que cobre não apenas o campo da vida biológica, mas também aquele ao qual nos referimos (após Descartes) como "mente". No entanto, a formação de um conceito unitário de *psyché* não segue um percurso linear, nem antes nem depois de Heráclito. Nas páginas que se seguem, tentaremos delimitar algumas etapas, seguindo as pistas sugeridas pelas observações de Popper. Investigaremos se e com quais modalidades o discurso pré-socrático sobre a alma emerge e se desenvolve conjuntamente com o discurso sobre o cosmos.[6]

Do respiro ao eu

O vocábulo grego *psyché* é etimologicamente ligado ao verbo *psýchein*, que significa "soprar" e "refrescar" (não necessariamente soprando), e com o adjetivo *psychrós*, "frio". Na linguagem dos poemas homéricos ele indica também o "sopro" vital, que se deixa entrever quando abandona o indivíduo, com o último respiro ou pela ferida mortal, para continuar no Hades, como um "duplo frágil e quase incorpóreo do vivo",[7] uma existência de sombras, distante de glórias heroicas e da totalidade sensível (na qual estão ausentes, note-se bem, prêmios ou punições pelas ações realizadas na vida terrena). Contudo, também no arco da vida terrena a entidade denominada *psyché* assume um papel meramente vegetativo, enquanto outras são, em Homero, os agentes envolvidos na esfera cognitiva: *thymós*, por exemplo, que define o ímpeto da paixão; o *ker*, o coração, com o qual o herói dialoga como com uma parte do próprio eu "dividido", na incerteza de uma decisão; e *phrénes*, o diafragma, junto ao qual repousa a atividade do pensamento, que às vezes, no entanto, pode ser apresentada — quando seus produtos são mais claros e distintos — como função do *nóos* (as competências dos diversos "órgãos" são definidas de modo não rigoroso). De uma análise cuidadosa dessa situação linguística, Bruno Snell extraiu um importante diagnóstico: a preferência por descrições concretas e exteriorizadas dos processos mentais e a ausência de definições precisas dos agentes psíquicos que caracterizam a representação homérica refletiriam um estágio "primitivo" da cultura grega no qual não se formou ainda uma noção unitária de alma. Para Snell, nem mesmo uma noção unitária de corpo é entrevista no texto homérico: o estudioso, de fato, observou que o termo *sóma* se aplica apenas ao cadáver, enquanto o corpo vivo é designado por expressões como *rhéthe* ou *méle*, "membros", que o representam como uma pluralidade.[8]

Contra a construção de Snell, vinculada à ideia de uma correspondência biunívoca entre elementos de pensamento e unidades semânticas, poderíamos alegar que não necessariamente a ausência de um termo linguístico denuncia a falta do conceito correspondente. Ademais, noções como "eu", "alma", "sujeito" não constituem territórios objetivamente definidos, destinados a ser focalizados aos poucos, na medida em que o "espírito" (em termos hegeliano) se constrói. São, em vez disso, formas de organização da experiência das quais se estudam variações e tensões no interior de determinados contextos, evitando juízos em termos teleológicos de presença/ausência, mais ou menos derivados implicitamente do confronto com quadros teóricos posteriores.[9] Observados esses pontos, no entanto, é lícito descrever a fase inicial do discurso pré-socrático sobre a alma como um percurso que parte de uma concepção tradicional da *psyché* como sopro vital (entendida então, nesse sentido, como *princípio de vida*) e se torna progressivamente mais complexo com o início de uma visão da alma como *princípio de conhecimento*.

Nesse contexto, exatamente a colocação da alma em um quadro cósmico é o elemento que marca o itinerário realizado pelos pré-socráticos, diverso do homérico. A confiar no testemunho aristotélico, Tales considerava que o universo era penetrado em muitas de suas partes, se não em todas, por uma *psyché* que atua como princípio de movimento, e via no poder do ímã um indício desse fato, um objeto aparentemente inanimado que atrai o ferro (Aristóteles, *De anima*, I, 411a 7, e I, 2, 405a 19-21 = II A 22 DK; Diógenes Laércio, I, 24, acrescenta, mencionando Hípias entre suas fontes, que Tales teria "extraído a sua conjectura" da observação do âmbar, além do ímã). O raciocínio de Tales abarca uma premissa hilozoica segundo a qual todo o mundo é, de alguma forma, animado, e não parece que acompanhasse essa premissa uma distinção clara entre o vivente e o não vivente.[10] Alguma distinção parece ter sido proposta por Anaxímenes, ao qual remonta a primeira expressão específica de um pensamento sobre a alma humana: "Exatamente como (*hóion*) nossa *psyché* [...], sendo ar, nos domina, mantendo-nos unidos (*synkratéi*), assim respiro e ar circundam (*pnéuma kai aér periéchei*) o inteiro cosmos" (fr. 2).[11]

Esse breve texto, que já evocamos — em conexão com questões de método — como afirmação precoce de um procedimento analógico,[12] é novamente citado aqui para evidenciar que essa analogia se extrai do papel que ar-alma tem para "nós", seres viventes enquanto seres que respiram, e do papel que ar-elemento tem para o cosmos. Anaxímenes compartilha, então, a noção homérica de uma alma-sopro e lhe confere um papel igualmente ativo (é aquela que nos sustenta no exercício das funções vitais), fazendo-a, aliás, emergir na correlação com o ar cósmico. A afirmação de uma analogia funcional (e até mesmo de uma identidade material) entre as duas entidades não seria possível se não fossem sentidas como distintas. Portanto, nas dobras de uma definição da *psyché* aparentemente decalcada no cosmos, podemos captar os elementos de uma focalização no princípio psíquico como o que especifica o homem com relação ao mundo que o circunda.

Entretanto, é em Heráclito, como já indicado, que podemos entrever as primeiras, inequívocas marcas de uma concepção que identifica como centro das operações cognitivas aquela mesma entidade que é também pensada como princípio de vida. A afirmação de que o conhecimento é produto da atividade da *psyché*, e não dos sentidos, não é, dessa vez, assim tão enigmática: "Más testemunhas são para os homens olhos e ouvidos, se possuem almas bárbaras (*barbárous psychás*)" (fr. 107).

Os gregos chamam "bárbaros" (*bar-bar*, onomatopeia que remete a uma espécie de "balbuciar") aqueles que não compreendem nem falam o grego, a língua em relação à qual todas as outras soam como balbuciar privado de significado. A frase vai, então, entendida no sentido de que as informações transmitidas pelos órgãos dos sentidos são inúteis para indivíduos que não possuem a capacidade (própria de uma *psyché* "adequada") de coordená-las e compô-las em um conhecimento não superficial da realidade.[13]

Em outra máxima, "investiguei a mim mesmo" (*edizesámen emeoutón*, fr. 101), reverbera o convite délfico "conhece-te a ti mesmo" (*gnóthi seautón*). A bem da verdade, Heráclito diz *já* ter realizado, ele mesmo, um exame interior, e para definir esse processo adota um termo que acentua o sentido dinâmico da investigação completa. Entretanto, a diferença mais significativa é outra: enquanto a máxima délfica convida o homem a reconhecer os próprios limites, Heráclito extrai da sua pesquisa uma consequência bem diversa: o eficaz reconhecimento, sublinhado em outro aforismo, de uma profundidade até mesmo insondável da dimensão interior: "Por mais que avances, não conseguirás encontrar os confins da alma, percorrendo cada estrada: tão profundo (*bathýs*) é o *lógos* que ela possui" (fr. 45).

Não é fácil explorar todas as nuances desse denso fragmento. Em particular, não é claro o significado de *lógos*, um termo cuja polissemia (em um arco de significados que se estende entre "discurso" e "pensamento") é exaltada na ambiguidade própria de Heráclito. Aqui ele remete a algo como "razão íntima" e essência da alma, que, coerente com o quadro metafórico escolhido, repousa "em profundidade" para quem se ponha a explorá-la, no vão intento de encontrar — como se estivéssemos diante de território delimitável, *definível* — suas fronteiras. Sabemos que para Heráclito a "natureza" real de cada coisa "ama se esconder" sob o véu das manifestações sensíveis (fr. 123). Ao mesmo tempo, porém, o *lógos* do fragmento 45 pode ser o discurso que a alma faz sobre si mesma, e pode se expandir — dada sua natureza subjetiva e objetiva — ad infinitum.[14] Essa possibilidade de leitura é sustentada por outro fragmento, que apresenta a *psyché* como uma realidade que não necessita de alimento externo para seu desenvolvimento, potencialmente ilimitado: "Da alma é [próprio] um *lógos* que aumenta a si mesmo" (fr. 115).

O jogo com imagens de contraposição entre *finito* e *in(de)finito* sublinha a força refratária da realidade psíquica a uma explicação em termos espaciais: em termos, para que fique claro, de colocação no corpo e interação entre os seus órgãos, no modo homérico. Não faltam na poesia grega arcaica elementos de uma visão da alma que se aproxime, nesse sentido, da heraclitiana: nessa conexão, Bruno Snell sublinhou a valência de atributos como *bathýphron* e *bathymétes* ("de pensamento, inteligência profunda", em Sólon e Píndaro) para uma "representação da 'profundidade' do mundo espiritual da alma".[15] É mais que provável que Heráclito tenha observado com atenção aquele incremento do tema da subjetividade, que é um dos aspectos mais festejados da lírica arcaica. Ele, ademais, não se limita a enfatizar a "profundidade" da alma, mas quer vincular sua peculiar natureza a um quadro do cosmos: o fato de essa operação se revelar não isenta de dificuldades, como veremos, não diminui seu peso no processo de construção daquela que se pode denominar uma *teoria* da alma.[16]

Pelo menos até Platão, que aduz a necessária afinidade da alma com o domínio do inteligível, a caracterização material da alma não é opcional: a psicologia dos pré-socráticos se apoia, coerentemente, em um pressuposto "fisicalista", compartilhado, de resto, com a representação de Homero e dos líricos arcaicos (e que será adotada também pelos poetas trágicos).[17] E, de maneira análoga à alma-ar de Anaxímenes, a de Heráclito é, em sua base, afim ao princípio individuado pelo cosmos, e, então, ao fogo, com a implicação de que as propriedades de mobilidade do elemento ígneo se refletem em qualidades correspondentes de inteligência. Dado o quadro contraditório dos testemunhos que nos chegaram, não está claro se a *psyché* de Heráclito é precisamente uma forma de vapor ou sopro (ígneo) ou uma mistura de água e fogo, ou ainda de fogo e ar. Esta última é a proposta mais recente e também mais atraente, porque uma composição de fogo e ar explica bem como a alma pode atravessar diversos estados de secura/umidade, aos quais correspondem diversos graus de inteligência.[18] Em todo caso, Heráclito delineia uma hierarquia ideal, na qual encontramos no posto mais alto a alma mais seca (tal que o seu *lógos*, podemos supor, adere mais intimamente ao *lógos* do fogo cósmico), e nos mais baixos, almas que, cedendo aos prazeres corpóreos e às paixões, se "umidificaram" de modos diversos, como a do ébrio obnubilado no querer e no entender.

Um raio de luz: alma seca, a mais sábia e a melhor. (fr. 118)

Um homem, quando embriagado, se deixa conduzir por um rapaz impúbere, claudicando, sem perceber o seu andar, por ter alma úmida. (fr. 117) pré-socráticos.[22] Um é o "modelo parcelar" (traduzo assim, do inglês *portion model*), segundo o qual a alma é identificada como uma porção daquele material (ou daqueles materiais) ao qual é conferida a prerrogativa de princípio cósmico. Esse modelo está na base tanto da concepção de Anaxímenes quanto da de Heráclito, e exatamente a construção heraclitiana faz entrever nele, a um só tempo, as vantagens e os limites. A particular constituição ígnea da alma lhe confere, de fato, função cognitiva, explicando-a em termos de interação material com o ambiente cósmico, mas, por outro lado, inibe o desenvolvimento pleno de um sentido de identidade pessoal. Heráclito convida os homens a uma prospecção individual de si, mas o final do processo introspectivo é a recomposição das indicações do sensível em uma compreensão íntima do ritmo do devir, equivalente à revelação de que a alma é partícula do mesmo *lógos* que governa o cosmos: uma partícula que, ademais, com a morte do indivíduo, retornará ao todo do qual provém.

Uma noção de identidade pessoal, ao contrário, é desenvolvida no interior daquele que Betegh define como *journey model*. Como o outro paradigma, vinculado à concepção homérica de uma alma-sopro, também este se apoia em um arcabouço de crenças tradicionais, mas com uma diferença substancial: o centro motor aqui é uma fé, de ressonâncias místicas, na natureza imortal e sapiencial da alma individual, cuja essência é ressaltada na medida em que atravessa, intacta, as vicissitudes da sua viagem pelo cosmos.

Almas inquietas

Escolhemos duas entre as várias narrativas lendárias sobre personalidades prodigiosas, às vezes recendendo a xamanismo, que enriquecem o mundo grego arcaico: são seus protagonistas

Aristeas de Proconeso (atual mar de Mármara) e o trácio Sal-moxis. Segundo relata Heródoto no quarto livro das *Histórias* (dedicado aos citas), o cadáver de Aristeas, após sua imprevista morte em um comércio, teria desaparecido misteriosamente enquanto um artesão se apressava a avisar os parentes e um viajante garantia acabar de tê-lo visto fora da cidade e ter conversado com ele. Aristeas teria ressurgido no lugar seis anos mais tarde, e depois de ter composto um poema épico sobre o longínquo povo dos arimaspos (junto dos quais teria chegado "possuído" por Apolo) seria morto uma segunda vez, para reaparecer 240 anos mais tarde em Metaponto.[23] Aqui teria exortado os habitantes da cidade a erigir uma estátua em homenagem a Apolo, que, tendo chegado com ele, o honrou com sua presença: "e ele, que então era Aristeas, o havia seguido: e quando o deus seguia era um corvo" (IV, 15).

No mesmo quarto livro, Heródoto narra que os geti, uma população da Trácia, consideram-se imortais e creem que os defuntos se dirigem para o seu deus, Salmoxis; ele afirma ainda ter ouvido dizer, por gregos, que Salmoxis teria sido, na realidade, um homem, escravo na Samos de Pitágoras, e depois libertado para voltar para a pátria. Ali teria propagado ideias sobre a imortalidade da alma (tomadas, subentende-se, de Pitágoras), enquanto construía uma câmara subterrânea: nela teria, depois, vivido por três anos, enquanto os trácios choravam como se houvesse morrido. Teria reaparecido como prova viva (é o caso de dizê-lo) da verdade dos seus discursos sobre a alma (IV, 94-95).

Um voo ao redor do mundo, para Aristeas, em outra forma animal e na companhia de Apolo, um período no além para Salmoxis: ambas, em todo caso, viagens de conhecimento, em territórios considerados remotos, de personalidades que extrapolam, passando por um estado de morte aparente, os limites que o corpo normalmente impõe à alma. Bagagem não declarada, mas necessária para essas viagens, é o dote da memória, graças ao qual a alma registra as recordações das suas peregrinações, necessárias para comunicar os conhecimentos adquiridos, em forma de mensagem sapiencial, aos que permaneceram "em terra".

Essas narrativas têm certamente a ver com o protótipo de viagens de busca por uma Verdade ultramundana, como a que Parmênides evoca no proêmio do seu poema (do qual trataremos no próximo capítulo) ou a de Er na construção platônica. No entanto, se buscarmos uma tematização consciente da memória como pré-requisito da identidade psíquica — dado indiscutível da ciência cognitiva —, vamos reconhecê-la mais facilmente naquele complexo de crenças escatológicas no qual se entrecruzam elementos de derivação órfica, pitagórica e dionisíaca (de Dioniso dos cultos de mistério, não integrado ao culto cívico), entrevistos na Grécia dos séculos VI a.C. e V a.C. Domina esse quadro, como já veremos, a crença na metempsicose, vinculada à ideia de que a alma humana, divina e imortal na sua essência, esteja condenada a uma série de encarnações no invólucro corpóreo (às vezes em diversas espécies de seres vivos) por causa de uma culpa originária (nem sempre determinada ou determinável), a ser resgatada mediante um estilo de vida ascético e/ou um percurso de rituais purificadores, destinados, entre outros, a recuperar a memória das vidas passadas. Ao lado desse tema se desenvolve uma ideia embrionária de responsabilidade moral, que é, com a memória, o outro elemento essencial que define a identidade pessoal. Vejamos agora alguns elementos particulares desses vários percursos ao longo dos quais uma instância religiosa, de salvação individual e reunião com o divino, produz um *pensamento* sobre a alma.[24]

Comecemos com Pitágoras: nascido em Samos por volta de 570 a.C., estabelece-se em Crotona em torno dos seus quarenta anos, onde funda uma comunidade de caráter filosófico e religioso por longo tempo influente na vida intelectual e política das cidades da Magna Grécia.[25] Muito cedo floresce a respeito dele uma tradição lendária que o define como um sábio de natureza extraordinária: surge uma vez no teatro de Olímpia exibindo uma coxa de ouro, marca de origem divina; pode ser visto, contemporaneamente, em lugares diversos (em Crotona e Metaponto); tem forte ligação (como Aristeas) com o culto de Apolo, a ponto de ser denominado pelos cidadãos de Crotona "Apolo Hiperbóreo" (Aristóteles, fr. 191 Rose e Eliano; *Varia historia*, II, 26 = 14 A 7 DK); exibe, por fim, como prova viva da transmigração da alma, memória de um tempo em que estava desencarnado, entre outros, no herói homérico Euforbo (Diógenes Laércio, VIII, 4-5 = 14 A 8 DK).

Que Pitágoras tenha aderido à crença na metempsicose é algo confirmado por testemunhas antigas, como Xenófanes e Íon de Quio.[26] Não podemos afirmar com certeza, entretanto, se isso dependeu do contato com outras civilizações (a ele são atribuídas longas viagens pelo Oriente). A confiar numa passagem do segundo livro de Heródoto, dedicado ao Egito, os egípcios teriam sido os primeiros a sustentar que a alma é imortal e transmigra em seres diversos — do ar, do mar e da terra firme — para retornar a um corpo humano após peregrinação de 3 mil anos: esse *lógos* teria sido adotado por alguns gregos, antigos e recentes, que Heródoto enigmaticamente evita nomear (Heródoto, II, 123, em 14 A 1 DK = fr. 423 Bernabé). O testemunho de Heródoto é, no entanto, curiosamente inexato, pois a metempsicose não é documentada na religião egípcia (diferentemente da imortalidade da alma, naturalmente, ou da metamorfose em formas animais, com as quais o historiador pode ter feito alguma confusão). Admitido (mas não concedido com segurança) que essa ideia tenha chegado à Grécia por meio de outras culturas, deveremos talvez buscar sua origem na Índia (onde é registrada desde o início do século VI a.C.), ou, mais provavelmente, na faixa central da Eurásia, onde não por acaso são ambientadas algumas peripécias de Aristeas e Salmoxis: na imagem da separação da alma poder-se-ia entrever, de fato, um precedente importante da ideia de transmigração.[27]

Em todo caso, o tema da metempsicose encontra em terra grega suas declinações peculiares, estreitamente vinculadas a um aprofundamento da dimensão espiritual da alma. Esse dado, que emergirá com evidência na leitura de alguns textos órficos que logo proporemos, é decerto visível também em âmbito pitagórico. Pitágoras, de fato, traça a própria imagem de sábio ao se apresentar como aquele que, graças à experiência de muitas vidas, acumulou conhecimentos extraordinários. Essa imagem se torna não apenas um fator forte de agregação da comunidade relativamente ao seu líder (a que se acrescenta a observação de uma série de rituais purificadores que compreende — ligada ao pressuposto da transmigração — uma alimentação rigorosamente vegetariana), mas também uma garantia de validade de um saber novo, centrado na descoberta fundamental, por parte do próprio Pitágoras, da harmonia de proporções numéricas que rege o cosmos.

No próximo capítulo voltaremos aos elementos da "auto-apresentação" de Pitágoras; mas notemos que ela se apoia no pressuposto segundo o qual a alma mantém *memória* das existências precedentes: prerrogativa celebrada, entre outros, por Empédocles em um retrato de sábio de longo currículo de vida que faz frente provavelmente ao próprio Pitágoras.[28] É, então, muito provável que o pensamento pitagórico tenha desenvolvido, no quadro da metempsicose, uma atenção ao valor da memória como elemento constitutivo do eu individual. Não estamos certos de que esse quadro compreenda uma concepção de penas ou prêmios relativos à conduta moral revelada em vida, que esperam a alma no além. Certo que Íon de Quio, que escreve por volta da metade do século VI a.C., atribui a

Pitágoras, elogiando sua extraordinária sabedoria, a afirmação de que algumas almas humanas (a referência é à de Ferécides) podem conquistar por méritos intelectuais e morais uma condição de beatitude sobrenatural (36 B 4 DK). Um interesse pitagórico por esse tema, entretanto, só muito raramente é confirmado aqui: muito mais fortes são, por sua vez, as pistas no contexto do orfismo.

Em outra passagem do segundo livro das *Histórias* (II, 81) Heródoto faz referência à proibição de entrar em lugares sagrados ou de enterrar os mortos com vestes de lã como costumes próprios dos egípcios e dos pitagóricos, que se harmonizam, no entanto, com rituais "assim denominados órficos e bacantes". O tabu da lã pode ser reconduzido ao temor de atentar contra a integridade do animal, que a crença na metempsicose leva a pensar como possível posto de passagem da *psyché* humana. Em todo caso, a constatação de afinidades entre ritos funerários remete a um arcabouço de crenças relativas à sobrevivência da alma, que devia ser em sua base compartilhado por pitagóricos e órficos. O que não deve surpreender, dada a presença bem documentada de cultos órficos e dionisíacos na Magna Grécia, em um habitat particularmente propício, entre os séculos VI a.C. e V a.C., a acolher problemáticas de salvação.

A busca por uma proteção da precariedade existencial em uma promessa de imortalidade pessoal e no contato íntimo com o deus, não assegurada pela fisionomia eminentemente cívica da religião tradicional, é um traço comum das assim denominadas religiões de mistérios antigas, para além da variação das formas rituais e das referências míticas (outro traço característico era o segredo que revestia os rituais de iniciação): notadamente, na Grécia clássica, o culto dionisíaco, o de Deméter, que tem o seu centro em Elêusis, ou ainda os mistérios de Samotrácia e de Andania.[29] Contudo, o orfismo se distingue (também com relação ao dionisismo, do qual nasce e com o qual compartilha importantes aspectos da etiologia mítica e ritual) por uma peculiar orientação especulativa. Ele compreende, de fato, elementos de uma reflexão teogônica e cosmogônica privada de paralelos em outros cultos de mistério.[30] Essa reflexão, ademais, depositou-se, já a partir do final do século VI a.C., em uma literatura escrita (o "apanhado de livros" de que fala Platão, *República*, 364e), e conforme a tradição, é atribuída ao mítico cantor trácio Orfeu: mesmo a importância conferida à escrita é um traço que caracteriza o orfismo não apenas em relação a outros cultos de mistério, mas, em geral, ao mundo da religião grega, caracterizada por uma prevalência da dimensão oral.[31]

No entanto, o papel da escrita não fez do orfismo uma "religião do livro", e uma ortodoxia órfica jamais existiu. Aliás, seus temas centrais, que já nas primeiras formulações não devem ter gozado de particular sistematicidade, foram sujeitos, no tempo, a diversas contaminações, a partir da filosofia pitagórica. Até a época antiga tardia se sedimentaram sobre a estrutura mais antiga uma série de formulações teóricas, que foram em particular decisivas no interior daquele revival de crenças órficas e pitagóricas que houve com as filosofias médio e neoplatônicas. Não é, no entanto, impossível reconstruir uma constelação de temas que surge, já nos últimos momentos da época clássica, já definida, também graças a algumas felizes descobertas de documentos de excepcional importância. Recordemos as tábuas de osso de Ólbia, que já tivemos oportunidade de mencionar,[32] ou o papiro descoberto em 1962 entre os restos de uma pira fúnebre em Derveni, que contém comentário a uma teogonia órfica interpretada em termos de relações entre elementos do cosmos, mediante ricas referências a doutrinas naturalísticas de âmbito pré-socrático (o papiro é do século IV a.C., mas o comentário deve retroceder ao final do século V a.C.).[33] Todavia, recordemos sobretudo o complexo de lâminas áureas emersas em outras ocasiões, a partir de 1876 até tempos muito recentes, de escavações na Magna Grécia, mas também em Creta, na Tessália e em Roma (uma data decisiva é 1969, ano no qual se encontrou a lâmina de Hipônio, a atual Vibo Valentia na Calábria). A cronologia dessas descobertas se estende do final do século V a.C. ao século III d.C., mas já se encontra geralmente estabelecido que o modelo religioso do qual dependem os textos em questão (uma espécie de memorando para o além, destinado ao defunto iniciado) pode remeter ao início do século V a.C.[34] Essa hipótese de datação parece ter encontrado confirmação há pouco, em descobertas de Ólbia: trata-se de dois textos escritos sobre pequenas lâminas de chumbo encontradas em dois diferentes lugares da pólis, que Benedetto Bravo propõe reconduzir a âmbito religioso e iniciático. Em um deles (datado da segunda metade do século VI a.C.) o estudioso entreviu a reconstrução de um memorando para o além, destinado a uma defunta pertencente a uma associação órfica, que reconduz a um esquema já conhecido; o outro texto (que se coloca entre o final do século VI a.C. e o início do século V a.C.) conteria regras morais sobre a conduta a ser seguida para evitar a reencarnação da alma.[35]

À luz dessa documentação, tornou-se difícil negar a existência de algo como um "movimento" órfico, que não requeira de seus seguidores, espalhados por todo o mundo grego, nem a observação de um credo dogmático nem uma adesão exclusiva (daí as interseções observadas com elementos pitagóricos, dionisíacos e mesmo demetrianos), mas sim o reconhecimento de alguns fortes elementos de inspiração.[36] Mito fundante do orfismo é a narrativa do nascimento da humanidade das cinzas dos Titãs, fulminados por Zeus por terem matado e desmembrado Dioniso (seu filho com Perséfone). Essa narrativa, já em circulação na segunda metade do século VI a.C. (o fr. 133 Maehler de Píndaro faz clara referência à "antiga dor" que faz Perséfone demandar vingança), ratifica a ideia de que o homem porta consigo um germe de destruidora rebelião, mas também o traço de uma geração divina. Em todo caso, o elemento mais característico da escatologia órfica (que exercitou sobre Platão uma fascinação que é entrevista especialmente no *Fédon*) é a concepção dualista de uma alma imortal, de ascendência divina, encarnada em um corpo existente como tumba ou prisão, em relação ao qual a morte é esperada como uma libertação.[37] A alma é condenada a transmigrar de um corpo para o outro, provavelmente por causa da antiga culpa dos Titãs, e apenas por meio da prática de um modo especial de vida (exercícios ascéticos, vegetarianismo) e determinados rituais iniciáticos poderá merecer o retorno ao próprio princípio após a morte. No rito iniciático devia suceder, mediante a leitura de textos de caráter teocosmogônico, uma evocação dos acontecimentos das divindades primordiais que culminam com a morte de Dioniso, com a função de desvelar as raízes do sofrimento presente: uma rememoração da história cósmica, então, constituía o primeiro passo rumo à purificação individual.[38]

A escatologia órfica, então, parece ter favorecido intuições tanto para uma tematização da responsabilidade moral[39] quanto para a valorização da memória como instrumento de conhecimento (salvífico). Significativamente, uma e outra surgem em primeiro plano em uma particular representação de viagem da alma da qual encontramos testemunho nas lâminas áureas. Estas, atualmente em número de 24, foram em regra encontradas em sepulturas, dobradas ou enroladas e ligadas ao pescoço do cadáver. Os textos que ali estão inscritos, em formulações mais ou menos longas, contêm instruções ao morto — muitas vezes como uma espécie de vade-mécum — para que pudesse obter a salvação no além, ao longo de um itinerário do qual são muitas vezes descritas etapas e que desemboca em um pedido de reconhecimento do iniciado da parte das divindades evocadas. Antes de serem postos sobre os defuntos nas sepulturas, esses textos, compostos em um ritmo prosódico, eram provavelmente recitados durante o rito fúnebre. Eles, em todo caso, preconfiguram uma espécie de prolongamento post mortem para uma alma afinal separada do corpo, mas ainda não salva, da iniciação realizada em vida. Aqui reportamos o texto da lâmina de Hipônio, que descreve uma topografia do além particularmente rica:

> Isto é sagrado para Mnemósine. Quando estiveres a ponto
> [de morrer,
> irás às casas bem ligadas de Hades: à direita há uma fonte,
> e ao lado dela, ereto um branco pinheiro.
> Aqui descem as almas dos mortos e se animam.
> Nem mesmo te recostes nessa fonte;
> mais adiante encontrarás a água fria que escorre
> do lago de Mnemósine; antes há os guardiões,
> e estes te pedirão, com mente perspicaz,
> para que explores a obscuridade de Hades caliginoso.
> Diz: sou filho da Terra e do Céu estrelado,
> de sede padeço e sinto a morte; vai, dá-me de beber
> a fria água do lago de Mnemósine.
> E certamente, submetidos ao soberano dos infernos, terão
> piedade e te darão de beber do lago de Mnemósine.
> E tu, tendo bebido, te encaminharás à via-sacra rumo à qual
> também se dirigem os outros iniciados e *bácchoi* gloriosos.[40]

Mnemósine, figura mítica da Memória, está presente apenas em um grupo de lâminas, talvez mais exposto a influências pitagóricas. Nesse texto em particular, ela aparece significativamente já no incipit, quase na condição de *autora*: com base em uma sugestiva hipótese, de fato, as primeiras palavras poderiam ser entendidas como "este é o monumento de Mnemósine" (com Mnemósine genitivo subjetivo).[41] Segue-se uma série de injunções dirigidas, no futuro, à alma do iniciado (em

203

outro grupo de lâminas as indicações são feitas pelo próprio defunto, que se dirige direto e em primeira pessoa aos guardiões). Chegado à casa de Hades, ele deverá prosseguir rumo à água fresca que escorre do lago de Mnemósine, evitando a fonte na qual se encontram as outras almas: esta é, evidentemente, a fonte do esquecimento, onde bebem as almas que, não tendo sido purificadas por uma iniciação, são destinadas à reencarnação (nesse sentido "se reanimam"), com o apagar de toda recordação da vida apenas terminada (um elemento que é retomado e trabalhado no mito em Platão, *República*, 621a, no qual as almas destinadas a voltar à terra param na planície de *Léthe*, ou "do esquecimento", para beber a água do rio *Améles*, "da negligência"). Para chegar à fonte da memória, o iniciado deverá exibir aos seus guardiões, como um bilhete de entrada, a consciência da própria origem, tanto corpórea ("da terra") quanto celeste e divina. Obtida a permissão para beber, a alma poderá "voar para fora do ciclo pesado e doloroso" dos nascimentos e se encaminhar, finalmente, para a beatitude. Como Calame eficazmente destacou, a declaração de genealogia da alma vale não apenas como "passaporte", mas também como "palavra de ordem".[42] Certificada a própria identidade de "pura (que provém) dos puros",[43] a alma do morto é admitida no círculo daqueles que atingiram uma imortalidade tal como a divina.

Duas diferentes passagens do tratado aristotélico *De anima*, ambas no primeiro livro, testemunham que tanto o pensamento órfico quanto o pitagórico conheceram uma definição material da alma, que, ademais, pode se reportar, em ambos os casos, à noção da alma-sopro de ascendência homérica. Segundo Aristóteles, de fato, "alguns" pitagóricos identificaram a *psyché* com o pó atmosférico e outros com aquilo que o move, indicando-os como parte daquela corrente de reflexão que havia tratado a alma como causa de movimento, e aproximando-os em particular dos atomistas, para os quais os átomos psíquicos possuem forma esférica — a mais móvel — e entram regularmente nos corpos animais graças à respiração (*De anima*, I, 2, 404a 16 = 58 B 40 DK). Mais adiante, em um contexto de crítica às teorias que privilegiam a função motora e cognitiva da alma, própria dos animais, pondo de lado a vegetativa e a nutritiva, comuns a todos os *émpsycha* (plantas inclusive), Aristóteles faz referência a um *lógos* presente nos poemas "assim denominados órficos", segundo o qual "a alma entra, do universo, nos seres que respiram, levada pelos ventos" (*De anima*, I, 410b 27 = fr. 421 Bernabé). Ambas as opiniões pressupõem, como se vê, um modelo "parcelar", segundo o qual a alma é identificada em um elemento (o ar) que se encontra em grande quantidade no cosmos. Contudo, nem de Aristóteles nem de outra documentação deriva que tenha sido desenvolvida assim, nem no interior do orfismo nem do pitagorismo, alguma análise da interação material entre alma e corpo ou das modalidades processuais do conhecimento. Isso certamente não surpreende, visto que nesses âmbitos a corporeidade tende a ser vista como um obstáculo ao progresso intelectual e moral da alma. A ideia de uma alma-sopro, ademais, não é incompatível com um esquema de metempsicose.[44] É o caso de lembrar que a palavra *metempsýchosis* não deriva diretamente de *psyché*, mas é formada pela preposição *metá* (que indica sucessão e mudança) e pelo verbo *empsychóo*, "animar": ainda que o termo seja relativamente tardio (pela primeira vez em Diodoro Sículo),[45] não é impossível que conserve a recordação de uma imagem do "reinsuflar da alma". Os ventos aos quais se refere o *lógos* órfico mencionado por Aristóteles, então, não seriam propriamente responsáveis pela garantia do movimento e outras funções do corpo mediante sua consistência aérea: pode ser que agissem, de preferência, originariamente, como os "instrumentos de uma lei cósmica" de expiação, que leva as almas ainda não perfeitamente puras a entrar em novos corpos.[46] Analogamente, mesmo "alguns" pitagóricos poderiam ter refletido sobre a natureza aérea da alma em relação com uma valorização do ato da primeira respiração, com o qual ela penetraria no corpo.[47]

Em conclusão, a crença na metempsicose, tanto na sua acepção pitagórica quanto na órfica, oferece terreno fértil para a articulação de um conceito de identidade pessoal vista sob o aspecto da memória intelectual (das vidas precedentes) e da responsabilidade moral (relativa à culpa originária). Por outro lado, não parece ter se desenvolvido nesse contexto um interesse pela interação da alma com o corpo e, por meio deste, com o cosmos nas operações cognitivas. O "modelo da viagem" insiste em locais que a alma atravessa, e não nos elementos que a constituem, e, por consequência, não é aplicável exatamente onde vimos mais eficaz (ao menos no uso que dele faz Heráclito) o "modelo parcelar". Deve-se perguntar aqui se um discurso unitário sobre a alma pode encontrar condições mais favoráveis em uma adoção conjunta dos dois modelos: uma operação do gênero parece emergir, de fato, dos fragmentos de Empédocles, e a ela vale a pena agora dedicar alguma atenção.[48]

Empédocles e seu *dáimon*

A biografia de Empédocles de Agrigento (*c.* 495 a.C.-435 a.C.) é rica de notícias tanto no que diz respeito ao importante papel político que exerceu (em fronte democrático) em sua cidade natal quanto ao modo mais ou menos prodigioso da sua morte (segundo a versão mais famosa, teria se jogado na cratera do Etna para garantir a fama da imortalidade: Diógenes Laércio, VIII, 67-72 = 31 A I DK). A tradição lhe atribui dois diferentes textos em hexâmetro: um de conteúdo físico e cosmológico, com o tradicional título *Sobre a natureza*, e outro dedicado ao tema da purificação e da salvação da alma, com o

206

significativo título *Purificações* (*Katharmói*). Dos fragmentos da sua obra que chegaram até os nossos dias emerge uma figura de cosmólogo e mago, médico e taumaturgo que, a seu tempo, induziu Werner Jaeger a chamar Empédocles de "um centauro filosófico", pela sua "singular aliança" entre ciência da natureza e misticismo.[49]

Que se queira falar de "aliança" ou, mais propriamente, de entrecruzamento, é esse o nó interpretativo a ser tratado por quem quer que se aproxime da obra de Empédocles. No passado, estudiosos (Diels e Wilamowitz, entre outros) imaginaram uma conversa de Empédocles, já velho, sobre a filosofia da religião, consignando o poema das *Purificações* a uma segunda fase, na qual se concentraria a reflexão "teológica" do filósofo: hipótese que tinha o custo evidente de pôr de lado a religiosidade que também atravessa o poema físico.[50] Contra isso, e avançando para o coração do problema, Catherine Osborne pôde sustentar que Empédocles é autor de um único poema sobre a natureza, no qual religião e filosofia possuem igual peso, ao qual alguns autores teriam se referido com o título de *Katharmói*, e do qual teriam vindo todas as citações que possuímos.[51] Contra essa conclusão militam, ademais, alguns dados textuais (a presença de dois diferentes proêmios, em particular) que deverão nos ocupar no próximo capítulo.

As cartas desse jogo se desfizeram quando, em 1999, foram publicados alguns fragmentos de Empédocles, oriundos de um papiro, descobertos em 1990, na Universidade de Estrasburgo, que se revelaram de extraordinária importância para a reconstrução do seu pensamento (para não dizer que são os primeiros e únicos vestígios de textos de um pré-socrático conservados por tradição direta).[52] O maior fragmento é a continuação de um texto já conhecido como pertencente ao *Sobre a natureza* (fr. 17 DK), e esse título é confirmado pelo conteúdo do papiro: uma anotação à margem feita pelo copista. É notável que na nova porção do texto não só seja citado um verso já conhecido e colocado, pelo seu conteúdo, nas *Purificações* (o fr. 139, que ainda será evocado), mas que estejam presentes elementos de uma concepção demonológica que se acreditava poder entrever apenas no poema catártico. O novo texto prova, definitivamente, que em Empédocles a dimensão física e a religiosa não são simplesmente complementares, mas se interpenetram: e o vínculo é oferecido por uma perspectiva mística, na qual o mundo físico se apresenta como lugar do sofrimento e da salvação eventual da alma.

Os mais importantes intérpretes de Empédocles não precisavam do Papiro de Estrasburgo para entender que destino do cosmos e destino da alma são partes de uma mesma história.[53] Deveríamos, de resto, nos habituar a pensar o entrecruzamento entre filosofia e religião como um dado absolutamente não anômalo, aliás constitutivo de uma parte significativa do pensamento pré-socrático (como mostram neste capítulo pelo menos os casos de Heráclito e dos pitagóricos). Resta o fato de que em Empédocles esse entrecruzamento, pensando exatamente em um discurso unitário sobre a alma, parece criar mais problemas do que instrumentos para resolvê-los: na sua concepção escatológica, em outras palavras, restam alguns pontos fortemente nevrálgicos.

A cosmologia de Empédocles pode ser lida, em suas linhas principais, como uma resposta ao problema, posto por Parmênides, relativo à explicação do devir: com base numa ferrenha lógica eleática, se o ser deve responder a requisitos de imutabilidade e eternidade, nada pode vir a ser (dado que viria de um não ser); então, a transformação que percebemos na natureza não é senão o fruto de uma opinião errônea, ditada, exatamente, pelos sentidos. Empédocles escapa dessa dificuldade atribuindo autoidentidade, eternidade e igualdade de poderes a quatro elementos fundamentais (fogo, ar, água e terra, denominados "raízes" no fr. 6, v. 1) e às duas forças que os movem, Amizade e Discórdia.[54] De acordo com a prevalência de uma ou de outra no timão do devir cósmico, os diversos elementos se unem entre si ou, ao contrário, se afastam e se param. Então, as coisas que chegam aos sentidos não são mera aparência, mas derivam do misturar-se, em diversas proporções, dos elementos sob o influxo de Amizade e Discórdia:

[...] de nenhuma das coisas mortais há nascimento (*phýsis*),
nem fim de destrutiva morte,
mas apenas mistura e separação de coisas misturadas
que nascidas são com frequência chamadas junto
[aos homens. (fr. 8)

Esse é o arcabouço no qual repousa uma doutrina demonológica,[55] construída por Empédocles com uma combinação de elementos de Hesíodo e elementos característicos das religiões de mistérios.[56] Na narrativa hesiódica das "raças", os homens da estirpe áurea, a mais antiga, depois de terem gozado de prósperas condições de vida graças à amizade dos deuses, desaparecem sob a terra, mas por vontade de Zeus continuam a girar sob a terra como *dáimones* que, protegidos, vigiam e protegem os homens (Hesíodo, *Os trabalhos e os dias*, vv. 109-26). Na *Teogonia*, em vez disso, por um decreto de Zeus, no momento que surgem "discórdia e conflito" entre os deuses olímpicos e um deles jura em falso, este deverá expiar ao longo de um ano "sem respiro", nem voz, nem nutrição, e depois outros nove distante dos banquetes com os outros deuses, retornando apenas no décimo ano ao recesso do Olimpo (vv. 782-806). Empédocles recompõe esses elementos na representação de um *dáimon* exilado da existência beata — até aquele momento compartilhada com outros "por longa vida" —, por conta de juramento em falso e delitos de sangue, cometidos por concessão destruidora à força obscura de Discórdia. Esse aceno (no verso final do fragmento citado a seguir) faz pensar que a queda do *dáimon* se ponha em paralelo (ou seja, concomitante) à ruptura produzida pela força cósmica de Discórdia em um estado primordial governado por Amizade. Certo é que é condenado por uma lei de necessidade cósmica a uma viagem expiatória que parte das grandes massas cósmicas, das quais se afasta:

[...] há um oráculo de Necessidade, um decreto dos
                                     [deuses, antigo,
eterno, protegido com vastos juramentos:
quando um, na sua culpa, manche os seus membros com
                                     [um assassinato,
e ele também [...] comete erro jurando em falso,
os demônios, que tiveram sorte de longa vida,
três vezes dez mil estações distante dos beatos vão errando,
gerando-se no curso do tempo nas mais diversas formas
                                     [mortais
entrecruzando os dolorosos caminhos da vida.
O furor de éter os arremessa, de fato, no mar,
o mar os devolve em solo terrestre, a terra para os raios
do sol esplendente, e aquele aos vórtices do éter:
se passam por eles, todos os odeiam,
e deles sou, também eu, exilado pelo deus, e errante,
por confiança na Discórdia furiosa. (fr. 115)

Essa representação, segundo hipótese de Maria Laura Gemelli Marciano, remete à figura do deus "expulso do céu por excelência", isto é, Apolo, que (com base em um mito fundante do ritual délfico), após a morte da serpente Pito, é condenado a uma série de peregrinações que desemboca em uma purificação ritual.[57] Empédocles pôr-se-ia, assim, sob o signo de Apolo e por essa via se vincularia, talvez, a Pitágoras. Ademais, a reprovação pelo derramamento de sangue tem a ver com dois temas da exortação de Empédocles, que se conectam, ambos, com uma crença na metempsicose: a refutação do sacrifício cruento e a abstenção do alimento animal.[58] Empédocles, de fato, declara ser ele mesmo um *dáimon* exilado. Com base em outros textos, podemos ver que, depois de ter sido rejeitado por elementos cósmicos e caído no mundo intransitável, ele, a seguir, migra em corpos de diversas ordens de seres animados, antes de se revestir da forma humana. Aqui, no entanto, nosso herói se encontra em um bom momento do percurso catártico, próximo não só da liberação da pena da reencarnação, mas também da possibilidade de se apresentar aos outros homens como um deus que espalha verdade sobre nascimento e morte dos seres naturais, assim como instrumentos de domínio da natureza conquistados na sua longa viagem pelo cosmos:

[...] levei choro e gemidos ao ver o lugar inusitado. (fr. 118)

[...] já uma vez, de fato, fui menino e menina
e arbusto e pássaro e peixe que salta para fora do mar. (fr. 117)

E por fim vates e cantores de hinos e médicos
e princípios sobre os humanos da terra se tornam,
de onde renascem deuses, primeiros nas honras. (fr. 146)

Ó amigos, que na grande cidade na foz do louro Akrágas
Demoreis, sobre o sumo [...]
salve: entre vós como deus imortal, não mais mortal
vou [...]. (fr. 112)[59]

A fórmula "deus imortal, não mais mortal", com a qual Empédocles se apresenta no último verso citado, evidencia uma extraordinária afinidade com as palavras com as quais, nos textos das lâminas áureas, o iniciado é incitado, como quem se tornou ou esteja em vias de se tornar "deus, de homem/em vez de mortal".[60] Essa e outras passagens põem o problema da relação entre Empédocles e o orfismo de um lado, e o pitagorismo, de outro. Os argumentos de quem sustenta uma relação estreita e direta entre Empédocles e o orfismo (Christoph Riedweg, por exemplo) são objeto de viva discussão:[61] para além de inegáveis diferenças, entretanto, é de igual modo inegável a presença de importantes elementos comuns, entre os quais a exata crença na reencarnação. Pensemos também em 476 a.C. e, então, nos anos de juventude de Empédocles, quando Píndaro escreve uma ode que celebra a vitória de Teron — tirano de Agrigento — nos jogos olímpicos, na qual exprime uma visão de punição, purificação e renascimento da alma de caráter órfico ou, em todo caso, mística (*Olímpica* segunda, especialmente vv. 56 ss.; de Píndaro, ver também fr. 131a-b e 133 Maehler). De igual modo, é difícil excluir a ideia de que existam relações com o pitagorismo, sob o signo comum daquela conexão entre filosofia e religião que, como diversas vezes indicamos, é característica dessa fase do clima intelectual do Sul da Itália.

Entretanto, a entidade que transmigra na visão de Empédocles, vale dizer, o *dáimon*, não é uma alma (como explicaremos melhor mais adiante). Ademais, a culpa que ele sente não é uma herança coletiva da condição humana (como no mito órfico dos Titãs), mas seu autor é ele mesmo, aquele indivíduo que finalmente teve acesso, com o nascimento de Empédocles em Agrigento, a um corpo humano. É provável que com essa representação Empédocles dê uma contribuição fortemente pessoal (em um sentido pregnante do termo) ao aprofundamento da dimensão moral da consciência. Mais problemático é entender se o tema da consciência (moral) pode ser resolvido com o tema do conhecimento (intelectual) em um projeto coerente: voltaremos agora nossa atenção para esse ponto.

212

Como disse Kahn, em um estudo não recente, mas rico em intuições sempre válidas, Empédocles não consegue elidir a distância entre a questão da imortalidade da alma (que implica adquirir ou readquirir uma essência divina e é normalmente reservada a uma entidade psíquica particular) e a explicação das operações cognitivas (percepções, emoções, desejo) como função do composto corpóreo.[62] Esse juízo é compartilhável enquanto se pode acrescentar que o *dáimon* imortal não é uma "alma" (como entendiam os comentadores antigos e, com frequência, ainda os intérpretes modernos). A bem da verdade, no fragmento 115 esse termo não define um requisito comum a mais indivíduos, mas *determinados* indivíduos de natureza divina (são *dáimones* nesse sentido, no fr. 59, v. 1, tanto Amizade quanto Discórdia).

É também significativo que na única passagem em que o termo *psyché* aparece em Empédocles designe a alma como princípio material de vida.[63] Como bem percebeu Jean Bollack, para Empédocles a alma é "vida e sangue, e todos os movimentos psíquicos, sensoriais e emocionais, e até mesmo cognitivos, como parte do corpo".[64] Empédocles lança os fundamentos de uma explicação fisiológica dos processos sensíveis que terá grande repercussão no período pré-socrático: a ideia-base é que todas as coisas surgem em continuação dos eflúvios materiais, que, passando por diversos canais do corpo (os órgãos dos sentidos), encontram seus componentes internos, e do encontro entre elementos semelhantes se produzem as diversas percepções. Com base nisso, Empédocles, que não distingue explicitamente a percepção das operações intelectuais mais elevadas, pode considerar que todas as coisas tenham uma parte de "pensamento" (fala-se, de fato, de um "pampsiquismo" de Empédocles). Ademais, ele parece admitir que um conhecimento mais complexo seja consentido ao homem pela posse de um material orgânico particular, o sangue: este, sendo constituído por

partes iguais de terra, ar, água e fogo (fr. 98), é capaz de discri-
minar todas as coisas, que são constituídas pelos mesmos quatro elementos em proporções diversas:

[...] com a terra vemos a terra, com a água, água,
com o éter, o éter divino, e com o fogo, o fogo invisível,
Amizade com Amizade, Discórdia com Discórdia. (fr. 109)

[...] destes [os elementos] em justa ligação todas as coisas
[se adensam
e com eles pensam e gozam e sofrem. (fr. 107)

[...] nutridas nas ondas do sangue pulsante,
onde sobretudo há aquilo que é denominado pensamento
[pelos homens:
para os homens, de fato, é pensamento o sangue ao redor
[do coração. (fr. 105)

Como se vê, Empédocles acolhe um dos pressupostos do "modelo parcelar" de explicação da alma: o sangue é, de fato, uma
particular substância do corpo, dotada de capacidade cognitiva graças à sua afinidade material com as principais partes
do macrocosmo. Entretanto, segundo Empédocles, "os mortais, antes de se unirem e depois que se dissolvem, eis que
nada são" (fr. 15, v. 4): então, o princípio psíquico que está no
sangue é destinado a se dissolver com a morte do corpo. Não
fica claro, por outro lado, como aquela entidade seguramente
imortal que é o *dáimon* interage com os elementos do corpo
no qual se encontra, visto que é definido (no fr. 126) como
uma "estranha veste de carne": e é igualmente pouco claro
como possa interagir com os elementos constitutivos do cosmos. David Sedley observou recentemente que os *dáimones*
devem ser organismos *flesh and blood* (do contrário não se vê

como poderiam ter cometido o pecado de consumir carne) e supôs, então, que eles "vêm a ser" outras criaturas (passando, assim, por uma *transformação*, mais do que por uma verdadeira e própria transmigração): o que permanece e assegura a continuidade não seria mais do que um princípio de "consciência subjetiva".[65] A hipótese é digna de atenção, mas se a aceitamos, somos obrigados a admitir que a concepção de *dáimon* de Empédocles visa sobretudo ao plano moral e, como acontece em outros contextos em que age o modelo de viagem da alma, não se ocupa do conhecimento *do mundo*.[66]

Parece então que a entidade que em Empédocles é protagonista de um itinerário cósmico de salvação é desprovida dos requisitos materiais que ele mesmo declara necessários para as operações cognitivas normais. Isso deveria significar também que nem todos os homens são *dáimones* caídos, e apenas estes últimos são destinados a reconquistar a originária natureza divina, graças a faculdades intelectuais extraordinárias (cuja natureza, por outro lado, não se especifica). Então qual o sentido do ensinamento transmitido ao discípulo de Pausânias? Talvez o de conferir a ele a máxima aproximação ao conhecimento da natureza que se possa obter com aqueles pobres instrumentos da sensibilidade de que dispõem todos os homens que não sejam *dáimones*? E essa possibilidade não indica, talvez paradoxalmente, uma cisão entre o ideal da salvação espiritual, reservada a poucos na sua plenitude, e aquele — admitido como *second best* — do conhecimento da natureza? O que nos chegou da obra de Empédocles, a meu ver, não permite responder a essas perguntas. O único dado seguro é que naquele entrecruzamento de misticismo e filosofia próprio dessa fase do pensamento pré-socrático e do pensamento de Empédocles, em particular a preocupação escatológica com a exigência de regeneração moral que a acompanha, põem-se obstáculos relevantes à construção de uma teoria da alma que satisfaça à unidade do indivíduo como ser vivo e pensante (e moral). Para que esse juízo não pareça muito simplificador, buscaremos oferecer uma contraprova, muito sintética e objetiva, do desenvolvimento posterior da psicologia antiga.

A cada um o seu (composto)

Na história da psicologia pré-socrática pós-Empédocles, não faltam teorias fundadas na exigência de distinguir claramente as funções da alma e, ao mesmo tempo, oferecer dela uma visão unitária. Nas últimas décadas do século V a.C., por exemplo, Demócrito define a alma como um agregado atômico. Na doutrina de Demócrito os átomos são os elementos fundamentais do cosmos, elementos indivisíveis do ser (que é eterno e imutável), que se diferenciam apenas por características geométricas de forma e dimensão e pela disposição recíproca, cujo agregar-se e desagregar-se no vazio produz a variedade das coisas sensíveis (reconhecemos nessa teoria a mesma exigência que notamos em Empédocles de superar os problemas postos por Parmênides no que diz respeito ao estudo do ser).

Também Diógenes de Apolônia, mais ou menos concomitante, constrói uma complexa teoria da percepção e da inteligência. Para Diógenes, *arché* do cosmos é ar: noção que pareceria diretamente inspirada em Anaxímenes, e muito pouco sofisticada, não fosse o fato de Diógenes dotá-la, com base no modelo do *Nous* de Anaxágoras, do atributo da *inteligência*. E assim o mesmo ar age no âmbito do cosmos como princípio de ordem e no âmbito do que vive como princípio de vida e conhecimento: ademais, a possibilidade de considerá-lo presente em diversos graus de sutileza nas diversas espécies animais permite dispô-las no interior de uma escala de complexidade das capacidades cognitivas, além de distinguir, segundo esse critério, animais e homens e, então, os homens entre si.

Demócrito e Diógenes fazem, cada um a seu modo, ótimo uso do modelo explicativo traçado por Empédocles para o conhecimento sensível, reconduzindo os processos perceptivos a um contato entre elementos externos e internos, possível apenas se se admite uma fundamental congruência entre a matéria da alma e a do cosmos. Eles aplicam, então, um modelo parcelar — que, de resto, não os impede de traçar uma distinção entre conhecimento sensível e racional. Esta última é, de fato, explicada, com certeza por Diógenes e provavelmente por Demócrito, com a ideia de concentração da matéria da alma no cérebro, visto como centro de coordenação das sensações.[67]

Sem dúvida, é com Demócrito e Diógenes que a teoria da alma e da inteligência atinge alto grau de elaboração. Contudo, não se pode ignorar que esses pensadores, tanto quanto sabemos, dão pouca importância ao problema da identidade pessoal, evitando com isso a barreira enfrentada por pensadores como Empédocles ou Heráclito. Isso pode soar como a confirmação da difundida dificuldade de integrar essa polêmica em uma teoria geral da alma. Certo que essa integração parece ter funcionado em Platão, e não por acaso no *Timeu*, o seu escrito no qual a herança do naturalismo pré-socrático é mais evidente. Aqui Platão não só valoriza o modelo da transmigração, com suas implicações morais, como atribui à alma individual uma composição complexa, parte da qual é de origem imortal e divina (composta dos mesmos elementos da alma cósmica), enquanto outra parte (vinculada às sensações e às paixões) nasce do contato com o corpo na encarnação.[68]

No entanto, mesmo essa teoria é insuficiente aos olhos de Aristóteles. Em seu *De anima* ele persegue um programa de reunificação das duas principais direções que considera no panorama das teorias precedentes (Platão incluído): até Platão, de fato, a função biológica e a cognitiva da alma constituíram temáticas separadas ou, em todo caso, não adequadamente explicadas na sua unidade. A estrada percorrida por Aristóteles é totalmente nova. No segundo e no terceiro livros do texto ele dispõe os diversos gêneros da vida animada no interior de uma escala de complexidade crescente, organizada segundo uma precisa estratificação de faculdades psíquicas. À faculdade nutritiva/reprodutiva (comum a todos os seres vivos, inclusive às plantas) acrescenta-se, nos animais, a faculdade sensível, acompanhada pela faculdade motora (o animal se move rumo ao que percebe e deseja): mas apenas do animal homem é a própria faculdade racional. É uma operação ousada, de forte ganho teórico: a noção de *psyché* funciona agora como princípio explicativo unitário de *todas* as funções vitais na combinação variável que caracteriza *todas* as formas viventes. Esse duplo movimento é permitido pelo pressuposto de uma relação necessária e recíproca entre a alma (toda alma) e o seu (cada seu) corpo: na medida em que, aos olhos de Aristóteles, todos os expoentes da tradição (não apenas, ainda que mais marcadamente, os setores disponíveis ao sistema de crenças que gira em torno da imortalidade da alma) caíram em erro ao colocar alma e corpo como duas entidades em relação casual, sem buscar "algo de comum" que possa explicar a interação:

> O erro dessa [teoria do *Timeu*] e da maior parte das teorias sobre a alma está no juntar alma e corpo, e colocá-la em tal sede sem explicar por que isso acontece e quais sejam as condições do corpo. O que pareceria, no entanto, necessário, dado que é pelo fato de ter algo em comum que uma coisa age e a outra sofre, uma move e a outra é movida: não se dá interação entre coisas tomadas ao acaso. Estas aqui, aliás, se preocupam apenas em definir a natureza da alma, sem acrescentar explicações sobre o corpo destinado a recebê-la: como se — como nos mitos pitagóricos [*katá toús Pythagorikoús mýthous*] — qualquer alma pudesse entrar em

qualquer corpo. Mas é como dizer (visto que todo corpo possui forma e configuração próprias) que a arte do carpinteiro entra nas flautas: é verdade, no entanto, que a arte deve se servir dos seus instrumentos, e, analogamente, a alma, do corpo. (*De anima*, I, 3, 407b 13-26)

Notemos, por fim, que a construção de uma teoria psicológica sistemática e unitária que tem lugar com Aristóteles requer a extração de dois aspectos, intimamente ligados entre si, que tinham condicionado pesadamente o discurso sobre a alma no pensamento precedente. Aristóteles deixa fora do horizonte em *De anima* tanto a preocupação religiosa da imortalidade da alma (que lhe interessa, quando muito, em relação à explicação do conhecimento intelectivo) como o problema da conduta moral (cuja análise, na rigorosa compartimentalização do saber que é peculiar da obra aristotélica, é reservada a tratados específicos da ética). Finalmente, a escatologia não mora mais aqui.

5.
Vozes relevantes

A estranha dupla

Em uma célebre passagem do décimo livro da *República* (606e-
-608b), Platão volta a refletir sobre os efeitos negativos da mimese poética, já denunciados na obra, para ratificar que apenas as composições em honra aos deuses ou em louvor de
nobres ações deverão ser admitidas na cidade; será rejeitada,
por sua vez, *in toto* a poesia homérica. Platão rebate aqueles
que elogiam Homero por ter "educado a Hélade" e que inspiram "toda a própria vida" nos princípios de comportamento
que emergem da sua poesia, concedendo a esta apenas uma
vã excelência formal, que é, ademais, veículo de desastrosas
consequências em plano moral. Abrir espaço à sedução da
Musa homérica no interior da cidade, de fato, significa concessão ao domínio da emotividade: o prazer e a dor se tornarão os critérios balizadores da ação, não o poder ordenador da
lei, nem o "argumento que progressivamente se mostre melhor para a coletividade". Impossível, então, à luz do bem da
pólis, a convivência entre fascinação irracional e discussão racional: de acordo com Platão, é esse o ponto de uma "antiga
controvérsia" (*palaiá* [...] *diaphorá*) que divide a poesia e a filosofia de forma crucial.

Essa formulação apresenta, obviamente, um aspecto forte
de *teleological narrative*.[1] Platão está projetando quase uma
situação originária e constitutiva, um contraste entre poesia e filosofia que se tornou pensável apenas nos anos da sua

juventude. Tanto quanto sabemos, na cultura do período arcaico faltava qualquer noção unitária de poesia ou de literatura: nesse período, ademais, os diferentes "gêneros" do canto eram diferenciados de acordo com as diversas ocasiões da performance, mais do que segundo critérios formais e abstratos que viriam a inspirar classificação no âmbito da teoria literária, a partir do século V a.C. Do final do século V a.C. em diante, de resto, os nomes "poesia" (*póiesis*) e "filosofia" (*philosophía*) são aplicados a gêneros determinados e distintos por objetivos, conteúdos e forma, enquanto, ao mesmo tempo, a prosa se estabiliza como meio de comunicação por excelência de conteúdos filosóficos. Platão, ademais, delineia pessoalmente os termos daquele contraste no momento em que, por conta da própria utopia política, caracteriza a poesia como o lugar por antonomásia da tensão irracional e, ao contrário, põe a argumentação racional como prerrogativa apenas da filosofia. A bem da verdade, como sabemos, o próprio Platão não é insensível à eficácia comunicativa do meio poético: não experimenta aversão nem à fabulação mítica, em contextos que requerem particular força persuasiva,[2] nem a uma escrita que busca e encontra na dramatização do diálogo efeitos de alto envolvimento emotivo. Assim, ele se revela herdeiro de uma atitude antiga do filósofo que imita, em vez de negar, qualidades e prerrogativas do poeta: uma atitude que, diversamente do que sugere a construção platônica, é parte da filosofia em suas origens.

No primeiro capítulo, em uma tentativa preliminar de identificação das linhas de um pensamento que se possa definir como filosófico, no interior daquele caldeirão de saberes em competição, tradicionais e não tradicionais — que é o mundo grego arcaico —, tínhamos proposto valorizar, entre outros elementos, o interesse por "todas as coisas", com isso entendendo a exploração da natureza do mundo e do homem: essa indicação se concretizou, depois, no segundo capítulo, dedicado às primeiras cosmologias, e no quarto, relativo aos discursos sobre a alma. Eis que — como também havíamos notado — também os poetas arcaicos se impõem, desde Homero e Hesíodo, como autores de um discurso *global* sobre o mundo, que assume bem cedo papel central na educação grega.[3] Daí que os lugares e as ocasiões da poesia, em continuidade com sua matriz inicial, surgem naturais e predispostos a hospedar, na reunião do simpósio ou na celebração festiva, reflexões de natureza moral. Assim, na primeira metade do século VI a.C., enquanto se estabiliza o duradouro monopólio dos poetas sobre a paideia, uma propícia combinação de fatores favorece o nascimento de novos interesses cognitivos, no mundo jônico, que se voltam para a natureza do cosmos. Evidencia-se então uma abertura de direções de reflexão testemunhada, *in statu nascenti*, em uma composição daquele poeta pensador político, contemporâneo de Anaximandro, que é Sólon. Os versos vigorosos de Sólon relatam como semelhantes a aproximação de uma tempestade de neve e granizo e a submissão de um povo à escravidão imposta por um tirano, cuja causa de ser é a "ignorância" do próprio *démos*: ocorre, ao contrário (colocando em movimento uma capacidade de previsão semelhante à do meteorologista), impor limite aos poderosos, antes que prevariquem; para esse fim é necessário um "conhecimento geral" (*pánta noéin*: fr. 9, v. 6 West). O conhecimento de "todas as coisas" é aqui a percepção da complexa trama do político, na qual Sólon se faz forte como homem de pensamento e ação: enquanto o plano dos eventos naturais é evocado apenas em chave analógica, para sublinhar a violência das revoluções possíveis no interior da pólis.

Tentemos agora ler essa situação readaptando, bem livremente, algumas das preciosas categorias explicativas formuladas por Yehuda Elkana.[4] Podemos dizer que com a construção das cosmologias jônicas ocorre a circunscrição de determinado "corpo do saber". O fato de nessa primeira fase faltarem, ao que parece, expressões conscientes de uma problemática metodológica não tira em nada sua importância para os inícios da ciência da natureza. Importante sublinhar que um programa de pesquisa foi estabelecido de facto, graças à identificação de novos objetos, naturalmente acompanhados de novas modalidades de correlação entre os dados do saber. Por outro lado, o crescimento do saber depende da interação das "imagens" — relacionada a um complexo de concepções relativas à natureza da verdade — com um destinatário de referência. Enquanto o corpo do saber consiste em pensamentos sobre o mundo, essas imagens (que, como sublinha Elkana, são socialmente determinadas) exprimem pensamentos sobre o próprio saber: elas constituem, então, um "pensamento de segundo grau". Certamente, um pensamento *sistemático* desse tipo não emerge das concepções dos jônios, ainda que estas se coloquem, considerando o quadro mítico, em uma posição crítica que não poderia não ser consciente. Em todo caso, os pré-socráticos logo posteriores documentam amplamente um processo de construção de imagens que legitimam a si próprias, vale dizer, que tomam forma em um jogo de apropriação e/ou negação das modalidades comunicativas da poesia.

A partida se joga sobretudo na maneira de conferir *autoridade* ao corpo do saber. Veremos, de fato, que certo número de autores sublinha seu próprio afastamento da tradição poética (e põe, ao mesmo tempo, as bases de uma nova tradição de saber) ao fazer suceder novas e mais apropriadas *garantias de verdade* à escolha de um novo conteúdo (notamos aqui — já tocamos nesse problema e voltaremos a fazê-lo — que esse desenrolar implica também a individuação de um público particular e de ocasiões determinadas de performance).[5] Constatamos, por exemplo, que, enquanto o cantor do mito evoca as Musas, divindades protetoras da arte, para sustentar a verdade da sua mensagem, um Alcméon e um Xenófanes preferem buscar a explicitação de um programa pessoal de método. Tanto Parmênides quanto Empédocles seguem vias diversas, mas não contraditórias. Certo que permanecem no interior de uma estrutura mítica, na medida em que evocam uma revelação de caráter religioso, que se exprime na solenidade da métrica da épica: todavia, o apelo a uma revelação não exclui o recurso a procedimentos de tipo racional. Poderíamos dizer que, com Parmênides e Empédocles, a filosofia compartilha com a poesia o ambiente do hexâmetro: mas os frutos dessa coabitação, como tentaremos demonstrar, aproximam-se mais da filosofia.

Adeus à Musa

As Musas são figuras evanescentes do imaginário grego. Em grego *Moúsa* é nome comum do "canto" poético, acompanhado de música, e, ao mesmo tempo, o nome próprio das filhas divinas de Zeus e Mnemósine (a memória), que se aproximam de homens aos quais conferem a tarefa e o dom de celebrar, em versos que se espalham pela memória coletiva, um mundo de deuses e heróis. As musas têm contornos de personalidade autônomos na mitologia grega, mas tanto nas fontes literárias quanto nas iconográficas são, em boa medida, representadas como jovens moças que amam dançar em coros (quase sempre guiados por Apolo), no interior dos quais pouco se vê de suas particularidades subjetivas (ainda que desde Hesíodo sejam mencionadas, com os seus nomes, em número de nove, apenas no período helenístico suas competências são devidamente especificadas). É lícito entrever em cada uma a personificação de uma ideia abstrata (de forma sintética, do processo da inspiração artística), de estatuto muito particular, por assim dizer "incorpóreo", que se revela ao escolhido sobretudo através da voz. Ao tocar nesse ponto, Penelope Murray evocou uma sugestiva definição da Musa antiga como *voice of language*, que se deve a Joseph Brodsky,[6] extraindo uma consequência importante no âmbito do nosso discurso. O caráter evanescente da Musa (a identidade coletiva se traduz, em grande medida, no uso da forma singular) faz dela uma figura que poderíamos dizer *ad usum poetae*, no sentido de que cada autor lida com ela a partir de uma relação pessoal e personalizada: uma figura que deve à sua extrema flexibilidade, base de uma infinita possibilidade de apropriações, a imensa prosperidade de que usufruiu na tradição poética ocidental.

É significativo que uma literatura caracterizada pelo mais absoluto anonimato, como a mesopotâmica, não conheça nada do gênero: nela, os textos são apresentados como êxito direto da revelação de um "tesouro" tradicional previamente constituído e imune a intervenções autorais.[7] Esse confronto convida a entrever na Musa um tópos útil à autodefinição do poeta como autor. Isso vale também em um ambiente aparentemente anônimo, como o dos poetas homéricos, no qual a Musa é invocada mais de uma vez como garantia da veracidade da narrativa do aedo (assim como da sua estruturação ordenada, que a torna ao mesmo tempo agradável e plausível). Recordemos, em particular, a abertura do catálogo das naus, no qual as Musas são chamadas a asseverar a verdade dos conhecimentos que o poeta exibirá sobre coisas distantes no tempo e no espaço, não adquiridos segundo as modalidades do saber ordinário (*Ilíada*, II, 484-7):

Narrai agora, Musas, que tendes demora no Olimpo,
deusas que sois em todas as partes, e tudo sabeis,
enquanto nada vemos e apenas a fama escutamos,
quem eram os comandantes e os guias dos Aqueus.

Graças à sua natureza divina, as Musas gozam de onipresença nos acontecimentos e, então (no pressuposto de superioridade de um conhecimento direto e visível em relação à tradição oral de um evento), de onisciência. Ao aedo homérico cabe ser mediador desse conhecimento perante os mortais, preenchendo parcialmente o abismo de ignorância que os separa do mundo dos deuses: no hábil uso dos meios formais postos em movimento para esse fim encontra-se a sua *sophía*, que lhe garante um papel central na sociedade em que presta seu trabalho.

Hesíodo trava com as Musas relações um pouco mais complicadas. Como se recordará,[8] no proêmio da *Teogonia* ele narra como sucedeu sua "conversão" à poesia (não é fácil decidir se o episódio corresponde a uma experiência sentida como real ou à construção artificial de uma persona poética). São as Musas que vão a ele no Monte Hélicon, onde — humilde pastor — está pastoreando seus animais, e o interpelam com palavras que insistem no privilégio que a ele é conferido, entre tantos pastores incapazes de enxergar para além dos limites do horizonte cotidiano:

Pastores agrestes, vis infâmias e ventres só,
sabemos muitas mentiras dizer semelhantes aos fatos,
mas sabemos, quando queremos, proclamar coisas verdadeiras. (vv. 26-8)

A ênfase dada à verdade dos conteúdos que serão confiados ao poeta não deve ser posta em dúvida: quando Hesíodo começa o próprio canto, começa "pelas Musas" (como delas provém), capazes não só de construir hinos que honrem o pai Zeus, mas de discursos que abracem "tanto as coisas que são quanto as coisas que serão, assim como as que eram antes" (v. 38). É, no entanto, muito pouco clara a referência aos cantos semelhantes ao verdadeiro, mas ludibriosos, que as Musas seriam capazes de inspirar. Pensou-se por hipótese que Hesíodo estivesse tomando distância das composições de mera *fiction*, mas a isso se opõe a constatação de que ele mesmo não desdenha a pura ficção na fábula animal de *Os trabalhos e os dias* (vv. 202-12). Mais problemático, perguntou-se se Hesíodo pensa em elementos de falsidade presentes no epos homérico ou em outras narrativas teogônicas das quais pretende se afastar, afirmando, assim, a verdade da sua própria. Com a dificuldade de identificar o eventual objetivo da polêmica, mesmo uma atenta intérprete como Jenny Strauss Clay foi levada a afirmar que a referência do poeta aponta para o incerto estatuto de verdade da sua própria composição: mas é simplesmente impensável que um poeta didático como Hesíodo, que na *Teogonia* insere as mentiras na destrutiva progênie de Éris (v. 229), atribua a si próprio a possibilidade de uma comunicação enganosa.[9] É mais adequado admitir que Hesíodo, tendo tomado consciência da variedade existente de versões de um mesmo mito, incentivada pelo desejo dos poetas de se distinguirem nas ocasiões da performance, perceba a tradição como um repertório que compreende, com efeito, histórias verdadeiras e falsas: por isso ele deve convencer sua audiência sobre a superioridade da própria versão.[10]

Onde o aedo homérico se colocava de imediato e sem problemas (ao menos em aparência) no interior da tradição é, para Hesíodo, objeto de reflexão. Não acompanha esse movimento a formulação de critérios argumentativos: a verdade dos conteúdos que as Musas transmitem a Hesíodo se consolida, de preferência, em critérios de eficácia poética, de memorabilidade e no *éthos* do autor. Nesse sentido, o poeta não ultrapassa o limite, mesmo que sutil, que o separa de uma acepção filosófica do saber: e não é inútil recordar que uma avaliação análoga da posição de Hesíodo em relação à história do pensamento filosófico nos levou, acima, a uma consideração do modelo cosmogônico da *Teogonia*.[11]

Na história da poesia arcaica, a Musa continua a desenvolver sem interrupção seu papel de aliada do poeta, mas sua importância passa, aos poucos, da sua contribuição à legitimidade da narrativa para o aspecto da beleza formal, enquanto se fazem cada vez mais frequentes as expressões da consciência "profissional" do poeta, sempre mais capaz de estabelecer um padrão para os meios da sua *téchne*.[12] Após Hesíodo, em suma, qualidade e medida do auxílio da Musa se tornam matéria de negociação. Ao mesmo tempo, o sentido da lacuna insuperável entre saber humano e divino surge em primeiro plano, assumindo uma declinação fortemente pessimista. É exemplar nesse sentido o início de um iambo de Simônides de Samos:

Zeus de trovão tenebroso, meu jovem, tem em seu poder
[o êxito
de todas as coisas que são, e as dispõe como quer,
enquanto não há inteligência (*nous*) junto aos homens, aliás
[dia após dia (*epémeroi*)
vivem como bestas, nada sabendo (*oudén eidótes*)
sobre como o deus realizará cada uma das coisas. (fr. 1)

Vale a pena nos determos na caracterização de uma humanidade que vive "dia após dia". A expressão surge, em mais formas de significado equivalente (*epámeros, epémeros, ephémeros, ephemérios*), em vários contextos de alto nível "existencial" da lírica arcaica (o mais célebre deles é, provavelmente, o da oitava *Pítica* de Píndaro, v. 95: "Criaturas de um dia (*epámeroi*): o que um? e o que não? sonho de uma sombra é o homem"). Aqui não se quer enfatizar, como se poderia pensar de início, a brevidade da vida humana, "efêmera" como aquela de um inseto que vive "apenas um dia" sobre a terra. De preferência, como demonstrou Hermann Fränkel com sua costumeira perspicácia, a formação do termo implica que o ser humano é "exposto ao dia" (da preposição *epí* e de *heméra*) como a um limite que o impede de saber o que lhe acontecerá no dia seguinte: em outras palavras, o homem não é *ephémeros* por causa de uma existência muito breve, mas porque esta é marcada por uma instabilidade que faz dele um ser incapaz de determinar com antecedência e, menos ainda, de dominar.[13] Na literatura arcaica esse tema ama se entrelaçar (sobretudo no âmbito da elegia e do iambo e no ambiente do simpósio) com o da impotência (*amechanía* é aqui o termo-chave) de um ser humano tristemente consciente do próprio destino submetido à vontade dos deuses. Contudo, essa consciência não se traduz necessariamente em abandono passivo; aliás, constrói-se com frequência formulação parenética: a tematização do não saber, no momento que indica os limites do espaço operativo concedido ao homem, convida a preencher esse espaço com uma *ação* sensata (um exemplo é dado, pouco antes, pelos versos nos quais Sólon opõe a ignorância dos seus concidadãos à exortação a *pánta noéin*).[14]

Em todo caso, o não saber sobre o qual os poetas se põem a refletir diz respeito à existência e ao que ela traz em si para o futuro, enquanto os filósofos se põem o problema da possibilidade de conhecer os eventos que ocorrem na natureza em tempo presente. Ademais, a postura dos filósofos tende a se resolver em um otimismo epistemológico que contrasta de forma clara com o pessimismo poético. Vejamos as declarações, inequívocas nesse sentido, de autores que, mesmo não negando a superioridade do saber divino — aliás, destacando nele as prerrogativas de imediatismo, certeza e globalidade —, insistem na possibilidade de o homem alargar o próprio olhar sobre a natureza graças aos meios cognitivos que lhe são oferecidos. Entre elas, eis o exórdio do texto de Alcméon:[15] "Alcméon de Crotona, filho de Pirítoo, disse a Brotino, Leone e Batilo o que se segue. Certeza (*saphéneian*) sobre as coisas invisíveis, sobre as mortais, a têm os deuses, enquanto próprio dos homens é conjecturar (*tekmáiresthai*)" (fr. 1).

É significativo o uso do verbo *tekmáiresthai* para indicar a habilidade cognitiva peculiar ao homem. Recordando que *tekmérion* é em grego o "signo" forte, que tende a se diferenciar de *seméion* (que vale apenas como "sinal" ou "indício") por uma maior força probatória, vemos que Alcméon está afirmando a validade de um saber (o único praticável pelo gênero humano) que procede por inferência delimitada por signos, que são os dados observáveis na natureza. Em outras palavras, ele apela à colaboração entre sentidos e razão como fonte do próprio saber de médico e *physiológos*.

Uma independência análoga das fontes tradicionais do saber é declarada, por diversas vezes, por Xenófanes. Em um famoso fragmento, ele se distancia, com grande clareza, das narrativas míticas que apresentavam o processo civilizatório como presente oferecido à humanidade por figuras divinas ou semidivinas (por exemplo, o fogo por parte de Prometeu ou a agricultura por parte de Deméter). Ao contrário:

> Os deuses não revelaram tudo aos mortais desde o início,
> mas [estes] investigando com o tempo vão encontrando o
> [melhor. (fr. 18)

Outro texto igualmente célebre e significativo mostra que a posição de Xenófanes em relação ao conhecimento avança coerente nessa direção:

> E a clara certeza (*to... saphés*) nenhum homem a viu (*íden*),
> [nem existirá algum
> que possua saber direto (*eidós*) relativo aos deuses e a
> [todas as coisas que digo.

Porque, se também [a alguém] acontecesse de descrever
[da melhor forma a realidade completa,
ele próprio não o sabe (*óide*): é opinião (*dókos*) sobre o que
[ocorre com tudo [ou: com todos]. (fr. 34)

A interpretação do fragmento 34 conheceu uma longa e ator-
mentada história. Na Antiguidade, também perante algum estudioso moderno, obteve preeminência uma leitura em chave
cética: Xenófanes estaria negando completamente a possibilidade de o homem conhecer algo relativo aos deuses e ao cosmos em sua totalidade (e o *dókos* do último verso seria entendido como pura "ilusão"). Atualmente prevalece, no entanto, a
ideia de que o "ceticismo" de Xenófanes se mescle a uma segura
definição de um âmbito específico humano de competências
cognitivas.[16] Certo é que, como no fragmento 1 de Alcméon,
em primeiro plano surge o dado do conhecimento claro e seguro (*saphéneian* em Alcméon, *to saphés* em Xenófanes), apresentado como posse privilegiada dos deuses. É significativo,
nesse sentido, o uso de vozes do verbo *óida* (cuja raiz, **vid*, é a
mesma do latim *videre* e do nosso "vcr") para conotar o verdadeiro saber como um conhecimento direto e totalizante, que
por natureza o homem não é capaz de atingir. Todavia, como
em Alcméon, essa constatação se vincula de imediato à afirmação de uma habilidade cognitiva específica humana: ao *tekmáiresthai* de Alcméon corresponde, em Xenófanes, a possibilidade
de formular uma "opinião" sobre os deuses e sobre tudo. Que
este seja o sentido (em si mesmo neutro: uma opinião pode
ser tanto verdadeira quanto falsa) a ser dado ao termo *dókos* o
confirma outro texto de Xenófanes no qual encontramos uma
voz do verbo *doxázo* (outro termo ligado à raiz **dok*), ainda no
âmbito de uma avaliação das potencialidades de um conhecimento opinativo: "Essas coisas se assumem (*dedoxástho*) como
semelhantes àquelas verdadeiras (*eoikóta tois etýmoisi*)" (fr. 35).

É interessante notar aqui o termo *étymos*, que insiste no aspecto da realidade "autêntica" e, ao mesmo tempo, faz ecoar as palavras com as quais as Musas anunciam a Hesíodo saber "muitas mentiras dizer semelhantes aos fatos" (*pséudea pollá... etýmoisin homóia*: *Teogonia*, v. 27).[17] Xenófanes, porém, transformou o tópos da contraposição entre conhecimento divino e humano, abandonando a ideia de uma ajuda divina na obtenção da verdade e insistindo na possibilidade de que o homem, com as próprias forças, proponha opiniões que, se não ao todo certas, são "semelhantes" e, então, "apropriadas" à realidade que querem descrever: esse é o sentido de *eoikóta* no fragmento 35, que poderíamos também traduzir como "plausíveis" ou ainda "prováveis", fazendo funcionar em sentido positivo a associação etimológica do termo com palavras como *eikón* ("imagem", "reprodução", "retrato") e *eikázein* ("comparar" e também "conjecturar").[18]

Para o sentido a ser atribuído ao *dókos* de Xenófanes, é ainda interessante recordar as palavras com as quais Hecateu de Mileto introduz suas *Genealogias*: "Escrevo estas coisas como a mim parecem verdadeiras" (*hós moi dokéi alethéa éinai*).[19] Aqui, o verbo *dokéin* anuncia um programa de sistematização da mitologia grega que será conduzido por meio de tomadas de posição pessoais e opiniões críticas relativas à tradição. Sabemos que, como um Hecateu e um Alcméon, também Xenófanes não se detém em uma enunciação programática, mas realiza sua vontade de conhecimento através de uma investigação positiva do mundo natural e até mesmo da construção de uma imagem do divino inspirada em critérios de "plausibilidade".[20]

Por fim, podemos constatar uma afinidade com a posição gnosiológica de Heráclito. É interessante notar que ele exercita seu sarcasmo, com exatidão, contra Hecateu e Xenófanes, por considerá-los culpados de *polymathíe*, vale dizer, de possuir vastos conhecimentos não submetidos à avaliação crítica. O objetivo da polêmica é, naturalmente, sublinhar a própria superioridade na elaboração de uma concepção pessoal da realidade, mediante uma leitura atenta das informações que os sentidos fornecem. A afirmação "investiguei a mim mesmo" do fragmento 101 não deve ser interpretada para além do suporte oferecido pelos dados sensíveis, que Heráclito está longe de desvalorizar:

Todas as coisas de que se tem visão, audição, aprendizado, estas eu privilegio. (fr. 55)

Más testemunhas são para os homens olhos e ouvidos se têm almas bárbaras. (fr. 107)

Dado que, como tivemos já ocasião de dizer, os gregos chamam de "bárbaros" os povos estrangeiros porque se valem de linguagem incompreensível e, ao mesmo tempo, não entendem grego, almas "bárbaras" são para Heráclito aquelas que não sabem ir para além das indicações fornecidas pelo sensível, para colher a profunda estrutura da realidade: o filósofo, ao contrário, o faz, na medida em que é capaz de cultivar, em seu interior, o sentido do *lógos* unitário das coisas.[21] Heráclito, então, faz apelo a uma colaboração entre sentidos e razão como fonte do próprio saber. Por isso (unindo-se *malgré lui* à linha traçada por Hecateu, Alcméon, Xenofonte), pode abrir mão de revelações divinas ou de Musas: tudo aquilo de que precisa traz consigo, na própria inteligência crítica.

Jogos de poder

João Estobeu relata que Píndaro, referindo-se a *physiologoúntes* não especificados, afirmava que eles se limitam a "colher um verde fruto de sabedoria (*atelé karpón sophías*)" (fr. 209 Maehler).

A nota polêmica é endereçada provavelmente não contra a investigação da natureza em si, mas contra os que, como Alcméon ou Xenófanes, a empreendiam sem o suporte de fontes divinas. Píndaro adverte que "cegas são as mentes dos homens se alguém busca sem as Heliconas [...] a via da profunda sabedoria (*bathéias... sophías hodón*)" (*Péan* 7b, vv. 18-20), em que onde o auxílio das Musas marca uma evidente diferença entre a obra pia do poeta e a de outros que pretendem ser *sophói* sem sê-lo.[22]

Com efeito, nem todos aqueles que tinham algo de interessante a dizer sobre a realidade da alma e do cosmos se afastavam de garantias de verdade sobrenaturais. No caso de Pitágoras, por exemplo, temos boas razões para pensar que a crença na metempsicose fosse útil à sua autoapresentação como sábio, cujos extraordinários conhecimentos se acumulavam ao longo de muitas vidas precedentes, das quais ele mantinha memória.[23] É significativo que nesse ponto se concentrem ora ataques, ora celebrações de outros cultores da *sophía* arcaica, em um jogo de refutações e/ou adesões que podem ser lidas como tantas outras tomadas de posição, no campo da competição pelo saber, sobre a melhor forma de conquistá-lo.

É também possível que Alcméon, no mesmo momento em que dedica seu texto a membros da escola de Pitágoras, queira marcar a própria autonomia em relação à postura sapiencial do mestre, atribuindo *aos deuses* o conhecimento certo de todas as coisas: reivindicar a dignidade do *tekmáiresthai* equivaleria, de acordo com essa hipótese, a refutar elementos de doutrina tanto teológica quanto cosmológica que encontram autoridade em um *ipse dixit*.[24] Elementos de polêmica mais explícitos, mesmo ásperos, repercutem, em todo caso, nos fragmentos de Heráclito. Vimos já como ele, no fragmento 40, acusa Pitágoras, assim como Hesíodo, Xenófanes e Hecateu, de *polymathíe*, ou seja, de possuírem um saber entendido como acumulação de noções emprestadas de outros, e não fruto de uma interpretação pessoal dos signos que se apresentam na *phýsis*. Vimos também que Pitágoras é feito objeto de execração particular, em outro fragmento, por ter construído esse saber emprestado com uma "arte ruim" e fraudulenta (*kakotechníe*: fr. 129). Essas passagens, e outra da qual se deduz que Heráclito teria se referido a Pitágoras como "iniciador de enganos" (ver fr. 81), levam a pensar que ainda seja Pitágoras, mesmo que seu nome não seja mencionado, o alvo do fragmento 28: "São coisas aparentes (*dokéonta*) aquelas que o mais renomado (*ho dokimótatos*) conhece e tem em mente: mas certamente a Justiça demonstrará culpados os fautores e as testemunhas de mentiras".

Em todo caso, a polêmica de Heráclito, que se assemelha, por virulência, apenas àquela que mira os *mágoi* e purificadores (fr. 14 e 15), atinge não tanto os conteúdos do pensamento de Pitágoras (sobre os quais nada é dito nos fragmentos conservados) quanto a fama excepcional do seu intelecto, que parece indicar o cultivo de um saber não simplesmente falso, mas mentiroso. É bem provável que para Heráclito, mesmo para sua diversa concepção de alma e de imortalidade, a "mãe" de todas as mentiras de Pitágoras seja a referência que autolegitima a metempsicose.[25]

Tentemos agora jogar luz sobre a cena na qual Xenófanes ridiculariza um sujeito que acredita na reencarnação. Mesmo nesse caso, de fato (Diógenes Laércio, que registra a passagem, se diz convencido), a alusão pode ser ao próprio Pitágoras:

[...] estando certa vez a caminhar enquanto batiam num
                                                                    [cãozinho,
dizem que se apiedou e proferiu as seguintes palavras:
"não batas, porque a alma de um homem amigo
reconheci ao ouvir a voz". (fr. 7)

Esses versos miravam por certo um efeito de diversão imediata, mas, para além disso, suscitam o juízo do pensador "desencantado" com uma crença pouco "plausível". Ademais, pode-se entrever ali um movimento estratégico de apresentação do saber: Xenófanes nos diz também que, a fortiori, nenhum conteúdo plausível pode ser atribuído a quem o apresente como emanação do próprio eu reencarnado.

Pitágoras, no entanto, não está isolado na torre da sua sabedoria. Tem ao seu lado Empédocles, que realiza um movimento análogo ao celebrar a figura de um sábio (com muita probabilidade, se trata ainda de Pitágoras) que deve à reencarnação da alma um poder de conhecimento que se estende por longo tempo de vidas passadas:

Havia entre aqueles um homem que sabia (*eidós*) coisas
[excepcionais,
dotado de imensa riqueza de engenho
e capaz de toda sorte de ações sábias;
e quando se projetava com todas as forças da mente
[(*páseisi prapídessin*)[26]
facilmente via uma a uma todas as coisas existentes
no curso de dez e também vinte vidas humanas. (fr. 129)

Também Empédocles, naturalmente, argumenta *pro domo sua*. De fato, ele se apresenta, como vimos, como a última encarnação de um *dáimon* caído de um estado originário de beatitude e possuidor, após longo processo purificatório, de poderes cognitivos e mágicos extraordinários: e também ele deseja a fama de *Wundermann* semelhante à de Pitágoras. Com seu elogio a Pitágoras (ou a quem quer que seja) ele se insere, então, na fileira daqueles sábios que reivindicam uma inspiração divina, entre os quais encontramos também Parmênides.

Empédocles e Parmênides atribuem à própria *sophía* uma fonte divina e adotam a forma comunicativa do verso. Após tudo o que dissemos sobre a relação entre a poesia e a filosofia, distinguindo-as com base no apelo a determinadas imagens do saber, devemos colocá-los entre os poetas ou entre os filósofos? Ou, em outras palavras, é lícito entrever na forma poética do seu discurso uma intenção filosófica de saber? É para esse último ponto, particularmente espinhoso, que nossa atenção deverá se voltar.

A verdade revelada no canto

Dediquemo-nos, em primeiro lugar, ao poema de Parmênides, buscando delinear ali uma configuração geral formal e o presumível contexto comunicativo. É quase supérfluo observar que os fragmentos que nos chegaram, mesmo de considerável extensão (prevalente graças a Sexto Empírico, a quem devemos a citação do proêmio, e a Simplício, nos comentários ao *De caelo* e à *Física* de Aristóteles), revelam um texto completamente inadequado, pela peculiaridade do estilo e pela elaboração dos argumentos, a processos de memorização. Deve-se, então, pensar nele como um suporte escrito, não apenas — como mais óbvio — pelo estágio da composição, mas também por aqueles da conservação e da transmissão. Que o conhecimento do pensamento de Parmênides tenha se difundido cedo em centros distantes daquele da origem é demonstrado, entre outras coisas, tanto pelo fato de que Empédocles (como mais tarde Anaxágoras e os atomistas) propõe uma explicação do devir que se reporta de forma direta às reflexões de Parmênides sobre a imutabilidade do ser quanto pelos ataques negativos que a negação parmenidiana do movimento e da multiplicidade parece ter suscitado em autores não precisamente identificáveis (é possível que a esses ataques responda o discípulo

Zenão, ao conceber argumentos que ratificam a unidade e a imobilidade do ser por meio de reductio ad absurdum das hipóteses dos adversários).[27] Isso não exclui por nada a existência de uma primeira fase de transmissão oral, na qual o próprio Parmênides recitava seu texto diante de um auditório.

Qual poderia ser a composição desse auditório? Talvez nos dê uma dica uma passagem do *Sofista* de Platão (a referência é tanto mais significativa quanto supérflua, de um ponto de vista teórico, no contexto do diálogo). Ali, o personagem Estrangeiro de Eleia, a quem é entregue a discussão dos argumentos parmenidianos sobre o ser, recorda que a ele e a outros jovens ouvintes (*paisín hemín*) o "grande" Parmênides explanava o próprio pensamento "sempre, tanto em prosa quanto em verso" (*Sofista*, 237a: segue-se a citação dos dois primeiros versos do fr. 7: "nunca será demonstrada [a tese] de que seja o que não é/ mas tu, em tua investigação, mantém o pensamento distante desta via"). A crer em Platão,[28] à leitura do poema estavam presentes jovens que, ainda que não fossem os únicos ouvintes, assumiam, por conta da sua idade, atitude de discípulos. Ademais, Parmênides não deixava de comentar ou esclarecer, em uma linguagem mais "cotidiana", o sentido dos versos que acabara de ler,[29] talvez também em resposta a perguntas dos circunstantes, segundo uma modalidade de fruição da qual a discussão sobre o livro de Zenão, representada no *Parmênides*, até hoje nos faz refletir.[30]

É presumível então que o auditório de Parmênides fosse mais restrito ou, em todo caso, diverso em composição quanto ao mais ordinário dos lugares tradicionais da poesia; mas não podemos asseverá-lo com certeza, visto que ele claramente pensa em si mesmo e se autorrepresenta como um poeta sábio. Parmênides, de fato, exprime-se em hexâmetros, no estilo e no vocabulário da épica. Certo é que essa construção formal é pensada para exprimir um conteúdo especulativo altamente original. Um exemplo para todos: o termo *eukyklés* ("bem redondo"), que em Homero é emblemático para o escudo, no fragmento 1 é aplicado por Parmênides em uma conexão totalmente nova com um conceito abstrato como *Alethéie* (Verdade), do qual conota a completude (fr. 1, v. 29, citado mais adiante).[31] Os efeitos expressivos dessa pesquisa linguística são involuções, com frequência, excessivas,[32] mas não se afirma que com isso Parmênides desejasse colocar-se à parte de determinada tradição poética. Nem que ele quisesse, por outro lado, se contrapor, com a adoção do verso, à prosa dos milesianos, porque estava distante de ser estabelecida como língua, por excelência, "da filosofia".[33] De preferência, a modalidade épica se apresenta a Parmênides "de forma natural", como a mais adequada para conferir solenidade a um conteúdo particularmente elevado. O uso do hexâmetro indica (como depois em Empédocles) que divino é o próprio autor do discurso: recordemos que os deuses gregos se exprimiam, além de na língua dos poetas, na dos oráculos, em versos, quase sempre hexâmetros datílicos.[34]

As razões da particular opção formal de Parmênides são, em suma, inseparáveis do objeto do seu pensamento, apresentado como uma verdade transcendente, revelada por uma deusa. O proêmio do poema, o longo fragmento 1, narra com tons vívidos e riqueza de detalhes como a deusa acolheu Parmênides ao final de uma viagem que o levou, excepcionalmente, aos confins do mundo no qual os homens se movem. É o caso de reportar por inteiro o intrigante texto:

Éguas que me levam, a quanto lhes alcança o ânimo,
me arrastavam, após terem me levado por estrada rica de
              [cantos,
divina, que leva por todas as cidades o homem que sabe
              [(*eidóta phóta*).
Ali viajava: as éguas mui hábeis me levavam

puxando o carro, moças dirigiam o seu caminho.
O eixo, porém, nos meões, impelia um toque de flauta
incandescendo (pois, de ambos os lados, duas rodas
giravam comprimindo-os) porquanto as filhas do Sol
fustigassem a prosseguir e abandonar os domínios da Noite,
para a luz, arrancando da cabeça, com as mãos, os véus.
Ali se encontra o portal do caminho da Noite e do Dia,
pórtico e umbral de pedra as mantêm de ambos os lados,
mas, em grandiosos batentes, moldam-se elas, etéreas,
cujas chaves alternantes quem possui é Justiça rigorosa.
Dirigindo-se a ela as moças com doces palavras,
souberam bem persuadi-la a tirar de imediato
o ferrolho trancado das portas; estas, então, fizeram que
o vão infinito (*chásm'achanés*) dos batentes se escancarasse
                                        [girando
os eixos de bronze alternadamente nos cilindros encaixados
com cavilhas e ferrolhos; as moças, então, pela via aberta
através das portas, mantêm o carro e as éguas em frente.
E a deusa, com boa vontade, acolheu-me, e em sua mão
minha mão direita tomou, desta maneira proferiu a
                                [palavra e me saudou:
Filho (*o kour'*) acompanhado por aurigas imortais,
que com cavalos te levam ao alcance de nossa morada,
Alegra-te! Porque nenhuma sorte maligna te enviou a
                                        [trilhar este
caminho, na medida em que é um caminho apartado dos
                                        [homens,
mas lei e justiça. É preciso que saibas de tudo,
tanto da verdade bem redonda o coração intrépido
quanto do que parece aos homens, onde não há verdadeira
                                        [certeza.
Contudo, também isto aprenderás: como as coisas que
                                        [aparecem

precisavam manifestamente se dispor, plausivelmente na
[sua totalidade.[35]

A *Teogonia* de Hesíodo é certamente um modelo que Parmênides teve presente, não só para alguns particulares da topografia
da viagem que recordam descrições hesiódicas (e homéricas)
do além (em particular o *chásma* recorda aquilo que, segundo
a *Teogonia*, v. 733, se abre sobre o Tártaro; também na *Teogonia*,
vv. 744-57, encontramos uma casa da Noite, sobre cuja porta
se alternam os caminhos da Noite e do Dia), mas também, e
sobretudo, na estrutura da narrativa da iniciação ao saber.[36]
Parmênides narra como experiência real (analogamente Hesíodo apresenta seu fatídico encontro com as Musas) uma viagem realizada sobre uma biga puxada por éguas em voo, distante da via percorrida pelos homens, até um portal em que,
nos limites do mundo, Noite e Dia cotidianamente passam al-
ternando-se. Possui a chave a própria Dike, que, persuadida
pelas filhas do Sol que até ali acompanharam o seu protegido,
abre o portal sobre um abismo. Passada a entrada, uma deusa
sem nome o recebe, tomando-o gentilmente pela mão direita
e sublinhando que um destino privilegiado, mas justo, o levou até ali, onde normalmente se chega pela morte (por uma
"sorte maligna"). Segue o anúncio de um discurso que tratará
da verdade do ser, mas também de opiniões erradas que os
mortais constroem a respeito dele. A distinção entre *alétheia*
e *dóxa* retoma, modificando-a, a distinção entre verdade e engano enunciada pelas Musas de Hesíodo. A correção consiste
em opor ao verdadeiro, outro discurso não apenas mentiroso,
mas formulado com intenção de verdade, cuja falência é fruto
do autoengano que os mortais costumam exercitar sobre si
mesmos. É muito significativo, ademais, que a deusa prometa
fazer frente às opiniões ilusórias sobre o sensível no interior
do próprio *ensinamento*, com o escopo não equívoco de desviar

seu pupilo do erro. Nos versos do fragmento 2, que deviam se seguir pouco depois, se não logo após, aos últimos do proêmio, lemos que a via da verdade e da persuasão é aquela que diz "que é", enquanto aquela que diz "não é" é privada de verdadeiro conhecimento e, por isso, deve ser evitada: mas ambas são "vias pensáveis de investigação". Coerentemente com essa promessa, o poema se desenrolará em duas partes, uma convencionalmente intitulada *Alétheia* e a outra *Dóxa*: nesta última, encontrará uma detalhada exposição de um modelo "plausível" de explicação do devir, para que nenhum "conhecimento dos mortais possa desviar" Parmênides (fr. 8, vv. 60-1).[37] Não há traço da ambiguidade das Musas de Hesíodo na intervenção da deusa de Parmênides: as cartas do verdadeiro e do falso serão descobertas sem truques.

Na rede de remissões a Hesíodo podem ser colhidos outros pontos de importância significativa, que convergem em uma acentuação da participação pessoal de Parmênides no evento da revelação.[38] No verso inicial, encontramos de imediato o pronome de primeira pessoa no acusativo, *me* (depois repetido outras vezes: em Hesíodo aparece apenas no v. 24), que põe em máxima evidência a figura do poeta: o qual — lemos no mesmo verso — é levado pelo impulso do seu *thymós* (da sua paixão por conhecimento, poderíamos dizer). Parmênides será sim o destinatário de uma revelação, mas a apresenta como o êxito de um esforço pessoal de investigação. É significativa, nesse sentido, a longa descrição das várias etapas vencidas antes de chegar à deusa, cujo acolhimento se dá, depois, em um giro de versos relativamente breves: no início da *Teogonia*, ao contrário, um longo preâmbulo é reservado ao aproximar-se das Musas, e são elas a se dirigir ao poeta, que passivamente aprende seu privilégio por meio de intervenção quase agressiva, e recebe em seguida o dom simbólico do ramo de louro e uma voz inspirada.

Pode parecer curioso o fato de que, enquanto Hesíodo faz questão de ouvir *sua* voz, e inicie o canto teogônico com uma brusca mudança de cena (com a expressão talvez proverbial do v. 35: "mas de que me vale falar de uma rocha ou de uma pedra?"), o discurso da deusa de Parmênides se prolonga sem solução de continuidade e chega a *coincidir* com o conteúdo do próprio poema. Somos tentados a concluir que Parmênides se anula ao ceder a palavra a uma autoridade superior. No entanto, se consideramos a situação da performance, na qual o sábio se apresentava expondo a própria experiência e a sucessiva revelação, devemos imaginar que fosse ainda *sua* voz a conferir-lhe potência, e que o ouvinte envolvido terminasse por encontrar *a si mesmo* no *tu* a quem a deusa dirige suas palavras (fr. 2, v. 1; 6, vv. 2-3; 7, 7, vv. 2-3 etc.; um análogo efeito de identificação, de resto, pode ocorrer também na leitura de um longo discurso relatado, se ele se apresenta longo o suficiente para cobrir a maior parte do texto escrito).

Entretanto, para colher o sentido pleno da autoapresentação de Parmênides como sábio inspirado, não podemos nos limitar ao confronto, mesmo que essencial, com o modelo de Hesíodo. Devemos admitir que a representação do proêmio flerta com um itinerário iniciático, e que Parmênides descreve uma experiência mística: uma experiência de revelação de uma verdade de caráter religioso, similar àquela que os *mýstai* ou seguidores dos cultos de mistério (florescentes, não nos esqueçamos, na Magna Grécia) alcançavam no final de uma sequência de etapas rituais. A expressão "homem que sabe", com a qual Parmênides se autodenomina no verso 3, e o *koúros* com o qual a deusa se refere a ele no verso 24, poderiam derivar exatamente do âmbito da iniciação. Todavia, procuremos desenvolver todas as implicações dessa possibilidade.

Desde a Antiguidade e por muito tempo nos estudos modernos a viagem de Parmênides foi interpretada como um percurso das trevas à luz, símbolo de transição de uma condição de ignorância ao pleno conhecimento. Nas últimas décadas, porém, de forma gradual, se impôs outra linha interpretativa, que, por um lado, justifica de modo mais eficaz alguns detalhes topográficos e, por outro, leva em maior consideração as modalidades de representação da sabedoria arcaica. Segundo essa interpretação (à qual o artigo fundamental de Burkert deu forte impulso), Parmênides delineia de preferência uma *katábasis*, vale dizer, uma descida rumo a uma zona obscura, com elementos do além, na qual atinge a *alétheia* com prerrogativas de vidente (como Epimênides ou o próprio Pitágoras).[39] Há pouco, essa perspectiva se enriqueceu com as pesquisas paralelas de Giovanni Cerri e Peter Kingsley, que entreviram no proêmio a descrição (que compõe elementos da *nékyia* homérica e do Tártaro de Hesíodo) de uma geografia do Hades e/ou de um lugar nos confins do mundo, no qual os opostos (Dia e Noite, céu e terra) se encontram. Além disso, Cerri e Kingsley, ainda independentes um do outro, propuseram uma identificação da deusa de Parmênides que, mesmo com algum grau de incerteza (nada exclui que sua identidade seja propositalmente indefinida), parece muito mais convincente do que aquelas propostas até o momento. Poderia tratar-se de Perséfone, a rainha do Hades, que nas figurações de tantos vasos da Magna Grécia do tempo de Parmênides estende a mão direita a Héracles ou Orfeu, que dela se aproximam, por razões excepcionais, em vida, e que é denominada simplesmente *theá* porque não precisa ser nominada, visto ser natural e soberana presença no Além e, como tal, aliás, observadora de um silêncio sagrado.[40]

Pode-se dizer que existe hoje certo acordo sobre a configuração religiosa do proêmio e da verdade que ali é anunciada,[41] mas isso não exclui que os intérpretes se dividam a propósito das consequências que se deve extrair dali. Alguns consideram que Parmênides utilize um complexo de imagens reconhecíveis pelo seu público para conferir-lhe maior autoridade — talvez em competição, na Magna Grécia, com as religiões de mistério ou o ensinamento de Pitágoras[42] —, ou como elementos de uma sofisticada estratégia de envolvimento emotivo.[43] Estamos certos, porém, de que Parmênides (com seu público) contasse com o distanciamento necessário do mundo das práticas de mistério e iniciáticas para se apropriar dele e repropô-lo em chave *metafórica*? Não deveríamos dar um peso maior ao contexto histórico e cultural no qual nasce sua filosofia do ser, admitindo que aquela que ele narra seja uma experiência *vivida*?

O problema é que os intérpretes que sustentam atualmente uma leitura "literal" do proêmio (Kingsley e Gemelli Marciano) são também aqueles que negam mais energicamente a qualidade filosófica do poema de Parmênides.[44] Não haveria ali, para esses estudiosos, algum *décalage* entre o tom do proêmio e os tons do discurso sobre o ser: porque esse discurso pretende atrair os presentes de um conhecimento fragmentário das coisas para uma aprendizagem mística de uma realidade que deve ser observada como um todo, em uma experiência de morte e renascimento que o sábio realizou na prática da incubação, e deseja reproduzir, com o encantamento da palavra, em quem o escuta. Uma implicação dessa abordagem é que qualquer significado filosófico que tenha sido conferido às palavras de Parmênides é visto como fruto de deformação racionalista, cuja principal responsabilidade é imputada a Aristóteles (deformação que duraria até os nossos dias).

Essa leitura de Parmênides, que poderíamos definir como "hiporracional", é da mesma forma unilateral quando pensamos na leitura "hiper-racional" de estudiosos que fazem de Parmênides o fundador da lógica, ou da ontologia, deixando de lado todo o contexto cultural no qual a sua filosofia ganhou forma (aqueles, de fato, não consideram o proêmio ou o reduzem a uma alegoria).[45] Ela ignora ou nega, por exemplo, não apenas o fato de que as afirmações sobre o ser que se leem no corpo do poema não possuem os traços esperados numa visão mística de um objeto divino; mas sobretudo o fato de que o ensinamento da deusa se realiza em uma sequência argumentativa governada por uso generoso de elementos de inferência.

Este não é o melhor momento para que avancemos uma análise pontual da longa e articulada demonstração (no fr. 8) das prerrogativas atribuíveis ao ser, sem violar o princípio da não contradição (segundo o qual não se pode dizer que algo é e não é ao mesmo tempo). Apenas notamos que é muito difícil negar a Parmênides certa habilidade na formulação de alguns princípios fundamentais de pensamento (entre os quais o da não contradição, que encontrará em Aristóteles o seu formulador), e que isso não significa fazer dele ipso facto um raciocínio pronto e acabado. Ademais, é oportuno destacar o aspecto protréptico do discurso da deusa, que evoca uma audição *ativa* das suas afirmações: o fato de que emanem de uma fonte divina não significa, então, que elas não sejam examinadas com extrema atenção. No fragmento 7 de Parmênides, lemos o duplo chamado à resistência ao testemunho superficial dos olhos, dos ouvidos e da linguagem ordinária, e a julgar, por outro lado, a correção da distinção enunciada, com polêmica, entre as diversas vias da pesquisa:

[...] nunca será demonstrado que as coisas que não são
[sejam:
mas afasta o teu pensamento desta via de investigação,
e o hábito resultante de longa experiência não te imponha
[esta via,
a pôr em movimento olho que não vê e ouvido que ensurdece
e a língua, mas julga com o *lógos* o exame polêmico
por mim pronunciado [...].

É provável que o *lógos* no qual o ouvinte deve se apoiar ao julgar não seja tanto o seu pessoal "raciocínio", mas o próprio "discurso" da deusa: isto é, deverá seguir a série de argumentos que serão desenvolvidos (no fr. 8) sobre o ser e os seus atributos de imutabilidade, incorruptibilidade, eternidade. Para percorrer essa estrada, em todo caso, o indivíduo deverá se empenhar em um processo consciente de compreensão, resistindo ao automatismo do conhecimento sensível, que o levaria pelo caminho percorrido por homens que "nada sabem", porque misturam ser e não ser (fr. 6).[46] Como se vê, o enfoque geral não é muito diverso daquele de Heráclito, cujo *lógos* possui os traços de uma revelação inspirada, mas que requer forte empenho racional para ser compreendido.[47]

Pode-se também entender que alguns intérpretes, mais sensíveis aos momentos "racionais" da exposição de Parmênides, considerem que a figura da deusa seja um "símbolo da capacidade da pura razão de alcançar a verdade",[48] e que Parmênides se torne com isso o vencedor de um processo de "demitologização". No entanto, não teria sido, então, mais simples e direto exprimir-se em prosa, deixar de lado (como faz, por exemplo, Alcméon) deuses e espaços do além-mundo? Parece difícil, como já se disse, renunciar a um Parmênides visionário, aparentemente distante dos modos da nossa racionalidade, mas inserido, de fato, no lugar e no tempo que eram seus. Tentemos, de preferência, imaginar (para sair do que parece ser um beco sem saída) que *partindo* da busca por uma verdade de caráter religioso, e *no interior* de uma experiência pessoal de revelação, Parmênides tenha aberto espaço a *outros* objetos de conhecimento e modalidades de raciocínio, dos quais lhe teriam chegado notícias na sua Eleia, cidade então florescente e fervoroso centro de trocas, de mercadorias como de ideias, de tal modo a manter viva (recordemos que por ali passou Xenófanes) a tradição da cultura jônica.

O atual estado de nossa documentação não permite sustentar a hipótese, com uma ideia mais precisa, de como poderia ter ocorrido esse processo, que escapa a qualquer catalogação nos nossos termos de racionalidade vs. irracionalidade. Contudo, essa parece ser a única via de recomposição de uma mesma pessoa: o Parmênides do proêmio e o Parmênides autor de uma elaborada reflexão sobre o ser e sobre os seus requisitos de cognoscibilidade, cuja importância teórica foi merecidamente reconhecida nos sucessivos desenvolvimentos do pensamento filosófico. Entretanto, não só: por esse caminho é também possível situar Parmênides em um arcabouço de discursos sobre o saber mais amplo do que o de uma seita religiosa: um arcabouço do qual faça parte também a investigação jônica da natureza. De fato, as reflexões de Parmênides sobre as características do ser adquirem significado se lidas na contraluz da problemática jônica da *arché* do devir. Sua preocupação parece ser formular os critérios para estabelecer o que genuinamente existe como princípio da mudança: e os assim denominados pluralistas, ao recorrer a mais *archái* dotadas, exatamente, de eternidade e imutabilidade (como as "raízes" de Empédocles ou os átomos de Demócrito), não farão mais do que vir ao encontro dos critérios estabelecidos por Parmênides.[49]

Com base nessa construção, Parmênides teria realizado um passo muito impetuoso, decidindo desvelar sua particular verdade para além dos confins do ambiente esotérico no qual foi revelada. E então sua autoapresentação como poeta sábio, o recurso à "métrica dos deuses", a remissão à tradição homérica e hesiódica poderiam ter tido função de um aparato protetor relativo a uma operação "escandalosa" do ponto de vista da cultura. E se impõe, ao que tudo indica, nessa perspectiva, uma proposta de interpretação do proêmio recém-formulada por Franco Ferrari. Segundo essa leitura, temos ali, sim, uma descida aos infernos: mas a referência à "estrada rica em cantos" atravessada por Parmênides, e todos os detalhes descritos nos primeiros dez versos do proêmio, não dizem respeito ao trajeto que o levou até ali, mas sim ao que ele percorre, depois da revelação, no carro *propagador* de verdade da poesia.[50]

Entre Musas e outros deuses

Também Empédocles se põe no curso da poesia como na mais eficaz caixa de ressonância da sua voz autoral. Fruto de uma educação rapsódica baseada no ouvir e na memorização de uma literatura tradicional, sobretudo épica, ele concebe um vocabulário riquíssimo de lexemas homéricos e, em parte, também hesiódicos: nesse terreno tem início um grande número de articulações pessoais e de nexos imprevistos na dicção formular, com efeitos de grande originalidade (a intervenção sobre a dicção formular, entre outras coisas, supõe que a possibilidade de memorização do texto passou, decisivamente, para um segundo plano).[51]

Diferentemente do que acontece com Parmênides, o talento poético de Empédocles encontra já na Antiguidade grande acolhimento. Prova máxima disso é sua projeção a poeta didático por excelência, modelo para Lucrécio no *De rerum natura*.[52] É também interessante ver como Aristóteles se mostra intrigado com a peculiar mistura de ciência e poesia que encontra em Empédocles. Nas primeiras páginas da *Poética* (1447b 13-8), avançando uma distinção impossível, ele define Empédocles como "estudioso da natureza mais do que poeta" (*physiológos mállon e poietén*), depois de ter observado que Homero é, no entanto, justamente chamado de poeta, e que os dois não têm nada em comum, a não ser o verso. Contudo, esse juízo deve ser inserido em seu contexto: Aristóteles alega que não tanto a espécie do verso usado quanto o gênero da *mímesis* deveria servir como critério de diferenciação entre as várias formas da poesia. Isso explica como Empédocles pode ser citado várias vezes, na *Poética* e em outros textos aristotélicos, como representante significativo da arte poética: por exemplo, para o uso da metáfora, que pertence ao aparato do poeta, e não ao do cientista (recorde-se o comentário à descrição do mar como "suor da terra" em *Meteorologia*, II, 3, 357a 24 = 31 A 25 e B 55 DK).[53] Empédocles é citado ainda na *Retórica* (III, 1407a 32-9) como exemplo de *poeta* que, com construção ambígua, produz sobre os ouvintes efeitos ilusórios, não diversos daqueles provocados por adivinhos.[54]

Não nos surpreenderá, então, constatar que a parte inicial do poema *Sobre a natureza* é reconstituída (tal como surge na sequência dos fragmentos organizados por Diels) segundo as linhas tradicionais da poesia didática. É provável que a advertência ao discípulo Pausânias (fr. I) surgisse cedo no poema, mesmo que não no primeiro verso (dada a presença nele da partícula de transição *de*). Ela possui, em todo caso, bons precedentes na dedicatória de Hesíodo ao irmão Perses (em *Os trabalhos e os dias*) ou naquela das elegias de Teógnis a Cirno. O seu sabor convencional induz a considerar que mesmo em tal caso, como nos outros, a referência a uma relação pessoal mestre-discípulo absolutamente não exclui a presença de um público mais amplo (o mesmo vale para a dedicatória do texto de Alcméon).[55]

Devemos nos perguntar aqui se para compreender os modos de difusão do texto *Sobre a natureza* não seria útil a noção de *pseudo-intimacy*, pensada por Ruth Scodel para explicar um problema da lírica arcaica: por que as composições que parecem se dirigir a um pequeno grupo de amigos sobrevivem à morte do autor e conhecem, vale dizer, ampla difusão? Poetas como Arquíloco e Alceu, segundo Scodel, estão muito longe de ser indiferentes a públicos diversos daquele da primeira performance: para esses públicos "secundários", as expressões que remetem à ocasião específica, destinada a poucos íntimos, mantêm uma função na transmissão do sentido pseudoconfidencial de participação de um ambiente elitista.[56] Já a técnica compositiva dos aedos, de resto, conhecia o apelo dirigido a um interlocutor anônimo (cinco vezes atestado na *Ilíada*), pensado para "suscitar no destinatário a sensação de estar fisicamente presente na cena descrita".[57] Pode-se pensar, de modo semelhante, que também o "tu" de Empédocles (e, creio, o "tu" da deusa de Parmênides) deseje abarcar, além do interlocutor direto, outros fruidores do texto em outros possíveis lugares e tempos.[58] É evidente que essa possibilidade, combinada com o conjunto das remissões de Empédocles a uma tradição poética consolidada (entre as quais a invocação da Musa, da qual falaremos mais tarde), tem valor decisivo contra os que consideram que o *Perí phýseos* possuísse uma destinação esotérica em função da iniciação de Pausânias: essa tese não consegue explicar, ao contrário, como e por que o poema conhecera muito cedo notáveis difusões[59] e nelas tenham sido transmitidas numerosas citações dos autores antigos, e não precisaram esperar por escavações de tumbas (como nos casos das lâminas áureas e do papiro de Derveni) para chegar até os nossos dias.[60]

Depois, é plausível que, após a dedicatória ocorresse a lamentação geral sobre a condição humana, que lemos no fragmento 2. Nele os homens são representados em uma situação de extrema precariedade existencial, vítimas de condições que os impedem de avançar para além das vicissitudes do momento para conquistar uma noção do "todo".[61] Entretanto, os últimos versos do fragmento introduzem um movimento um pouco otimista, que prepara, como logo veremos, o anúncio de um programa de conhecimento. Trata-se do convite dirigido ao discípulo, na segunda pessoa do singular, a permanecer separado da multidão, para aprender "não para além do ponto ao qual a inteligência mortal se elevou". No fragmento sucessivo (cuja contiguidade com o precedente é destacada por Sexto Empírico, que cita ambos) essa crença se apoia numa invocação da Musa, para que conceda sua ajuda a um discurso que não quer ultrapassar a distância entre saber humano e saber divino, visto que apenas aos deuses é acessível a verdade absoluta, e é "loucura" daqueles (não fica claro a quem se dirige Empédocles)[62] que pretenderam atingi-la. Empédocles deseja, de preferência, sugerir ao destinatário (e, novamente, no v. 9, constrói a locução em segunda pessoa) a possibilidade de uma coordenação inteligente das indicações fornecidas pelo aparato dos sentidos:

Ó deuses, retirai da minha língua a loucura (*maníen*) daqueles,
e fazei escorrer dos meus lábios respeitosos a vós uma
[fonte pura,
e tu, desejosa virgem Musa dos alvos braços,
peço, porquanto é lícito aos efêmeros mortais
[(*ephemeríoisin*) escutar
guia o dúctil carro a partir da Santidade.
Nem te constrangerão as flores de glória renomada
a extraí-las dos mortais até dizer mais do que o lícito.
Faz-te corajoso e senta-te, por fim, no limite extremo da
[sabedoria (*sophíes*).
Mas força!, observa com toda possibilidade como cada
[coisa é clara
não confiando na visão mais do que no ouvido
ou no ouvido rumoroso mais do que nas evidências da
[língua,
nem a algum dos outros membros, onde quer que haja um
[canal para conhecer,

subtrai a tua confiança, mas afirma com inteligência (*noéi*)
[cada coisa no modo em que é clara. (fr. 3)[63]

Também no fragmento 131 Empédocles se remete a uma Musa
"imortal" (que aqui tem o nome de *Kalliópeia*, a Musa "do belo
verso") na forma tradicional do hino rapsódico, recordando-lhe
que já interveio ao seu lado em favor dos pobres mortais (*ephe-
meríon*, v. 1), e solicitando nova ajuda para o "nobre discurso"
(*agathón lógon*) que fará sobre "deuses beatos". A indicação temática induziu Diels a colocar o fragmento na seção dedicada
a outro texto, *Katharmói* ou *Purificações* (cujo conteúdo é, ademais, polêmico), mas também o discurso do texto "físico", como
já sublinhava Kahn e como confirmou o Papiro de Estrasburgo,
é tomado por uma inspiração religiosa que bem justificaria a referência. O fragmento 131 poderia ser, assim, uma retomada da
invocação já dirigida à Musa no fragmento 3.[64] Num e noutro
ponto, em todo caso, Empédocles sublinha seu recurso à Musa
como *mediadora* na relação entre saber divino e humano, mas
também — podemos dizer — entre os conteúdos tradicionais
e aqueles que Empédocles se dispõe a apresentar, inauditos..
A declaração de adesão à tradição poética, em outras palavras,
serve não apenas como garantia de verdade do saber, mas também como proteção relativa a possíveis acusações de impiedade.
Empédocles devia encontrar-se exposto nesse sentido: por um
lado, de fato, ele conduz uma audaciosa batalha (na qual seu discurso sobre a natureza joga um papel estratégico) contra o rito
do sacrifício animal e do consumo coletivo da vítima, que era
um dado central da tradição religiosa grega; por outro lado, no
quadro do discurso da natureza, atribui papel cosmológico supremo (por isso divino) não só à força de Amor, mas também
àquela, negativa e certamente inesperada, de Discórdia.[65]
Entretanto, Empédocles se vale também de outras garantias de verdade. Lembremos que ele se descreve, no fragmento

115, como um *dáimon* caído e exilado na terra.[66] Ao citar a passagem, Plutarco anota que ela se encontra "no início da filosofia" de Parmênides (*Sobre o exílio*, 17, 607c), e isso leva a pensar que ela tivesse o valor de uma "autoapresentação", destinada a enfatizar a autoridade sapiencial de Empédocles. Todavia, no início de qual dos dois textos? Diels coloca o fragmento 115 na seção dos *Katharmói*, mas, depois de ter afastado qualquer dúvida sobre a possibilidade de que conteúdos demonológicos fossem apresentados no escrito *Sobre a natureza*, pôde argumentar que ele pertencia a este último.[67] Aqui, então, emulando aquele Pitágoras que tanto admira pela capacidade de projetar a própria mente para além dos limites de uma única vida,[68] Empédocles põe em campo seu status semidivino como ulterior garantia do seu vasto saber cosmogônico e zoogônico, além daquele saber mágico que muito próximo se vincula ao conhecimento da natureza e confere poder sobre os elementos, assim como sobre os males humanos, as doenças, a velhice (fr. 111).

Tenderia a acolher a atribuição do texto *Sobre a natureza* com todas as cautelas, devido à extrema dificuldade de reconstruir a sequência dos conteúdos e também à estrutura geral que distinguem os dois poemas.[69] Leva a essa direção o fato de que das *Purificações* conservamos, no fragmento 112, um preâmbulo que em um ponto essencial contradiz a autoapresentação do fragmento 115, e parece mais apropriado ao caráter geral e às condições de transmissão desse texto. O livro das *Purificações* consistia, talvez, como seu título parece indicar, na descrição de uma série de atos rituais de escopo purificador.[70] Coerente a ele, Empédocles devia recitar esse texto impondo-se enfático como *iatrómantis*, médico adivinho celebrado pela multidão grata pelos seus benefícios curativos. É verossímil que o alvo dessa operação de propaganda fosse mais amplo do que nos casos analisados até agora, e viesse a coincidir com a inteira população da cidade na qual chegava, como bom sábio itinerante, manifestando seus portentosos poderes, ou, até mesmo, com uma disposição competitiva pan-helênica: com efeito, uma testemunha antiga como o peripatético Dicearco (em Ateneo, XIV, 620 D = 31 A 12 DK) trata do grande sucesso obtido em Olímpia pelo poema, recitado pelo rapsodo Cleômenes. O fragmento 112 se apresenta, então, como o melhor exórdio para situações como essas:

Ó amigos, que na grande cidade na foz do louro Akrágas
demorais, no sumo, ocupados por nobres obras,
venerando refúgio para os hóspedes, inexperientes na
[maldade,
salve! Eu, entre vós, como deus imortal, não mais mortal
caminho honrado entre todos, como é justo, ornado
[de faixas e coroas floridas.
E por aqueles junto aos quais eu chegue nas florescentes
[cidades,
homens e mulheres, sou venerado: eles me seguem
em milhares, para saber a via que leva ao ganho,
uns, precisando de oráculos, enquanto outros, por doenças
de toda sorte pediram para ouvir voz que cura,
já há tempos afligidos por dolorosos males.

Podemos imaginar a multidão diante da qual Empédocles declama, recordando — e replicando na performance — o evento da sua chegada triunfal a outras cidades, às quais já levou sua presença divina e taumatúrgica. Qualquer dúvida secundária foi levantada, no limite, sobre o termo "amigos", que, referido como parece aos concidadãos de Agrigento — e não a figuras divinas — não tem precedentes documentados: mas, sobretudo, não é clara sua função, se Empédocles o pronuncia diante de um auditório de outra cidade.[71] Partindo dessa constatação, Eva Stehle avançou recentemente uma proposta de leitura inédita, sustentada por argumentos pontuais e convincentes, demonstrando que Empédocles se remete, a bem da verdade, aos deuses, antecipando com o apelativo *phíloi* o anúncio (que proclamará em seguida) de ter elevado a si mesmo à condição de deus, por haver sido vitorioso ao atravessar os limites das criaturas viventes; atinge, ao mesmo tempo, o objetivo de declarar sua origem, evocando as divindades que moram na parte alta da sua Agrigento (que é a costumeira posição dos templos nas cidades gregas: é presumível que Empédocles acompanhasse a declamação apontando com gesto enfático distantes altitudes); a uma descrição de deuses são ainda apropriados os atributos da benevolência aos mortais e da proteção dedicada aos exilados.[72]

Aceita essa interpretação, o jogo entre tradição e inovação que emerge do fragmento 112 se faz mais complexo e, se possível, mais interessante. De fato, admitindo nos primeiros versos uma referência aos deuses, podemos encontrar ali a estrutura típica de uma invocação rapsódica. Esta serve, porém, para dar maior relevo à pessoa de Empédocles, que, afirmando ter se tornado ele mesmo um deus, "passa, praticamente diante dos olhos dos seus ouvintes, do ser humano que, junto a humanos, invoca os deuses a um deus íntimo dos deuses, ao qual eles podem apelar".[73]

É esse, em todo caso, o ponto no qual o fragmento 112 entra num mais forte contraste com o conteúdo do fragmento 115 e convida a colocar os dois passos em dois textos diversos. No fragmento 115 Empédocles se apresenta, de fato, como um *dáimon* chegado a bom grau na ascensão das ínfimas formas de vida, mas no fragmento 112 se apresenta como verdadeiro e próprio *theós*, que, afinal, transcendeu completamente o ciclo da transmigração, como consubstanciado no fragmento 146:

[...] e por fim adivinhos, cantores de hinos e médicos
e príncipes circulam entre os homens na terra,
e daqui florescem como deuses, excelsos em honra.

Em outras palavras, Empédocles poderia ser visto como um *dáimon* que alcançou, graças à sua particular *sophía*, em uma fase culminante da sua carreira, a condição de *theós*. Com base no raciocínio estabelecido até aqui, pode-se pensar, por hipótese, que os dois escritos de Empédocles, não facilmente diferenciáveis em termos de conteúdo, o sejam pelo menos do ponto de vista das modalidades de autoapresentação. A bem da verdade, isso equivale a repropor, revisto e corrigido, o velho esquema "biográfico" que reconduz a diversidade entre os dois textos a tempos diversos de composição. No entanto, pelo menos não foi aplicada a categoria moderna da conversão da razão à religião, mas antes: sob o signo de uma visão religiosa coerente, seguimos a evolução não dos conteúdos do saber de Empédocles, mas da sua persona autoral.

A especialização da razão

Como bem viu Cornford no extraordinário livro que é *Principium sapientiae*,[74] na era arcaica os contornos do filósofo emergem por gradual diferenciação do poeta, de um lado, e do adivinho, de outro, em relação a uma figura originária de vidente e purificador, representada pela tradição nos prodigiosos personagens de Ferécides, Epimênides, Ábaris, Aristeas. A essa linhagem se remetem, segundo o estudioso, sábios como Pitágoras, Parmênides, Empédocles (e, na sua interpretação, também Heráclito), que reivindicam para a própria mensagem a força de uma fé religiosa e inauguram com isso uma potente corrente dogmática da filosofia grega. Nessa linhagem "sapiencial" ele entrevê uma profundidade da qual não gozavam, aos seus olhos, as doutrinas de enfoque evidentemente naturalista (a partir das cosmologias jônicas, que incluía na esfera do mito).[75] Vale a pena deixar ainda uma vez a palavra a Cornford, para a ilustração mais eficaz da sua intuição:

> Os grandes pensadores pré-socráticos desse tipo [divinamente inspirados] não possuem duas visões distintas do universo — religiosa para o domingo e científica para os dias úteis. Cada um possui uma visão singular, unitária, que abraça todas as suas opiniões sobre o real, tudo o que ele denominaria "sabedoria". Na tradição itálica, o impulso fundamental é religioso e moral, não é mera curiosidade intelectual que possa levar a aceitar qualquer tipo de conclusão sobre a real natureza do mundo.[76]

Nos mesmos anos nos quais tomava forma esse quadro, o problema das "origens da filosofia" intrigava um estudioso de formação muito diversa: Louis Gernet. Também Gernet dava atenção ao papel revestido de uma noção de verdade metafísica, conhecido apenas por via divinatória, bem representada por aqueles videntes como Epimênides e outros, que eram também detentores de um saber teológico e cosmológico, e evidenciava em Pitágoras, Parmênides e Empédocles os herdeiros dessa concepção de sabedoria inspirada (que por meio deles passa, depois, a Platão). A intuição de Gernet teria influenciado, algum tempo depois, o livro de Marcel Detienne sobre os *Mestres da verdade*, no qual o poeta inspirado pela Musa, o adivinho e o "rei de justiça" surgem como possuidores da expressão eficaz de uma verdade religiosa e, então, protagonistas a pleno título da "pré-história" daquela verdade que Parmênides, por fim, descobre *en philosophe*.[77]

O quadro de Detienne se vale de um nexo privilegiado entre o nome grego da verdade, *alétheia*, e a faculdade da memória: na fragilidade de um mundo ainda essencialmente oral, a verdade seria o conteúdo que a palavra do vidente salva do esquecimento (*léthe*), no qual se arrisca a cair para sempre. Ao se valer desse ponto, Detienne toma posição relativa à interpretação heideggeriana de *alétheia* como *Unverborgenheit*, ("não escondimento", na qual o alfa privativo é aplicado à raiz *léth* do verbo *lantháno*, que significa "esconder", e na voz média "esconder-se", "fugir"). Como se sabe, essa influente interpretação, que faz da verdade uma qualidade do ser mais do que das proposições sobre ele, é acompanhada da ideia de que a introdução do conceito de verdade proposicional se deva a Platão e Aristóteles, que assim inauguram uma manipulação da realidade que é própria da técnica, mais do que da "verdadeira" filosofia. E Detienne tem, por sua vez, razão ao reivindicar para a cultura arcaica a problematização da verdade como atributo *do discurso* sobre a realidade.[78] Por outro lado, ele considera que essa cultura se indispõe com a distinção racional do verdadeiro e do falso, governada de preferência por uma "lógica da ambiguidade", neutralizável apenas por meio de palavra inspirada pelos deuses. Se a verdade religiosa se torna, enfim, "conceito racional" com Parmênides, que põe "a imperiosa exigência da não contradição", isso acontece graças àquele contrapor-se "laico" de duas teses e dois partidos que, paralelo a isso, torna-se constitutivo dos processos de decisão da pólis.[79]

Detienne não leva em consideração, nessa conclusão axiomática e muito breve,[80] o fato de que os argumentos de Parmênides se desenvolvem precisamente *no interior* de uma concepção religiosa da verdade.[81] Com efeito, todo o seu quadro sofre uma oposição redutiva entre religião e razão: não só ficam de fora autores como Hecateu, Alcméon ou Xenófanes, que antes de Parmênides refletiram, independente das coordenadas da revelação, sobre o problema do conhecimento, mas vêm também postos de lado aqueles elementos de interesse para a organização racional do discurso, que ainda são apresentados nas negociações dos poetas arcaicos com as suas Musas.[82] Se voltamos agora a Gernet, podemos observar que ele, diferente de Detienne (e de Cornford), não acentuava unilateralmente a importância das "transposições de um passado místico à filosofia em sentido próprio", que diagnosticava em um Pitágoras, um Parmênides ou um Empédocles,[83] sendo bem consciente de ter focado em seu estudo apenas um aspecto particular de uma problemática bem mais ampla e complexa.[84] Depois do que dissemos nestas páginas, pode-se bem concordar com esse ponto e reformulá-lo na afirmação de que a *convivência* (às vezes até em um mesmo autor: ver Parmênides e Empédocles) de estudo da natureza e escatologia, religiosidade e valorização da investigação dos fenômenos é um dado peculiar da filosofia "das origens", ainda que não a caracterize de forma homogênea e na sua totalidade.

A representação mais correta dessa situação foi dada, em definitivo, por Jean-Pierre Vernant, que refletiu sobre ela a partir do influxo tanto de Cornford quanto de Gernet. Para Vernant, o terreno do pensamento grego mais antigo não é atravessado por uma oposição clara entre razão e inteligência reflexiva, de um lado, e religiosidade e misticismo de outro: ele é visto, de preferência, como um "campo de racionalidades múltiplas", de procedimentos intelectuais que variam em função do autor ou do âmbito de realidade assumido como objeto de investigação, mas não menos reconhecíveis como tais.[85] Acrescentemos, in limine, que Empédocles representa, de qualquer modo, o ápice, mas também o ponto de não retorno, dessa complexidade. Com efeito, se olhamos o panorama da cultura grega nas últimas décadas do século V a.C. o que mais chama a atenção é exatamente o desaparecimento da figura do sábio inspirado,[86] pari passu com a ampliação das duas vias do estudo da natureza e da escatologia.[87] E não é por acaso que, ao mesmo tempo, receba menor atenção outro elemento que acompanhava até então a apresentação do saber: aquela busca pelo registro expressivo cada vez mais adequado a determinados conteúdos, que havia tido êxito entre os mais diversos no teor "jurídico" da prosa de Anaximandro, na composição rapsódica de Xenófanes, na dicção oracular de Heráclito, na solenidade religiosa dos hexâmetros de Parmênides e Empédocles. Poderíamos reconduzir esses desenvolvimentos (segundo o "paradigma" Vernant-Lloyd)[88] ao processo de publicização e secularização dos procedimentos decisórios então em curso nas cidades gregas (sobretudo em regimes de conclamada democracia, como em Atenas, que, não por acaso, emerge nesse período como centro da produção cultural grega). No entanto, aqui preferimos renunciar à busca de uma explicação exaustiva e nos deter num nível descritivo, buscando evocar, em grandes linhas, algumas importantes transformações das modalidades de escrita e autoapresentação autoral que se verificam nesse período e demarcam o emergir de um novo (mais estandardizado) estilo de racionalidade.

O sintoma mais evidente da transformação que ocorre nas últimas décadas do século V a.C. é, então, o estabelecimento da prosa como *medium* expressivo principal de um discurso que deseja chamar a atenção para as próprias razões internas, sem buscar apoio nas fontes externas de autoridade evocadas na tradição poética. Isso não vale apenas para o âmbito filosófico: não se deve esquecer que a primeira longa narração em prosa da literatura grega são as *Histórias* de Heródoto, cuja composição se inicia por volta de 450 a.C. e se estende por um arco de trinta anos.[89] Em prosa escrevem, em todo caso, os dois representantes do pensamento eleático, Zenão e Melisso; ambos, ainda que de modo diverso, insistem na vertente ontológica do pensamento de Parmênides e coerentes com ela, trabalham com uma escrita de caráter argumentativo. A uma prosa que tende a se impregnar de estruturas sintáticas elaboradas, em concurso com uma pesquisa linguística que privilegia a precisão relativa à expressão metafórica e evocativa, aderem agora, por exemplo, os pitagóricos Filolau e Arquitas (coetâneo amigo de Platão), Anaxágoras e Diógenes de Apolônia (que não abandonam, todavia, os tons solenes na descrição da *arché*, indício de uma atenção persistente dos efeitos de uma lição oral), Leucipo e Demócrito.[90]

Uma nova consciência das vantagens de uma organização clara e estruturada dos conteúdos se percebe no incipit do texto de Diógenes de Apolônia: "Sou de opinião (*dokéi moi*) que no início de cada discurso (*lógos*) se deva fornecer um ponto de partida incontestável, e que a expressão deva ser simples e solene".

Essa profissão de clareza se põe em contraste, provavelmente proposital, com a tonalidade alusiva prevalente nos proêmios de autores como Heráclito, Parmênides ou Empédocles, que tendem, de preferência, a criar uma atmosfera enigmática e carregada de suspense.[91] Isso se explica pela diversa qualidade do público: no momento que os predecessores buscavam produzir curiosa espera por novos conteúdos em um auditório acostumado à poesia tradicional, Diógenes de Apolônia tem diante de si, no ambiente culto de Atenas, um público predisposto a aprender suas particulares opiniões sobre a natureza no curso de uma lição articulada e límpida, ainda que não privada de uma solenidade que sublinhe a importância do tema. Também é significativo que Diógenes preanuncie as modalidades da sua exposição em primeira pessoa, sem apelar a um recurso especial à autoridade. O fato de que nos seus fragmentos (como nos de Anaxágoras) não haja polêmica direta com figuras rivais se remete à mesma postura: uma postura de segurança dogmática, própria de alguém que confia exclusivamente na força do seu pensamento pessoal.

Observe-se que a entrega de uma sequência de argumentos a um longo texto escrito não exclui que venha depois lido em voz alta, por inteiro ou em algumas partes suas. Nesse período, a dimensão da performance oral é significativa: aliás, adquire nova vitalidade e *vis* competitiva; pelo menos naquele "mercado das ideias" que é Atenas (cuja situação é, em todo caso, muito mais bem documentada se comparada a outras cidades gregas), a crescente produção de textos escritos é acompanhada da intensificação da leitura em grandes espaços públicos: essa prática toma de modo significativo o nome de *epídeixis*, que sublinha o aspecto de "publicização" ou "exibição" (de fato coincidente com uma "publicação") da habilidade argumentativa posta em movimento nos próprios textos.[92]

Nesse clima, marcado pelo emergir do movimento dos sofistas, que se propõem como professores profissionais de técnicas do discurso, a serem usadas como instrumento de poder no debate político e cultural, explicam-se também outros desenvolvimentos nas modalidades de apresentação do saber filosófico e científico. Assim, encontramos também os médicos hipocráticos, expoentes de uma disciplina dotada de particular consciência profissional, a dizer com frequência "eu", com tom não menos decisivo do que o de Diógenes de Apolônia, ao introduzir uma particular opinião ou uma teoria nova da saúde e da doença, decorrente de uma descoberta pessoal. No texto *Sobre a antiga medicina*, por exemplo, a proposta (considerada demasiado inovadora) de uma abordagem extremamente individualizada do paciente e a busca por um remédio oportuno se apoia no escopo de recorrer ao pronome *egó* (trinta vezes) e, em geral, à primeira pessoa verbal (outras vinte). O fato de que nas *Histórias* de Heródoto a primeira pessoa figure 1087 vezes é tomado como indício de uma atitude análoga. Notável é, sobretudo, que tanto nos escritos hipocráticos quanto em Heródoto uma mais agressiva presença autoral seja acompanhada pela insistência em questões de método como a precisão da observação, a avaliação dos sintomas/testemunhos como prova de um pensamento, e assim por diante.[93] Podemos colher nessa combinação de fatores a prevalência de determinada imagem do conhecimento e da sua fonte (a *ratio* própria do discurso) relativa a outras que foram concebidas no período precedente. É uma imagem que atravessa diversos âmbitos do saber, mas cada autor é livre para decliná-la pessoalmente, fazendo apelo ao *próprio* pensar no *próprio* âmbito de competências.

Outro desenvolvimento mais descontínuo, mas não menos importante, ocorre depois da metade do século V a.C. Por certo tempo vemos se prolongar uma situação, já constatada na primeira fase da era arcaica,[94] na qual a demarcação entre os saberes é ainda muito incerta, com a interseção de temáticas e meios expressivos que dela derivam. Boa prova disso é uma obra dificilmente classificável como a de Empédocles (cuja morte é posta, recordemos, por volta de 435 a.C.), mas não só. Pensemos, por exemplo, em Íon de Quio, que nasce entre 490 a.C. e 480 a.C. e viaja pelo mundo grego, também por Atenas (Quio cai sob a hegemonia ateniense), entre 465 a.C. e 430 a.C., aproximadamente. É autor de tragédias, mas também de poesia simposiasta, além de escritos em prosa de história local e mitografia, de caráter biográfico e filosófico: sua obra, em suma, é marcada pela versatilidade, e talvez por conta da categorização por gênero das últimas décadas do século V a.C. não foi favorecida no processo de recepção.[95] Ativo na segunda metade do século V a.C. é também Enópides, igualmente de Quio, astrônomo e matemático que não abre mão de tratar dos princípios do cosmos[96] ou de enfrentar o problema das cheias do Nilo, relacionando-as com a temperatura das águas subterrâneas da região nas diversas estações do ano (41 A II DK).[97]

Um fenômeno, o das cheias do Nilo, pensado para atrair a curiosidade geral do mundo antigo e para solicitar o interesse de quantos aspirassem a "destacar-se pela sabedoria" a esse propósito. São palavras de Heródoto, que, no segundo livro das *Histórias*, dedicado ao Egito, destina uma longa seção precisamente a esse tema (II, 19-27). Aqui ele refere três distintas hipóteses formuladas a esse propósito: não aduz nenhum nome (II, 20), mas outras fontes antigas permitem apontar várias soluções a personalidades diversas, como Tales, Hecateu, Eutímenes de Marselha (navegador e geógrafo), Anaxágoras (cuja opinião será retomada por Demócrito: 59 A 42, 5; 59 A 91; e 68 A 99 DK). Heródoto não se cansa de dizer, evocando a evaporação causada pela ação do sol, que ela apresenta algum elemento de semelhança com uma *dóxa* atribuída a Diógenes de Apolônia (64 A 18 DK). Em suma, estamos em um contexto no qual os mesmos temas podem ser objeto de interesse transversal de geógrafos e historiadores, médicos e filósofos da natureza, e que não se deixa reduzir facilmente aos termos de uma distinção convencional entre disciplinas.[98]

No entanto, essa distinção começa a se delinear nas últimas décadas do século V a.C. no quadro geral de transformação cultural que estamos descrevendo. Nessa fase de mais ampla circulação das ideias e mais intensa produção livresca (em grande parte de caráter "técnico"), o ideal de uma "sabedoria" total, de preferência condensada em um único texto, goza de menor importância relativa à pergunta diversificada de um público culto mais numeroso. Nesse arcabouço, compreende-se, entre outras coisas, o fato de que Demócrito tenha composto (único entre os pré-socráticos) mais escritos especializados, segundo o conteúdo (cosmológico, mas também ético, matemático, "musical" e técnico).[99] Mais em geral, abre-se, enfim, a estrada para a definição de diversos gêneros literários segundo os relativos âmbitos temáticos, as linguagens e os métodos apropriados.

Para evocar um célebre exemplo, a definição do campo da historiografia se deve àquele que, com razão, é indicado como o seu pai, Heródoto. Ele, de fato, indica de forma clara, no exórdio das *Histórias*, o objetivo que determinou a própria *historíe*, e o faz na exigência de impedir que o tempo apague a memória dos eventos humanos e das gloriosas empreitadas de gregos e bárbaros, além de individuar as causas do conflito (as guerras persas) que os contrapôs. Salvar a memória de um passado glorioso, com uma obra que pressupõe detalhada investigação e atenção às razões do evento: colhe-se nessas palavras o desejo do autor de distinguir os próprios objetivos e procedimentos em relação aos dos poetas, que também assumiram a pretensão de preservação da memória cultural.

Certo é que aqui o termo *historíe* possui ainda o sentido, característico da cultura jônica, de genérica "atividade intelectual" (apenas no século IV a.C. passará a designar aquilo a que chamamos "história"). Essa acepção encontramos, por exemplo, no fragmento 129 de Heráclito, que critica Pitágoras por ter levado adiante uma ampla "pesquisa" (*historíe*, aqui com conotação negativa), mas superficial, em nome de uma suposta sabedoria.[100] É interessante notar que em outro fragmento (B 35 DK) Heráclito deplorava, com semelhante tom polêmico, aqueles "homens amantes de sabedoria" (*philosóphous ándras*) que consideram dever ser "conhecedores" (*hístoras*): e aqui não só o termo *hístor*, mas também o termo *philósophos* (naquela que é já sua primeira recorrência na literatura grega)[101] advêm com um sentido genérico que indica que estamos ainda em plano insuficiente ao necessário para definir *historía* ou *philosophía* como setores específicos de saber. É, então, notável a lucidez com que Heródoto precisa o *objeto* e os *objetivos* da sua particular atividade intelectual, para distingui-la de outras, colocando as bases para o sentido especializado que *historía* assumirá pouco mais tarde.[102]

Como para a história na operação de Heródoto, também para a filosofia haverá uma exigência de diferenciação de papéis intelectuais, solicitada por um ambiente cultural competitivo (sobre o qual, sob o influxo de Lloyd, se insistiu com frequência no curso deste livro), a favorecer a definição da disciplina. Se, todavia, buscássemos no mesmo período uma restrição paralela da noção de *philosophía* em relação a objeto e finalidade próprios, ficaríamos desiludidos. Como se sabe, devemos esperar Platão para uma reflexão nesse sentido, tanto mais explícita quanto funcional para uma estratégia de descrédito do valor educativo do saber retórico (propugnado pelos sofistas, de um lado, e por Isócrates, de outro).[103] Antes da virada do século, todavia, algum sinal de definição do campo filosófico nos é dado *do exterior*, por um autor que nos oferece uma das mais precoces referências do termo *philosophía* em relação a um estudo de tipo particular — o estudo da natureza — no momento que deseja estabelecer certa distância.

Trata-se, não por acaso, do autor do texto hipocrático *Sobre a antiga medicina*, que, como já se disse, é marcado por forte consciência autoral, ademais difundida entre os expoentes do saber hipocrático.[104] Em nome de uma abordagem o mais atenta possível ao variar da constituição natural do paciente e, por isso, aos remédios a ser aplicados, diversos em função de cada indivíduo, nosso autor inicia polemizando com aqueles que reduzem o quadro totalizante das doenças a "postulados" (*hypothéseis*) genéricos, como calor ou frio, úmido ou seco. Esses postulados, lícitos (mas não verificáveis) quando aplicados à explicação de coisas "invisíveis", como aquelas que ocorrem no céu ou sob a terra, não valem nada diante de uma realidade observável como o homem (e na observação se concentra exatamente a arte médica). Já nesse primeiro capítulo é tomado como objeto um estudo da natureza que quer englobar a fisiologia humana, e é possível identificar um objetivo polêmico mais preciso em Empédocles, cujas doutrinas como médico se vinculavam a uma redução da realidade do homem a uma combinação dos quatro elementos do cosmos, de algum modo ligada às quatro qualidades: nessa linha se desenvolveu na Itália do Sul (com Filistião de Locros, por exemplo) uma importante tradição de pensamento médico. Em todo caso, mais adiante, no capítulo 20, Empédocles é posto em primeiro plano entre aqueles médicos e sábios que pretendem basear a abordagem terapêutica em um conhecimento geral da natureza do homem, entendida como conhecimento do processo de composição com o qual veio a ser, em um quadro cosmológico. É mesmo aqui que surge o termo *philosophía*, com a tarefa de estigmatizar a abstração da pesquisa sobre a natureza e contrastá-la com o método de conhecimento da medicina, que, baseando-se na experiência e em longa prática, é digna de afirmar seu domínio sobre tudo isso que concerne à natureza humana:

> Alguns, tanto médicos quanto sábios (*sophistái*), dizem que não pode conhecer a medicina quem não sabe o que é o homem, e que isso exatamente deve saber quem deseja curar de forma correta os homens. Mas o seu discurso, como de Empédocles e outros que escreveram sobre a natureza [dizendo], desde o início, o que é o homem, como se formou e do que é composto, termina em *philosophía*. Penso, no entanto, que tudo o que se disse sobre a natureza de um desses médicos ou sábios tem com a arte médica menos a ver do que com a pintura, e considero que não seja possível obter conhecimentos certos sobre a natureza (*perí phýsios gnónai ti saphés*) por nenhum setor senão pela medicina.

Philosophía indica aqui uma corrente que se destaca do campo genérico da *historía*, graças a um objeto particular (a natureza) e a determinado método (hipotético: mas poderíamos reconhecer ali o proceder conjectural que sublinhamos inúmeras vezes no curso deste livro). E apenas por um erro de perspectiva poderia nos espantar que Empédocles, em cuja obra o interesse pela natureza física do cosmos e do homem é inseparável de uma problemática de salvação da alma, seja mencionado como elemento representativo desse tipo de investigação. A operação do autor de *Sobre a antiga medicina* não é arbitrária, pois decerto seletiva: na obra de Empédocles, o médico não faz senão isolar o elemento que percebe como concorrente na "arena" em que sua disciplina combate com a *philosophía* pelo domínio cognitivo da natureza humana.[105]

Em um olhar retrospectivo que prolonga e complica o do médico hipocrático, mesmo Platão, no *Fédon* (96 A), designará como *perí phýseos historía* a conspícua corrente de saber que atraiu Sócrates na sua juventude (note-se que Sócrates recorre a essas expressões como a uma denominação já difundida).[106] Aristóteles apontará ainda a *physiologhía* como o componente mais importante do pensamento pré-socrático, com o qual a própria investigação sobre a natureza podia sentir-se em continuidade.[107] De novo, porém, a seleção não será ilegítima; e, então, o fato de que o patrimônio do pensamento pré-socrático nos tenha chegado com veste reduzida e simplificada, pela mediação imposta por um mundo de razão especializada, não deve frustrar a possibilidade de apreciarmos os indícios filtrados através desse mundo, nem mesmo a possibilidade de entrevermos, por trás dele, uma época na qual as racionalidades eram "múltiplas".

Quinze adendos

Com esses acréscimos à primeira edição, não pretendo oferecer uma visão exaustiva das pesquisas sobre os pré-socráticos realizadas depois de 2009 (não tinha essa intenção nem mesmo quando escrevi este livro). Desejo, pelo contrário, oferecer, como aliás o fiz então, algumas sugestões de aprofundamento voltadas às temáticas específicas passo a passo exploradas. Elenco, portanto, as indicações a seguir, com a numeração da página ou das páginas do livro em que tenha sido abordada a questão à qual me parece oportuno apresentar um esclarecimento ou destacar um aspecto sobre o qual continuar a refletir.

1. pp. 29-31: Refletindo sobre o quadro historiográfico, "ao mesmo tempo incontestável e problemático", que dá início à ética com Sócrates, André Laks não só colocou em destaque na tradição pré-socrática os elementos de reflexão ética que estão explícitos e presentes (por exemplo, na tradição do pitagorismo ou em Demócrito), como também reivindicou uma "dimensão ética" interna às cosmologias pré-socráticas mediante uma análise superficial (por vezes, talvez até demais) dos sistemas de Anaximandro e Empédocles. Cf. A. Laks, "Sur quelques modalités de la raison pratique dans les cosmo-ontologies présocratiques", em G. Rossi (Org.), *Nature and the*

Best Life: Exploring the Natural Bases of Practical Norma-
tivity in Ancient Philosophy (Hildesheim/Zurique/Nova
York: Olms, 2013), pp. 15-41.

2.   pp. 37-8: Sobre o *Enuma elish* em particular, cf. S. Maul,
Kosmologie und Kosmogonie in der antiken Literatur. Das
sog. Babylonische Weltschöpfungsepos Enūma eliš, em P.
Derron (Org.), *Cosmologies et cosmogonies dans la littéra-*
ture antique: Huit expoés suivis de discussions et d'un epilo-
gue (Vandoeuvres/Genebra: Fondation Hardt, 2015. En-
tretiens sur l'Antiquité Classique 61), pp. 15-49.

3.   pp. 57-65: Para a leitura do primeiro livro da *Metafísica*
de Aristóteles, torna-se agora indispensável o volume organizado por C. Steel, *Aristotle's "Metaphysics" Alpha:*
Symposium Aristotelicum (com uma nova edição crítica
do texto organizada por O. Primavesi. Oxford: Oxford
University Press, 2012). Os mais relevantes para o discurso proferido nestas páginas, mas não apenas, são os
ensaios de G. Cambiano sobre o capítulo 1, centrado
no tema do "desejo de saber" (pp. 1-42); S. Broadie sobre o capítulo 2 (pp. 43-68, em particular, pp. 62-7 sobre
o "amor do mito"); G. Betegh sobre 1, 3-4, 984b 8-985b
22 (pp. 105-40); M. Schofield sobre o capítulo 5 (o "pitagórico", pp. 141-66). Mas cf. sobretudo o ensaio de R. Barney,
"History and Dialectic in 'Metaphysics' A3" (1, 3983a
24-984b, pp. 69-104), que nas páginas 85-90 desenvolve,
inclusive, uma rica argumentação sobre os critérios de
distinção entre *treologhía* e *physiologhía* postos em prática por Aristóteles ao tratar de Tales.

4.   pp. 88-9: J.-C. Picot e W. Berg, "Empedocles vs. Xenophanes: Differing Notions of the Divine" (*Organon*, v. 45,

pp. 5-16, 2013), atribuíram a Empédocles uma clara concepção panteísta, evidenciando em particular (pp. 15-9) a divinização dos quatro elementos — fogo, ar, água, terra — que se pode observar em alguns fragmentos. Na vasta coleção de publicações sobre a relação entre os pré-socráticos e a religião, destaca-se ainda um fascículo monográfico de *Rhizomata* (*The Divine and the Human: Theological Issues in the Presocratics*, v. 1, n. 2, 2013): ligados mais de perto à questão levantada nestas páginas, os artigos de G. Most sobre Heráclito (pp. 153-67); D. W. Graham sobre a "teologia natural" dos jônios (pp. 194-216); P. Curd sobre Xenófanes e Heráclito (pp. 217-37). Digno de nota, enfim, para a fase tardia, C. Vassallo, "Atomism and the Worship of Gods: On Democritus' 'Rational' Attitude towards Theology", *Philosophie Antique*, v. 18, pp. 105-25, 2018 (um número dedicado, em grande medida, a "L'athéisme dans l'antiquité").

5. pp. 99-102: Por mais que a limitada e obscura tradição sobre Ferécides de Siro tenha sido aperfeiçoada por H. S. Schibli no fascículo monográfico citado, para uma compreensão mais adequada de sua posição no quadro das cosmoteologias arcaicas, recorre-se às úteis observações de H. Granger, "The Theologian Pherecydes of Syros and the Early Days of Natural Philosophy", *Harvard Studies in Classical Philology*, v. 103, pp. 135-63, 2007; M. A. Santamaría, *Pherecydes of Syros in the Papyrological Tradition: A Philosophical Reappraisal of the Sources* (Berlim: De Gruyter, 2019), pp. 91-107; E. Bouchard, *Le mode agonal dans la pensée grecque*, em B. Collette-Dučić, M. A. Gavray e J. M. Narbonne (Orgs.), *L'esprit critique dans l'antiquité, 1: Critique et licence dans la Grèce antique* (Paris: Les Belles Lettres, 2019), pp. 99-120.

6. p. 123: Sobre as motivações principalmente políticas da acusação intentada contra Sócrates, tentei ir mais a fundo no meu livro *Indagine su Socrate: Persona filosofo citadino* (Turim: Einaudi, 2015), em especial os últimos três capítulos; sobre uma linha de raciocínio similar, mas mais atenta à atitude de Sócrates em relação à religião cívica, ver M. Bonazzi, *Processo a Socrate* (Roma-Bari: Laterza, 2018).

7. pp. 128-31 e 262-3: Bouchard, *Le mode agonal*, op. cit., pp. 114-20, não considera significativo que Ferécides de Siro, com as palavras do fr. 1 que, segundo Diógenes Laércio, figuravam no começo de seu escrito (cf. neste volume, pp. 100-2), entrasse *d'emblée* no discurso cosmológico, sem prólogo ou invocação à divindade, e formula a hipótese interessante de que a escolha da variação dos nomes das três divindades primordiais em relação àquelas tradicionais de Cronos, Zeus e *Ghe* tenha tido valor programático e polêmico; ademais, a variante *Chthonie* teria a função de criar expectativa no público, já que seria menos familiar que as outras duas (Chrónos e Zas).

Sobre o início do escrito de Alcméon, este trabalho interessante surgiu no período recente: S. Kouloumentas, "Alcmaeon and His Addressees: Revisiting the Incipit", em P. Bouras-Vallianatos e S. Xenophontos (Orgs.), *Greek Medical Literature and Its Readers: From Hippocrates to Islam and Byzantium* (Londres/Nova York: Routledge, 2018), pp. 7-28. O estudioso, avançando na linha de hipóteses já mencionada por Gemelli Marciano, e se baseando, inclusive, em uma preciosa comparação sistemática com os incipit de outros autores em prosa entre os séculos VI a.C. e V a.C., sublinhou ainda mais o fato de que a autoidentificação do autor através do nome e da naturalidade teria a função de criar vínculo com um público longe de sua cidade natal. Kouloumentas sugeriu, ademais, que a dedicatória a três pitagóricos pode ter a função de sinalizar uma distância crítica entre a abordagem empírica da investigação do próprio Alcméon e a atitude inspirada em outros membros da escola.

Por fim, M. Pulpito, "On the Incipit of Melissu's Treatise", em C. Vassallo (Org.), *Physiologia: Topics in Presocratic Philosophy and Its Reception in Antiquity* (Trier: Wissenschaftlicher, 2017, pp. 77-103), nas pp. 100-3 encontra a confirmação definitiva sobre a posição introdutória do fr. I DK de Melisso por seu caráter dogmático e enunciativo, que compartilha com outros incipit de escritos pré-socráticos.

8. pp. 140-3: É oportuno precisar que a situação "mista" de oralidade e escrita não é característica de uma fase única da filosofia, a que durou até Sócrates. De forma diferente, se perpetuará ao longo de todo o arco da filosofia antiga, já que, ainda mais no ambiente das escolas filosóficas, também será privilegiado, de tempos em tempos, o aspecto da disposição doutrinal da relação viva, pois mais educativa, entre mestre e aluno: foi o que trouxe à tona T. L. Tieleman, "Orality and Writing in Ancient Philosophy: Their Interrelationship and the Shaping of Literary Forms", em A. Weissenrieder e R. B. Coote (Orgs.), *The Interface of Orality and Writing: Speaking, Seeing, Writing in the Shaping of New Genres* (Heidelberg: Mohr Siebeck, 2010), pp. 19-35.

9. pp. 174-7: J. Warren, *Presocratics: Natural Philosophers before Socrates* (Berkeley/Los Angeles: University of California Press, 2007 [trad. it. de G. Bonino, *I presocratici*. Turim:

Einaudi, 2009]) é tão atento ao aspecto oracular da dicção de Heráclito que até intitulou *Gli oracoli di Eraclito* [Os oráculos de Heráclito] o capítulo a ele dedicado.

10. pp. 186-216: Sobre as "vicissitudes da alma" de Homero aos cultos de iniciação a Empédocles, veja-se o excelente livro de A. A. Long, *Greek Models of Mind and Self* (Cambridge: Harvard University Press, 2015 [trad. it. de M. Bonazzi, *La mente, l'anima e il corpo: Modelli greci*. Turim: Einaudi, 2016]), em particular pp. 13-62.

11. pp. 202-3: É necessário precisar que no primeiro verso da lâmina de Hipônio, Tortorelli Ghidini traduziu como "sagrado a" (já Calame interpretou como "monumento de") uma correção a *hiron* na versão corrompida de EPION, mas desfruta hoje de maior fama a correção *ergon*, proposta por Burkert e aprovada na edição dos textos órficos de A. Bernabé (fr. 474 F). Nesse sentido, "obra de Mnemósine" é a possibilidade obtida pelo iniciado de completar uma viagem pela liberdade no Além, mas também o são as instruções, inscritas nas lâminas. Parece-me sobretudo interessante, em conexão com a atenção dada neste livro ao significado e à função dos incipit dos textos escritos (cf. neste volume, pp. 128-31 e 262-3), que o nome da Memória apareça logo na introdução, como se tivesse a função de assegurar ao defunto (e talvez, também, aos guardiões do Além) acerca das fontes autênticas do ensinamento oferecido (a mesma expressão aparece no v. 12 no texto da lâmina de Petélia, fr. 476 F Bernabé, mas se tratando de uma posição final, o resultado é similar).

12. p. 228: Em um ensaio recente ("Commencing Cosmogony and the Rhetoric of Poetic Authority", em Derron,

op. cit., pp. 105-46, em particular pp. 108-17), J. Strauss Clay voltou ao prólogo da *Teogonia* e conseguiu, através de uma análise minuciosa, conciliar a "ambiguidade" e o "caráter enigmático" da declaração das Musas com a confiança recolocada pelo poeta na possibilidade de ser, através delas, instruído não só acerca dos deuses, mas também do mundo da natureza.

13. pp. 230-3: Sobre a ligação entre *dókos* e *eoikos* em Xenófanes, cf. J. Bryan, *Likeness and Likelihood in the Presocratics and Plato* (Cambridge: Cambridge University Press, 2012); e M. M. Sassi, "La logique de l'"eoikos' et ses transformations: Xénophane, Parménide, Platon", *Philosophie Antique*, v. 13, pp. 13-35, 2013. Em específico, sobre a construção, em Xenófanes, do divino baseada em critérios de "plausibilidade", cf. M. M. Sassi, "Where Epistemology and Religion Meet. What Do(es) the God(s) Look Like?", *Rhizomata*, v. 1, n. 2, pp. 283-307, 2013.

14. pp. 252-4: Em relação ao tópos poético da precariedade da condição humana à mercê da vontade divina, é necessário acrescentar que Empédocles o transforma no quadro de uma teoria do conhecimento em que os processos cognitivos dependem, sim, do impacto das percepções e dos eventos externos sobre a corporeidade do indivíduo, mas este possui e pode manter a capacidade do conhecimento estável, radicada na mesma mistura (*krasis*) de seus componentes corpóreos: cf. M. M. Sassi, "Parmenides and Empedocles on 'Krasis' and Knowledge", *Apeiron*, v. 5, pp. 1-19, 2016.

Vale a pena levar em consideração, nesse quadro, a argumentação de J. Palmer, "Revelation and Reasoning in Kalliopeia's Address to Empedocles", *Rhizomata*, v. 1,

n. 2, pp. 308-29, 2013. Palmer considera problemático que Empédocles, no último verso do fr. 23 (a célebre analogia entre a ação de Amor e Discórdia e a dos pintores), apresente um "tu" identificado e comum em Pausânias, apresentando o conteúdo dos versos precedentes como um "relato vindo de um deus". Com base na observação (em si, correta) de que em alguns trechos do poema *Sobre a natureza* Empédocles se reconhece em um *dáimon* afastado com muito sofrimento da condição divina, o estudioso desenvolve a hipótese de que no fr. 23, e assim na maior parte do poema, é a própria Musa quem toma a palavra e se dirige a um "tu" que seria, portanto, Empédocles. Apesar de julgar que essa hipótese crie mais complicações do que soluções (não é, de fato, difícil que Empédocles apresente o próprio discurso como vindo "de um deus", já que se sente seu intermediário direto), acredito que o trabalho de Palmer mereça atenção pelas muitas acuradas observações sobre a estreita relação intertextual que liga Hesíodo, Parmênides e Empédocles no âmbito da autoapresentação autoral.

15. pp. 264-5: A ligação entre o uso da primeira pessoa e a afirmação dessa inovação em alguns escritos de Hipócrates foi posto em evidência por A. Roselli, "Strategie espositive nei trattati ippocratici: Presenza autoriale e piano espositivo in 'Malattie IV' e in 'Fratture e Articolazioni'", em M. M. Sassi (Org.) *La costruzione del discorso filosofico nell'età dei presocratici/The Construction of Philosophical Discourse in the Age of Presocratics* (Pisa: Edizioni della Normale, 2006), pp. 259-83.

Posfácio

Dez anos depois

Em 2009, nos Agradecimentos à primeira edição deste livro, escrevi que minha reflexão tinha se inspirado em um congresso organizado por André Laks em 2000, em Lille, em torno de uma pergunta crucial: "O que é a filosofia pré-socrática?". Essa pergunta expressava a dificuldade em dar uma definição unitária do pensamento chamado "pré-socrático", mas era necessário levar a um primeiro plano o intrigante problema de fundo: é legítimo chamar esse pensamento de "filosofia" e até mesmo afirmar que, com esse pensamento, nasce "a" filosofia? Foi a partir dessa interrogação que este livro foi escrito.

Dez anos depois,[1] é possível afirmar que aquele congresso marcou o retorno de uma tradição de pesquisa, já muito nobre, sobre o pensamento pré-socrático, cuja dimensão filosófica tem encontrado ampla valorização. Os últimos anos viram, de fato, um aumento extraordinário de publicações sobre os pensadores da Grécia arcaica, cujos autores são, com frequência, e não por acaso, os mesmos estudiosos que estavam reunidos em Lille (cf. Laks e Louguet, 2002). A título de exemplo, e para nos limitarmos somente aos trabalhos das fontes pré-socráticas, é o caso de citar a edição e tradução de todos os fragmentos (com uma seleção de testemunhos) realizada por Daniel Graham (2010); ainda de 2010, a edição inteiramente atualizada do volume de Richard McKirahan, *Philosophy Before Socrates: An Introduction with Texts and Commentary*, publicado vinte anos antes; e a muito recente (2019) edição e tradução

279

espanhola dos *Fragmentos presocráticos* (com uma seleção de testemunhos, amplas introduções e rico comentário) de Alberto Barnabé, um dos maiores estudiosos de orfismo no panorama moderno sobre a relação entre pensamento filosófico e religiosidade (seja a do culto "oficial", olímpico, seja a dos cultos de mistérios).

Merece algumas palavras a ambiciosa façanha realizada por André Laks com Glenn Most em 2016: a dupla publicação e tradução dos fragmentos e dos testemunhos em inglês (em nove volumes, pela Loeb Classical Library), e em francês, em um único volume, publicado pela Fayard. Aqui não é o lugar para nos concentrarmos nas vantagens e desvantagens, que podem ser de grande interesse para os especialistas, dos critérios adotados na edição de Laks e Most ao oferecer, para cada um dos autores, uma organização dos textos não só mais rica, mas reformulada por completo em relação à coletânea *Vorsokratiker*, de Hermann Diels (1903): em poucas palavras, a tripartição "clássica" delineada por Diels entre testemunhos (A), fragmentos (B), ecos/imitações/falsificações (C) foi substituída pela distribuição entre testemunhos relativos à vida e à personalidade (P) do autor ao qual o capítulo é dedicado, à doutrina (D) e à recepção na tradição sucessiva (R).[2] É importante observar, num plano mais geral, algumas manobras que indicam a saída definitiva dos esquemas de recepção já consolidados, no século passado, no quadro definido por Diels; o que não implica, convém precisar, uma desarticulação total porque, como Laks e Most declaram abertamente, seu trabalho não tem a intenção de substituir o que foi e continua sendo um fruto insuperável do *Altertumswissenchaft* do século XIX. De toda forma, tem um significado profundamente inovador a introdução, logo no início, de ricas seções específicas dedicadas às concepções sobre o cosmos, sobre os deuses e sobre a existência humana — elaboradas em fases anteriores ou contemporâneas — nos textos da poesia épica e lírica da era arcaica. Pode-se dizer o mesmo sobre a inclusão, no corpo da obra, de capítulos dedicados à literatura de Hipócrates, e depois à poesia dramática (comédia e tragédia ática), em que são reunidos os passos que melhor atestam o caráter transversal da reflexão sobre temas como a geração e a constituição material do cosmos e do homem, ou os limites da consciência humana em relação aos processos não perceptíveis do mundo natural e divino, que, no século V a.C., eram compartilhados e discutidos, como atesta uma série de referências intertextuais mais ou menos explícitas, entre poetas e médicos, precisamente, e "estudiosos da natureza" (*physiológoi):* não esquecendo que foi Aristóteles quem unificou, nessa definição, os autores predecessores de sua pesquisa acerca das causas do ser, pois já haviam começado a indagar sobre o princípio material da natureza.

A visão do conjunto, apresentada pela obra editorial de Laks e Most, em suma, oferece uma clara reflexão sobre a recente tendência dos estudos sobre o pensamento grego da era pré-socrática (da qual faz parte este livro) em chamar a atenção para a natureza dinâmica e heterogênea de um saber que, longe de se limitar a uma única definição disciplinar, alimenta-se do compartilhamento de formas e conteúdos com os gêneros da poesia e com os escritos de uma *téchne* recém-nascida, mas segura dos próprios métodos ou disposta a parecer assim, como a dos médicos hipocráticos.[3] Coerente com essa atenção à pluralidade e à interação dos saberes que caracteriza a cultura grega entre os séculos VI a.C. e V a.C., a denominação "pré-socráticos" foi removida do título da obra, seja na versão inglesa (que seria *Early Greek Philosophy*, conforme o uso consolidado nessa tradição de estudos), seja na versão francesa, cujo título, mais significativo, é *Les débuts de la philosophie.*[4] A remoção da referência a uma era "pré-socrática" é acompanhada, vale a pena notar, do *coup de théâtre* da entrada em cena de Sócrates, a quem é dedicado um capítulo na seção sobre os sofistas e *entre eles* (os testemunhos sobre Sócrates ocupam, inclusive, nessa seção, o terceiro capítulo, depois daqueles dedicados aos dois "maiores", Protágoras e Górgias). É uma escolha que, evidentemente, pretende provocar discussão, mas, em parte, justifica-se pelas muitas afinidades observáveis (e estudadas) entre os procedimentos dialéticos dos sofistas e as modalidades do diálogo pré-socrático (pense--se, em particular, na prática da refutação).

Talvez naquela época, como revelou Peter Adamson,[5] eu não tenha dado a devida atenção ao importante papel dos sofistas ao ressaltar um dos aspectos que melhor permitem compreender a dimensão filosófica do saber dos pré-socráticos, distinguindo-o, por isso mesmo, de outras áreas do saber contemporâneo: refiro-me ao interesse por "questões de segundo grau, vale dizer, pela exigência de justificar as próprias escolhas teóricas".[6] Nessa direção, decerto teria sido útil apontar a linha de continuidade e enriquecimento que liga as reflexões de Xenófanes ou Heráclito sobre os critérios da consciência à discussão sobre a natureza e o status cognoscitivo do *lógos* pleiteada pelos sofistas: estes já não são mais considerados, como por muito tempo o foram, condicionados pela imagem platônica, indiferentes às verdades dos discursos a fim de promoverem a própria profissão de professores de retórica.[7] É o caso, portanto, de mencionar, neste ponto, ao menos o número *Atene presocratica*, intitulado pela revista *Méthexis* há alguns anos: reconstrução vívida de um ambiente no qual, na segunda metade do século V a.C., os germes do pensamento de Xenófanes, Heráclito, Parmênides foram acolhidos e se sedimentaram e agiram em Protágoras, Sócrates, no jovem Platão, e também em Heródoto.[8]

Na edição de Laks e Most, além disso, foi acolhido (como teria de ser) o texto do Papiro de Estrasburgo, há tempo identificado como contendo os versos, transmitidos por Simplício, que constituem o fr. 17 Diels-Kranz de Empédocles. A publicação desse fragmento na forma mais ampla que se poderia ter, graças à recente aquisição, estabelece como dado plenamente adquirido na interpretação de Empédocles esse entrecruzamento único entre o pensamento sobre a natureza e as concepções demonológicas, que poderia ser mais bem apreendido e explorado pelos estudiosos, como à época sublinhei, com base na edição do papiro aparecido em 1999.[9] Importante notar também a inclusão, em um capítulo específico, do texto do papiro de Derveni, escrito na segunda metade do século IV a.C. mas consistindo em um comentário alegórico sobre um antigo poema de caráter cosmogônico atribuído a Orfeu, datável entre o fim do século V a.C. e o início do século IV a.C. e rico de ressonâncias de doutrinas de pré-socráticos como Anaxágoras e Diógenes de Apolônia, além de referências explícitas a ditos ligados a Heráclito.[10] Além disso, o estudo desse texto de excepcional interesse, no qual se debruçaram filólogos e estudiosos da filosofia e da religião antiga antes mesmo da publicação da edição crítica (2006), contribuiu para consolidar o sentido de uma relação não meramente opositiva entre filosofia e religião (nesse caso específico, entre *mythos* e *logos* teocosmogônico e cosmológico).

Valia e vale ainda a pena, portanto, levar adiante um estudo do pensamento pré-socrático livre da dicotomia racional e irracional. No livro, sugeri algumas direções, múltiplas como convém à exploração do complexo da "racionalidade múltipla" (para usar a feliz fórmula de Vernant), e gostaria de recordar aqui pelo menos três delas.

Em primeiro lugar, indiquei a oportunidade de proceder por uma via intermédia entre a perspectiva "hiper-racional", a qual tende a seguir estudiosos interessados mais no rigor lógico dos argumentos do que no ambiente comunicativo e na forma expressiva dos textos pré-socráticos, e a oposta perspectiva "hiporracional", na qual se colocam aqueles que, ao encontrar as raízes do discurso pré-socrático no quadro de uma visão mística, ignoram por completo a sua dimensão doutrinal (considerando-a, talvez, fruto de uma deturpação de Aristóteles). De fato, neste livro, tentei reunir as duas abordagens ao conduzir a análise do pensamento de Parmênides e Empédocles, visando captar, na natureza da dicção poética e no apelo a garantias divinas de verdade, uma intenção do saber que se coloca em relação direta às mais sofisticadas elaborações teóricas do discurso sobre o ser e o devir, assim como sobre o nível de opinião e da verdade.[11] Constatei com satisfação que James Warren, ao fazer uma leitura crítica à primeira edição deste livro, aprovou a hipótese de que o caráter de revelação divina que Parmênides confere ao seu escrito, também graças à forma poética, era parte integrante e estimulante do seu discurso filosófico, acrescentando na conclusão que "expandir e avaliar essa hipótese não é uma tarefa simples, mas certamente parece ser a direção certa para o estudo da filosofia grega primitiva".[12] Essa via foi, com efeito, percorrida com sucesso, por exemplo, por Shaul Tor em seu livro *Mortal and Divine in Early Greek Epistemology: A Study of Hesiod, Xenophanes and Parmenides* (Cambridge: Cambridge University Press, 2017). Pelo título, tem-se a ideia da interseção eficaz entre a escavação teórica da epistemologia de alguns autores pré-socráticos e a atenção ao problema religioso-existencial da incomensurabilidade entre consciência humana e divina que atravessa a cultura grega arcaica (e não apenas).

Em segundo lugar, como observou ultimamente Xavier Gheerbrant em uma análise detalhada do meu livro, dedico atenção ao jogo entre forma e conteúdo, além da categoria da clareza expressiva, sublinhando em particular a precisão denotativa que contribuiu para que a prosa aos poucos ganhasse o seu primado na escrita filosófica; mas eu tendia a apresentar a clareza e a imediatez da prosa filosófica como uma qualidade *dada* por si só na forma expressiva da prosa, enquanto foi, pelo contrário, *construída* dentro de um quadro específico de racionalidade filosófica, do mesmo modo que, por outro lado (essa é a observação mais importante), o uso da forma poética por parte de um Parmênides e de um Empédocles, em diferentes contextos filosóficos, viu não só a dissociação das constrições da prosódia e da métrica, mas a *invenção* de "uma forma de escrever, uma forma de significar informações em uma ruptura radical com a tradição poética".[13] Em outras palavras, tanto a prosa quanto a poesia funcionam como condições de possibilidade para que cada autor construa seu próprio modo de significação. No terceiro capítulo do meu livro, dedicado ao desenvolvimento da escrita filosófica, a construção de significado que se realiza mediante modalidades linguísticas e estilísticas próprias de cada autor foi relevada, com efeito, nos casos de Anaximandro, Heráclito e Xenófanes. Como mostra Gheerbrant, que já dedicou uma densa monografia à *"poétique philosophique"* de Empédocles, é possível ir ainda mais longe numa pesquisa orientada firmemente pelo sentido de um estreito entrecruzamento entre práticas de significação e modos de racionalidade.[14]

Em terceiro lugar, junto à análise da escrita de Anaximandro, Heráclito e Xenófanes, eu havia sugerido uma direção teórica mais sociológica, que tinha sido, de resto, há tempos desenvolvida no quadro mais geral dos estudos clássicos: refiro-me à exploração do contexto histórico e social e do específico ambiente comunicativo no qual o texto tomou forma, em uma necessária interação e negociação do autor com seu público. Nessa perspectiva, a partir de então, surgiram outros estudiosos que organizaram coletâneas de ensaios cujo título, em ambos os casos, foram eloquentes: *La sagesse "présocratique": Communication des savoirs en Grèce archaïque: des lieux et des hommes* (org. de M. L. Desclos e F. Fronterotta. Paris: Armand Colin, 2013), e *Heraklit im Kontext* (org. de E. Fantino, U. Muss, C. Schubert e K. Sier. Berlim: De Gruyter, 2017). Numa linha convergente a essa, baseada na análise aprofundada dos usos do termo *philosophos* entre os séculos VI a.C. e V a.C., Christopher Moore observou que, no início, o termo designava não o "amante da filosofia", mas o "aspirante sábio", em contextos destinados a ridicularizar figuras empenhadas em elucubrações desprovidas de qualquer utilidade: a necessidade de reagir a esse estigma social invertendo o termo em sentido positivo para apropriar-se dele com orgulho teria favorecido a consolidação da filosofia como disciplina (C. Moore, *Calling Philosophers Names: On the Origin of a Discipline*. Princeton-Oxford: Princeton University Press, 2020).

A objeção metodológica que esses tipos de leituras podem encontrar (começando por aquela em que me aventurei pessoalmente) é que eles apresentam uma história em que, com efeito, a atenção às condições *externas* da mensagem filosófica tende a prevalecer sobre a análise *interna* dos raciocínios e das teorias. Mas é uma objeção fatal? Acredito que é possível pensar a filosofia de muitas formas (também simultâneas) e que a compreensão de um texto filosófico pode tirar igualmente proveito do interesse pela forma da argumentação característica da abordagem analítica de cunho anglo-saxão (da qual, inclusive, seria possível repreender a excessiva autorreferencialidade), ou de uma hermenêutica "continental", voltada aos conteúdos, ou, ainda, de um interesse mais histórico por uma teoria investigada no contexto de elaboração e enquadrada nas pesquisas sobre o desenvolvimento da filosofia. Em última análise, acredito ser legítimo implementar um ponto de vista "externalista" àquele "internalista", que dá peso à estruturação e à concatenação dos argumentos internos de um texto. Que essa abordagem seja, pelo contrário, desejável para

muitos momentos da filosofia antiga, não só na sua fase pré-
-socrática, é o que tentarei dizer como última consideração.

Buscar pelos inícios da filosofia no pensamento pré-socrático significa procurar pelas raízes da tradição filosófica ocidental em uma época que viu também o surgimento da filosofia indiana com Buda e da chinesa com Confúcio. Como
escreveu recentemente Richard Seaford na introdução a uma
coletânea de ensaios (de classicistas e estudiosos da Índia) que
exploraram, de forma variada, uma série de afinidades e diferenças entre o pensamento indiano mais antigo e o pensamento grego arcaico sobre a alma e sobre o cosmos, na era da
globalização "tornou-se, de forma sem precedentes, implau-
sível — mesmo que a prática continue — que qualquer cultura presuma que suas próprias suposições metafísicas (im-
plícitas ou explícitas) sejam um padrão ao qual outras culturas
devem aspirar".[15] É necessário, portanto, um olhar intensamente comparativo: um olhar que, com efeito, tem se consolidado cada vez mais no âmbito dos estudos clássicos.[16] E à
medida que encontrarmos um maior enriquecimento em um
olhar não etnocêntrico sobre outras grandes tradições filosóficas do mundo antigo, mais longe estaremos de considerar somente "nossa" (de nós, ocidentais, que devemos à Grécia) a
conquista de uma racionalidade compreendida ainda de forma
muito genérica. E diante do risco da idealização que sempre
se insinua na abordagem da cultura grega (não falo apenas da
filosofia), não há antídoto senão olhar para os contextos cada
vez mais variados e específicos em que ela se manifestou. É o
que tentei fazer neste livro, e não faltam sinais de que ainda
há muito a percorrer nessa estrada.

Notas

Introdução [pp. 9-17]

1. Cf. Jaeger, 1928.
2. Cf. Martin e Primavesi, 1999.
3. Cf. Cherniss, 1935.
4. Cf., por exemplo, Cambiano, 1986; Osborne, 1987b; Mansfeld, 1990.
5. Cf. Diels, 1903, que pressupõe Diels, 1879.
6. Cf. Dodds, 1951; Cornford, 1952.
7. Cf. Burkert, 1972; Kingsley, 1995.
8. Cf. Vernant, 1965; Lloyd, 2002c; Gemelli Marciano, 2002.
9. Cf. Nightingale, 1995, 2001 e 2004.
10. Cf. Laks e Louguet, 2002.
11. Cf. Laks, 2001c, 2005a, 2005b e 2006.
12. Cf. Eisenstadt, 1986.

1. Tales: Pai da filosofia? [pp. 29-72]

1. Trata-se do *Allgemeine Geschichte der Philosophie*, de J. A. Eberhard (1788). Cf. Laks, 2001c, p. 293; 2006, pp. 31-2.
2. Beall (1993) estudou brilhantemente a relação entre as *Lições de história da filosofia* de Hegel, em seus diversos estágios de redação, e a "fonte" aristotélica; sobre a relação entre a construção de Zeller e a de Hegel, cf. Leszl, 1989; 2011. Outros motivos do justo sucesso da noção de "pré-socráticos" foram analisados por Brancacci, 2002.
3. Walther Kranz, no prefácio à quinta edição de *Die Fragmente der Vorsokratiker* [Fragmentos dos pré-socráticos] de Diels, organizada por ele (1934-7), observa que o termo "pré-socráticos" deveria qualificar exatamente aqueles que precedem os "socráticos", por simetria com o uso, tardio, de chamar "pós-socráticos" apenas àqueles que vêm depois dos socráticos (recordemos que *Die Nachsokratiker* [Os pós-socráticos] é

o título da influente obra de Nestle, 1923). Kranz observa, sobretudo, que na obra estavam presentes muitos pensadores contemporâneos de Sócrates, alguns dos quais sobreviveram a ele, e que, todavia, ela mantinha uma substancial unidade, ao apresentar um panorama de pensamento não influenciado por Sócrates (nem por Platão) e, então, se não propriamente "pré-socrático", certamente não socrático.

4. Remeto a O'Grady (2002) para um amplo tratado da figura e da atividade de Tales, riquíssimo de material, mas viciado pela excessiva confiança na possibilidade de reconstruir "o que Tales verdadeiramente disse". Para um uso crítico das fontes sobre Tales, sugere-se de preferência Gemelli Marciano (2007b).

5. Sobre o sentido da imagem platônica, cuja história é magistralmente descrita em Blumenberg (1987), cf. também Butti de Lima, 2002, pp. 27 ss.

6. Foi Jaeger (1928) quem reconstruiu, nesse sentido, a origem da variada tradição de anedotas em que os pensadores mais antigos (entre os quais os Sete Sábios) surgem como representantes de um ideal de vida ora contemplativo, ora prático e político. Sobre as "metamorfoses" de Tales na tradição antiga, cf. também Mogyoródi, 2000.

7. Para uma análise atenta da complexa estratégia posta em movimento por Aristóteles no primeiro livro da *Metafísica*, cf. M. Frede, 2004.

8. Cf. Momigliano, 1986.

9. Cf. Colli, 1977, 1978 e 1980, com as ressalvas expressas por Graf e Barnes, 1979; Cambiano, 1980; Voelke, 1985.

10. Homero, *Ilíada*, XIV, 201, 246 e 302; XVIII, 607; XXI, 195; Hesíodo, *Teogonia* 133, 337-370. Heródoto (IV, 8) comenta que a ideia de um Oceano que circunda a terra é muito difusa entre os gregos, ainda que não ofereçam uma demonstração disso.

11. O pioneiro apanhado de ensaios de H. Frankfort, H. A. Frankfort, Wilson, Jacobsen, Irwin (1946) ainda é uma insubstituível mina de informações sobre a base oriental do saber cosmogônico grego. Tome-se em consideração ainda, relativamente à cosmologia mesopotâmica, Bottéro e Krämer (1989) e Rochberg (2005).

12. A importância de Náucrates é destacada por Van Dongen (2007) em uma análise histórica prudente de um vasto complexo de dados arqueológicos e históricos atinentes às relações entre a Grécia pré-clássica e o Oriente: é o caso de notar que, ao contrário do que acontece relativamente ao Egito, o atual estado da documentação não autoriza a pensar em vias *diretas* de influência das culturas mesopotâmicas.

13. Para uma análise mais detalhada dos episódios relatados a partir daqui, cf. Bodei, 1982; Sassi, 1982a e 1986; Borsche, 1985; Most, 1995.

14. Most (1999a) bem destacou a não inocência da operação de Nestle, que nas páginas iniciais (note-se em quais anos e lugares) chega a declarar que essa maturação mental parece ser prerrogativa apenas dos povos "arianos".

15. Vlastos, 1955, p. 43.

16. Cf. Cornford, 1952. O volume foi publicado postumamente (Cornford morreu em 1943, deixando, ademais, um texto praticamente completo), organizado por William K. C. Guthrie.

17. Beard (2000) defendeu que a ideia de existência de um verdadeiro e próprio "grupo" é, em grande medida, fruto de uma construção e de um mito nascido a posteriori.

18. Talvez por essa razão Cornford é objeto de atenção na literatura, rica e com frequência excelente, sobre os ritualistas: cf. Bonanate, 1974; Ackerman, 1991; Calder III, 1991; Schlesier, 1994. Entretanto, para um extraordinário ensaio de biografia intelectual, cf. Guthrie, 1950.

19. Retomada por Vidal-Naquet, 2000. Cf. Chambers, 1991.

20. Cornford, 1907, p. viii.

21. Ibid., p. x.

22. Cf. Cornford, 1912, especialmente caps. 1 e 2. Digna de nota é a reação de Bréhier, 1913.

23. Cornford, 1921.

24. Id., 1931, p. 12. Nessa mesma linha, Cornford, 1934 e 1936.

25. Ponto que será tratado no cap. 5.

26. Cornford, 1952, p. 188.

27. Cf. ibid., p. 187. A noção de inconsciente coletivo não é evocada aqui, como teria sido possível; pode-se pensar que tenha sido absorvida por aquela, mais genérica, de herança.

28. Como observado por Dodds em referência a Cornford, 1952, p. 249, n. 1.

29. Ibid., p. 201.

30. Segundo Lambert (1968) — ver ainda uma descrição detalhada da cerimônia —, a ligação entre mitologia e ritos no mundo mesopotâmico teria sido, na realidade, instituída por uma operação a posteriori dos sacerdotes.

31. Cornford, 1952, pp. 225 ss., especialmente p. 238. Cf. também id., 1950a.

32. Id., 1950a, p. 100.

33. Ibid., p. 110.

34. Id., 1952, p. 230.

35. Cf. Allan, 2006, pp. 30-1.

36. Cf. Vlastos, 1955 (uma resenha de *Principium sapientiae*, em que estão presentes todos os motivos fundamentais que alimentaram a atenção de Vlastos a esse tema); Vernant, 1957 (toma posição exatamente em relação a Cornford). O tema da ordem cósmica será central no cap. 2.

37. Cf., por exemplo, Hölscher, 1953; Schwabl, 1962; West, 1971.
38. Um límpido perfil de Burkert foi traçado por Schlesier, 1994, pp. 321-2. Os pressupostos teóricos de Vernant foram objeto de profunda reflexão em Laks, 1998, e ulteriormente em id., 2008; alguns aspectos das suas teses sobre o nascimento do pensamento grego serão abordados no próximo capítulo.
39. Burkert, 1992, p. 7.
40. Essa noção, como se sabe, é o legado de uma autorrepresentação grega, da qual o melhor testemunho encontra-se no *Epínomis*, 987d.
41. Burkert, 1987, pp. 21-3.
42. Hornung, 1987, p. 125.
43. Burkert, 1999a, pp. 35 ss., e 1999b.
44. Id., 1999b, p. 104. A Cassirer se referiam expressamente (a título de introdução e conclusão de Frankfort et al., 1946) Henri e Henriette Frankfort, identificando nas cosmogonias orientais uma "lógica do pensamento mitopoético", que inclusive, aliás consideravam bem distinta da lógica do pensamento filosófico (objetivo e abstrato), cujas regras já tinham sido esboçadas pelos jônios. A distinção é sublinhada sem possíveis equívocos no título original da obra (*Before Philosophy*), mas se perde, não por acaso, na tradução italiana de Elémire Zolla, que se torna *La filosofia prima dei Greci* (1963).
45. Cf. Mansfeld, 1984, com a devida réplica de Leszl, 1985.
46. Remeto aos tratados iluminados de Lloyd, 1990, pp. 1 ss.; Lincoln, 1999, pp. 8 ss. e 37 ss.; Cozzo, 2001, pp. 25 ss. e 85 ss.
47. Cf. Brisson, 1982; Murray, 1999; Morgan, 2000.
48. Cf. Adomenas (2006) para uma interessante leitura dos passos platônicos de que emergem alguns fundamentais traços formais (*in primis* a abordagem mítica e a opacidade hermenêutica) que aos olhos de Platão marcam o discurso filosófico dos pré-socráticos.
49. Tratei desse delicado problema em Sassi (1996).
50. A aproximação entre os textos de Hesíodo e de Parmênides remete, em verdade, a Platão, que no *Banquete* (178a-b) faz Fedro citá-los como "prova" da particular antiguidade de Eros. Deve-se considerar a possibilidade de que Parmênides, evocando Eros como o "primeiro" entre todos os deuses, quisesse corrigir Hesíodo, que situa Eros em uma tríade primordial, com Caos e Terra. Cf. Most, 2007, p. 284.
51. Para uma análise difusa desses termos e ulteriores referências textuais, cf. Verdenius, 1960; Verbeke, 1961; Casertano, 1977, pp. 53 ss.; Johansen, 1999; Palmer, 2000, especialmente pp. 192-203; Cambiano, 2002.
52. Deve-se notar que, na edição de Diels-Kranz, essa passagem, registrada como um testemunho sobre Tales (11 A 12), é cortada depois da

referência ao juramento divino. Resulta, então, obscurecida a meticulosidade do proceder aristotélico.

53. Ao menos depois da análise pormenorizada referente aos métodos de exposição de Aristóteles realizada por Cherniss (1935).

54. Se é que foi efetivamente usado: não há certeza a respeito nem mesmo sobre Anaximandro. A interpretação sustentada aqui relativa ao significado de *arché*, viabilizada pelos estudos de Cherniss, leva a ver os milesianos como os teóricos de uma "substância geradora" (termos de Graham, 2006), ao invés do rigoroso monismo material.

55. Aristóteles se refere também alhures à ideia de que a terra "jaz sobre a água", como opinião atribuída a Tales, e a discute com atenção (*De caelo*, II, 13, 294a 28, em II A 14 DK).

56. Cf., por exemplo, Hankinson, 1998a, pp. 11-2.

57. Nasceu sobre a questão uma rica e interessante literatura: Snell, 1944; Classen, 1965; Mansfeld, 1983 e 1985; Patzer, 1986; Balaudé, 2006.

58. Compartilho as críticas de Mansfeld (1985) à tradução padrão desse passo, ainda que proponha uma interpretação parcialmente diversa. Afasto-me também de uma tradução já proposta (Sassi, 2002, p. 69), e não pretendo tratar das particulares dificuldades dessa frase. De uma maneira ou de outra, em todo caso, ela confirma a peculiar *prudência* que inspira toda a narrativa aristotélica (ver também Laks, 2004). Além disso, não resta dúvida de que, ao abordar a formulação mítica, Aristóteles sublinha a "precisão teorética" da explicação de Tales; Hussey (2006, pp. 7 ss.) também insiste sobre esse aspecto importante.

59. Escolhi uma tradução "forte" do verbo grego *oligoréo* (que é "descurar alguém ou algo") para uma remissão mais eficaz ao passo do *Sofista* em que Platão denuncia, com uma fraseologia muito semelhante, o descuido argumentativo dos filósofos precedentes. Cf. M. Frede, 2004, especialmente pp. 30-3 e 43.

60. O estudo clássico de Snell (1938) foi traduzido para o italiano por Ilaria Ramelli. Ver também Santoni (1983).

61. A hipótese de que o fragmento de João Filopono (*Introdução à "Aritmética" de Nicômaco* I, 1) remonta ao escrito *Sobre a filosofia* não é unanimemente aceita, mas ele é, em todo caso, marcado por elementos aristotélicos. Tomo de Berti (1997, pp. 263-6) alguns elementos para a leitura que proponho aqui.

62. Note-se que também Platão reconhece em Sólon a qualidade de *philósophos* (*Cármides*, 154e-155a).

63. Cf. Martin, 1993. Sharp (2006) tem observações interessantes sobre as modalidades da comunicação interpessoal postas em movimento na relação Creso-Sólon, tal como representada por Heródoto.

64. Cf. Cambiano, 1997; Lloyd, 2002c, e 2005, pp. 11-6.
65. Cf. Lewis, 2006, p. 8.
66. Por essa razão, poder-se-ia sustentar, aliás, que a parte teórica da medicina grega tenha tido seus inícios entre os filósofos (M. Frede, 1986).
67. Festugière (1948, p. 32) fornece um útil elenco dessas *Téchnai*, mesmo que em alguns casos deduza a existência de textos com base em leitura forçada de fontes antigas. Acompanha a lista de Festugière o texto de teoria musical de Laso, mestre de Píndaro na música.
68. Huffman (2002) registrou justas reservas sobre o vínculo com as doutrinas pitagóricas, mas Policleto, desde uma tradição muito antiga, em todo caso, é considerado figura eminente de artista *doctus* (cf. Settis, 1973).
69. Daqui, provavelmente, a caracterização tardia de Hipodamos como *meteorológos* (Hesíquio, in 39 A3 DK).
70. Long, 1999a.
71. Miralles, 1996, p. 873.

2. Filosofia nas cosmogonias [pp. 73-117]

1. Essa imagem é central na perspectiva de Strauss Clay (2003); cf. especialmente p. 6.
2. Sobre os versos dessa apóstrofe, de não fácil interpretação, cf. neste volume, pp. 226-9.
3. Cf. Cornford, 1952, pp. 194-5 (cf. também neste volume, pp. 45 ss.).
4. Pode-se recordar também o "abismo" primordial da antiga cosmologia nórdica, que separa a região gelada de Niflheim da ardente de Muspell.
5. Cf. Solmsen, 1950; Vlastos, 1955. Miller (1977, retomado em Miller, 2001) pensa que o primeiro estágio da cosmogonia de Hesíodo é a separação de Terra e Tártaro, mas não nega que um papel importante seja exercido pela ideia de uma indiferenciação originária.
6. Cf. neste volume, pp. 57-9.
7. Observação de Most, 2006, p. xxxi.
8. Cf., respectivamente, Fränkel, 1962, p. 139; Diller, 1946, p. 140. Com base no estudo de Philippson (1936) sobre o uso que Hesíodo faz da genealogia, Diller e Fränkel propuseram leituras diversas, mas igualmente preciosas, da cosmogonia, assim como das linhas de cosmologia que emergem do restante do poema. Acrescente-se Miller (1977) e a análise da estrutura da *Teogonia* oferecida por Strauss Clay (2003, pp. 12-30).
9. As linhas principais da cosmogonia são descritas em [Plutarco,] *Stromata* ou *Miscelâneas*, 2, e Hipólito, *Confutação de todas as heresias*, 1, 6 (= 12 A 10 e 11 DK). O vínculo entre a posição central da Terra e um princípio

de razão suficiente é estabelecido por Aristóteles (*De caelo*, II, 13, 293a 17-23 = 12 A 26 DK), e é aceito, a bem da verdade, com alguma reserva. A formulação aristotélica, de fato, remete a um passo do *Fédon* platônico, no qual Sócrates faz referência à ideia (não se sabe por quem é sustentada) de que a Terra esteja no centro do cosmos graças a um "perfeito equilíbrio": mas aqui o planeta tem uma forma de esfera, que melhor justifica a teoria se comparada com a ideia do tronco imaginada por Anaximandro.

10. Cf. Burkert, 1963 (seguido por West, 1971, pp. 87 ss.). Depois de ter identificado ulteriores precedentes orientais da cosmologia de Anaximandro, Burkert (1994-5) sublinha, na conclusão, que se trata da contribuição específica de Anaximandro e Anaxímenes a uma nova concepção de "natureza".

11. Este e outros princípios de cautela interpretativa são aduzidos por Lloyd (1982 e 1996b) a propósito das cosmologias científicas. Contudo, isso vale, como vimos, também para a construção de Hesíodo.

12. Sobre esse ponto, é claríssimo Fritz (1971, pp. 21-2). Para algumas linhas gerais da discussão sobre Anaximandro, permito-me indicar Sassi (1980). Mas para uma ampla visão de conjunto das cosmogonias filosóficas, deve-se ver Gregory (2007), que põe em destaque (particularmente pp. 13-25) algumas características que as distinguem dos relatos míticos de criação (inclusive o de Hesíodo): presença de argumentos justificativos, economia no plano dos princípios causais, eliminação de intervenção arbitrária de pessoas divinas, em favor de princípios de "invariância", aptos para explicar a regularidade cósmica.

13. Os testemunhos relativos à antropogenia e à zoogenia de Anaximandro encontram-se em 12 A 10 e A 30 DK. Segundo Plutarco, Anaximandro teria falado precisamente de *galeói*: o *galeus levis* é uma espécie de cetáceo fusiforme cuja fêmea é dotada de uma bolsa na qual os pequenos ficam por certo tempo após o depósito dos ovos. Não é impossível que Anaximandro conhecesse a existência de peixes vivíparos e se valesse disso para justificar, por meio de uma mutação, o desenvolvimento de um ser incapaz de se sustentar de imediato, como o homem. Um confronto com Darwin seria anacronismo, mas o interesse e a originalidade dessa teoria são inegáveis.

14. O termo que, no texto aristotélico, exprime o sentido de "circundar" (*periéchein*) poderia derivar de Anaximandro, e, em todo caso, aparece no fragmento 2 de Anaxímenes, no qual é o ar que "circunda" o cosmos. "Governar" (*kybernán*) se diz do princípio primeiro em fragmentos de Heráclito, Parmênides, Diógenes de Apolônia. Cf. Jaeger, 1947, p. 58, n. 39.

15. Assim Freudenthal (1986) contra Vlastos (1947), para quem a manutenção do equilíbrio entre os opostos não requer a intervenção do *ápeiron*.

16. B. Snell (1947, pp. 305-6) observa, em definitivo, que já valorizava em Tales o uso de um nome comum "água" em vez de um nome mítico. Hölscher (1953) desenvolveu bem essas indicações em uma argumentação sobre o caráter "grego", e científico, das cosmologias jônicas.

17. Cf. Humphreys, 1986.

18. Cf. Lewis, 2006, pp. 11-22; sem esquecer Solmsen, 1949, pp. 107-23.

19. Cf. neste volume, pp. 62-3.

20. Cf. Jaeger, 1947 (um livro ainda insuperável em vários sentidos), com as considerações críticas de Vlastos, 1952; mais recentemente, sobre esses temas: Adomenas, 1999 (para Heráclito em particular); Broadie, 1999; Most, 2007. Drozdek (2007), que parece ignorar a discussão relativa à tese de Jaeger, propõe uma reconstrução da "teologia" dos pré-socráticos na qual, inclusive, a investigação física assume função auxiliar, porque a busca pela *arché* seria equivalente a uma reflexão sobre a essência do divino.

21. Cf. Vlastos, 1975, com as observações de Leszl, 1982, pp. 68 ss.

22. Sobre esse ponto particular, cf. Hankinson, 1998b. Para um quadro mais amplo e, por isso, mais complexo, das diversas abordagens da medicina grega à doença e às suas curas, cf. Lloyd, 2003, pp. 14-83.

23. Lloyd, 1991, pp. 728-9; cf. ademais id., 1979 e 1987, pp. 11 ss.

24. Id., 2002b, p. 506.

25. Vernant, 1962, pp. 98-9. Aqui, e com exclusiva referência a Hesíodo, Vernant aceita a leitura de Cornford a ponto de interpretar as imagens de realeza como meras "sobrevivências": juízo em parte redutivo, para uma narrativa que delineia aqueles que restarão, por séculos, como os contornos "oficiais" da religião helênica.

26. Ibid., p. 96; cf. também id., 1996, pp. 202 ss. As reflexões que se seguem são parte de uma reconsideração que expus alhures (Sassi, 2007) da interpretação de Vernant sobre as origens do pensamento grego.

27. Na teogonia dita "de Eudemo" (porque mencionada por esse discípulo de Aristóteles em sua *História da teologia*, fr. 150 Wehrli) a Noite é primeiro princípio absoluto de todas as coisas. Pierris (2007, pp. 17-20) nota que esse texto é o único a prefigurar propriamente aquele "monismo noturno" que Aristóteles tem em mente, porquanto tanto Museu quanto Epimênides põem ao lado de Noite, respectivamente, o Tártaro e o Ar, com uma escolha dualística que implicaria, em termos aristotélicos, o reconhecimento de uma dupla causalidade (material e formal). Acrescentemos que também na teogonia comentada pelo autor do papiro de Derveni, a Noite (feminina) emparelha-se com o Éter (masculino). Em todos esses casos, a Noite pertence à primeira geração cósmica, e ao menos Tártaro e Ar não parecem dotados de poder estruturante muito mais elevado do que o da sua companheira.

28. Cf. Arrighetti, 2001.
29. Cf. Mele, 2001, especialmente p. 247; e Breglia Pulci Doria, 2001. Bernabé (2001) tenta, ao contrário, inserir Epimênides num naturalismo jônico.
30. Esse ponto foi notado por Valeri (1995) em uma discussão sobre a tese de Vernant. Ver em Laks (2008, pp. 126-7) outras observações sobre o papel do *ápeiron*, que contradizem a interpretação "não dinástica" proposta por Vernant.
31. Schibli (1990) é guia precioso para a reconstrução dessa obra. West (1971) dedica grande espaço a Ferécides, mas oferece um juízo global e unilateralmente depreciativo a respeito do seu valor especulativo. Os fragmentos atribuídos a Ferécides foram reunidos sob o número 7 na seção dos *Vorsokratiker* dedicada à "prosa cosmológica e gnômica arcaica".
32. A edição mais recente do texto (POxy 2390, fr. 2), com ampla bibliografia, foi organizada por Funghi e Most (1995).
33. Depois, West, 1963; cf., por exemplo, Vernant, 1970, pp. 13-39; Voelke, 1981 e 1984; Calame, 1983, pp. 437 ss.
34. Most, 1987.
35. Já tratei desse tema com argumentos filológicos detalhados e referências textuais e bibliográficas mais amplas (Sassi, 2005b).
36. Fränkel, 1962, p. 252.
37. Most, 1987, p. 4.
38. Cf. Classen, 1962, especialmente p. 11.
39. West, 1967, p. 1.
40. Cf. Bottéro e Krämer, 1989, pp. 70 ss.; e Bottéro, 1996, pp. 53 ss.
41. Lloyd, 1970, p. 13; ver também Furley, 1987, p. 17.
42. Rowe, 1983, p. 134.
43. Most (2007, p. 284) propôs a hipótese de que Parmênides, ao denominar Eros "primeiro" entre os deuses, tentou corrigir Hesíodo, que aproximava Eros de Caos e Terra, em uma tríade primordial. A variação posta em jogo por Acusilau ao esquema de Hesíodo pareceria, em todo caso, mais modesta.
44. Trataremos da novidade constituída pela escrita em prosa no próximo capítulo.
45. Em Fowler (2000), Acusilau ocupa o primeiro capítulo, e os fragmentos de caráter teogônico são os números 6-16.
46. Convergem nesse ponto as considerações de Schwabl, 1962, col. 1519; Lloyd, 1970, pp. 20 ss.; Fritz, 1971, pp. 23-4, 37 ss. Tannery (1930, p. 92, n. 1) chega a supor que a memória das opiniões de Tales tenha se conservado por meio de uma confutação de Anaximandro em seu escrito.
47. Mencionado neste volume, p. 88.

48. Aqui as motivações teóricas de Anaxímenes não são muito claras. Hankinson (1998a, pp. 21-3) valoriza as predileções de Anaxímenes por procedimentos de tipo analógico, dos quais avalia, caso por caso, a eficácia explicativa e a validade lógica. Todavia, talvez se exceda ao considerar que o termo *epipomatízein*, no testemunho de Aristóteles sobre a posição da terra (*De caelo*, II, 13, 294b 13 = 13 A 20 DK), seja suficiente para atribuir a Anaxímenes a ideia de que ela "cubra como uma coberta" o ar (assim como a tampa de uma panela, sustentada pelo vapor produzido pela água fervente). Essa hipótese, seguramente atraente, não leva em consideração o fato de que Aristóteles está se referindo a uma doutrina comum a Anaxímenes, Anaxágoras e Demócrito, sem atribuir a um mais do que a outro a ideia veiculada por *epipomatízein*. A imagem da panela se conciliaria, em todo caso, com dificuldade, com a concepção de Anaxímenes de uma massa de ar ilimitada em todas as direções.

49. Cf. Popper, 1958-9. O interesse pelos pré-socráticos permaneceu, depois, vivíssimo em Popper, até seus últimos anos: ver Popper, 1998.

50. Cf. Kirk, 1960 e 1961, com as avaliações de Lloyd (1968) e Algra (1999).

51. Cf. Cambiano, 1988a, pp. 26-8.

52. Cf. Stannard, 1965; Hankinson, 1998a, pp. 8-25; e Hussey, 2006 (para quem os "inícios" da filosofia encontram um sinal seguro na intenção teorética consciente que orienta a "nova cosmologia"). Note-se que já Matson (1954-5), discutindo as teses de Cornford, havia prestado atenção no papel da atitude crítica na reflexão dos primeiros pré-socráticos.

3. Provas de escrita [pp. 119-81]

1. A pesquisa de Geoffrey Lloyd insistiu com frequência nesses temas; recorde-se, como etapas exemplares: Lloyd, 1979, 1996a e 2002a, especialmente pp. 151 ss. Gostaria de sublinhar aqui — porque Lloyd não o faz — que já no âmbito das cosmogonias jônicas, construídas segundo modalidades alternativas conscientes em relação à tradição mítica, são entrevistas marcas de um pensamento de "segundo grau".

2. Sobre essa complexa conjuntura é sempre claríssimo Humphreys (1975); acrescente-se Bravo (2002).

3. Cf. Horton, 1967; Valeri, 1995.

4. Cf. Staden, 1992, especialmente pp. 593 ss. Meier (1986) notou que uma experiência complexa como a da pólis requer, por sua vez, uma explicação em termos intelectuais: pode-se considerar que certo tipo de "inteligência social" tenha derivado, junto aos gregos, da exigência de fazer frente a condições de precariedade material. Valeria a pena considerar com atenção nesse quadro alguns argumentos de Zaicev (1993), que

remeteu o "milagre grego" ao processo de mobilidade social da era arcaica, tanto em sentido "horizontal" (transferência de cidadãos para as colônias) como em sentido "vertical" (com a gradual perda de poder da aristocracia): esse processo teria aguçado em amplos estratos sociais o sentido de uma dotação de energias intelectuais a serem investidas de maneira competitiva (herança do "espírito agônico" aristocrático) no espaço cultural e social. Krischer (2006) oferece alguma intuição interessante nessa direção.

5. Sobre as debatidas razões do processo contra Sócrates, remeto à introdução de Sassi (1993).

6. Em geral, sobre a relação entre a filosofia grega e a religião, ver Humphreys, 1986; Most, 2003; Betegh, 2006a.

7. É exceção Cambiano, 1982 (e Vlastos [1947] segue iluminador em vários pontos). Remeto a Sassi (2007, especialmente pp. 191-200) para uma avaliação mais detalhada da utilização do conceito de *isonomia*, com o escopo de explicar a ideia de uma ordem física que se inicia no ambiente jônico.

8. Cf. Thomson, 1955; Seaford, 2004, especialmente pp. 181 ss.

9. Hartog, 1996, p. 109. Poder-se-ia citar, sem dúvidas, mais passagens, sobretudo de autores politicamente conservadores, como Platão, do qual emerge uma postura de hostilidade em relação à mudança; o que, no entanto, não impede que o mesmo autor se faça porta-voz de um projeto todo original (como é exatamente o caso de Platão nas *Leis*).

10. Assmann, 1992, especialmente pp. 41 ss. e 68 ss.

11. Cf. Machinist, 1986.

12. Retomo as linhas principais da panorâmica que se segue e a noção de "egotismo" de Lloyd (1987). Recordo que o diagnóstico de individualismo da cultura filosófica grega encontrou confirmação no trabalho posterior de Lloyd, graças a uma atenta comparação com a antiga ciência chinesa; cf., por exemplo, Lloyd e Sivin, 2002, pp. 104 ss.

13. Cf. Averincev, 1994, pp. 17 ss. Na perspectiva dos estudos mais recentes, há importantes reservas sobre a marca de subjetividade que se exprimiria no âmbito da poesia grega arcaica. Com base em uma leitura atenta das exigências e dos contextos da performance, o "eu" lírico não daria voz tanto à individualidade do poeta quanto à *persona* que assume por representar determinada posição ideológica (para toda essa referência cf. Kurke, 2007). Contudo, mesmo essa perspectiva remete a um contexto social marcado por múltiplas tensões entre tradição e inovação, que é o que se pretende evidenciar nestas páginas.

14. A exigência de afirmação do autor é, de resto, indistinta daquela de facilitar a referência à obra, em uma época em que é desconhecido o uso de título nos livros (cf. neste volume, p. 301, n. 34).

15. Em geral, sobre a relação entre o uso da escrita e a crítica ao mito, cf. Brisson, 1990 e 1996.

16. Remeto a Gemelli Marciano (2007a, especialmente pp. 18-22) para a riqueza de elementos sobre a articulação e a função dos enunciados iniciais junto aos pré-socráticos em uma comunicação oral.

17. Cf. Petit, 1992; Zhmud, 2012.

18. Cf. Goody e Watt, 1962-3, e os oportunos ajustes sucessivos de Goody, 1977, 1987 e 2000; ademais, Cardona, 1988.

19. Cf. Schnapp-Gourbeillon, 2002, pp. 263 ss.

20. Sobre as assinaturas dos vasos, cf. Schnapp-Gourbeillon 2002, pp. 298-9. Também do século VIII, as duas mais longas inscrições em verso (uma de Atenas, a outra sobre Nestor, de Ísquia), tratadas por Henrichs (2003, pp. 45 ss.) em relação a problemas de religião grega. Um vasto quadro unitário da alfabetização no mundo grego e romano é oferecido por Harris, 1989; para a Atena clássica, cf. Pébarthe, 2006.

21. Assmann, 1992, pp. 59 ss. A noção de imagens do saber, à qual voltaremos no último capítulo, é tomada de Elkana (1981). Note-se que já Cardona (1988, p. 15) escrevia, a propósito de saber e escrita no Oriente Próximo, que "a escrita congela a experiência". Em linha análoga, ver Foster, 2005.

22. Certo que Marduk se impõe como protagonista em ambiente babilônico (na tradição cosmogônica mais antiga era Enlil, deus da capital religiosa suméria, Nippur), e que em uma versão mais recente do poema, em correspondência com a mudança do centro do poder de Babilônia, o nome de Marduk é substituído pelo de Assur (cf. Frankfort et al., 1946, p. 201; Rochberg, 2005, p. 341). Essas mudanças, porém, ditadas por exigências imediatas de coesão político-social, são obra de sacerdotes anônimos, destinadas a não ser percebidas como tais: o modelo narrativo permanece, em todo caso, o mesmo.

23. Assim, chegamos quase a considerar "a introdução de um modo de comunicação em uma sociedade como uma possibilidade nova que lhe é oferecida", como escreve Pébarthe (2006, p. 29); toda a introdução (pp. 15-30) é marcada pela límpida síntese das últimas décadas de estudos sobre o problema da alfabetização, com interessantes considerações sobre o método. Sobre a oportunidade de uma explicação "multicausal" dos primórdios do pensamento grego, cf. neste volume, pp. 120 ss.

24. Pébarthe (2006) propõe uma estimativa mais elevada (ainda que não precisamente quantificada) com base no que se pode extrair de dados da educação escolar e doméstica das inscrições arcaicas (muitas de natureza privada) e do instituto do ostracismo, cuja existência implica que cada cidadão participante da assembleia soubesse, ao menos, ler e escrever um nome em um pedaço de barro.

25. Detienne, 1988, p. xi. Para uma documentação mais ampla e uma discussão mais aprofundada sobre o problema da escrita legislativa, cf.: Gagarin, 1986, pp. 126 ss., e 2004; Camassa, 1988; Thomas, 1996 e 2005; Bresson, 2005 (que propõe uma comparação interessante com a situação da comunicação política escrita no Oriente Próximo); Pébarthe, 2006, pp. 243 ss.; Bertelli, 2007.

26. Essa opinião não é unanimemente aceita, mas foram verificados os argumentos apresentados em seu favor por Most (1993).

27. Ver Rossi (1992), que retoma para esse ponto uma sugestão de Ong (1982); em particular, sobre a função da música na transmissão oral da lírica monódica, cf. Giordano-Zecharya (2003). A situação dos escritos filosóficos e científicos é bem ilustrada por Nieddu, 1984 e 1993; Thomas, 2003; Perilli, 2007a.

28. Cf. Havelock, 1963, pp. 225 ss.; 1983, pp. 9 e 42-3; 1996, pp. 25 ss. e 89 ss. Para uma consideração equilibrada sobre a abordagem de Havelock, ver Robb (1983b), assim como a límpida tomada de posição de Ferrari (1984).

29. Cf. Luzzatto, 1992.

30. Cf. Maltomini, 2004.

31. Cf. Yunis, 2003a.

32. A questão é célebre e muito estudada: Knox, 1968; Svenbro, 1988; Schenkeveld, 1992; Burnyeat, 1997; Gavrilov, 1997; Busch, 2002.

33. Esse elemento veio à tona nas pesquisas de Lloyd, graças ao confronto com a situação chinesa: Lloyd, 1996, pp. 20 ss., e 2002a, pp. 151 ss.; Lloyd e Sivin, 2002, pp. 104 ss.

34. A expressão "sobre a natureza" (*perí phýseos*) vale como indicação de máxima do conteúdo mais do que como título, propriamente dito, do texto. Na época de Anaximandro, de fato, o termo *phýsis* poderia indicar a "natureza específica" de uma coisa, como determinada pela sua "geração" (deriva da raiz *phy de phýein*, "gerar"), mas não a natureza como "âmbito de todas as coisas" (significado documentado na discussão filosófica apenas a partir das últimas décadas do século V a.C.). É a partir da circunscrição (platônica e aristotélica) da natureza do cosmos como tema de pesquisa dos primeiros filósofos que a fórmula *perí phýseos* passa para a doxografia e encontra prosperidade como título standard dos escritos pré-socráticos. Em geral, dar título a um livro, seja de poesia ou de prosa, é algo que se estabiliza na última parte do século V a.C., em concomitância com a difusão do objeto livro e com o incremento do mercado literário; antes, a especificidade de uma obra era considerada suficiente com a inscrição do nome do autor, do seu lugar de nascimento, do destinatário e de uma breve caracterização dos conteúdos (a combinação é variável: note-se, por exemplo, neste volume, pp. 128-30, os incipit de Alcméon e de Hecateu, e pp.

251 ss., de Empédocles). Essa situação é muito bem reconstruída por Schmalzriedt, 1970.

35. Cf. Schick, 1955b; Bravo, 2001, pp. 73 ss. e 84 ss.
36. Ver Laks, 2001b (que confere prioridade a Ferécides); ademais, Wöhrle, 1992; Humphreys, 1996.
37. Cf. Asper, 2007, p. 79.
38. É a esse período, e às formas da democracia ateniense, que Goldhill (2002) reconduz a "invenção da prosa". Cf. também neste volume, pp. 262 ss.
39. Esse ponto foi tratado com precisão por Cherniss (1977).
40. Kahn, 2003, p. 142.
41. Essa documentação é amplamente discutida por Asper (2007).
42. Cf. Wesenberg, 1984; Settis, 1993, pp. 486-7.
43. Não chegaria a sustentar que a obra dos grandes arquitetos jônios tenha sido a principal fonte de inspiração do modelo cósmico de Anaximandro (e mesmo das medidas estabelecidas entre os diversos círculos celestes), como há pouco se propugnou com muita imaginação (Hahn, 2001; Couprie, Hahn e Naddaf, 2003). Remeto a Kahn (2002) para uma avaliação equilibrada dessa proposta.
44. Cf. Laks, 2001b, p. 147. Sobre os elementos de padronização e impessoalidade da escrita legislativa insiste bem Asper (2004); ainda sobre essa questão, cf. neste volume, pp. 135 ss.
45. Cf. neste volume, pp. 99 ss. e 145-6.
46. Tal a extensão do fragmento, como registrado em DK, mas a citação (no comentário à *Física* aristotélica de Simplício, que alcança Teofrasto) inicia propriamente com as palavras "como é devido": as palavras precedentes (com *ghénesis* designando a "geração" e *phthorá* a "destruição") têm o sabor de uma paráfrase aristotélica, ainda que o pensamento que exprimem possa ser genuíno. Para as linhas gerais da cosmologia de Anaximandro, cf. neste volume, pp. 80 ss.
47. Jaeger, 1947, p. 50. A referência a Heráclito joga livremente com o seu fragmento 62.
48. Com poucas exceções, ao menos pelo que pude notar: Asper, 2001, p. 104, n. 156.
49. Em um trabalho precedente, do qual retomo algumas linhas, forneci com referências precisas os resultados do exame conduzido sobre a escrita legislativa (Sassi, 2006a). Em geral, sobre a língua das inscrições arcaicas, cf. Schick, 1955a.
50. Como indicado por Gagarin (1974).
51. Morgan (2003, pp. 77 ss.) dedica justa atenção a esse entrecruzar-se entre autoridade civil e religiosa no mundo arcaico.
52. Cf. Hölkeskamp, 1992 e 1999; Gehrke, 1995.

53. Ver neste volume, pp. 83 ss., para uma primeira argumentação em favor dessa leitura do fragmento 1 (e ainda Engmann, 1991; Gagarin, 2002); sobre Sólon, ver pp. 85 ss., assim como Vlastos (1946). Também Martin (2003, especialmente pp. 32-3) lê o fragmento de Anaximandro em estreita correspondência com a problemática da unidade — uma unidade não estática, mas dinâmica — da pólis.

54. Cf. neste volume, pp. 138 ss.

55. Cf. neste volume, pp. 136-8.

56. Cf. Jacob, 1988.

57. Preciosas observações sobre o quadro sociopolítico de Mileto se devem a García Quintela (1996) e Seaford (2004, pp. 198 ss.), que, juntos, trabalharam na hipótese de um encontro entre Anaximandro e as leis. Ver também Gorman (2001, pp. 87 ss).

58. Esse ponto é brilhantemente desenvolvido em Ford (2002, especialmente pp. 25-45). Cf. também Pellizer, 1990.

59. Sobre as categorias de Assmann, cf. neste volume, pp. 133-4. Para um estudo mais aprofundado da relação entre modelos geográficos de Hecateu e Heródoto, ver Fritz, 1971, pp. 32 ss.; Gehrke, 1988, especialmente pp. 177 ss.

60. Havelock, 1966, p. 235.

61. Cf. Collins, 2004, pp. 147-8.

62. Ragone (2005) propõe uma rica construção do contexto histórico de Cólofon entre os séculos VI a.C. e V a.C., permeada por uma cultura "homérica" útil à perpetuação dos modelos educativos tradicionais, e aventa a atraente hipótese de que Xenófanes tenha amadurecido já em pátria as próprias ideias polêmicas.

63. Note-se que o texto desse fragmento é fruto de uma reconstrução de Diels com base em uma paráfrase de Celso. Ele ocupa, em todo caso, um lugar próprio também na história da observação etnográfica: remeto a Sassi, 1982b (onde argumento que o adjetivo *pyrrhós* se refere à cor, mais do que aos cabelos) e a Sassi, 1988b, pp. 20 ss.

64. Para a interpretação das duas elegias, que contam com amplíssima bibliografia, remeto a Di Donato (2005). Cf. ademais Vetta, 1983, pp. xlviii ss.; Ford, 2002, pp. 46-66; Gostoli, 2005.

65. Ver as análises de Hershbell, 1983; Classen, 1989; Wöhrle, 1993b.

66. É uma velha intuição de Rudberg, 1948 (da qual este parágrafo retoma o título).

67. Cf. neste volume, pp. 231 ss.

68. Em uma famosa passagem do *Sofista* de Platão (242c-d), Xenófanes surge como figura emblemática da "estirpe eleática", em posição que será consolidada no primeiro livro da *Metafísica* de Aristóteles (986b, 18-27). Ocupei-me dessa questão em Sassi, 2006b.

303

69. Para ulteriores análises sobre esse ponto, cf. Gemelli Marciano (2005). É interessante a hipótese, formulada nesse estudo ricamente documentado, de que a crítica de Xenófanes ao antropomorfismo religioso tenha sido estimulada pelo conhecimento da concepção persa antiga (refratária a representações iconográficas) do deus supremo Aúra-Masda. Não me parece, no entanto, que isso reduza a tensão especulativa do pensamento de Xenófanes, como pensa Gemelli: segundo uma objeção já feita a um raciocínio de Burkert (cf. neste volume, pp. 82-3), penso que um elemento conceitual importado de outro contexto cultural requeira, em todo caso, um ajuste teórico relativo ao novo contexto. A meu ver, ademais, os versos de Xenófanes não são necessariamente destituídos de interesse filosófico pelo fato de ele estar vinculado à profissão de rapsodo.

70. Ver um elenco de passos relevantes a esse propósito em Fuhrmann, 1966, p. 70.

71. Como me fez notar Glenn Most, é presumível que no verdadeiro início, hoje perdido, houvesse um enfático anúncio do nome do autor, do tipo: "Assim fala Heráclito [efésio e/ou filho de...]".

72. É tese persuasiva de Kahn (1979).

73. Mansfeld (1989) diz com propriedade que a formulação do fragmento 129 não implica referência a obras escritas *de* Pitágoras (que não escreveu nada, *pace* Riedweg, 1997), todavia pressupõe um contexto no qual o livro é objeto relativamente comum.

74. Isso não impede que os vários pensamentos (que se oferecem ora na forma de aforismo, ora em frases mais longas e complexas) pudessem ser dispostos em uma sequência também ela significativa. Sobre a questão da unidade do livro de Heráclito, cf. Granger, 2004 (que retoma a chave de leitura de Kahn, 1979; cf. nota 76, abaixo).

75. Aqui está pressuposta a analogia entre o princípio divino do cosmos e o fogo sobre o altar de sacrifícios, acima do qual são queimados diversos tipos de incenso.

76. Basta repassar a tradução de Kahn (1979), que jogou com acerto na categoria da ambiguidade (e na conexa multiplicação de referências intertextuais) na sua leitura de Heráclito; ver, ademais, Kahn (1983).

77. Segundo um processo atentamente reconstruído por Dilcher (1995, pp. 129 ss.).

78. Citado neste volume, p. 168.

79. Meticulosa demonstração foi feita por Deichgräber (1962). Robb (1983a) oferece um catálogo de elementos estilísticos a ser pensados a propósito de eficácia auditiva e mnemônica.

80. Cf. Snell, 1926; Hussey, 1999, pp. 91-3.

81. Sobre esse ponto, cf. ainda neste volume, pp. 190 ss.

82. Para uma vigorosa argumentação a respeito do caráter órfico desses textos (publicados em 1978), cf. Zhmud, 1992. A leitura *orphikói* é agora detalhadamente confirmada por Bravo (2007, pp. 75-6).

83. Como justamente nota Bravo (ibid., pp. 77-8).

84. Sobre a relação entre Heráclito e os mistérios, ver o ótimo trabalho de Schefer, 2000 (sobre o fr. 1, especialmente pp. 56-60); ver também Thomson, 1953, p. 83; Roussel, 1987. A notícia de Estrabão segundo a qual o *ghénos* real de Éfeso gozava, entre outros privilégios, do sacerdócio de Deméter eleusina (22 A 2 DK) poderia ser interpretada como indício de que Heráclito frequentou o ambiente dos mistérios.

85. Cf. Rossetti, 1992.

86. Cf. Hölscher, 1974.

87. Sobre a obscuridade característica do estilo oracular, visto como início da "história do problema semântico, da reflexão sobre a significação da palavra", cf. Fuhrmann, 1966, pp. 51 ss. Sobre as particularidades da profecia sibilina, cf. Manetti, 1997 e 1998; Baumgarten, 1998, pp. 52-60; Crippa, 2004; Lightfoot, 2007, pp. 14 ss.

88. Ver os argumentos de Granger (2004).

89. Note-se aqui o jogo, não apenas formal, é óbvio, das assonâncias: a ênfase está na noção, recorrente em Heráclito, do que é "comum".

90. Para semelhante tensão jurídica, ver também o fragmento 28 (citado por completo neste volume, p. 236): "[...] certamente a Justiça demonstrará culpados os fautores e as testemunhas de mentiras".

91. Cavallo, 1988, p. 30.

92. Sobre esse ponto, cf. Cambiano, 1988b, pp. 70-1, e 1996, p. 837. Em geral, sobre a tendência a uma autoapresentação do filósofo antigo, cf. id., 1983, pp. 47 ss.

93. Cf. Perilli (2007a). É natural pensar que os escritos de arquitetos (entre os quais aquele sobre o Templo de Ártemis em Éfeso — cf. neste volume, p. 147) se conservassem nos mesmos templos edificados por eles.

94. Exatamente na área do Templo de Ártemis em Éfeso se conservou uma inscrição legislativa de 500 a.C. que certamente fazia parte de uma codificação mais ampla relativa à exigência de convalidar um testemunho com um sacrifício a Zeus (Körner, 1993, pp. 314-5).

95. Cf. neste volume, pp. 138-40.

96. Naturalmente, os traços místicos do pensamento de Heráclito favoreceram bastante a recepção desse livro em ambiente órfico. Após Burkert (1983), que primeiro chamou a atenção para as duas citações de Heráclito, ver Sider, 1997; Rangos, 2007, especialmente pp. 48-50. Sobre a noção de justiça cósmica no papiro de Derveni, cf. Kouloumentas, 2007.

4. Eventos da alma [pp. 183-219]

1. Popper, 1958-9.
2. Ibid., p. 30.
3. Ibid., p. 31.
4. Cf. neste volume, pp. 114-7.
5. Alguns textos pré-socráticos de caráter gnosiológico serão analisados no próximo capítulo, em conexão com o problema da autoridade do saber.
6. Com uma afirmação clara nesse sentido se abre um estudo não tão recente, mas ainda muito válido: "um interesse *na* dimensão interna emergiu gradualmente no período pré-socrático pela diferenciação da dimensão externa, ou seja, do cosmos" (Seligman, 1978, p. 5).
7. Vegetti, 1992a, p. 202.
8. Cf. Snell, 1947, pp. 19-47.
9. Sobre tal ponto é muito claro Vegetti, 1996b, pp. 431-3.
10. Para uma análise da argumentação de Tales, vista como um "paradigma do empirismo", ver Hankinson, 1998, pp. 12-3. Para a sua afirmação de que "tudo está cheio de deuses", cf. neste volume, p. 88.
11. O texto desse "fragmento" (introduzido por Aécio, I, 3, 4, para ilustrar a escolha de Anaxímenes pelo ar como *arché*) sofre provavelmente a eliminação de peculiaridades morfológicas jônicas, substituídas por formas da assim denominada *koiné*. O termo *synkratéi* não é atestado antes do século II d.C., e mesmo o uso do termo *kósmos* antes de Heráclito é improvável. Contudo, *hóion* é usado de um modo que não é possível na *koiné*, e o que se lê logo depois em Aécio ("*aér* e *pnéuma* são usados como sinônimos") faz pensar que as palavras precedentes eram entendidas como citações literais. Ademais, *periéchei* é uma descrição apropriada da relação *arché*-cosmos, nos termos em que devia concebê-la Anaxímenes (cf. neste volume, p. 88), e não há razões para duvidar da imagem em seu conjunto.
12. Cf. neste volume, p. 112.
13. Nussbaum (1972a) observou justamente que o poder cognitivo da alma consiste, para Heráclito, na sua competência *linguística*.
14. Cf. Hussey, 1998, pp. 104-5.
15. Snell, 1947, p. 41.
16. Esse ponto é central em Schofield (1991). Para o que imediatamente se segue é ainda precioso Verdenius (1966).
17. Em geral, cf. Gill (2001, especialmente pp. 170-1), assim como — para a tragédia, mas não só — Padel (1992). Anaxágoras poderia ser o primeiro a introduzir um dualismo entre mente e matéria: como aduzido no início do fragmento 12, o *Nous* deve ser "não misturado" a nenhuma das outras coisas para exercitar sobre elas uma supremacia absoluta (sobre problemas

que, para Anaxágoras, surgem nesse ponto, cf. Sedley, 2007, pp. 11-30). Também Heráclito diz que "isto que é sábio" (*sophón*) é "separado" (*kechorisménon*) de todas as coisas (fr. 108), mas essa separação, ao que parece, não deve ser entendida literalmente. Para Heráclito, o deus tende a se identificar com o *lógos* e a compartilhar com ele as características de imanência às coisas (cf. fr. 67), e, por isso, a sabedoria divina é capaz daquela visão "sintética" dos opostos que normalmente é impossível ao homem (cf. fr. 102 e 78, com comentário de Kirk, Raven e Schofield, 1983, pp. 190-1).

18. Cf. o ótimo argumento de Betegh (2007).

19. Como já notava Platão em *Crátilo* (419e).

20. Esse "contato" autoriza a identificação entre vivo e morto, jovem e velho, que é delineada no fragmento 88.

21. É uma importante intuição de Mansfeld (1967, pp. 18-9); sobre a mortalidade da alma em Heráclito, cf. Centrone, 2007, especialmente pp. 145-8. Deve-se buscar também nesse quadro o significado do difícil fragmento 62 ("imortais mortais, mortais imortais: vivos uns [os imortais e os mortais são sujeito possível] a morte dos outros, mas mortos à sua vida"). Nesse texto foi entrevista uma contraposição entre a condição existencial dos deuses e a dos homens, ou (para Nussbaum, 1972b, pp. 163 ss.) uma referência à virtude da coragem como aquela que confere ao homem a possibilidade de atingir uma peculiar condição de imortalidade. Tenderia, em vez disso, a vinculá-la com a sequência de aniquilamento e renascimento das almas, tal que os homens, individualmente mortais, encontram sua imortalidade, por assim dizer, coletiva: são, então, "mortais" e, ao mesmo tempo, "imortais", na medida em que se nutrem da vida de indivíduos precedentes.

22. Daqui em diante, mesmo desenvolvendo autonomamente alguns pontos específicos, pressuponho Betegh (2006a).

23. Os arimaspos, sobre os quais se dizia terem apenas um olho (cf. Heródoto III, 116; IV, 13, 27; na etnografia antiga a anomalia física é traço frequente dos povos à margem do mundo conhecido), habitavam as costas setentrionais do Ponto (no hodierno mar Negro). Na narração do quarto livro, a referência a essa população oferece a ocasião para mencionar Aristeas. Bolton (1962) deve ser lido não apenas pela tentativa de reconstruir o poema sobre os arimaspos, mas também pelo exame atento (pp. 119-41) da tradição biográfica sobre Aristeas.

24. Para um juízo claramente positivo sobre a contribuição de pitagóricos e órficos a um pensamento sobre a alma, com atenção à sua importância para Platão, cf. D. Frede, 2004.

25. Não entro na rica discussão sobre a dosagem relativa a elementos religiosos e/ou científicos no pensamento pitagórico: discussão que se

estende entre duas posições opostas: de Burkert (1962), que nega à primeira fase do pitagorismo qualquer interesse científico, e que faz de Pitágoras uma figura exclusivamente religiosa, de traços xamanistas; e de Zhmud (1997), que insiste justamente nas contribuições já oferecidas na primeira fase à pesquisa matemática, desvalorizando ali a presença de aspectos místicos e esotéricos. Limito-me a notar que no estado inicial do pensamento pré-socrático não há razões de princípio para considerar incompatíveis problemáticas religiosas e reflexão científica. A propósito da questão pitagórica, remeto a Sassi (1987) e à ampla e equilibrada apresentação de Centrone (1996).

26. O fragmento 4 de Íon de Quio será considerado mais adiante; o fragmento 7 de Xenófanes no próximo capítulo, pp. 236-7.

27. Cf. Bremmer (1983), que segue o caminho da valorização de elementos xamanistas na cultura grega, ventilado por Meuli e Dodds (mas cf. neste volume, p. 320, n. 74).

28. Cf. neste volume, p. 237.

29. Um amplíssimo corpus de textos relativos aos mistérios também de época helenística, acompanhado de precioso comentário, é encontrado em Scarpi (2002).

30. Os textos de interesse cosmoteogônico se encontram em Scarpi (2002, I, pp. 356-75), assim como na primeira seção da edição dos textos órficos realizada por Bernabé (2004); para uma orientação a esse respeito, ver Bernabé (2002, pp. 211-26). A construção do cosmos, dominada pela intervenção de figuras divinas (maior de todas, Zeus) em situações de desordem, não escapa das coordenadas de uma representação mítica. Mesmo a multiplicidade de modelos que convivem na longa tradição do orfismo, fruto de variações operadas por sábios anônimos itinerantes, do gênero descrito por West (cf. neste volume, pp. 108 ss.), remete à esfera da "imaginação calculada" (cf. neste volume, p. 110). Burkert (1992, pp. 124-7) viu aqui uma combinação de "prática catártica e mitologia especulativa": a recitação do mito cosmogônico órfico teria uma função análoga àquela de vários textos cosmogônicos do Oriente Próximo antigo, cuja leitura põe (magicamente) em movimento a restauração de uma ordem originária (da sociedade ou, na prática médica, do corpo). Não se deve escapar, todavia, a peculiaridade, também aqui, do ponto de vista órfico, que deseja a restauração não de um estado exterior e mundano de coisas, mas da pureza originária da alma: assim apreendo uma dimensão existencial que é uma novidade não pouco importante da história do pensamento grego.

31. Cf. Henrichs, 2003. À "escrita de Orfeu" dedicou atenção, em primeiro lugar, se não me engano, Detienne (1989, pp. 132 ss). Cf. ainda

Baumgarten, 1998, pp. 70-121; e Calame, 2002. Sobre a diferença que existe nesse ponto entre orfismo e dionisíaco, cf. Di Benedetto (2004, pp. 30 ss).

32. Cf. neste volume, p. 173.

33. Quanto ao papiro de Derveni, que não considero especificamente em função dos limites cronológicos que estipulei para o meu discurso, recordo pelo menos os estudos de Laks e Most (1997), Betegh (2004), o mais vasto estudo de conjunto, e a edição crítica, publicada em 2006, de Kouremenos, Parássoglou e Tsantsanoglou.

34. Salvo a importância de Pugliese Carratelli (2001), pedra fundamental nos estudos sobre as lâminas áureas, a edição mais recente desses textos, com tradução italiana, pode ser encontrada em Tortorelli Ghidini (2006, pp. 62-III), com pontual comentário filológico. Remeto a esse estudo (pp. 36-53) também pela acurada argumentação sobre o caráter órfico das lâminas de ouro, que foi com frequência negado a uma parte delas ou a todas (ultimamente, por exemplo, por Calame, 2002, pp. 389-92; e 2006, pp. 229-89, rico, no entanto, de excelentes intuições de leitura; tampouco devem ser ignorados agora os argumentos que se encontram em Graf e Iles Johnston [2007] em favor do pertencimento das lâminas à esfera dionisíaca, na qual Orfeu, por alguma razão, teria sido "atraído"). Tortorelli Ghidini sustenta a existência de um "modelo religioso" comum, para além das diferenças de contexto (geográfico e cronológico), e também das divergências entre as fórmulas usadas e entre as divindades evocadas (ora Perséfone, ora Dioniso). Para uma análise mais atenta das divergências, cf. Ferrari (2007, pp. 115-65). Em 2007 foi publicada outra lâmina, datável entre o fim do século IV a.C. e início do século III a.C., proveniente de escavação clandestina (1904) de uma tumba nas proximidades do sítio neolítico de Magoula Mati, em Feres, na Tessália (em tempo de ser acolhida em Graf e Iles Johnston, 2007, pp. 38-9). O fato de aí serem mencionadas tanto Deméter Ctônica quanto a Mãe da Montanha induziu a notar que, no "tecido fluido" do politeísmo grego, o orfismo foi capaz de englobar muito rapidamente elementos bacantes, mas também demetrianos (Perséfone, filha de Deméter, é mãe do Dioniso "órfico"), assim como de alguns cultos, em diferentes combinações não hierarquizadas: cf. Ferrari e Prauscello, 2008, especialmente p. 207.

35. Cf. Bravo, 2007. Das duas propostas de leitura, a primeira parece-me mais seguramente sustentada pelos textos.

36. Os textos da escatologia órfica são recolhidos na cuidadosa edição de Bernabé e Gautier (2004, pp. 349-54). Em geral, acompanho a linha de reconstrução estabelecida por Guthrie (1952), hoje levada adiante, entre outros, por Bernabé e por Tortorelli Ghidini, contra o negacionismo

de estudiosos como Edmonds (2004); ver também Edmonds (1999), que nega o caráter órfico do mito do desmembramento de Dioniso.

37. Sobre as modalidades e os efeitos da "transposição" do discurso órfico sobre a alma na filosofia de Platão (a eficaz fórmula é de Auguste Diès), remeto a Bernabé (2007).

38. Segundo Obbink (1997), também o trabalho de exegese cosmológica do autor de Derveni foi concebido como uma forma de iniciação.

39. Com base na mitologia fundante do orfismo, o homem tomado em si mesmo não é diretamente responsável pela culpa original, mas a exigência de purificação se abre — não se sabe em que medida — a um discurso moral. Poderia seduzir a ideia de associar esse quadro ao papel do pecado dos progenitores na concepção cristã, mas seria arriscado estabelecer sobre esse paralelo qualquer hipótese.

40. Acolho a tradução de Tortorelli Ghidini (2006, pp. 62-5).

41. Cf. Calame, 2006, p. 237.

42. Ibid., p. 243.

43. É a fórmula inicial com a qual o morto se apresenta às divindades nas lâminas de Turi, III, IV, V (fr. 488-90 Bernabé), e que enfatiza o valor de uma "ascese perseguida não só por ele próprio, mas também pelos seus genitores, biológicos ou rituais" (Ferrari, 2007, p. 144).

44. Não se pode dizer o mesmo da teoria da alma como *harmonía* (acordo dos elementos do corpo), atribuída ao pitagórico Filolau de Crotona. Sobre as dificuldades existentes em relação a esse ponto para a teoria de Filolau, cf. Barnes, 1979, pp. 186-93.

45. Os autores mais antigos que fazem referência a uma transmigração das almas (Píndaro, Empédocles, Heródoto, Platão) recorrem a descrições concretas do processo, com diversos jogos de palavras: diz-se, por exemplo, que a alma "se reveste" do novo corpo, ou "penetra" nele, ou ainda que o indivíduo "renasce" (*pálin gígnesthai* é a expressão preferida por Platão). Cf. sobre esse ponto e, em geral, para uma válida reconstrução da problemática da metempsicose entre orfismo e pitagorismo, Casadio (1991).

46. Ibid., p. 126. Cf. também fr. 422 Bernabé.

47. Pode ser significativo, a propósito do pitagorismo, que uma "primeira respiração" explique o nascimento do cosmos por inalação, nos céus, do *pnéuma* (Aristóteles, *Física*, V, 213b 22 = 58 B 30 DK). Para o pitagórico Filolau, o embrião é quente e, por isso, seu primeiro ato no nascimento, necessário para temperar o calor excessivo, é a respiração (44 A 27 DK). Contudo, nessa concepção não transparecem traços do modelo "primitivo": Filolau se baseia evidentemente em uma consideração empírica (o calor do recém-nascido, a observação do seu primeiro reagir ao mundo externo), e em uma analogia com o embrião funda a sua

construção cosmológica, na qual o cosmos nasce de (e no seu conjunto gira em torno de) um fogo central (cf. Huffman, 2007).

48. Remeto a Betegh (2006b, pp. 43-8) para um exame do papiro de Derveni como outro caso no qual a tentativa de uma integração entre os dois modelos produz, de preferência, uma justaposição.

49. Jaeger, 1936, p. 508. Cf. Vegetti (1996a) sobre a figura do vidente que cura (*iatrómantis*), cujos traços são reconhecidos em Empédocles.

50. Ver a crítica à hipótese "biográfica" já feita por Kahn (1960, pp. 428-30; e 1974).

51. Cf. Osborne, 1987; Inwood, 2001, pp. 8 ss.

52. Martin e Primavesi, 1999. O papiro é datável do fim do século I d.C.

53. Penso não apenas em Osborne, mas sobretudo em Kingsley (1995), sem esquecer algumas belas intuições de Seligman (1978, especialmente pp. 12-7). O fato de que o Papiro de Estrasburgo tenha trazido a mais clara confirmação dessa leitura é reconhecido tanto por Curd (2001) quanto por Kingsley (2002). Sobre o papel da filosofia natural no "projeto religioso" de Empédocles, cf. ainda Wildberg, 2001, especialmente pp. 55-6.

54. A relação entre a ontologia de Parmênides e os modelos de explicação da natureza de Empédocles e de Anaxágoras foi recentemente destacada por Curd (1998).

55. A exposição que se segue foi construída com base em textos cuja interpretação pode-se considerar, em geral, compartilhável. Em particular, evitarei pontos que envolvam questões controversas, como a decomposição dos ciclos cósmicos ou o número das cosmogonias e zoogonias. De acordo com alguns estudiosos do cosmos, dá-se a separação dos elementos da perfeita unidade originária da Esfera (fr. 27 e 28), e uma vez que as principais massas cósmicas se separam por força da Discórdia, intervém Amor, para reunir as partes em animais e homens (cf., por exemplo, Bollack, 1965-9). Segundo outra opinião, o ciclo cósmico deriva em dois momentos simétricos, e se repete continuamente, a partir da Esfera, até o momento em que não estão completamente separados; daí começa uma nova cosmozoogonia, sob a influência de Amor (O'Brien, 1969, seguido, entre outros, por Martin e Primavesi, 1999). A julgar pela pluralidade de opiniões que emergem sobre esse ponto em Primavesi et al. (2001), não parece que o Papiro de Estrasburgo tenha afastado as nuvens de uma documentação que se mantém, no seu conjunto, obscura. Parece-me, no entanto, que alguns passos tenham sido ajustados, tal como se vê em Sedley (2007, pp. 31-74). Sedley põe a Esfera no início e no final de um cosmos que inclui mais períodos de duas forças cósmicas, a ponto de os produtos de Amor não serem apagados no mundo atual, dominado por Discórdia, e o que o discípulo de Pausânias é convidado a "ver" (Pap. Estrasb., a, II, 30) é o *complexo* da realidade natural.

56. Cf. Seaford, 1986, especialmente pp. 6-9.
57. Cf. Gemelli Marciano, 2001, especialmente pp. 224-6.
58. A ingestão de alimento animal é deplorada, com acenos altamente expressivos, no fragmento 139 (cf. Pap. Estrasb., d 5-6). Cf. também os fragmentos 128 e 130, nos quais é representada uma espécie de idade do ouro na qual homens e animais vivem em amizade, Afrodite é soberana (não Ares, deus da guerra, nem nenhum dos outros deuses) e é honrada com animais pintados e aromas; por isso os altares não se mancham com o sangue das vítimas de sacrifícios.
59. O texto do fragmento 112, citado por inteiro, encontra-se na p. 256 deste volume, e aqui ele é reconsiderado do ponto de vista da autoapresentação autoral de Empédocles. Akrágas é o nome grego da cidade de Agrigento e do seu rio.
60. A observação é de Kingsley (1995, p. 252). Trata-se das lâminas de Turi II e III (fr. 487, 4 e 488, 9 Bernabé); nos dois textos aparece a famosa fórmula "cabritinho, caíste no leite", na qual o cabrito é o animal sagrado de Dioniso, vítima sacrificial com a qual o próprio deus tende a identificar-se, e o leite aparece como símbolo de regeneração.
61. Cf. Riedweg, 1995. Betegh (2001) estendeu a relação entre Empédocles e o orfismo.
62. Cf. Kahn, 1960, especialmente pp. 436-7; e 1974.
63. Trata-se do fragmento 138, citado por Aristóteles no tratado sobre a metáfora na *Poética*: "recolhendo [no sentido de: consumando, pondo fim a] a vida com o bronze". A linguagem homérica sugere uma relação com a noção de alma-sopro.
64. Bollack, 2003, p. 65.
65. Cf. Sedley, 2007, pp. 32 e 50-1 (especialmente nota 62). Gostaria de mencionar também a hipótese segundo a qual o *dáimon* tem consistência etérea, como aquela que é frequentemente atribuída, em época arcaica, à alma; cf. Gemelli Marciano, 2006, pp. 667-8.
66. Também a modalidade de conhecimento das vidas precedentes, com base nessa hipótese (na verdade, com base em qualquer outra hipótese possível) permanece pouco clara. David Sedley me fez notar (por carta) que Empédocles declara simplesmente que "foi" outros organismos, não que disso conserve memória, ainda que essa faculdade possa ser implicitamente contemplada naqueles seus "extraordinários poderes de clarividência que lhe consentiram ultrapassar as barreiras usuais da metamorfose". Para uma tentativa interessante de reconstruir a peculiar "mnemotécnica" do *dáimon* de Empédocles, cf. Rappe, 2001, especialmente pp. 64-7. Em todo caso, como também resulta da aguda leitura de Osborne (2005), não faltam argumentos para ver nos *dáimones*

agentes responsáveis por sua ação, pela qual são punidos segundo um código moral reconhecido por eles.

67. Para uma consideração detalhada das teorias perceptivas de Demócrito e Diógenes de Apolônia (mas também de Empédocles e Anaxágoras), remeto a Sassi (1978). A bibliografia sobre problemáticas e momentos específicos da psicologia pré-socrática é infinita. Para uma orientação geral, pode-se remeter aos títulos indicados em Everson (1991, pp. 220-4), e Long (1999, pp. 394-5). Recorde-se também o quadro geral traçado com particular precisão por Laks (1999).

68. Para uma explicação diversa do "sucesso" de Platão na psicologia do *Timeu*, cf. Betegh, 2006a, pp. 46-8. Penso que Fronterotta (2007) é o que melhor se dá conta da constituição da alma no *Timeu*.

5. Vozes relevantes [pp. 221-70]

1. Ford, 2002, p. 46 (cf. também pp. 10-3 e 46 ss.).
2. Cf. neste volume, pp. 55-7. Sobre o ideal platônico de síntese entre poesia e filosofia, e sobre sua realização na mimese dos diálogos, cf. Giuliano, 2000.
3. Cf. neste volume, pp. 70-2.
4. Cf. Elkana, 1981, especialmente pp. 22-34 e 111-24.
5. Cf. neste volume, pp. 128 ss. e 143 ss.
6. Cf. Murray, 2005, especialmente p. 150. A exposição que se segue sobre o status e as prerrogativas da Musa em Homero, Hesíodo e outros pressupõe a leitura de Finkelberg, 1998, especialmente pp. 68-99; Most, 1999b, pp. 342-3; Roochnik, 2001, pp. 40-5; Scodel, 2002, especialmente pp. 65-89; Brillante, 2006.
7. Cf. Xella, 2006.
8. Cf. neste volume, p. 75.
9. Cf. Strauss Clay, 2003, pp. 58-9. Note-se que já para Detienne (1967, pp. 54-5) esses versos declaram uma ambiguidade constitutiva da palavra poética. Contra posições desse tipo, Arrighetti (2006) reivindica justamente o coerente programa didascálico da obra de Hesíodo.
10. Convincente a esse propósito é Scodel (2001, pp. 112-23).
11. Cf. neste volume, pp. 73-80.
12. O percurso que descrevo aqui é, claro, muito simplificado. Devo ao menos acenar à posição original de Píndaro ao se definir como "intérprete" (*hermenéus*) e "profeta" (*prophétes*) da mensagem oracular da Musa (cf. Ledbetter, 2003, pp. 64-8). Esse traço, juntamente com o estilo proposital obscuro, aproxima Píndaro do seu mais velho contemporâneo, Heráclito; mas Heráclito, como sabemos, é porta-voz apenas de si mesmo.

13. Fränkel, 1946. Cf. Romeyer-Dherbey (1999) para uma valorização do tema do "tempo aleatório do homem" em Píndaro.
14. Cf. neste volume, p. 223. Outras passagens estão em Föllinger (2007). Cf. ademais Lesher, 1999, pp. 225-8.
15. Parte do trecho já citada neste volume, na p. 129, pela sua posição no incipit.
16. Entre a vasta bibliografia relativa à gnoseologia de Xenofonte, cf. Fränkel, 1925; Rivier, 1956; Heitsch, 1966; Calzolari, 1981; Lesher, 1992, pp. 149-86; Ioli, 2003.
17. Cf. neste volume, p. 227.
18. Cf. Turrini, 1977; Cozzo, 2001, pp. 214 ss.
19. Citado neste volume, p. 129.
20. Tem posição clara sobre esse ponto Curd (2002, pp. 126-9); cf. ademais, Sassi (2005), e neste volume, pp. 164-5.
21. Para considerações sobre os fragmentos 101 e 107 complementares a estes, cf. neste volume, p. 189. Para uma avaliação do "racionalismo" heraclitiano (que penso ser compartilhável), cf. Curd, 2002, pp. 120-4. Creio que a uma incapacidade "linguística" de conexão entre dados significativos remeta também ao fragmento 34: "Estes, mesmo escutando, não compreendem e se assemelham a surdos, como atesta o dito: 'estão presentes quando ausentes'". Aqui poderiam ser alvo aqueles que, mesmo em condições de perceber pelo som um discurso correto como o de Heráclito, ouvem um apanhado de sons do qual não extraem a articulação racional.
22. Cf. Ferrari (2004), com interessantes anotações iniciais sobre a noção pindárica de sabedoria.
23. Cf. neste volume, pp. 196-7.
24. A hipótese é de Vlastos, 1953, p. 344, n. 25.
25. Sobre as modalidades e os alvos da polêmica heraclitiana, cf. neste volume, pp. 168-71, e Gemelli Marciano, 2002, pp. 96-103. Sobre a sua concepção de alma, cf. neste volume, pp. 188-94.
26. É interessante o termo *prapídes*, que em Homero, analogamente a *phren*, remete a uma zona pulmonar sede de percepção, emoções e inteligência, e em Hipócrates e Platão se apresenta como designação do diafragma. O próprio termo surge no fragmento 110 (v. 1), no qual Empédocles convida Pausânias a se apoiar nesse órgão para atingir com "puros exercícios" (v. 2) um estado de contemplação. Gernet (1945, pp. 354-5) viu aqui o reflexo de uma prática de meditação fundada na regulação da respiração por meio de tensão e relaxamento do diafragma, e a indicação foi justamente valorizada em Kingsley (2002, pp. 400-1). Cf. também Frontisi-Ducroux, 2002.

27. Cf. também Solmsen (1971) para um exame atento da relação entre Zenão e a teoria de Parmênides, que se conclui com um convite ao redimensionamento da sua dependência do mestre.

28. Há, naturalmente, sempre a possibilidade de que Platão projete, de forma anacrônica, em Eleia de Parmênides uma situação que lhe é familiar na sua Atenas. Contudo, a meu ver, nada prova que Platão tenha *compreendido mal* as intenções de Parmênides. De maneira análoga, mais em geral, não se pode admitir como certo (como fazem intérpretes como Kingsley) que de Platão em diante tenha sido dado ao discurso de Parmênides sobre o ser um sentido filosófico que ele em si *não teria podido* registrar.

29. É natural que comentários "extemporâneos" não tenham sido conservados no texto: a notícia do léxico do *Suda* de que Parmênides teria composto obras em prosa é claramente extrapolada do contexto do *Sofista*.

30. Cf. neste volume, pp. 140-3.

31. Se aceitarmos aqui a lição *eukykléos* (não seria inapropriada a variante *eupeithéos*, ao pôr em relevo o caráter persuasivo da verdade). A imagem de uma esfera "bem redonda", símbolo de completa perfeição, é aplicada ao próprio ser no fragmento 8, 43.

32. Cf. Wöhrle (1993) para um exame atento do trabalho conduzido por Parmênides sobre motivos, fórmulas, epítetos e versificações homéricos e hesiódicos.

33. Contra Wright (1998), que revela na versificação de Parmênides uma vontade de romper com a tradição épica, cf. Osborne (1998). Que a escolha tout court do verso implique a separação da prosa filosófica é suposto, por exemplo, por Cherniss (1977, p. 20); contra, cf. neste volume, pp. 144-5. Mais próximo da posição que se quer sustentar aqui, há Granger (2008, pp. 1-2, 17-8), que considera que a escolha formal de Parmênides contrasta com a tendência de um bom número de "novos" intelectuais (Ferécides, Hecateu, Acusilau, Alcméon) de registrar em prosa uma investigação de caráter empirista e racionalista, separada de fontes sobre-humanas do saber.

34. Como notado por Most, 1999b, p. 353.

35. Aceito a tradução de Cerri (1999, pp. 147-9), modificando-a pontualmente nos dois últimos versos, nos quais retomo integralmente uma tradução de Ferrari (2007, pp. 97-8).

36. Cf. Cerri (1995) para um atento confronto com a representação do além em Homero e Hesíodo. Para um exame da relação com Hesíodo, é ainda muito útil Schwabl (1963).

37. Deixo de lado aqui tanto a possibilidade de que Parmênides tenha postulado uma "terceira via" de pesquisa quanto aquela, igualmente controversa,

de que tenha concedido valor epistêmico mínimo à cosmologia exposta na segunda parte do poema.

38. Esse aspecto foi bem trabalhado por Tulli, 1993 e 2000. Cf. também Diller, 1946, p. 142.

39. Cf. Burkert, 1969 (mas também Gilbert, 1907, e um aceno em Gernet, 1945, p. 349). O último fruto desse filão de estudos é Gemelli Marciano (2008), cuja bibliografia também é útil. Destaco ainda a possibilidade de confrontos entre a topografia do proêmio e o itinerário do Além descrito nas lâminas órficas: como nelas ao defunto iniciado, também a Parmênides é apresentada uma bifurcação de vias, uma de conhecimento salvador, a outra frequentada pelos não iniciados, a ser evitada: cf. Morrison, 1955; Sassi, 1988; Pugliese Carratelli, 1988, com a proposta de identificar a deusa com Mnemósine; e também Cassio, 1996, pela demonstração de uma "solidariedade linguística" entre Parmênides e os textos das lâminas.

40. Cf. Cerri, 1995; e 1999, pp. 96-110; Kingsley, 1999, pp. 104 ss. e 272-3; 2003, pp. 217 ss., 272-3 e 578; e Seaford, 2004, p. 264. Com ulteriores referências ao contexto histórico de Eleia/Vélia, tomei posição sobre esse ponto em Sassi (2006b, pp. 112-3).

41. A perplexidade expressa por Granger (2008, pp. 7 ss.) se vincula a uma indeterminação notada tanto na topografia do proêmio quanto nos seus personagens principais (anônimos); poder-se-ia objetar que essa imprecisão é apropriada à narrativa de uma experiência visionária, de traços oníricos.

42. Cf., por exemplo, Blank, 1982, especialmente pp. 168 e 177. Laks (2003, p. 21) vê na operação de Parmênides uma "transposição" (categoria por certo atraente, que ele toma emprestado de Gernet, cf. Laks, 1998, p. 280).

43. Cf., por exemplo, Robbiano (2006), que examina com argúcia (e salva a potencialidade filosófica do poema de Parmênides) aquela que é, a seu ver, uma estratégia retórica, pronta a atrair o público a um processo de aprofundamento que é também de *identificação* com o Ser. Contudo, ao contrário, para Morgan (2003, pp. 67-88), a construção mitológica do proêmio tem o escopo (metalinguístico) de levar atenção à própria falsidade. Interpretações como essas e outras semelhantes, porquanto atentas, refletem o pressuposto de que o mundo de Parmênides é um mundo de *lógos*, no qual o *mýthos* é, afinal, reduzido à referência da qual se deve tomar distância ou a instrumento linguístico. Nenhuma afirmação explícita de Parmênides autoriza esse pressuposto, por isso prefiro trabalhar com a hipótese de um contato *vivo* de Parmênides com os seus referenciais tradicionais.

44. Cf. especialmente Kingsley, 2003; Gemelli Marciano, 2008.

45. A puro título de exemplo, limito-me a citar Owen (1960). Curd (2002, pp. 118-9) chama de "hiper-racional" a tendência que visa, de forma anacrônica, a entrever no pensamento pré-socrático elementos de racionalidade e método concebíveis apenas depois da revolução científica, e define como "hiporracional" o extremo oposto, uma abordagem como a de Peter Kingsley. Aqui se quer tentar uma mediação, ainda que complexa, entre as duas posições.

46. Para interpretação e contextualização do fragmento 7, sigo Lesher (1984): um estudo que, apesar de ser muito citado, apresenta elementos que aguardam ainda a justa valorização (penso sobretudo na identificação de um aspecto expressivo, que joga com a imagem de uma competição de carros, metáfora da dificuldade de governar com segurança, sem derrapar, o percurso da investigação). Cf. também Lesher, 1999, pp. 238-9; e para uma leitura diversa do fragmento 7 (mas convergente, ao sublinhar o exercício de razão crítica requerido pela deusa) Cordero, 1990.

47. Cf. Curd, 2002, pp. 124-5 e 133-5. Sobre Heráclito, cf. neste volume, pp. 166 ss. e 233-4. Note-se que Cornford (1952) vê em Parmênides um "profeta" da lógica (p. 117), e não encontra incompatibilidade entre inspiração e formulação de um "pensamento [...] metafísico, trabalho com conceitos abstratos de ser e unidade" (p. 118). Esses juízos são lidos em um capítulo dedicado ao "filósofo como sucessor do poeta-mago" (pp. 107-26), no qual o destaque é dado à unidade de visão religiosa e científica em Parmênides, Pitágoras, Empédocles e Heráclito.

48. Granger, 2008, p. 16.

49. De Empédocles já se disse algo a propósito neste volume, p. 208. Curd (1998) ratificou essa linha de desenvolvimento com uma análise atenta e convincente, em um quadro por vezes redutivo, por indicar no âmbito cosmológico e científico o único interesse de Parmênides.

50. Cf. Ferrari, 2007, pp. 97-114. A ideia de uma difusão do poema nos circuitos da poesia arcaica pode encontrar apoio na hipótese (D'Alessio, 1995) de que a imagem parmenidiana da carruagem da poesia tenha influenciado Píndaro na própria *Olímpica* (datável num arco temporal entre 476 e 468 a.C.; pode-se supor que a composição do poema de Parmênides seja anterior, se aceitarmos a cronologia de Apolodoro que situa a *akmé* de Parmênides em torno de 500 a.C., e não a que se deduz do ambiente do *Parmênides* platônico (cf. neste volume, p. 141) que convidaria a uma datação mais baixa).

51. Sobre a linguagem de Empédocles, são fundamentais tanto Gemelli Marciano (1990) quanto Bordigoni (2004; cf. especialmente pp. 257-63 sobre a reelaboração de nexos formulares).

52. Sobre a relação Lucrécio-Empédocles, cf. Cherniss, 1977, pp. 21-3; Sedley, 1998, pp. 2-34.

53. Deixando de lado a desvalorização aristotélica da metáfora como instrumento heurístico, note-se a funcionalidade das imagens de Empédocles, radicadas em um proceder de tipo analógico, ao descrever e explicar o cosmos. Cf., além de Lloyd, 1966, pp. 327-9; Wright, 1998, pp. 20-2.

54. Como nota Palumbo (2007), no curso de um atento exame dos juízos aristotélicos sobre o Empédocles poeta, percebemos o eco da condenação platônica e aristotélica da falsificação retórica (sabe-se que Aristóteles, no *Sofista*, fr. 65 Rose, põe Empédocles como "inventor" da retórica), mas também da identificação da ambiguidade como "registro da poética". Se recordarmos que na construção do primeiro livro da *Metafísica* a qualidade linguística da filosofia é, ao contrário, a clareza (cf. neste volume, pp. 63-4), parece-nos bastante evidente a postura refratária de Empédocles relativa aos critérios da classificação aristotélica do saber.

55. Cf. Obbink, 1993, pp. 70-6 e 79, n. 61.

56. Cf. Scodel, 1996, p. 60.

57. Cf. Velardi, 2004, p. 208.

58. Se não virtualmente todo o gênero humano. Bollack (2001, pp. 183-4) explica exatamente assim o surgimento problemático de vozes verbais na primeira pessoa do plural.

59. Recorde-se que a mais antiga menção de Empédocles está contida no capítulo 20 do texto hipocrático *Sobre a antiga medicina* (últimas décadas do século V a.C.).

60. A tese esotérica que aqui é refutada (sem refutar a ideia de um Empédocles "mago") é já observada em Kahn (1960, pp. 431-2; e 1974), depois, sustentada por Kingsley (1995, pp. 347-76; 2002, especialmente, pp. 347-8; 2003, pp. 322-5) e por Gemelli Marciano (2001, pp. 205-7; 2006, pp. 664 ss.). É acolhida, ademais, por Primavesi (2001, p. 5). Kingsley (1995, p. 357) resolve o problema da circulação do escrito afirmando que não era necessário mantê-lo secreto, tendo em vista que seu caráter incompreensível para os não iniciados já o protegia suficientemente; ainda assim, não vejo motivos para que o texto saísse pela primeira vez do contexto iniciático, para não dizer (ao fim e ao cabo, é essa a premissa de Kingsley) que toda a história de sua recepção é fruto de um enorme mal-entendido.

61. Cf. Calzolari (1984) para uma leitura dos fragmentos 2 e 3 atenta aos elementos de desvalorização do conhecimento humano típico da tradição poética, no sentido que tentamos evidenciar neste volume, pp. 229-30. O adjetivo *ephemérios*, do verso 4 do fragmento 3, vale como termo-chave desta leitura.

62. Sobre a hipótese (de Diels) de que a referência seja a Parmênides, que se apresenta como depositário de uma verdade absoluta comunicada diretamente pela divindade, voltou com bons argumentos em Calzolari (1984). É necessário prestar contas à objeção de Trépanier (2004, p. 58), segundo a qual uma acusação de *manié* parece muito forte "para um homem ao qual o pensamento de Empédocles devia tanto"; mas não excluiria que, em um contexto de competição pelo favoritismo do público, mesmo um sábio do qual se reconheça, em seu íntimo, a influência possa ser atacado pela vertente da fundação do saber. A outra objeção de Trépanier, de que o genitivo plural faz pensar em mais indivíduos, parece menos eficaz se lembrarmos que Parmênides não era, em todo caso, o único a reivindicar uma relação direta com verdades reveladas em contextos além-mundo. É sem dúvida mais difícil cogitar (como faz Trépanier) que Empédocles aluda a uma loucura *própria*, consistente em algum tipo de transgressão ritual.

63. A tradução dos oito primeiros versos é de Cerri (2001, p. 191), com apenas uma modificação: Cerri traduz *sophíe* por "sabedoria poética", enquanto prefiro "sabedoria" em geral. A esse trabalho remeto também por conta de um comentário ao fragmento 3 (cf. ainda Cerri, 2004). Note-se em Most (2007, pp. 291-2) uma ligação com o proêmio da *Teogonia* de Hesíodo.

64. Cf. Kahn, 1960, pp. 429-30, e 1974; Obbink, 1993, pp. 59-64 (também para outras referências de Empédocles à Musa, por exemplo no fr. 4); Trépanier, 2004, pp. 57-9 (note-se, todavia, que o estudioso trabalha com a hipótese de um único poema, que aqui se considera, ainda que interessante, pouco provável; cf. neste volume, p. 207).

65. O primeiro ponto foi notado por Wildberg, 2001, p. 55; o segundo por Broadie, 1999, p. 218.

66. Cf. neste volume, p. 210.

67. Cf. Martin e Primavesi, 1999, pp. 113-4; Curd, 2001, p. 31; Gemelli Marciano, 2001, pp. 223-9; e 2002, pp. 106-9. Contra, cf. Bollack, 2001, p. 175.

68. No fragmento 129, citado neste volume, p. 237.

69. Por exemplo, Primavesi (2001) reafirmou a pertinência do fragmento 115 ao poema catártico, também com base no caráter esotérico atribuído ao outro texto; enquanto Trépanier (2004) o põe em posição inicial do *único* poema do qual Empédocles seria autor, segundo a sua hipótese de trabalho. Meu raciocínio consciente se limita à relação entre os passos de caráter justificativo.

70. Segundo a hipótese de Sedley, 1998, pp. 4-5.

71. Cf. Trépanier, 2004, pp. 48-9.

72. Cf. Stehle, 2005. Para além dessa hipótese, permanece precioso para esse fragmento o comentário pontual de Bollack, 2003, pp. 52-7.

73. Traduzo um pouco livremente de Stehle, 2005, p. 261. Sobre a conexão entre a crença na metempsicose e a afirmação de ter se tornado deus, que se lê nos primeiros versos do fragmento 112, cf. neste volume, pp. 211 ss.

74. Cf. neste volume, pp. 42-50. Prefiro não evocar aqui — como se fez com frequência sob o influxo de Cornford e Dodds — a categoria do xamanismo, cuja aplicação ao contexto histórico e cultural da Grécia arcaica é virtualmente interessante, mas também muito problemática.

75. Nessa construção é antes o empirismo dos médicos hipocráticos a fazer digna oposição à corrente sapiencial.

76. Cornford, 1952, p. 109 (tradução minha). Nessa passagem, age a noção, por muito tempo celebrada, de uma "filosofia itálica", caracterizada por peculiar inclinação religiosa, contra uma "filosofia jônica", voltada para a investigação empírica: sobre a história e os limites desse esquema historiográfico, cf. Sassi, 1994 e 2011.

77. Cf. Gernet, 1945. Detienne (1967) cita numerosos estudos de Gernet, mas o débito é mais evidentemente reconhecido em Detienne, 1994, pp. 8-9.

78. A crítica a Heidegger é explícita em Detienne, 1994, pp. 20-2.

79. Cf. id., 1967, p. 112 (com remissão a Vernant).

80. Brevidade contestada também por Caveing (1969, pp. 95-7), mesmo numa interpretação de juízo positivo sobre as linhas gerais da construção (mas Caveing evoca a necessidade de considerar outros âmbitos intelectuais, em especial o desenvolvimento das técnicas da demonstração matemática, para explicar o emergir, com Parmênides, da "exigência racional").

81. Certo que, segundo Detienne (1967, p. 105), a postura da vidente é fruto de uma mise en scène de Parmênides.

82. Um fundamental estudo de Cole (1983) mostrou que nos textos da poesia arcaica é documentado tanto o sentido de uma verdade "recordada" (único presente em Homero) quanto o de uma verdade "que não escapa"; em todo caso (e este é o ponto essencial), é frequente uma forte referência à dimensão subjetiva (contra Heidegger) e a uma organização racional do discurso (contra Detienne).

83. Gernet, 1945, p. 350. Suspeito que Gernet retome implicitamente, de Auguste Diès, a feliz ideia de uma "transposição" de noções do misticismo à filosofia (cf. neste volume, p. 310, n. 37). A ausência de uma referência nesse sentido é compreensível — fez-me notar Riccardo Di Donato — em um trabalho desprovido de bibliografia, escrito por Gernet.

84. Cf. ibid., p. 359.

85. Vernant, 1966, pp. 207-8. A influência de Gernet em Vernant não precisa ser demonstrada, mas cf. Sassi, 2007, p. 194, n. 7. Para a atenção crítica dada por Vernant à obra de Cornford, cf. neste volume, pp. 291, n. 36, e 296, n. 25; e Sassi, 2007, pp. 202 ss.

86. Nessa tipologia não se enquadra o autor de Derveni, que apresenta suas ideias cosmológicas como fruto exegético de um poema teogônico atribuído por ele mesmo a Orfeu. Empédocles, ao contrário, como bem escreveu Betegh (2001, p. 67), "não é o *exeghetés* do poeta divino; o poeta divino *é ele mesmo*".

87. As duas vias voltarão a se unir no *Timeu* de Platão, isto é, exatamente onde terá lugar a junção entre dimensão cosmológica e escatológica da alma (cf. neste volume, p. 217).

88. Cf. neste volume, pp. 120 ss.

89. Sobre o jogo de proximidade e afastamento posto em ato por Heródoto relativo à expressão poética, tanto em plano formal quanto no dos temas enfrentados, cf. Marincola, 2006.

90. Sobre as propriedades da prosa, cf. neste volume, pp. 143 ss. Para um exame aprofundado do estilo dos autores mencionados, cf. Schick, 1955b, pp. 123-35; e 1955-6; Nieddu, 1993.

91. Cf. Mansfeld, 1995; Gemelli Marciano, 2002, pp. 86-8; e 2007a, pp. 29-33. É interessante a hipótese de que também o fragmento de Protágoras sobre o homem-medida se coloque logo no início da obra: hipótese que convida a buscar também neste texto a refutação programática de um saber inspirado pelos deuses. Cf. Corradi, 2007.

92. Cf. Thomas, 2003.

93. Cf. ibid., 1996; e 2000, pp. 235-48; Luraghi, 2006. Por outro lado, é óbvio, esse estilo "personalista" contrasta com aquele impessoal de Aristóteles. Cf. Van der Eijk, 1997, pp. 115-9.

94. Cf. neste volume pp. 68-72.

95. Cf. Jennings e Katsaros, 2007.

96. Sexto Empírico (*Esboços pirronianos*, III, 30 = 41 A 5 DK) atribui a Enópides uma identificação das *archái* em fogo e ar, relembrada como *dóxa* (anonimamente) também por Lucrécio, I, 713.

97. Sobre a complexa tradição da *dóxa* de Enópides, cf. Gemelli Marciano, 1993. Cf. também Bodnár, 2007.

98. Cf. Thomas, 2000, pp. 136 ss.; e 2006. Outros casos de "transversalidade": a longa descrição do sistema vascular oferecida por Diógenes de Apolônia, da qual Lloyd (2006) destacou a importância; a presença de temas zoológicos tanto em Demócrito quanto na literatura médica (cf. Perilli, 2007b); o interesse pelo estudo da natureza, em geral subvalorizado, por alguns sofistas (cf. Bonazzi, 2006; para Antifonte, cf. neste

volume, pp. 69-70); e os ulteriores casos considerados em Cambiano (1997). Talvez o mais notável entre todos, de influxo decerto mais geral, o fato de que até o final do século V a.C. a reflexão sobre a causalidade atravessa o pensamento historiográfico e (de modo mais decisivo) o pensamento médico, para surgir aqui na filosofia do século IV a.C. Cf. Vegetti, 1999; Jouanna, 2005.

99. Cf. Leszl, 2007, especialmente pp. 13-4.

100. Sobre a polêmica de Heráclito contra a *polymathíe*, cf. neste volume, pp. 168 ss.

101. À notícia de que teria sido Pitágoras o criador do termo *philosophía* (Aécio, I, 3, 8 = 58 B 15 DK) não se dá grande crédito. Ela é fruto daquela mesma projeção para o passado, sobre figuras exemplares do período pré-platônico, de um ideal de vida dedicada à especulação intelectual. Sobre esse procedimento retrospectivo, que faz atribuir a Pitágoras também um vínculo memorável entre a atividade filosófica e a contemplação desinteressada de uma celebração religiosa (*theoría*), cf. neste volume, pp. 9 e 33-4; Sassi (1991); e Nightingale, 2004, pp. 17-22.

102. A concepção que Heródoto tem de si mesmo como historiador encontrou a atenção de Marincola, 2006; Fowler, 2006; Luraghi, 2006. Bouvier (1997, pp. 49 ss.) nota que, todavia, Heródoto e Tucídides (e Xenofonte) parecem trabalhar cada um "por conta própria", sem ser ligados pelo desafio *comum* do reconhecimento da existência da história como disciplina, e a isso acompanha a lentidão com que se atesta *historía* como o seu nome oficial (é indicativo, ademais, que esse termo não se leia nunca em Tucídides). O processo de autorreconhecimento da filosofia é, em todo caso, mais tardio.

103. Para uma interessante análise sociológica da competição pela *paidéia* que ocorre entre Platão e os sofistas, cf. Böhme, 1986.

104. Para a avaliação dessa atestação do termo *philosophía* e outros mais ou menos contemporâneos, cf. Laks, 2002, 2005a, 2005b e 2006, pp. 55-81; sobre essa delicada fase de transição, Laks escreveu coisas muito perspicazes. Elas contradizem a tese de Nightingale (1995) segundo a qual o nascimento da filosofia é um construto artificial, que se deve fundamentalmente a Platão.

105. Retomo essa imagem de Pellegrin, 2006, p. 664 (cf. pp. 664-9 sobre a "reputação teorética" experimentada pela medicina hipocrática, por isso "inimiga natural", nesse sentido, da filosofia). As referências de *Sobre a antiga medicina* ao "estudo da natureza" são examinadas pela atenta leitura de Vegetti, 1998; Heinemann, 2000; Schiefsky, 2005b. Para um comentário detalhado do capítulo 20, cf. Schiefsky, 2005a, pp. 298 ss.

106. Cf. neste volume, p. 267.

107. Cf. Leszl, 2006.

Posfácio: Dez anos depois [pp. 279-87]

1. Posfácio à edição revista de 2020. [N. E.]
2. Para uma análise pontual da questão, retomo a *Discussion* que ocorreu em maio de 2017, quando da apresentação da obra no Centre Léon Robin, em Paris, publicada em *Philosophie Antique*, v. 18, 2018: exposição dos critérios de G. Most, "Éditer les premiers philosophes grecs: Hier, aujourd'hui, demain", pp. 247-67; debate sobre M. M. Sassi, "Bienvenue sur notre bureau! Petit guide pour accueillir la nouvelle édition des textes de la tradition 'présocratique'", pp. 271-9.
3. As vantagens de uma abordagem inclusiva para compreender o desenvolvimento filosófico desse período estão evidenciadas no livro de A. Gregory, *The Presocratics and the Supernatural: Magic, Philosophy and Science in Early Greece* (Londres/ Nova York: Bloomsbury Academic, 2013). Aqui, em particular, deu-se espaço aos tratados *Sobre a doença sagrada* e *Sobre o regime* a partir da análise das afinidades apresentadas pelos médicos e naturalistas ao aproximar o problema da presença do divino na natureza (sobre isso, cf. neste volume, pp. 87-94).
4. Mais precisamente *Les débuts de la philosophie: Des premiers penseurs grecs à Socrate*. A consonância entre esse título francês e o outro, dado anos antes a este livro (em que continuo utilizando, todavia, o termo "pré--socrático" por sua comodidade) pode ser lida como uma confirmação de congruência de perspectivas.
5. Na resenha da tradução inglesa (*The Beginnings of Greek Philosophy*. Princeton/ Oxford: Princeton University Press, 2018) em *New York Review of Books*, pp. 55-7, 27 jun. 2019.
6. Cf. neste volume, p. 119. Outro critério de distinção muito importante, em que havia concentrado a atenção, é o interesse por "todas as coisas": cf., por exemplo, neste volume, pp. 60-3.
7. Nessa direção, trabalhou com muito êxito, Mauro Bonazzi, de quem indico ao menos a monografia de síntese *I Sofisti* (Roma: Carocci, 2010).
8. Os autores dos ensaios presentes em *Méthexis*, n. 24, 2011 (segundo a sequência em que aparecem) são, além desta que escreve, A. Macé, P. Ponchon, P. Demont, A. Brancacci, A. Balansard, A. Capra e S. Martinelli Tempesta. Alhures, dediquei, em um segundo momento, atenção à consolidação do intelectualismo ético de Sócrates em uma viva discussão com a cultura poética e sofista da Atenas de seu tempo. Cf. M. M. Sassi, *Indagine su Socrate: Persona filosofo citadino* (Turim: Einaudi, 2015, particularmente pp. 145-62); "Socrate salvato dal suo isolamento: La 'discussione' con Socrate, Euripide e Gorgia sulla volontà morale", em F. de Luise e I. Zavattero (Orgs.), *La volontà*

dell'azione fra Antichità e Medioevo (Trento: Università degli Studi di Trento, 2019), pp. 63-86.

9. Cf. neste volume, pp. 207-8. Em Laks e Most, o fragmento aparece como D73 no capítulo 22 dedicado a Empédocles.

10. Cf. neste volume, pp. 180-1. Para o texto das colunas I-VI do papiro, Laks e Most se basearam no trabalho de edição de Valeria Piano, que, por sua vez, chegou a uma conclusão bem-sucedida no quadro de um riquíssimo trabalho de análise e comentário. Cf. V. Piano, *Il papiro di Derveni tra religione e filosofia* (Florença Olschki, 2016). É oportuno lembrar que um volume pioneiro de estudos sobre o papiro foi organizado pelos próprios A. Laks e G. Most: *Studies on the Derveni Papyrus* (Oxford: Claredon, 1997).

11. Cf. neste volume, pp. 238-58.

12. J. Warren, "Gli inizi della filosofia: in Grecia by M.M Sassi". *Jornal of Hellenic Studies*, v. 130, pp. 271-2, 2010.

13. X. Gheerbrant, "Prose, poésie, modes de signification et modes de rationalité aux origines de la philosophie". *Revue des Études Anciennes*, v. 121, n. 2, pp. 467-84, 2019 (a frase citada encontra-se na p. 478).

14. Cf. id., *Empédocle, une poétique philosophique*. Paris: Garnier, 2017; id., "Le rhytme de la prose de Phérécyde de Syro: Mythographie en prose et poésie en héxamètre dactylique". *Mnemosyne*, v. 71, n. 3 pp. 367-83, 2018.

15. Cf. R. Seaford (Org.), *Unwerse and Inner Self in Early Indian and Early Greek Thought* (Edimburgo: Edinburgh University Press, 2016), p. 3. Como observa Seaford na p. 1, a limitação às civilizações que haviam dado início a tradições que poder-se-iam chamar filosóficas (grega, indiana, chinesa) exclui do discurso comparativo Israel e Ira, considerados, normalmente, participantes da profunda transformação intelectual que ocorreu na chamada "era axial" (sobre isso, cf. neste volume, pp. 15-6). Pode ser útil, além disso, restringir os limites dessa época em relação aos das era axial (800 a.C.-200 a.C.), antecipando, assim, seu ponto-final a 326 a.C., ano em que Alexandre Magno invade a Índia.

16. A comparação com a filosofia e a ciência chinesa tem um pedigree mais longo do que com o pensamento indiano, tendo sido iniciada com profética perspicácia por Geoffrey E. R. Lloyd desde os anos 1980. Entre os numerosos escritos de Lloyd nesse âmbito, menciono ao menos uma monografia da qual é autor junto com o sinólogo N. Sivin, já que se encontra também a edição italiana: *The Way and the Word: Science and Medicine in Early China and Greece* (New Haven: Yale University, 2002). [Trad. it.: *Tao e logos. Scienze e medicina nell'antichità: Cina e Grecia*. Org. de L. Perilli. Pisa: Edizioni della Normale, 2009.]

Referências bibliográficas

ACKERMAN, Robert. *The Myth and Ritual School: J. G. Frazer and the Cambridge Ritualists*. Nova York/Londres: Garland, 1991.

ADOMENAS, Mantas. "Heraclitus on Religion". *Phronesis*, v. 44, n. 2, pp. 87-113, 1999.

_____. "Plato, Presocratics, and the Question of Intellectual Genre". In: SASSI, Maria Michela (Org.). *La costruzione del pensiero filosofico nell'età dei presocratici*. Pisa: Edizioni della Normale, 2006. pp. 329-53.

ALGRA, Keimpe. "The Beginnings of Cosmology". In: LONG, Anthony A. (Org.). *The Cambridge Companion to Early Greek Philosophy*. Cambridge: Cambridge University Press, 1999. pp. 45-65.

ALLAN, William. "Divine Justice and Cosmic Order in Early Greek Epic". *Journal of Hellenic Studies*, v. 126, pp. 1-35, 2006.

ALTHOFF, Jochen (Org.). *Philosophie und Dichtung im antiken Griechenland. Festschrift für Wolfgang Kullmann*. Stuttgart: Franz Steiner, 2007.

_____; HERZHOFF, Bernhard; WÖHRLE, Georg (Orgs.). *Antike Naturwissenchaft und ihre Rezeption X*. Tréveris: WVT, 2000.

_____. *Antike Naturwissenchaft und ihre Rezeption XI*. Tréveris: WVT, 2000.

ANDRISANO, Angela Maria (Org.). *Biblioteche del mondo antico: Dalla tradizione orale alla cultura dell'Impero*. Roma: Carocci, 2007.

ANTON, John P.; KUSTAS, George K. (Orgs.). *Essays in Ancient Greek Philosophy*. Albany: State University of New York Press, 1971.

ARRIGHETTI, Graziano. "Fra purificazione e produzione letteraria: La Teogonia di Epimenide". In: FEDERICO, Edoardo; VISCONTI, Amedeo (Orgs.). *Epimenide cretese*. Roma: Scienze e Lettere, 2002. pp. 217-25.

_____. *Poesia, poetiche e storia nella riflessione dei Greci*. Pisa: Giardini, 2006.

_____ et al. *Aspetti di Hermann Usener filologo della religione*. Pisa: Giardini, 1982.

_____; MONTANARI, Franco (Orgs.). *La componente autobiografica nella poesia greca e latina fra realtà e artificio letterario*. Pisa: Giardini, 1993.

_____; TULLI, Mauro (Org.). *Letteratura e riflessione sulla letteratura nella cultura classica*. Pisa: Giardini, 2000.

ASPER, Markus. "Stoicheia und Gesetze. Spekulationen zur Entstehung mathematischer Textformen in Griechenland". In: ALTHOFF, Jochen; HERZHOFF, Bernhard; WÖHRLE, Georg (Orgs.). *Antike Naturwissenchaft und ihre Rezeption XI*. Tréveris: WVT, 2000. pp. 73-106.

_____. "Law and Logic: Towards an Archaeology of Greek Abstract Reason". *AION, Annali dell'Università degli Studi di Napoli "L'Orientale"*, v. 26, pp. 73-94, 2004.

_____. *Medienwechsel und kultureller Kontext. Die Entstehung der griechischen Sachprosa*. In: ALTHOFF, Jochen (Org.). *Philosophie und Dichtung im antiken Griechenland. Festschrift für Wolfgang Kullmann*. Stuttgart: Franz Steiner, 2007. pp. 67-102.

ASSMANN, Jan. *Das kulturelle Gedächtnis. Schrift, Erinnerung und politische Identität in frühen Hochkulturen*. Munique: Beck, 1992. [Ed. it.: *La memoria culturale. Scrittura, ricordo e identità politica nelle grandi civiltà antiche*. Trad. de Francesco De Angelis. Turim: Einaudi, 1997.]

ATHERTON, Catherine (Org.). *Form and Content in Didactic Poetry*. Bari: Levante, 1998.

AVERINCEV, Sergej S. *Atene e Gerusalemme: Contrapposizione e incontro di due principi creativi*. Roma: Donzelli, 1994.

AX, Wolfram; GLEI, Reinhold F. R. F. (Orgs.). *Literaturparodie in Antike und Mittelalter*. Tréveris: WVT, 1993.

BAKKER, Egbert J. (Org.). *Grammar as Interpretation: Greek Literature in Its Linguistic Context*. Leiden: Brill, 1997.

BALAUDÉ, Jean-François. *Hippias le passeur*. In: SASSI, Maria Michela (Org.). *La costruzione del pensiero filosofico nell'età dei presocratici*. Pisa: Edizioni della Normale, 2006. pp. 287-304.

BARNES, Jonathan. *The Presocratic Philosophers II: Empedocles to Democritus*. Londres: Routledge & Kegan Paul, 1979.

BAUMGARTEN, Roland. *Heiliges Wort und Heilige Schrift bei den Griechen. Hieroi Logoi und verwandte Eischeinungen*. Tübingen: Gunter Narr, 1998.

BEALL, E. F. "Hegel and the Milesian 'Origin of Philosophy'". *Classical and Modern Literature*, v. 13, n. 3, pp. 241-56, 1993.

BEARD, Mary. *The Invention of Jane Harrison*. Cambridge: Harvard University Press, 2000.

BEARE, John I. *Greek Theories of Elementary Cognition from Alcmaeon to Aristotle*. Oxford: Oxford University Press, 1906.

BEHRENDS, Okko; SELLERT, Wolfgang (Orgs.). *Nomos und Gesetz. Ursprünge und Wirkungen des griechischen Gesetzes-denkens*. Göttingen: Vandenhoeck; Ruprecht, 1995.

BERNABÉ, Alberto. "La Teogonia di Epimenide". In: FEDERICO, Edoardo; VISCONTI, Amedeo (Orgs.). *Epimenide cretese*. Roma: Scienze e Lettere, 2002a. pp. 195-225.

BERNABÉ, Alberto. "Orphisme et présocratiques: Bilan et perspectives d'un dialogue complexe". In: LAKS, André; LOUGUET, Claire (Orgs.). *Qu'est- -ce que la philosophie présocratique?*. Lille: Presses Universitaires de Septentrion, 2002b. pp. 205-247.

_____. "L'âme après la mort: Modèles orphiques et transposition platonicienne". *Études platoniciennes*, v. 4, n. 4, pp. 25-44, 2007.

_____; Gautier, Paul (Orgs.). *Poetae Epici Graeci. Testimonia et fragmenta*, II. Berlim: De Gruyter, 2004.

BERTELLI, Lucio. "Nomos, scrittura e identità civica". In: CARILLO, Gennaro (Org.). *Unità e disunione della polis*. Avellino: Sellino, 2007. pp. 23-65.

BERTI, Enrico. *La filosofia del "primo" Aristotele*. Milão: Vita e Pensiero, 1997.

BETA, Simone (Org.). *I poeti credevano nelle loro Muse?*. Fiesole: Cadmo, 2006.

BETEGH, Gábor. "Empédocle, Orphée et le papyrus de Derveni". In: MOREL, Pierre-Marie; PRADEAU, Jean-Françoise (Orgs.). *Les anciens savants: Études sur les philosophies préplatoniciennes*. Estrasburgo: Presses Universitaires de Strasbourg, 2001. p. 45-70.

_____. *The Derveni Papyrus: Cosmology, Theology and Interpretation*. Cambridge: Cambridge University Press, 2004.

_____. "Eschatology and Cosmology: Models and Problems". In: SASSI, Maria Michela (Org.). *La costruzione del pensiero filosofico nell'età dei presocratici*. Pisa: Edizioni della Normale, 2006a. pp. 27-50.

_____. "Greek Philosophy and Religion". In: GILL, Mary Louise; PELLEGRIN, Pierre (Orgs.). *A Companion to Ancient Philosophy*. Malden: Blackwell, 2006b. pp. 625-39.

_____. "On the Physical Aspect of Heraclitus' Psychology". *Phronesis*, v. 52, n. I, pp. 3-32, 2007.

BETTINI, Maurizio (Org.). *I signori della memoria e dell'oblio: Figure della comunicazione nella cultura antica*. Florença: La Nuova Italia, 1996.

BIERL, Anton; LÄMMLE, Rebecca; WESSELMANN, Katharina (Orgs.). *Literatur und Religion. Wege zu einer mythisch-rituellen Poetik bei den Griechen*. 2 v. Berlim: De Gruyter, 2007.

BLANK, David L. "Faith and Persuasion in Parmenides". *Classical Antiquity*, v. I, n. 2, pp. 167-77, 1982.

BLUMENBERG, Hans. *Das Lachen der Thrakerin. Eine Urgeschichte der Theorie*. Frankfurt: Suhrkamp, 1987. [Ed. it.: *Il riso della donna di Tracia: Una preistoria della teoria*. Bolonha: Il Mulino, 1988.]

BODEI, Remo Hermann. "Usener nella filosofia moderna: Tra Dilthey e Cassirer". In: ARRIGHETTI, Graziano et al. *Aspetti di Hermann Usener filologo della religione*. Pisa: Giardini, 1982. pp. 23-42.

BODNÁR, István M. *Oenopides of Chius: A Survey of the Modern Literature with a Collection of the Ancient Testimonia*. Berlim: Max-Planck-Institut, 2007.

Disponível em: <www.mpiwg-berlin.mpg.de/Preprints/P327.PDF>.
Acesso em: 30 set. 2024.

BÖHME, Gernot. "Demarcation as a Strategy of Exclusion: Philosophers and Sophists". In: _____; STEHR, Nico (Orgs.). *The Knowledge Society: The Growing Impact of Scientific Knowledge on Social Relations*. Dordrecht: D. Reidel, 1986. pp. 57-66.

_____; STEHR, Nico (Orgs.). *The Knowledge Society: The Growing Impact of Scientific Knowledge on Social Relations*. Dordrecht: D. Reidel, 1986.

BOLLACK, Jean. *La Grèce de personne: Les mots sous le mythe*. Paris: Seuil, 1997. [Ed. it.: *La Grecia di nessuno: Le parole sotto il mito*. Palermo: Sellerio, 2007.]

_____. "'Voir la Haine': Sur les nouveaux fragments d'Empédocle". *Methodos*, n. 1, pp. 173-85, 2001.

_____ (Org.). *Empédocle: Les Origines*. 4 v. Paris: Minuit, 1965-9.

_____ (Org.). *Empédocle: Les Purifications. Un projet de paix universelle*. Paris: Seuil, 2003.

BOLTON, James. *Aristeas of Proconnesus*. Oxford: Clarendon, 1962.

BONANATE, Ugo. "I filologi dell'inquietante". *Rivista di Filosofia*, v. 65, n. 4, pp. 272-308, 1974.

BONAZZI, Mauro. "La realtà, la legge e la concordia secondo Antifonte". *Quaderni di Storia*, n. 64, pp. 117-39, 2006.

BORDIGONI, Carlitria. "Empedocle e la dizione omerica". In: ROSSETTI, Livio; SANTANIELLO, Carlo (Orgs.). *Studi sul pensiero e sulla lingua di Empedocle*. Bari: Levante, 2004. pp. 199-289.

BORGEAUD, Philippe (Org.). *Orphisme et Orphée: En l'honneaur de Jean Rudhart*. Genebra: Droz, 1991.

BORSCHE, Tilman. "Nietzsches Erfindung der Vorsokratiker". In: SIMON, Joseph (Org.). *Nietzsche und die philosophische Tradition*. Wurtzburgo: Königshausen e Neumann, 1985. pp. 62-87.

BOSS, Gilbert (Org.). *Métaphysique, histoire de la philosophie: Recueil d'études offert à Fernand Brunner*. Genebra: La Baconnière, 1981.

BOTTÉRO, Jean. "Religiosité et raison en Mésopotamie". In: _____; HERRENSCHMIDT, Clarisse; VERNANT, Jean-Pierre. *L'Orient ancien et nous: L'écriture, la raison, les dieux*. Paris: Albin Michel, 1996. pp. 17-91.

_____; HERRENSCHMIDT, Clarisse; VERNANT, Jean-Pierre. *L'Orient ancien et nous: L'écriture, la raison, les dieux*. Paris: Albin Michel, 1996; Hachette, 1998.

_____; KRÄMER, Samuel Noah. *Lorsque les dieux faisaient l'homme: Mythologie mésopotamienne*. Paris; Gallimard, 1989. [Ed. it.: *Uomini e dèi della Mesopotamia: Alle origini della mitologia*. Turim: Einaudi, 1992.]

BOUDOURIS, Konstantine J. (Org.). *Ionian Philosophy*. Atenas: International Association for Greek Philosophy, 1989.

BOUFFARTIGUE, Jean; MÉLONIO, François (Orgs.). *L'Entreprise encyclopédique*. Paris: Centre de Sciences de la Littérature, 1997.

BOUQUET, Monique; MORZADEC, Françoise (Orgs.). *La Sibylle: Parole et représentation*. Rennes: Presses Universitaires de Rennes, 2004.

BOUVIER, David. "Mythe ou histoire: Le choix de Platon. Réflexions sur les relations entre historiens et philosophes dans l'Athènes classique". In: GUGLIELMO, Marcella; GIANOTTI, Gian Franco (Orgs.). *Filosofia, storia, immaginario mitologico*. Alexandria, Piemonte: Edizioni dell'Orso, 1997. pp. 41-64.

BRANCACCI, Aldo. "La notion de présocratique (Introduction, I)". In: DIXSAUT, Monique; BRANCACCI, Aldo (Orgs.). *Platon, source dês Présocratiques: Exploration*. Paris: Vrin, 2002. pp. 7-12.

_____; MOREL, Pierre-Marie (Orgs.). *Democritus: Science, the Arts, and the Care of the Soul*. Leiden: Brill, 2007.

BRAVO, Benedetto. "Un frammento della Piccola Iliade (P. Oxy 2510), lo stile narrativo tardo-arcaico, i racconti su Achille immortale". *Quaderni Urbinati di Cultura Classica*, XCVI, v. 67, n. I, pp. 49-114, 2001.

_____. "D'Homère à Callimaque: Transformation de la fonction des intellectuels dans la Cité qui se transforme". In: WESSELY, Anna (Org.). *Intellectuals and the Politics of the Humanities*. Budapeste: Collegium Budapest, 2002. pp. 19-30.

_____. "Testi iniziatici da Olbia Pontica (VI e V sec. a.C.) e osservazioni su Orfismo e religione civica". *Palamedes: A Journal of Ancient History*, v. 2, pp. 55-92, 2007.

BREGLIA PULCI DORIA, Luisa. "Osservazioni sulla Teogonia di Epimenide". In: FEDERICO, Edoardo; VISCONTI, Amedeo (Orgs.). *Epimenide cretese*. Nápoles: Luciano, 2001. pp. 279-311.

BRÉHIER, Émile. "Une nouvelle théorie sur les origines de la philosophie grecque". *Revue de Synthèse Historique*, v. 27, pp. 120-30, ago-out. 1913. In: _____. *Études de philosophie antique*. Paris: Presses Universitaires de France, 1955. pp. 33-43. Ver também: SASSI, Maria Michela. "Bréhier, Cornford e le origini della filosofia greca". *Storiografia: Supplemento Critico e Bibliografico*, Pisa, Roma, Istituti Editoriali e Poligrafici Internazionali, v. I, pp. 309-10, 1997.

BREMMER, Jan. *The Early Greek Concept of the Soul*. Princeton: Princeton University Press, 1983.

_____ (Org.). *Interpretations of Greek Mythology*. Londres: Croom Helm, 1987.

BRESSON, Alain. "Les cités grecques et leurs inscriptions". In: _____; COCULA, Anne-Marie; PÉBARTHE, Christophe (Orgs.). *L'écriture publique du pouvoir*. Paris: Boccard, 2005. pp. 153-68.

_____; COCULA, Anne-Marie; PÉBARTHE, Christophe (Orgs.). *L'écriture publique du pouvoir*. Paris: Boccard, 2005.

BRILLANTE, Carlo. "Le Muse tra verità, menzogna e finzione". In: BETA, Simone (Org.). *I poeti credevano nelle loro Muse?*. Fiesole: Cadmo, 2006. pp. 27-58.

BRISSON, Luc. *Platon: Les mots et les mythes*. Paris: Maspero, 1982.

_____. "Mythes, écriture et philosophie". In: MATTÉI, Jean-Françoise (Org.). *La naissance de la raison en Grèce*. Paris: Presses Universitaires de France, 1990. pp. 49-58.

_____. *Introduction à la philosophie du mythe I: Sauver les mythes*. Paris: Vrin, 1996.

BROADIE, Sarah. "Rational Theology". In: LONG, Anthony A. (Org.). *The Cambridge Companion to Early Greek Philosophy*. Cambridge: Cambridge University Press, 1999. pp. 205-25.

BRUNSCHWIG, Jacques; LLOYD, Geoffrey E. R. (Orgs.). *Le savoir grec: Dictionnaire critique*. Paris: Flammarion, 1996. [Ed. it.: *Il sapere greco: Dizionario critico*. Turim: Einaudi, 2005.]

BRUSCHI, Rita (Org.). *Gli irraggiungibili confini: Percorsi della psiche nell'età della Grecia classica*. Pisa: ETS, 2007.

BUGNO, Maurizio (Org.). *Senofane ed Elea tra Ionia e Magna Grecia*. Nápoles: Luciano, 2005.

BURKERT, Walter. "Iranisches bei Anaximandros". *Rheinisches Museum*, v. 106, pp. 97-134, 1963.

_____. "Das Prooimion des Parmenides und die Katabasis des Pythagoras". *Phronesis*, v. 14, pp. 1-30, 1969.

_____. *Lore and Science in Ancient Pythagoreanism*. Cambridge: Harvard University Press, 1972. [Ed. al.: *Weisheit und Wissenschaft. Studien zu Pythagoras, Philolaos und Platon*. Nuremberg: Hans Carl Editora, 1962.]

_____. "Eraclito nel papiro di Derveni: Due nuove testimonianze". In: ROSSETI, Livio (Org.). *Atti del Symposium Heracliteum 1981: Studi*. Chieti: Edizioni dell'Ateneo, 1983. pp. 37-42.

_____. "Oriental and Greek Mythology: The Meeting of Parallels". In: BREMMER, Jan. *The Early Greek Concept of the Soul*. Princeton: Princeton University Press, 1987. pp. 10-40.

_____. *The Orientalizing Revolution: Near Eastern Influence on Greek Culture in the Early Archaic Age*. Cambridge: Harvard University Press, 1992. [Ed. al.: *Die orientalisierende Epoche in der griechischen Religion und Literatur*. Heidelberg: Universitätsverlag Winter, 1984.]

_____. "Orientalische und griechische Weltmodelle von Assur bis Anaximandros". *Wiener Studien*, v. 107-8, pp. 179-86, 1994-5.

_____. *Da Omero ai Magi: La tradizione orientale nella cultura greca*. Veneza: Marsilio, 1999a.

_____. *The Logic of Cosmogony*. In: BUXTON, Richard (Org.). *From Myth to Reason? Studies in the Development of Greek Thought*. Oxford: Oxford University Press, 1999b. pp. 87-106.

BURKERT, Walter. *Kleine Schriften, VIII: Philosophica*. Org. de Thomas Alexander Szlezak e Karl-Heinz Stanzel. Göttingen: Vandenhoeck & Ruprecht, 2008.

BURNET, John. *Early Greek Philosophy*. 4. ed. Londres: A & C Black, 1930.

BURNYEAT, Myles F. "Postscript on Silent Reading". *Classical Quarterly*, v. 47, n. 1, pp. 74-6, 1997.

BUSCH, Stephan. "Lautes und leises Lesen in der Antike". *Rheinisches Museum*, v. 145, n. 1, pp. 1-45, 2002.

BUTTI DE LIMA, Paulo. *Platone. Esercizi di filosofia per il giovane Teeteto*. Veneza: Marsilio, 2002.

BUXTON, Richard (Org.). *From Myth to Reason? Studies in the Development of Greek Thought*. Oxford: Oxford University Press, 1999.

CAIRNS, Douglas L.; KNOX, Ronald A. (Orgs.). *Law, Rhetoric, and Comedy in Classical Athens: Essays in Honour of Douglas M. MacDowell*. Swansea: The Classical Press of Wales, 2004.

CALAME, Claude. "Qu'est-ce qui est orphique dans les Orphica? Une mise au point introductive". *Revue de l'Histoire des Religions*, v. 219, n. 4, pp. 385-400, 2002.

_____. *Pratiques poétiques de la mémoire: Représentations de l'espace-temps en Grèce ancienne*. Paris: La Découverte, 2006.

CALAME, Claude (Org.). *Alcman, Fragmenta*. Roma: Aedibus Athenaei, 1983.

CALDER III, William Musgrave (Org.). *The Cambridge Ritualists Reconsidered: Proceedings of the First Oldfather Conference, Held on the Campus of the University of Illinois at Urbana-Champaign, April 27-30, 1989*. Atlanta: Scholar Press, 1991.

CALZOLARI, Alessandro. "Il pensiero di Senofane tra sapienza ed empiria". *Studi Classici e Orientali*, v. 31, pp. 69-99, 1981.

_____. "Empedocle, frr. 2 e 3 Diels-Kranz". *Studi Classici e Orientali*, v. 34, pp. 71-81, 1984.

CAMASSA, Giorgio. "Aux origines de la codification écrite des lois en Grèce". In: DETIENNE, Marcel (Org.). *Les savoirs de l'écriture en Grèce ancienne*. Lille: Presses Universitaires de Lille, 1988. pp. 130-55.

_____; FASCE, Silvana (Orgs.). *Idea e realtà del viaggio: Il viaggio nel mondo antico*. Gênova: ECIG, 1991.

CAMBIANO, Giuseppe. "La sapienza greca di Giorgio Colli". *Rivista di Filosofia*, v. 71, pp. 157-62, 1980.

_____. "Patologia e metafora politica: Alcmeone, Platone, Corpus Hippocraticum". *Elenchos*, v. 3, n. 2, pp. 219-36, 1982.

_____. *La filosofia in Grecia e a Roma*. Bari: Laterza, 1983.

_____. *Storiografia e dossografia nella filosofia antica*. Turim: Tirrenia Stampatori, 1986.

_____. *Il ritorno degli antichi*. Bari: Laterza, 1988a.

CAMBIANO, Giuseppe. "Sapere e testualità nel mondo antico". In: ROSSI, Pietro (Org.). *La memoria del sapere*. Bari: Laterza, 1988b. pp. 69-98.

_____. "Il filosofo". In: SETTIS, Salvatore (Org.). *Noi e i Greci*. Turim: Einaudi, 1996. pp. 815-47. (Coleção I Greci: Storia Cultura Arte Società).

_____. "Unité du savoir et pluralité des savoirs en Grèce ancienne". In: BOUF-FARTIGUE, Jean; MÉLONIO, François (Orgs.). *L'entreprise encyclopédique*. Paris: Centre de Sciences de la Littérature, 1997. pp. 23-44. Ver também: _____. *Figure, macchine, sogni. Saggi sulla scienza antica*. Roma: Edizioni di Storia e Letteratura, 2006a. pp. 1-20.

_____. "Catastrofi naturali e storia umana in Platone e Aristotele". *Rivista Storica Italiana*, v. 114, n. 3, pp. 694-714, 2002.

_____. *Figure, macchine, sogni. Saggi sulla scienza antica*. Roma: Edizioni di Storia e Letteratura, 2006b.

_____; CANFORA, Luciano; LANZA, Diego (Orgs.). *Lo spazio letterario della Grecia antica*. v. I. *La produzione e la circolazione del testo*; v. II. *La polis*. Roma: Salerno, 1992.

_____. *Lo spazio letterario della Grecia antica*. v. I. *La produzione e la circolazione del testo*; v. II. *L'ellenismo*. Roma: Salerno, 1993.

CANTO, Monique; PELLEGRIN, Pierre (Orgs.). *Le style de la pensée: Recueil de textes en hommage à Jacques Brunschwig*. Paris: Les Belles Lettres, 2002.

CARDONA, Giorgio Raimondo. "Il sapere dello scriba". In: ROSSI, Pietro (Org.). *La memoria del sapere*. Bari: Laterza, 1988. pp. 3-27.

CARILLO, Gennaro (Org.). *Unità e disunione della polis*. Avellino: Sellino, 2007.

CASADIO, Giovanni. "La metempsicosi fra Orfeo e Pitagora". In: BORGEAUD, Philippe (Org.). *Orphisme et Orphée: En l'honneaur de Jean Rudhart*. Genebra: Droz, 1991. pp. 119-55.

CASERTANO, Giovanni. *La nascita della filosofia vista dai Greci*. Pistoia: Petite Plaisance, 2007; Nápoles: Il Tripode, 1977.

_____ (Org.). *Empedocle tra poesia, medicina, filosofia e politica*. Nápoles: Loffredo, 2007.

CASSIO, Albio Cesare. "Da Elea a Hipponion e Leontinoi: Lingua di Parmenide e testi epigrafici". *Zeitschrift für Papyrologie und Epigraphik*, v. 113, pp. 14-20, 1996.

_____; POCCETTI, Piero (Orgs.). *Forme di religiosità e tradizioni sapienziali in Magna Grecia*. Nápoles: AION, 1994.

CASTON, Victor M.; GRAHAM, Daniel W. (Orgs.). *Presocratic Philosophy: Essays in Honour of Alexander Mourelatos*. Aldershot: Ashgate, 2002.

CAVALLO, Guglielmo. "Cultura scritta e conservazione del sapere dalla Grecia antica all'Occidente medievale". In: ROSSI, Pietro (Org.). *La memoria del sapere*. Bari: Laterza, 1988. pp. 29-67.

CAVEING, Maurice. "À propos d'un livre de M. M. Detienne: La laïcisation de la parole et l'exigence rationnelle". *Raison Présente*, n. 9, pp. 85-98, jan./mar. 1969.

CENTRONE, Bruno. *Introduzione ai Pitagorici*. Bari: Laterza, 1996.

_____. "Il ruolo di Eraclito nello sviluppo della concezione dell'anima". In: BRUSCHI, Rita (Org.). *Gli irraggiungibili confini: Percorsi della psiche nell'età della Grecia classica*. Pisa: ETS, 2007. pp. 131-49.

CERRI, Giovanni. "Cosmologia dell'Ade in Omero, Esiodo e Parmenide". *La Parola del Passato*, v. 50, pp. 437-67, 1995.

_____ (Org.). *Parmenide di Elea: Poema sulla natura*. Intr., trad. e comentários de Giovanni Cerri. Milão: Rizzoli, 1999.

_____. "Physikà e Katharmoì di Empedocle". *Aevum Antiquum*, v. 1, pp. 181-96, 2001.

_____. "Empedocle, fr. 3 D. K.: Saggio di esegesi letterale". In: ROSSETTI, Livio; SANTANIELLO, Carlo (Orgs.). *Studi sul pensiero e sulla lingua di Empedocle*. Bari: Levante, 2004. pp. 83-93.

CHAMBERS, Mortimer. "Cornford's Thucydides Mythistoricus". In: CALDER III, William Musgrave (Org.). *The Cambridge Ritualists Reconsidered: Proceedings of the First Oldfather Conference, Held on the Ca mpus of the University of Illinois at Urbana-Champaign, April 27-30, 1989*. Atlanta: Scholar Press, 1991. pp. 61-77.

CHERNISS, Herold. *Aristotle's Criticism of Presocratic Philosophy*. Baltimore: Johns Hopkins Press, 1935.

_____. "Ancient Forms of Philosophic Discourse: The First Annual George Boas Lecture". In: _____. *Selected Papers*. Org. de Leonardo Tarán. Leiden: Brill, 1977. pp. 14-35.

CHIRASSI COLOMBO, Ileana; SEPPILLI, Tullio (Orgs.). *Sibille e linguaggi oracolari: Mito storia tradizione*. Pisa: Istituti Editoriali e Poligrafi Inernazionali, 1999.

CINGARI, Gaetano (Org.). *Storia della Calabria*. v. 1, n. 1: *La Calabria antica*. Reggio Calabria: Gangemi, 1987.

CLASSEN, Carl Joachim. "The Creator in Greek Thought from Homer to Plato". *Classica et Mediaevalia*, v. 23, pp. 1-22, 1962.

_____. "Bemerkungen zu zwei griechischen Philosophiehistorikern". *Philologus*, v. 109, n. 1-4, pp. 175-81, 1965.

_____. "Xenophanes and the Tradition of Epic Poetry". In: BOUDOURIS, Konstantine J. (Org.). *Ionian Philosophy*. Atenas: International Association for Greek Philosophy, 1989. pp. 31-103.

_____ (Org.). *Sophistik*. Darmstadt: WBG, 1976.

COLE, Thomas. "Archaic Truth". *Quaderni Urbinati di Cultura Classica*, v. 3, n. 1, pp. 9-28, 1983.

COLLI, Giorgio (Org.). *La sapienza greca*. v. 1. *Dioniso, Apollo, Eleusi, Orfeo, Museo, Iperborei, Enigma*. Milão: Adelphi, 1977.

COLLI, Giorgio (Org.). *La sapienza greca*. v. 2. *Epimenide, Ferecide, Talete, Anassimandro, Anassimene, Onomacrito*. Milão: Adelphi, 1978.

_____. *La sapienza greca*. v. 3. *Eraclito*. Milão: Adelphi, 1980.

COLLINS, Derek. *Master of the Game, Competition and Performance in Greek Poetry*. Washington: Harvard University Press, 2004.

CORDERO, Nestor Luis. "La Déesse de Parménide, maîtresse de philosophie". In: MATTÉI, Jean-Françoise (Org.). *La naissance de la raison en Grèce*. Paris: Presses Universitaires de France, 1990. pp. 207-14.

CORNFORD, Francis MacDonald. *Thucydides Mythistoricus*. Londres: Arnold, 1907.

_____. *From Religion to Philosophy: A Study in the Origins of Western Speculation*. Londres: Arnold, 1912; reimp.: Princeton: Princeton University Press, 1991, com intr. de Robert Ackerman. [Ed. it.: *Dalla religione alla filosofia. Uno studio sulle origini della speculazione occidentale*. Lecce: Argo, 2002.]

_____. "The Unconscious Element in Literature and Philosophy". *Proceedings of the Classical Association*, v. 28, pp. 104-19, 1921.

_____. *The Laws of Motion in Ancient Thought: An Inaugural Lecture*. Cambridge: Cambridge University Press, 1931.

_____. "Innumerable Worlds in Presocratic Philosophy". *Classical Quarterly*, v. 28, n. 1, pp. 1-16, 1934.

_____. "The Invention of Space". In: *Essays in Honour of Gilbert Murray*. Londres: George Allen & Unwin, 1936. pp. 215-35.

_____. "A Ritual Basis for Hesiod's Theogony" [1941]. In: _____. *The Unwritten Philosophy and Other Essays*. Org. e intr. de William Keith Chambers Guthrie. Cambridge: Cambridge University Press, 1950a. pp. 95-116.

_____. *The Unwritten Philosophy and Other Essays*. Org. e intr. de William Keith Chambers Guthrie. Cambridge: Cambridge University Press, 1950b.

_____. *Principium Sapientiae: The Origins of Greek Philosophical Thought*. Cambridge: Cambridge University Press, 1952.

CORRADI, Michele. "Protagoras dans son contexte: L'homme mesure et la tradition archaïque de l'incipit". *Métis*, n. 5, pp. 185-204, 2007.

COUPRIE, Dirk L.; HAHN, Robert; NADDAF, Gerard. *Anaximander in Context: New Studies in the Origins of Greek Philosophy*. Albany: State University of New York Press, 2003.

COZZO, Andrea. *Tra comunità e violenza: Conoscenza, logos e razionalità nella Grecia antica*. Milão: Carocci, 2001.

CRIPPA, Sabina. "Figures du sibullaivnein". In: BOUQUET, Monique; MORZADEC, Françoise (Orgs.). *La Sibylle: Parole et représentation*. Rennes: Presses Universitaires de Rennes, 2004. pp. 99-108.

CURD, Patricia. *The Legacy of Parmenides: Eleatic Monism and Later Presocra-tic Thought*. Princeton: Princeton University Press, 1998; Las Vegas: Par-menides Publishing, 2004.

_____. "A New Empedocles? Implications of the Strasburg Fragments for Presocratic Philosophy". *Proceedings of the Boston Area Colloquium in An-cient Philosophy*, v. 17, n. 1, pp. 27-49, 2001.

_____. "The Presocratics as Philosophers". In: LAKS, André; LOUGUET, Claire (Orgs.). *Qu'est-ce que la philosophie présocratique?*. Lille: Presses Universitaires de Septentrion, 2002. pp. 115-38.

D'ALESSIO, Giovan Battista. "Una via lontana dal cammino degli uomini (Parm. frr. 1+6 D.-K.; Pind. Ol. VI 22-27; pae. VIIb 10-20)". *Studi Italiani di Filologia Classica*, v. 13, n. 2, pp. 143-81, 1995.

DEICHGRÄBER, Karl. "Rhytmische Elemente im Logos des Heraklit". *Abhan-dlungen der Geistes- und Sozialwissenschaftlichen Klasse. Akademie der Wis-senschaften und der Literatur, Wiesbaden, Geistes und Sozialwissenschaftli-che Klasse*, v. 9, pp. 477-552, 1962.

DERWA, Marcelle; CRAHAY, Roland; JOLY, Robert (Orgs.). *Hommages à Ma-rie Delcourt*. Bruxelas: Latomus, 1970.

DETIENNE, Marcel. *Les maîtres de vérité dans la Grèce archaique*. Paris: Mas-pero, 1967. [Ed. it.: *I maestri di verità nella Grecia arcaica*. Bari: Laterza, 1977.]

_____. "En ouverture: Retour sur la bouche de la vérité". In _____. *Les maîtres de vérité dans la Grèce archaique*. Paris: Maspero, 1967. pp. 5-31.

_____ (Org.). *Les savoirs de l'écriture en Grèce ancienne*. Lille: Presses Univer-sitaires de Lille, 1988. [Ed. it.: *Sapere e scrittura in Grecia*. Bari: Laterza, 1989. Trad. parcial.]

_____. *L'écriture d'Orphée*. Paris: Gallimard, 1989. [Ed. ing. atual.: *The Writing of Orpheus: Greek Myth in Cultural Context*. Baltimore: Hopkins Press, 2003.]

DEWALD, Carolyn; MARINCOLA, John (Orgs.). *The Cambridge Companion to Herodotus*. Cambridge: Cambridge University Press, 2006.

DI DONATO, Riccardo. "Senofane poeta: La critica della tradizione". In: BUGNO, Maurizio (Org.). *Senofane ed Elea tra Ionia e Magna Grecia*. Ná-poles: Luciano, 2005. pp. 47-54.

DIELS, Hermann (Org.). *Doxographi Graeci: Collegit, recensuit prolegomenis in-dicibusque instruxit Diels*. Berlim: Reimeri, 1879; De Gruyter, 1958.

_____; KRANZ, Walther. *Die Fragmente der Vorsokratiker*. Berlim: Weidmann, 1903; Org. de Walther Kranz, 1951-2, 3 v.

DIÈS, Auguste. "La transposition platonicienne". *Annales de l'Institut Supé-rieur de Philosophie de Louvain*, v. 2, pp. 267-308, 1913. In: _____. *Autour de Platon*. Paris: Les Belles Lettres, 1972. pp. 400-49.

DILCHER, Roman. *Studies in Heraclitus*. Nova York: Olms, 1995.

DILKE, Oswald A. W. *Greek and Roman Maps*. Londres: Thames and Hudson, 1985.

DILLER, Hans. "Hesiod und die Anfänge der griechischen Philosophie". *Antike und Abendland*, v. 2, n. 1, pp. 140-51, 1946. Ver também: HEITSCH, Ernst. "Das Wissen des Xenophanes". *Rheinisches Museum*, v. 109, n. 3, pp. 688-707, 1966.

DIXSAUT, Monique; BRANCACCI, Aldo (Orgs.). *Platon, source des présocratiques: Exploration*. Paris: Vrin, 2002.

DODDS, Eric R. *The Greeks and the Irrational*. Berkeley: California University Press, 1951. [Ed. it.: *I Greci e l'irrazionale*. Florença: La Nuova Italia, 1959.]

DONOGAN, Alan; PEROVICH JR., Anthony N.; WEDLIN, Michael V. (Orgs.). *Human Nature and Natural Knowledge: Essays Presented to Marjorie Grene on the Occasion of Her Seventy Birthday*. Dordrecht: Reidel, 1986.

DOUGHERTY, Carol; KURKE, Leslie (Orgs.). *Cultural Poetics in Archaic Greece: Cult, Performance, Politics*. Cambridge: Cambridge University Press, 1993.

DROZDEK, Adam. *Greek Philosophers as Theologians: The Divine Arche*. Aldershot: Ashgate, 2007.

EDMONDS, Radcliffe G. "Tearing Apart the Zagreus Myth: A Few Disparaging Remarks on Orphism and Original Sin". *Classical Antiquity*, v. 18, n. 1, pp. 35-73, 1999.

_____. *Myths of the Underworld Journey: Plato, Aristophanes and the Orphic Gold Tablets*. Cambridge: Cambridge University Press, 2004.

EISENSTADT, Shmuel Noah (Org.). *The Origins and Diversity of Axial Age Civilizations*. Albany: State University of New York Press, 1986.

ELIADE, Mircea (Org.). *The Encyclopedia of Religion*. Londres: Macmillan, 1987.

ELKANA, Yehuda. *Programmatic Attempt at an Anthropology of Knowledge*. Dordrecht: Reidel, 1981. [Ed. it.: *Antropologia della conoscenza*. Bari: Laterza, 1989.]

_____. "The Emergence of Second-Order Thinking in Classical Greece". In: EISENSTADT, Shmuel Noah (Org.). *The Origins and Diversity of Axial Age Civilizations*. Albany: State University of New York Press, 1986. pp. 40-64.

ENGMANN, Joyce. "Cosmic Justice in Anaximander". *Phronesis*, v. 36, n. 1, pp. 1-26, 1991.

EURÍPIDES. *Le Baccanti*. Org. de Vincenzo Di Benedetto. Milão: Rizzoli, 2004.

EVERSON, Stephen (Org.). *Psychology. Companions to Ancient Thought*. v. 2. Cambridge: Cambridge University Press, 1991.

FEDERICO, Edoardo; VISCONTI, Amedeo (Orgs.). *Epimenide cretese*. Nápoles: Luciano, 2001.

FERRARI, Franco. "La sapienza acerba e il dio-tutto: Pindaro e Senofane". *Prometheus*, v. 30, n. 2, pp. 139-147, 2004.

FERRARI, Franco. *La fonte del cipresso bianco: Racconto e sapienza dal'lOdissea alle lamine misteriche.* Turim: UTET, 2007.

_____; PRAUSCELLO, Lucia. "Demeter Chthonia and the Mountain Mother in a New Gold Tablet from Maganla Mati". *Zeitschrift für Papyrologie und Epigraphic*, v. 162, pp. 203-11, 2008.

FERRARI, Giovanni R. F. "Orality and Literacy in the Origin of Philosophy". *Ancient Philosophy*, v. 4, n. 2, pp. 194-205, 1984.

FESTUGIÈRE, André-Jean (Org.). *Hippocrate: L'ancienne médecine.* Paris: Klincksieck, 1948; Nova York: Arno, 1979.

FINKELBERG, Margalit. *The Birth of Literary Fiction in Ancient Greece.* Oxford: Clarendon, 1998.

FISCHER, Klaus-Dietrich; NICKEL, Diethard; POTTER, Paul (Orgs.). *Text and Tradition: Studies in Ancient Medicine and Its Transmission Presented to Jutta Kollesch.* Leiden: Brill, 1998.

FLASHAR, Hellmut; VOGT, Sabine (Orgs.). *Altertumswissenschaft in den 20er Jahren. Neue Fragen und Impulse.* Stuttgart: Steiner, 1995.

FÖLLINGER, Sabine. "Die Funktion von Nicht-Wissen in der frühgriechischen Literatur". In: ALTHOFF, Jochen (Org.). *Philosophie und Dichtung im antiken Griechenland. Festschrift für Wolfgang Kullmann.* Stuttgart: Franz Steiner, 2007. pp. 53-65.

FORD, Andrew. *The Origins of Criticism: Literary Culture and Poetic Theory in Classical Greece.* Princeton: Princeton University Press, 2002.

FOSTER, Benjamin R. "Transmission of Knowledge". In: SNELL, Daniel C. (Org.). *A Companion to the Ancient Near East.* Malden: Blackwell, 2005. pp. 261-8.

FOWLER, Robert L. "Herodotus and His Prose Predecessors". In: DEWALD, Carolyn; MARINCOLA, John (Org.). *The Cambridge Companion to Herodotus.* Cambridge: Cambridge University Press, 2006. pp. 29-45.

_____ (Org.). *Early Greek Mythography.* Oxford: Oxford University Press, 2000.

FOXHALL, Lin; LEWIS, Andrew D. E. (Orgs.). *Greek Law in Its Political Setting. Justifications not Justice.* Oxford: Clarendon University Press, 1996.

FRÄNKEL, Hermann. "Xenophanesstudien, II: Der Empirismus des Xenophanes und seine Erkenntniskritik (Fgt. 34)". *Hermes*, v. 60, n. 2, pp. 174-92, 1925. [Ed. it.: "L'empirismo di Senofane e la sua critica della conoscenza". In: LESZL, Walter (Org.). *I presocratici.* Bolonha: Il Mulino, 1982. pp. 275-85.]

FRÄNKEL, Hermann. "Man's 'Ephemeros' Nature According to Pindar and Others". *Transactions of the American Philological Association*, v. 77, pp. 131-45, 1946.

_____. *Wege und Formen frühgriechischen Denkens. Literarische und philosophiegeschichtliche Studien.* Org. de Franz Tietze. Munique: Beck, 1960.

FRÄNKEL, Hermann. *Dichtung und Philosophie des frühen Griechentums. Eine Geschichte der griechischen Epik, Lyrik und Prosa bis zur Mitte des fünften Jahrhunderts von Homer bis Pindar.* Munique: Beck, 1962. [Ed. it.: *Poesia e filosofia della Grecia arcaica. Epica, lirica e prosa greca da Omero alla metà del V secolo.* Bolonha: Il Mulino, 1997.]

FRANKFORT, Henri et al. *The Intellectual Adventure of Ancient Man: An Essay on the Speculative Thought in the Ancient Near East.* Chicago: University of Chicago Press, 1946. [Ed. it.: *La filosofia prima dei Greci. Concezioni del mondo in Mesopotamia, nell'antico Egitto e presso gli Ebrei.* Turim: Einaudi, 1963.]

FREDE, Dorothea. "Die Orphik: Mysterienreligion oder Philosophie?". In: MAURER ZENCK, Claudia (Org.). *Der Orpheus-Mythos von der Antike bis zur Gegenwart.* Frankfurt: Lang, 2004. pp. 229-45.

FREDE, Michael. "Philosophy and Medicine in Antiquity". In: DONAGAN, Alan; PEROVICH, Anthony; WEDIN, Michael (Orgs.). *Human Nature and Natural Knowledge.* Berlim: Springer, 1986. pp. 211-32. Ver também: *Essays in Ancient Philosophy.* Oxford: Clarendon, 1987. pp. 225-42.

_____. *Essays in Ancient Philosophy.* Oxford: Clarendon, 1987.

_____."Aristotle's Account of the Origins of Philosophy". *Rhizai: A Journal for Ancient Philosophy and Science*, v. 1, pp. 9-44, 2004.

FREUDENTHAL, Gad. "The Theory of the Opposites and an Ordered Universe: Physics and Metaphysics in Anaximander". *Phronesis*, v. 31, n. 3, pp. 197-228, 1986.

FRITZ, Kurt von. "Der Ursprung der Wissenschaft bei den Griechen". In: _____. *Grundprobleme der Geschichte der antiken Wissenschaft.* Berlim: De Gruyter, 1971. pp. 1-326. [Ed. it.: *Le origini della scienza in Grecia.* Bolonha: Il Mulino, 1988.]

_____. *Grundprobleme der Geschichte der antiken Wissenschaft.* Berlim: De Gruyter, 1971.

FRONTEROTTA, Francesco. "Che effetto fa essere un pipistrello? Il problema mente-corpo nel Timeo platonico". In: MIGLIORI, Maurizio; NAPOLITANO VALDITARA, Linda M.; FERMANI, Arianna (Orgs.). *Interiorità e anima: La psychè in Platone.* Milão: Vita e Pensiero, 2007. pp. 89-108.

FRONTISI-DUCROUX, Françoise. "Avec son diaphragme visionnaire, *Iliade* XVIII, 481: À propos du bouclier d'Achille". *Revue des Études Grecques*, v. 115, n. 2, pp. 463-84, 2002.

FUHRMANN, Manfred. "Obscuritas. Das Problem der Dunkelheit in der rhetorischen und literarästhetischen Theorie der Antike". In: ISER, Wolfgang (Org.). *Poetik und Hermeneutik. II: Immanente Ästhetik. Ästhetische Reflexion. Lyrik als Paradigma der Moderne.* Munique: Fink, 1966. pp. 47-71.

FUNGHI, Maria Serena; MOST, Glenn W. "Commentarium in Alcmanem, edizione e commento". In: UNIONE ACCADEMICA NAZIONALE. *Corpus dei Papiri Filosofici Greci e Latini: Testi e lessico nei papiri di cultura greca e latina, Parte III: Commentari.* Florença: Olschki, 1995. pp. 3-13.

FUNGHI, Maria Serena (Org.). *Aspetti di letteratura gnomica nel mondo antico.* Florença: Olschki, 2004.

FURLEY, David J. *The Greek Cosmologists.* v. I. *The Formation of the Atomic Theory and its Earliest Critics.* Cambridge: Cambridge University Press, 1987.

_____; ALLEN, Reginald E. *Studies in Presocratic Philosophy.* Londres: Routledge; Kegan Paul, 1970.

_____. *Studies in Presocratic Philosophy.* Londres: Routledge & Kegan Paul, 1975.

GADAMER, Hans-Georg. *L'inizio della filosofia occidentale: Lezioni raccolte da Vittorio De Cesare.* Milão: Guerini, 1993.

_____ (Org.). *Um die Begriffwelt der Vorsokratiker.* Darmstadt: WBG, 1968.

GAGARIN, Michael. "Dike in Archaic Greek Thought". *Classical Philology,* v. 69, n. 3, pp. 186-97, 1974.

_____. *Drakon and Early Athenian Homicide Law.* New Haven: Yale University Press, 1981.

_____. *Early Greek Law.* Berkeley: University of California Press, 1986.

_____. "Greek Law and the Presocratics". In: CASTON, Victor M.; GRAHAM, Daniel W. (Orgs.). *Presocratic Philosophy: Essays in Honour of Alexander Mourelatos.* Aldershot: Ashgate, 2002. pp. 19-24.

_____. "Writing Athenian Law". In: CAIRNS, Douglas L.; KNOX, Ronald A. (Orgs.). *Law, Rhetoric, and Comedy in Classical Athens. Essays in Honour of Douglas M. MacDowell.* Swansea: The Classical Press of Wales, 2004. pp. 15-31.

_____; COHEN, David J. (Orgs.). *The Cambridge Companion to Ancient Greek Law.* Cambridge: Cambridge University Press, 2005.

GARCÍA QUINTELA, Marco Virgilio. "Le livre d'Anaximandre et la société de Milet". *Métis,* n. II, pp. 37-68, 1996.

GAVRILOV, Alexander K. "Reading Techniques in Classical Antiquity". *Classical Quarterly,* v. 47, n. 1, pp. 56-73, 1997.

GEHRKE, Hans-Joachim. "Die Geburt der Erdkunde aus dem Geiste der Geometrie. Überlegungen zur Entstehung und zur Frühgeschichte der wissenschafthlichen Geographie bei den Griechen". In: KULLMANN, Wolfgang; ALTHOFF, Jochen; ASPER, Markus (Orgs.). *Gattungen wissenschaftlicher Literatur in der Antike.* Tübingen: Narr, 1988. pp. 163-92.

_____. "Der Nomosbegriff der Polis". In: BEHRENDS, Okko; SELLERT, Wolfgang (Orgs.). *Nomos und Gesetz. Ursprünge und Wirkungen des griechischen Gesetzes-denkens.* Göttingen: Vandenhoeck; Ruprecht, 1995. pp. 13-35.

GEMELLI MARCIANO, Maria Laura. *Le metamorfosi della tradizione: Mutamenti di significato e neologismi nel Peri Physeos di Empedocle.* Bari: Levante, 1990.

GEMELLI MARCIANO, Maria Laura. "Ein neues Zeugnis zu Oinopides von Chios bei Iohannes Tzetzes. Das Problem der Nilschwelle". *Museum Helveticum*, v. 50, n. 2, pp. 79-93, 1993.

_____. "Le 'demonologie' empedoclee: Problemi di metodo e altro". *Aevum Antiquum*, v. 1, pp. 205-35, 2001.

_____. "Le contexte culturel des présocratiques: Adversaires et destinataires". In: LAKS, André; LOUGUET, Claire (Orgs.). *Qu'est-ce que la philosophie présocratique?*. Lille: Presses Universitaires de Septentrion, 2002. pp. 83-114.

_____. "Senofane: Interpretazioni antiche e contesto culturale. La critica ai poeti e il cosiddetto 'monismo'". In: BUGNO, Maurizio (Org.). *Senofane ed Elea tra Ionia e Magna Grecia*. Nápoles: Luciano, 2005. pp. 63-76. [Ed. al. atual.: *Xenophanes: Antike Interpretation und kultureller Kontext. Die Kritik an den Dichtern und der sogenannte "Monismus"*. In: RECHENAUER, Georg (Org.). *Frühgriechisches Denken*. Göttingen: Vandenhoeck & Ruprecht, 2005. pp. 118-34.

_____. "Recensione di Kingsley 2003". *Gnomon*, v. 78, pp. 657-71, 2006.

_____. "Lire du début: Remarques sur les incipit des écrits présocratiques". *Philosophie Antique*, v. 7, pp. 7-37, 2007a.

_____ (Org.). *Die Vorsokratiker I: Thales, Anaximander, Anaximenes, Pythagoras und die Pythagoreer, Xenophanes, Heraklit*. Düsseldorf: Artemis & Winkler, 2007b.

_____. "Images and Experience: At the Roots of Parmenides' Aletheia". *Ancient Philosophy*, v. 28, n. 1, pp. 21-48, 2008.

GERNET, Louis. "Les origines de la philosophie". *Bulletin de l'Enseignement Public du Maroc*, v. 183, pp. 1-12, 1945.

GERNET, Louis. *Anthropologie de la Grèce antique*. Paris: Maspero, 1968. [Ed. it.: *Antropologia della Grecia antica*. Milão: Mondadori, 1983.]

GILBERT, Otto. "Die Daimon des Parmenides". *Archiv für Geschichte der Philosophie*, v. 20, pp. 25-45, 1907.

GILL, Christopher. "La 'psychologie' présocratique: Quelques questions interprétatives". In: MOREL, Pierre-Marie; PRADEAU, Jean-Françoise (Orgs.). *Les anciens savants: Études sur les philosophies préplatoniciennes*. Estrasburgo: Presses Universitaires de Strasbourg, 2001. pp. 169-89.

GILL, Mary Louise; PELLEGRIN, Pierre (Orgs.). *A Companion to Ancient Philosophy*. Malden: Blackwell, 2006.

GIORDANO-ZECHARYA, Manuela. "Tabellae auris: Musica e memoria nella trasmissione della lirica monodica". In: NICOLAI, Roberto (Org.). *"Rysmós": Studi di poesia, metrica e musica greca offerti dagli allievi a Luigi Enrico Rossi per i suoi settant'anni*. Roma: Quasar, 2003. pp. 73-92.

GIULIANO, Fabio Massimo. "Filosofia versus poesia: Platone davanti a un'antica disputa". In: ARRIGHETTI, Graziano; TULLI, Mauro (Orgs.).

Letteratura e riflessione sulla letteratura nella cultura classica. Pisa: Giardini, 2000. pp. 377-400.

GIULIANO, Fabio Massimo. *Studi di letteratura greca*. Pisa: Giardini, 2004.

GOLDHILL, Simon. *The Invention of Prose*. Oxford: Oxford University Press, 2002.

GOMPERZ, Theodor. *Griechische Denker: eine Geschichte der antiken Philosophie*. Leipzig: Veit, 1893.

GOODY, Jack R. *The Domestication of the Savage Mind*. Cambridge: Cambridge University Press, 1977. [Ed. it.: *L'addomesticamento del pensiero selvaggio*. Milão: Angeli, 1981.]

_____. *The Interface between the Written and the Oral*. Cambridge: Cambridge University Press, 1987. [Ed. it.: *Il suono e i segni. L'interfaccia tra scrittura e oralità*. Milão: Il Saggiatore, 1989.]

_____. *The Power of the Written Tradition*. Washington: Smithsonian Institution Press, 2000. [Ed. it.: *Il potere della tradizione scritta*. Turim: Bollati Boringhieri, 2002.]

GOODY, Jack R. (Org.). *Literacy in Traditional Societies*. Cambridge: Cambridge University Press, 1968.

_____; WATT, Ian. "The Consequences of Literacy". *Comparative Studies in Society and History*, v. 5, n. 3, pp. 304-45, 1962-3. In: GOODY, Jack R. (Org.). *Literacy in Traditional Societies*. Cambridge: Cambridge University Press, 1968. pp. 27-68.

GORMAN, Vanessa B. *Miletos, the Ornament of Ionia. A History of the City to 400 B. C.* Ann Arbor: University of Michigan Press, 2001.

GOSTOLI, Antonietta. "La critica dei miti tradizionali in Senofane e nella lirica coeva". In: BUGNO, Maurizio (Org.). *Senofane ed Elea tra Ionia e Magna Grecia*. Nápoles: Luciano, 2005. pp. 55-61.

GRAF, Fritz; BARNES, Jonathan. "Resenha de Colli 1977 e Colli 1978". *Classical Review*, v. 29, pp. 239-53, 1979.

_____; ILES JOHNSTON, Sarah. *Ritual Texts for the Afterlife: Orpheus and the Bacchic Gold Tablets*. Londres: Routledge, 2007.

GRAHAM, Daniel W. *Explaining the Cosmos: The Ionian Tradition of Scientific Philosophy*. Princeton: Princeton University Press, 2006.

GRANGER, Herbert. "Argumentation and Heraclitus' Book". *Oxford Studies in Ancient Philosophy*, v. 26, pp. 1-17, 2004.

_____. "The Proem of Parmenides' Poem". *Ancient Philosophy*, v. 28, n. 1, pp. 1-20, 2008.

GREGORY, Andrew. *Ancient Greek Cosmogony*. Londres: Duckworth, 2007.

GUGLIELMO, Marcella; GIANOTTI, Gian Franco (Orgs.). *Filosofia, storia, immaginario mitologico*. Alexandria, Itália: Edizioni dell'Orso, 1997.

GUTHRIE, William Keith Chambers. "Memoir". In: CORNFORD, Francis MacDonald. *The Unwritten Philosophy and Other Essays*. Org. e intr. de

William Keith Chambers Guthrie. Cambridge: Cambridge University Press, 1950. pp. vii-xix.

GUTHRIE, William Keith Chambers. *Orpheus and Greek Religion: A Study of the Orphic Movement*. Londres: Methuen, 1952.

HAHN, Robert. *Anaximander and the Architects: The Contributions of Aegyptian and Greek Architectural Technologies to the Origins of Greek Philosophy*. Albany: State University of New York Press, 2001.

HANKINSON, Robert James. *Cause and Explanation in Ancient Greek Thought*. Oxford: Clarendon, 1998a.

_____."Divination, Religion and Science: Divine and Human in the 'Hippocratic Corpus'". *Apeiron*, v. 31, n. 1, pp. 1-34, 1998b.

HARRIS, William. *Ancient Literacy*. Cambridge: Harvard University Press, 1989. [Ed. it.: *Lettura e istruzione nel mondo antico*. Bari: Laterza, 1991.]

HARTOG, François. *Mémoire d'Ulysse: Récits sur la frontière en Grèce ancienne*. Paris: Gallimard, 1996. [Ed. bras.: *Memória de Ulisses: Narrativas sobre a fronteira na Grécia antiga*. Trad. de Jacyntho Lins Brandão. Belo Horizonte: Editora UFMG, 2004.]

HAVELOCK, Eric. *Preface to Plato*. Cambridge: Harvard University Press, 1963. [Ed. it.: *Cultura orale e civiltà della scrittura: Da Omero a Platone*. Bari: Laterza, 1973.]

_____. "Pre-literacy and the Pre-Socratics". *Bulletin of the Institute of Classical Studies*, v. 13, n. 1, pp. 44-67, 1966.

HAVELOCK, Eric. *The Literate Evolution in Greece and Its Cultural Consequences*. Princeton: Princeton University Press, 1982.

_____. "The Linguistic Task of the Presocratics". In: ROBB, Kevin (Org.). *Language and Thought in Early Greek Philosophy*. La Salle: Heleger Institute, 1983. pp. 7-82.

_____. *The Preplatonic Thinkers of Greece. A Revisionist History*. [Ed. it.: *Alle origini della filosofia greca: Una revisione storica*. Bari: Laterza, 1996.]

HEINEMANN, Gottfried. "Natural Knowledge in the Hippocratic Treatise 'On Ancient Medicine'". In: ALTHOFF, Jochen; HERZHOFF, Bernhard; WÖHRLE, Georg (Orgs.). *Antike Naturwissenchaft und ihre Rezeption XI*. Tréveris: WVT, 2000. pp. 13-41.

HEITSCH, Ernst. "Das Wissen des Xenophanes". *Rheinisches Museum*, v. 109, n. 3, pp. 193-235, 1966.

_____ (Org.). *Hesiod*. Darmstadt: WBG, 1966.

HENRICHS, Albert. "Writing Religion: Inscribed Texts, Ritual Authority, and the Religious Discourse of the Polis". In: YUNIS, Harvey (Org.). *Written Texts and the Rise of Literate Culture in Ancient Greece*. Cambridge: Cambridge University Press, 2003. pp. 38-58.

HERSHBELL, Jackson P. "The Oral-Poetic Religion of Xenophanes". In: ROBB, Kevin (Org.). *Language and Thought in Early Greek Philosophy*. La Salle: Heleger Institute, 1983. pp. 125-33.

HÖLKESKAMP, Karl-Joachim. "Arbitrators, Lawgivers and the 'Codification of Law' in Archaic Greece: Problems and Perspectives". *Métis*, n. 7, pp. 49-81, 1992.

_____. *Schiedsrichter, Gesetzgeber und Gesetzgebung im archaischen Griechenland*. Stuttgart: Franz Steiner, 1999.

HÖLSCHER, Uvo. Anaximander und der Anfang der Philosophie. *Hermes*, v. 81, n. 3, pp. 257-77; 385-418, 1953. In: GADAMER, Hans-Georg. *Um die Begriffswelt der Vorsokratiker*. Darmstadt: WBG, 1968. pp. 95-176.

_____. *Anfängliches Fragen. Studien zur frühen griechischen Philosophie*. Göttingen: Vandenhoeck & Ruprecht, 1968. [Ed. it.: LESZL, Walter (Org.). *I presocratici*. Bolonha: Il Mulino, 1982.]

_____. "Paradox, Simile and Gnomic Utterance in Heraclitus". In: MOURELATOS, Alexander. P. D. (Org.). *The Presocratics: A Collection of Critical Essays*. Nova York: Anchor, 1974. pp. 229-38.

HOEPFNER, Wolfram (Org.). *Bauplanung und Bautheorie der Antike*. Berlin: Wasmuth, 1984.

HORNUNG, Erik. "L'Égypte, la philosophie avant les Grecs". *Les Études Philosophiques*, v. 2-3, pp. 113-25, 1987.

HORTON, Robin. "African Traditional Thought and Western Science".*Africa*, v. 37, n. 2, pp. 155-87, 1967.

HUFFMAN, Carl A. "Polyclète et les Présocratiques". In: LAKS, André; LOUGUET, Claire (Orgs.). *Qu'est-ce que la philosophie présocratique?*. Lille: Presses Universitaires de Septentrion, 2002. pp. 303-27.

_____. "Philolaus and the Central Fire". In: STERN-GILLET, Suzanne; CORRIGAN, Kevin (Orgs.). *Reading Ancient Texts*. Leiden: Brill, 2007. pp. 57-94.

HUMPHREYS, Sally C. "Transcendence and Intellectual Roles: The Ancient Greek Case". *Daedalus*, v. 104, n. 2, pp. 91-118, 1975.

_____. *Anthropology and Greeks*. Londres: Routledge & Kegan Paul, 1978.

_____. "Dynamics of the Greek Breakthrough: The Dialogue between Philosophy and Religion". In: EISENSTADT, Shmuel Noah (Org.). *The Origins and Diversity of Axial Age Civilizations*. Albany: State University of New York Press, 1986. pp. 92-110.

HUMPHREYS, Sally C. "From Riddle to Rigour: Satisfactions of Scientific Prose in Ancient Greece". In: MARCHAND, Suzanne; LUNBECK, Elizabeth (Orgs.). *Proof and Persuasion. Essays on Authority, Objectivity and Evidence*. Turnhout: Brepols, 1996. pp. 3-24.

_____. *The Strangeness of Gods: Historical Perspectives on the Interpretation of Athenian Religion*. Oxford: Oxford University Press, 2004.

HUSSEY, Edward. "Heraclitus". In: LONG, Anthony A. (Org.). *The Cambridge Companion to Early Greek Philosophy*. Cambridge: Cambridge University Press, 1999. pp. 88-112.

HUSSEY, Edward. "The Begginings of Science and Philosophy in Archaic Science". In: GILL, Mary Louise; PELLEGRIN, Pierre (Orgs.). *A Companion to Ancient Philosophy*. Malden: Blackwell, 2006. pp. 3-19.

INWOOD, Brad (Org.). *The Poem of Empedocles*. Toronto: University of Toronto Press, 2001.

IOLI, Roberta. "Senofane B 34 DK e il conoscere". *Giornale Italiano di Filologia*, v. 55, n. 2, pp. 199-219, 2003.

ISER, Wolfgang (Org.). *Poetik und Hermeneutik*. v. 2. *Immanente Ästhetik. Ästhetische Reflexion. Lyrik als Paradigma der Moderne*. Munique: Fink, 1966.

JACOB, Christian. "Inscrire la terre habitée sur une tablette: Réflexions sur la fonction de la carte géographique en Grèce ancienne". In: DETIENNE, Marcel (Org.). *Les savoirs de l'écriture en Grèce ancienne*. Lille: Presses Universitaires de Lille, 1988. pp. 273-304. [Ed. it.: *Inscrivere la terra abitata su una tavoletta: Riflessioni sulla funzione delle carte geografiche nell'antica Grecia*. In: DETIENNE, Marcel (Org.). *Sapere e scrittura in Grecia*. Bari: Laterza, 1989. pp. 151-78. Trad. parcial.]

JAEGER, Werner. *Aristoteles. Grundlegung einer Geschichte seiner Entwicklung*. Berlim: Weidmann, 1923. [Ed. it. ampl.: *Aristotele: Prime line di una storia della sua evoluzione spiritual*. Florença: La Nuova Italia, 1935.]

_____. "Über Ursprung und Kreislauf des philosophischen Lebensideal". *Sitzungsberichte der Preussischen Akademie der Wissenschaften, Phil.-Hist. Klasse*, pp. 390-421, 1928. [Ed. it.: "Genesi e ricorso dell'ideale filosofico della vita". In: JAEGER, Werner. *Aristotele: Prime linee di una storia della sua evoluzione spiritual*. Florença: La Nuova Italia, 1935. pp. 557-617.]

_____. *Paideia. Die Formung des griechischen Menschen I*. Berlim: De Gruyter, 1936. [Ed. bras.: *Paidéia: A formação do homem grego*. Trad. de Artur M. Parreira. 6. ed. São Paulo: Martins Fontes, 2013.]

_____. *The Theology of the Early Greek Philosophers*. Oxford: Clarendon, 1947. [Ed. it.: *La teologia dei primi pensatori greci*. Florença: La Nuova Italia, 1961.]

JENNINGS, Victoria; KATSAROS, Andrea. *The World of Ion of Chios*. Leiden: Brill, 2007.

JOHANSEN, Thomas K. "Myth and Logos in Aristotle". In: BUXTON, Richard (Org.). *From Myth to Reason? Studies in the Development of Greek Thought*. Oxford: Oxford University Press, 1999. pp. 279-91.

JOUANNA, Jacques. "Cause and Crisis in Historians and Medical Writers of the Classical Period". In: VAN DER EIJK, Philip J. (Org.). *Hippocrates in Context: Papers Read at the XITh International Hippocrates Colloquium, Newcastle upon Tyne, 27-31 August 2002*. Leiden: Brill, 2005. pp. 3-27.

KAHN, Charles. "Religion and Natural Philosophy in Empedocles' Doctrine of the Soul". *Archiv für Geschichte der Philosophie*, v. 42, n. 1, pp. 3-35, 1960. Depois (com *Retractationes*): ANTON, John P.; KUSTAS, George K. (Orgs.). *Essays in Ancient Greek Philosophy*. Albany: State University of New York

Press, 1971. pp. 3-38; MOURELATOS, Alexander. P. D. (Org.). *The Presocratics: A Collection of Critical Essays*. Nova York: Anchor, 1974. pp. 426-66.

KAHN, Charles. "Philosophy and the Written Word: Some Thoughts on Heraclitus and the Early Greek Uses of Prose". In: ROBB, Kevin (Org.). *Language and Thought in Early Greek Philosophy*. La Salle: Heleger Institute, 1983. pp. 110-24.

_____. "Recensione di Hahn 2001". *Ancient Philosophy*, v. 22, pp. 143-52, 2002.

_____. "Writing Philosophy: Prose and Poetry from Thales to Plato". In: YUNIS, Harvey (Org.). *Written Texts and the Rise of Literate Culture in Ancient Greece*. Cambridge: Cambridge University Press, 2003. pp. 139-61.

_____ (Org.). *Art and Thought of Heraclitus: An Edition of the Fragments with Translation and Commentary*. Cambridge: Cambridge University Press, 1979.

KINGSLEY, Peter. *Ancient Philosophy, Mystery and Magic: Empedocles and the Phytagorean Tradition*. Oxford: Oxford University Press, 1995. [Ed. it.: *Misteri e magia nella filosofia antica*. Milão: Il Saggiatore, 2007.]

_____. *In the Dark Places of Wisdom*. Shaftesbury: Element, 1999. [Ed. it.: *Nei luoghi oscuri della saggezza*. Milão: Tropea, 2001.]

_____. "Empedocles for the New Millennium". *Ancient Philosophy*, v. 22, pp. 333-413, 2002.

_____. *Reality*. Inverness: The Golden Sufi Center, 2003.

KIRK, Geoffrey S. "Popper on Science and the Presocratics". *Mind*, v. 69, n. 275, pp. 318-39, 1960. In: FURLEY, David J.; ALLEN, Reginald E. *Studies in Presocratic Philosophy*. Londres: Routledge; Kegan Paul, 1970. pp. 154-77.

_____. "Sense and Common-Sense in the Development of Greek Philosophy". *Journal of Hellenic Studies*, v. 81, pp. 105-17, 1961.

_____; RAVEN, John E.; SCHOFIELD, Malcom (Orgs.). *The Presocratic Philosopher: A Critical History with a Selection of Texts*. Cambridge: Cambridge University Press, 1983.

KNOX, Bernard M. W. "Silent Reading in Antiquity". *Greek, Roman, and Byzantine Studies*, v. 9, pp. 421-35, 1968.

KÖRNER, Reinhard. *Inschriftliche Gesetzestexte der frühen griechischen Polis*. Org. de Klaus Hallof. Colônia: Böhlau, 1993.

KOULOUMENTAS, Stavros. "The Derveni Papyrus on Cosmic Justice". *Rhizai: A Journal for Ancient Philosophy and Science*, v. 4, pp. 105-32, 2007.

KOUREMENOS, Theokritos; PARÁSSOGLOU, George M.; TSANTSANOGLOU, Kyriakos (Orgs.). *The Derveni Papyrus*. Florença: Olschki, 2006.

KRISCHER, Tilman. Die natürlichen Voraussetzungen der griechischen Kulturenfaltung. *Hermes*, v. 134, n. 3, pp. 379-83, 2006.

KULLMANN, Wolfgang; ALTHOFF, Jochen (Orgs.). *Vermittlung und Tradierung von Wissen in der griechischen Kultur*. Tübingen: Gunter Narr, 1993.

KULLMANN, Wolfgang; ALTHOFF, Jochen; ASPER, Markus (Orgs.). *Gattungen wissenschaftlicher Literatur in der Antike*. Tübingen: Gunter Narr, 1988.

KURKE, Leslie V. "Archaic Greek Poetry". In: SHAPIRO, Alan H. (Org.). *The Cambridge Companion to Archaic Greece*. Cambridge: Cambridge University Press, 2007. pp. 141-68.

LAKS, André. "Les origines de Jean-Pierre Vernant". *Critique*, v. 54, n. 612, pp. 268-82, 1998.

_____. "Soul, Sensation, and Thought". In: LONG, Anthony A. (Org.). *The Cambridge Companion to Early Greek Philosophy*. Cambridge: Cambridge University Press, 1999. pp. 250-70.

LAKS, André. "Comment s'écrit l'histoire des débuts? À propos des Présocratiques". *Internationale Zeitschrift für Philosophie*, n. 2, pp. 153-72, 2001a.

_____. "Écriture, prose et les débuts de la philosophie grecque". *Methodos*, n. 1, pp. 131-51, 2001b.

_____. "Philosophes Présocratiques: Remarques sur la construction d'une catégorie de l'historiographie philosophique". In: MOST, Glenn (Org.). *Historisierung*. Göttingen: Vandenhoeck & Ruprecht, 2001c. pp. 293-311.

_____. "Naissance d'intellectuels: Le cas de la philosophie grecque". In: WESSELY, Anna (Org.). *Intellectuals and the Politics of the Humanities*. Budapeste: Collegium Budapest, 2002. pp. 5-18.

_____. "Phénomènes et références: Éléments pour une réflexion sur la rationalisation de l'irrationnel". *Méthodos*, n. 3, pp. 9-33, 2003.

_____. "Aristote, l'allégorie et les débuts de la philosophie". In: PÉREZ-JEAN, Brigitte; EICHEK-LOJKINE, Patricia (Orgs.). *L'Allégorie de l'Antiquité à la Renaissance*. Paris: Champion, 2004. pp. 211-20.

_____. "Die Entstehung einer (Fach)Disziplin: Der Fall der Vorsokratischen Philosophie". In: RECHENAUER, Georg (Org.). *Frühgriechisches Denken*. Göttingen: Vandenhoeck & Ruprecht, 2005a. pp. 19-39.

_____. "Remarks on the Differentiation of Early Greek Phillosophy". In: SHARPLES, Robert W. (Org.). *Philosophy and the Sciences in Antiquity*. Aldeshot: Ashgate, 2005b. pp. 8-22.

_____. *Introduction à la "philosophie présocratique"*. Paris: Presses Universitaires de France, 2006.

_____. *Histoire, doxographie, vérité: Études sur Aristote, Théophraste et la philosophie présocratique*. Louvain-La-Neuve: Peeters, 2007.

_____. "Le génie du rapprochement et les limites de la similitude: À propos d'Anaximandre". *Agenda de la pensée contemporaine*, n. 10, pp. 113-27, 2008.

_____; LOUGUET, Claire (Orgs.). *Qu'est-ce que la philosophie présocratique?*. Lille: Presses Universitaires de Septentrion, 2002.

_____; MOST, Glenn (Orgs.). *Studies on the Derveni Papyrus*. Oxford: Clarendon, 1997.

LAMBERT, Wilfred G. "Myth and Ritual as Conceived by the Babilonians". *Journal of Semitic Studies*, v. 13, n. 1, pp. 104-12, 1968.

LEDBETTER, Grace M. *Poetics before Plato: Interpretation and Authority in Early Greek Theories of Poetry*. Princeton: Princeton University Press, 2003.

LESHER, James H. "Parmenides' Critique of Thinking: The poluderis elenchos of Fragment 7". *Oxford Studies in Ancient Philosophy*, v. 2, pp. 1-30, 1984.

_____. "Early Interest in Knowledge". In: LONG, Anthony A. (Org.). *The Cambridge Companion to Early Greek Philosophy*. Cambridge: Cambridge University Press, 1999. pp. 225-49.

_____ (Org.). *Xenophanes of Colophon: Fragments*. Toronto: University of Toronto Press, 1992.

LESZL, Walter. "Origine od origini di filosofia e scienza". *Quaderni di Storia*, n. 11, n. 22, pp. 169-72, 1985.

_____. "Zeller e i presocratici". *Annali della Scuola Normale Superiore di Pisa*, série III, v. 19, n. 3, pp. 1143-87, 1989.

_____. "Aristotle on the Unity of Presocratic Philosophy: A Contribution to the Reconstruction of the Early Retrospective View of Presocratic Philosophy". In: SASSI, Maria Michela (Org.). *La costruzione del pensiero filosofico nell'età dei presocratici*. Pisa: Edizioni della Normale, 2006. pp. 355-80.

_____. "Democritus' Works: From their Titles to their Contents". In: BRANCACCI, Aldo; MOREL, Pierre-Marie (Orgs.). *Democritus: Science, the Arts, and the Care of the Soul*. Leiden: Brill, 2007. pp. 11-76.

_____. "From Hegel to Zeller". In: PRIMAVESI, Oliver; LUCHNER, Katharina (Orgs.). *The Presocratics from the Latin Middle Ages to Hermann Diels*. Stuttgart: Franz Steiner, 2011. pp. 309-33.

_____ (Org.). *I presocratici*. Bolonha: Il Mulino, 1982.

LEWIS, John D. *Solon the Thinker: Political Thought in Archaic Athens*. Londres: Duckworth, 2006.

LIGHTFOOT, Jane L. (Org.). *The Sibillyne Oracles*. Oxford: Oxford University Press, 2007.

LINCOLN, Bruce. *Theorizing Myth: Narrative, Ideology, and Scholarship*. Chicago: University of Chicago Press, 1999.

LLOYD, Geoffrey E. R. *Polarity and Analogy: Two Types of Argumentation in Early Greek Thought*. Cambridge: Cambridge University Press, 1966. [Ed. it.: *Polarità e analogia: Due modi di argomentazione nel pensiero greco classico*. Nápoles: Loffredo, 1992.]

_____. "Popper versus Kirk: A Controversy in the Interpretation of Greek Science". *The British Journal for the Philosophy of Science*, v. 18, n. 1, pp. 21-38, 1967.

_____. *Early Greek Science: Thales to Aristotle*. London: Chatto and Windus, 1970. [Ed. it.: *La scienza dei Greci*. Bari: Laterza, 1973. pp. 1-143.]

LLOYD, Geoffrey E. R. *Magic, Reason and Experience: Studies in the Origin and Development of Greek Science*. Cambridge: Cambridge University Press, 1979. [Ed. it.: *Magia, ragione, esperienza. Nascita e forme della scienza greca*. Turim: Boringhieri, 1982.]

_____. "The Debt of Greek Philosophy and Science to the Ancient Near East". *Pedilavium*, v. 14, pp. 1-19, 1982.

_____. *The Revolutions of Wisdom: Studies in the Claims and Practice of the Ancient Greek Science*. Berkeley: University of California Press, 1987.

_____. *Demystifying Mentalities*. Cambridge: Cambridge University Press, 1990. [Ed. it.: *Smascherare le mentalità*. Bari: Laterza, 1991.]

_____. "Invention of Nature". In: _____. *Methods and Problems in Greek Science*. Cambridge: Cambridge University Press, 1991a. pp. 417-34.

_____. *Methods and Problems in Greek Science*. Cambridge: Cambridge University Press, 1991b. [Ed. it.: *Metodi e problemi della scienza greca*. Bari: Laterza, 1993.]

_____. *Adversaries and Authorities: Investigations into Ancient Greek and Chinese Science*. Cambridge: Cambridge University Press, 1996a.

_____. "Images et modèles du monde". In: BRUNSCHWIG, Jacques; LLOYD, Geoffrey E. R. (Orgs.). *Le savoir grec: Dictionnaire critique*. Paris: Flammarion, 1996b. pp. 57-75.

_____. *The Ambitions of Curiosity: Understanding the World in Ancient Greece and China*. Cambridge: Cambridge University Press, 2002a. [Ed. it.: *La curiosità nei mondi antichi. Grecia e Cina*. Roma: Donzelli, 2003.]

_____. "Ancient Science and Modern Justice". In: CANTO, Monique; PELLE-GRIN, Pierre (Orgs.). *Le style de la pensée: Recueil de textes en hommage à Jacques Brunschwig*. Paris: Les Belles Lettres, 2002b. pp. 502-21.

_____. "Le pluralisme de la vie intellectuelle avant Platon". In: LAKS, André; LOUGUET, Claire (Orgs.). *Qu'est-ce que la philosophie présocratique?*. Lille: Presses Universitaires de Septentrion, 2002c. pp. 39-54.

_____. *In the Grip of Disease: Studies in the Greek Imagination*. Oxford: Oxford University Press, 2003.

_____. *The Delusions of Invulnerability: Wisdom and Morality in Ancient Greece, China and Today*. Londres: Duckworth, 2005.

_____. "Diogenes of Apollonia: Master of Ducts". In: SASSI, Maria Michela (Org.). *La costruzione del pensiero filosofico nell'età dei presocratici*. Pisa: Edizioni della Normale, 2006. pp. 237-57.

_____; SIVIN, Natan. *The Way and the Word: Science and Medicine in Early China and Greece*. New Haven: Yale University Press, 2002.

LONG, Anthony A. "The Scope of Early Greek Philosophy". In: _____ (Org.). *The Cambridge Companion to Early Greek Philosophy*. Cambridge: Cambridge University Press, 1999a. pp. 1-21.

LONG, Anthony A. (Org.). *The Cambridge Companion to Early Greek Philosophy*. Cambridge: Cambridge University Press, 1999b.

LURAGHI, Nino. "Meta-historie: Method and genre". In: DEWALD, Carolyn; MARINCOLA, John (Orgs.). *The Cambridge Companion to Herodotus*. Cambridge: Cambridge University Press, 2006. pp. 76-91.

LUZZATTO, Maria Jagoda. "Grecia e vicino Oriente: Tracce della 'Storia di Ahiqar' nella cultura greca tra VI e V secolo a.C.". *Quaderni di Storia*, n. 36, pp. 5-84, 1992.

MACHINIST, Peter. "On Self-Consciousness in Mesopotamia". In: EISENSTADT, Shmuel Noah (Org.). *The Origins and Diversity of Axial Age Civilizations*. Albany: State University of New York Press, 1986. pp. 183-202.

MALTOMINI, Francesca. "Sulla trasmissione dei 'Detti dei Sette Sapienti'". In: FUNGHI, Maria Serena (Org.). *Aspetti di letteratura gnomica nel mondo antico*. Florença: Olschki, 2004. pp. 1-24.

MANETTI, Giovanni. "The Language of the Sibyls". *Euphrosyne*, v. 25, pp. 237-50, 1997.

_____. "Strategie del discorso oracolare: La scrittura". In: CHIRASSI COLOMBO, Ileana; SEPPILLI, Tullio (Orgs.). *Sibille e linguaggi oracolari: Mito storia tradizione*. Pisa: Istituti Editoriali e Poligrafi Internazionali, 1999. pp. 53-74.

MANSFELD, Jaap. "Heraclitus on the Psychology and Physiology of the Sleep and Rivers". *Mnemosyne*, v. 20, pp. 1-29, 1967.

_____. "Cratylus 402a-c: Plato or Hippias?". In: ROSSETTI, Livio (Org.). *Atti del Simposium Heracliteum 1981*. Roma: Ateneo, 1983. pp. 43-55.

_____. "Mito, scienza, filosofia: Una questione di origini". *Quaderni di Storia*, n. 20, pp. 43-67, 1984.

_____. "Aristotle and Others on Thales, or the Beginnings of Natural Philosophy (with Some Remarks on Xenophanes)". *Mnemosyne*, v. 38, pp. 109-29, 1985.

_____. "Fiddling the Books (Heraclitus B 129)". In: BOUDOURIS, Konstantine J. (Org.). *Ionian Philosophy*. Atenas: International Association for Greek Philosophy, 1989. pp. 229-34.

_____. *Studies in the Historiography of Greek Philosophy*. Maastricht: Van Gorcum, 1990.

_____. "Insight by Hindsight: Intentional Unclarity in Presocratic Proems". *Bulletin of the Institute of Classical Studies*, v. 40, n. 1, pp. 225-32, 1995.

MARCHAND, Suzanne; LUNBECK, Elizabeth (Orgs.). *Proof and Persuasion: Essays on Authority, Objectivity and Evidence*. Turnhout: Brepols, 1996.

MARINCOLA, John. "Herodotus and the Poetry of the Past". In: DEWALD, Carolyn; MARINCOLA, John (Orgs.). *The Cambridge Companion to Herodotus*. Cambridge: Cambridge University Press, 2006. pp. 13-28.

MARTIN, Alain; PRIMAVESI, Oliver (Orgs.). *L'Empédocle de Strasbourg* (*P. Strasb. gr. Inv. 1665-1666*). Berlim: De Gruyter, 1999.

MARTIN, Jochen. "Bedingungen der frühgriechischen Philosophie". In: PIEPENBRINK, Karen (Org.). *Philosophie und Lebenswelt in der Antike*. Darmstadt: WBG, 2003. pp. 22-35.

MARTIN, Richard P. "The Seven Sages ad Performers of Wisdom". In: DOUGHERTY, Carol; KURKE, Leslie (Orgs.). *Cultural Poetics in Archaic Greece: Cult, Performance, Politics*. Cambridge: Cambridge University Press, 1993. pp. 108-28.

MATSON, Wallace. "Cornford and the Birth of Metaphysics". *Review of Metaphysics*, v. 8, n. 3, pp. 443-54, 1954-5.

MATTÉI, Jean-Françoise (Org.). *La naissance de la raison en Grèce*. Paris: Presses Universitaires de France, 1990.

MAURER ZENCK, Claudia (Org.). *Der Orpheus-Mythos von der Antike bis zur Gegenwart*. Frankfurt: Peter Lang, 2004.

MEIER, Christian. "The Emergence of an Autonomous Intelligence among the Greeks". In: EISENSTADT, Shmuel Noah (Org.). *The Origins and Diversity of Axial Age Civilizations*. Albany: State University of New York Press, 1986. pp. 65-91.

MELE, Alfonso. "Il corpus epimenideo". In: FEDERICO, Edoardo; VISCONTI, Amedeo (Orgs.). *Epimenide cretese*. Nápoles: Luciano, 2001. pp. 227-78.

MIGLIORI, Maurizio; NAPOLITANO VALDITARA, Linda M.; FERMANI, Arianna (Orgs.). *Interiorità e anima: La psychè in Platone*. Milão: Vita e Pensiero, 2007.

MILLER, Mitchell H. Jr. "La logique implicite de la cosmogonie d'Hésiode". *Revue de Métaphysique et de Morale*, v. 82, n. 4, pp. 433-56, 1977.

_____. "'First of All': On the Semantics and Ethics of Hesiod's Cosmogony". *Ancient Philosophy*, v. 21, pp. 251-76, 2001.

MIRALLES, Carles. "Poeta, saggio, sofista, filosofo: L'intellettuale nella Grecia antica". In: SETTIS, Salvatore (Org.). *Noi e i Greci*. Turim: Einaudi, 1996. pp. 849-82. (Coleção I Greci: Storia Cultura Arte Società).

MOGYORÓDI, Emese. "Thales and the Beginnings of Greek Philosophical Speculation: Problems of Interpretation". *Acta Antiqua Academiae Scientiarum Hungaricae*, v. 40, pp. 335-48, 2000.

MOMIGLIANO, Arnaldo. "Ancient Biography and the Study of Religion in the Roman Empire". *Annali della Scuola Normale Superiore di Pisa*, serie III, v. 16, n. 1, pp. 25-44, 1986.

_____. *Ottavo contributo alla storia degli studi classici e del mondo antico*. Roma: Edizioni di Storia e Letteratura, 1987.

MOREL, Pierre-Marie; PRADEAU, Jean-Françoise (Orgs.). *Les anciens savants: Études sur les philosophies préplatoniciennes*. Estrasburgo: Presses Universitaires de Strasbourg, 2001.

MORGAN, Catherine. *Early Greek States Beyond the Polis*. Londres: Routledge, 2003.

MORGAN, Kathryn A. *Myth and Philosophy from the Presocratics to Plato*. Cambridge: Cambridge University Press, 2000.

MORRISON, John S. "Parmenides and Er". *Journal of Hellenic Studies*, v. 75, pp. 59-68, 1955.

MOST, Glenn W. "Alcman's 'Cosmogonic' Fragment". *Classical Quarterly*, v. 37, n. 1, pp. 1-19, 1987.

_____. "Hesiod and the Textualization of Personal Temporality". In: AR-RIGHETTI, Graziano; MONTANARI, Franco (Orgs.). *La componente autobiografica nella poesia greca e latina fra realtà e artificio letterario*. Pisa: Giardini, 1993. pp. 73-92.

_____. "Πόλεμος πάντων πατήρ. Die Vorsokratiker in der Forschung der Zwanziger Jahre". In: FLASHAR, Hellmut; VOGT, Sabine (Orgs.). *Altertumswissenschaft in den 20er Jahren. Neue Fragen und Impulse*. Stuttgart: Steiner, 1995. pp. 87-114.

_____. "From Logos to Mythos". In: BUXTON, Richard (Org.). *From Myth to Reason? Studies in the Development of Greek Thought*. Oxford: Oxford University Press, 1999a. pp. 25-50.

_____. "The Poetics of Early Greek Philosophy". In: LONG, Anthony A. (Org.). *The Cambridge Companion to Early Greek Philosophy*. Cambridge: Cambridge University Press, 1999b. pp. 332-62.

_____ (Org.). *Historisierung*. Göttingen: Vandenhoeck & Ruprecht, 2001.

_____. "Ancient Philosophy and Religion". In: SEDLEY, David (Org.). *The Cambridge Companion to Greek and Roman Philosophy*. Cambridge: Cambridge University Press, 2003. pp. 300-22.

_____ (Org.). *Hesiod, Theogony — Works and Days — Testimonia*. Cambridge, Massachussets: Harvard University Press, 2006.

_____. "Presocratic Philosophy and Traditional Greek Epic". In: BIERL, Anton; LÄMMLE, Rebecca; WESSELMANN, Katharina (Orgs.). *Literatur und Religion. Wege zu einer mythisch-rituellen Poetik bei den Griechen*. v. 2. Berlim: De Gruyter, 2007. pp. 271-302.

MOURELATOS, Alexander. P. D. (Org.). *The Presocratics: A Collection of Critical Essays*. Nova York: Anchor, 1974.

MURRAY, Oswyn (Org.). *Sympotica: A Symposium on the Symposion*. Oxford: Clarendon, 1990.

MURRAY, Penelope. "What Is a Mythos for Plato?". BUXTON, Richard (Org.). *From Myth to Reason? Studies in the Development of Greek Thought*. Oxford: Oxford University Press, 1999. pp. 251-62.

MURRAY, Penelope. "The Muses: Creativity Personified?". In: STAFFORD, Emma; HERRIN, Judith (Org.). *Personification in the Greek World*. Aldershot: Ashgate, 2005. pp. 147-59.

NESTLE, Wilhelm. *Die Nachsokratiker.* 2 v. Jena: Diederichs, 1923.

_____. *Vom Mythos zum Logos.* Stuttgart: Kröner, 1940.

NICOLAI, Roberto (Org.). *"Rysmós": Studi di poesia, metrica e musica greca offerti dagli allievi a Luigi Enrico Rossi per i suoi settant'anni.* Roma: Quasar, 2003.

NIEDDU, Gian Franco. "Testo, scrittura, libro nella Grecia arcaica e classica: Note e osservazioni sulla prosa scientifico-filosofica". *Scrittura e Civiltà,* v. 8, pp. 213-61, 1984.

_____. "Neue Wissenformen, Kommunikationstechniken und schriftliche Ausdrucksformen in Griechenland im sechsten und fünften Jh. v. Chr.: Einige Beobachtungen". In: KULLMANN, Wolfgang; ALTHOFF, Jochen (Orgs.). *Vermittlung und Tradierung von Wissen in der griechischen Kultur.* Tübingen: Gunter Narr, 1993. pp. 151-66.

_____. *La scrittura "madre delle Muse". Agli esordi di un nuovo modello di comunicazione culturale.* Amsterdam: Hakkert, 2004.

NIGHTINGALE, Andrea Wilson. *Genres in Dialoghe: Plato and the Construct of Philosophy.* Cambridge: Cambridge University Press, 1995.

_____. "Sages, Sophists, and Philosophers: Greek Wisdom Literature". In: TAPLIN, Oliver (Org.). *Literature in the Greek and Roman Worlds: A New Perspective.* Oxford: Oxford University Press, 2000. pp. 156-191.

_____. "On Wandering and Wondering. 'Theoria' in Greek Philosophy and Culture". *Arion,* v. 9, n. 2, pp. 23-58, 2001.

_____. *Spectacles of Truth in Classical Greek Philosophy. Theoria in its Cultural Context.* Cambridge: Cambridge University Press, 2004.

NIEDDU, Gian Franco. "The Philosophers in Archaic Greek Culture". In: SHAPIRO, Alan H. (Org.). *The Cambridge Companion to Archaic Greece.* Cambridge: Cambridge University Press, 2007. pp. 169-98.

NUSSBAUM, Martha C. "Psyche in Heraclitus I". *Phronesis,* v. 17, n. 1, pp. 1-16, 1972a.

_____. "Psyche in Heraclitus II". *Phronesis,* v. 17. n. 1, pp. 153-70, 1972b.

OBBINK, Dirk. "The Addressees of Empedocles". *Materiali e Discussioni,* n. 31, pp. 51-98, 1993.

_____. "Cosmology as Initiation vs. the Critique of Orphic Mysteries". In: MOST, Glenn (Orgs.). *Studies on the Derveni Papyrus.* Oxford: Clarendon, 1997. pp. 39-54.

O'BRIEN, Denis. *Empedocles' Cosmic Cycle: A Reconstruction from the Fragments and Secondary Sources.* Cambridge: Cambridge University Press, 1969.

O'GRADY, Patricia F. *Thales of Miletus: The Beginnings of Western Science and Philosophy.* Aldershot: Ashgate, 2002.

ONG, Walter J. *Orality and Literacy: The Technologizing of the Word.* Londres: Methuen, 1982. [Ed. it.: *Oralità e scrittura: Le tecnologie della parola.* Bolonha: Il Mulino, 1986.]

OSBORNE, Catherine. "Empedocles Recycled". *Classical Quarterly*, v. 37, n. 1, pp. 24-50, 1987a.

_____. *Rethinking Early Greek Philosophy*. Ithaca: Cornell University Press, 1987b.

_____. "Was Verse the Default Form for Presocratic Philosophy?". In: ATHERTON, Catherine (Org.). *Form and Content in Didactic Poetry*. Bari: Levante, 1998. pp. 23-35.

_____. "Sin and Moral Responsibility in Empedocle's Cosmic Cycle". In: PIERRIS, Apostolos L. (Org.). *The Empedoclean Kosmos*. Patras: Institute for Philosophical Research, 2005. pp. 283-308.

OWEN, Gwil E. L. "Eleatic Questions". *The Classical Quarterly*, v. 10, n. 1, pp. 84-102, 1960.

_____. *Logic, Science and Dialetic: Collected Papers in Greek Philosophy*. Ithaca: Cornell University Press, 1986.

PADEL, Ruth. *In and Out of Mind: Greek Images of the Tragic Self*. Princeton: Princeton University Press, 1992.

PALMER, John A. "Aristotle on the Ancient Theologians". *Apeiron*, v. 33, n. 1, pp. 181-205, 2000.

PALUMBO, Lidia. "Empedocle e il linguaggio poetico". In: CASERTANO, Giovanni. *La nascita della filosofia vista dai Greci*. Pistoia: Petite Plaisance, 2007; Nápoles: Il Tripode, 1977. pp. 83-107.

PATZER, Andreas. *Der Sophist Hippias als Philosophiehistoriker*. Munique: Alber, 1986.

PÉBARTHE, Christophe. *Cité, démocratie et écriture: Histoire de l'alphabétisation d'Athènes à l'époque classique*. Paris: De Boccard, 2006.

PELLEGRIN, Pierre. "Ancient Medicine and Its Contribution to the Philosophical Tradition". In: GILL, Mary Louise; PELLEGRIN, Pierre (Orgs.). *A Companion to Ancient Philosophy*. Malden: Blackwell, 2006. pp. 664-85.

PELLIZER, Ezio. "Outlines of a Morphology of Sympotic Entertainment". In: MURRAY, Oswyn (Org.). *Sympotica: A Symposium on the Symposion*. Oxford: Clarendon, 1990. pp. 177-84.

PÉREZ-JEAN, Brigitte; EICHEK-LOJKINE, Patricia (Orgs.). *L'Allégorie de l'Antiquité à la Renaissance*. Paris: Champion, 2004.

PERILLI, Lorenzo. "Conservazione dei testi e circolazione della conoscenza in Grecia". In: ANDRISANO, Angela Maria (Org.). *Biblioteche del mondo antico: Dalla tradizione orale alla cultura dell'Impero*. Roma: Carocci, 2007a. pp. 36-71.

_____. "Democritus, Zoology and the Physicians". In: BRANCACCI, Aldo; MOREL, Pierre-Marie (Orgs.). *Democritus: Science, the Arts, and the Care of the Soul*. Leiden: Brill, 2007b. pp. 143-307.

PETIT, Annie. "La tradition critique dans le Pythagorisme ancien: Une contribution au 'miracle grec'". In: THIVEL, Antoine (Org.). *Le miracle grec*. Paris: Les Belles Lettres, 1992. pp. 101-15.

353

PHILIPPSON, Paula. *Genealogie als mythische Form. Studien zur Theogonie des Hesiod*. Oslo: Brøgger, 1936.

PIEPENBRINK, Karen (Org.). *Philosophie und Lebenswelt in der Antike*. Darmstadt: WBG, 2003.

PIERRIS, Apostolos L. *The Emergence of Reason from the Spirit of Mystery II*. Patras: Institute for Philosophical Research, 2007.

_____ (Org.). *The Empedoclean Kosmos*. Patras: Institute for Philosophical Research, 2005.

POPPER, Karl Raimund. "Back to the Presocratics". *Proceedings of the Aristotelian Society*, v. 19, pp. 1-24, 1958-9.

_____. *Conjectures and Refutations: The Growth of Scientific Knowledge*. Londres: Routledge & Kegan Paul, 1963. [Ed. it.: *Congetture e confutazioni*. Bolonha: Il Mulino, 1972.]

_____. *The World of Parmenides: Essays on Presocratic Enlightenment*. Londres: Routledge, 1998. [Ed. it.: *Il mondo di Parmenide: Alla scoperta della filosofia presocratica*. Casale Monferrato: Piemme, 1998.]

PRIMAVESI, Oliver. "La daimonologia della fisica empedoclea". *Aevum Antiquum*, v. 1, pp. 3-68, 2001.

PRIMAVESI, Oliver et al. "Sul nuovo Empedocle, Forum". *Aevum Antiquum*, v. 1, pp. 3-259, 2001.

_____; LUCHNER, Katharina (Orgs.). *The Presocratics from the Latin Middle Ages to Hermann Diels*. Stuttgart: Franz Steiner, 2011.

PUGLIESE CARRATELLI, Giovanni. "La 'theá' di Parmenide". *La Parola del Passato*, v. 43, pp. 337-46, 1988.

_____. *Le lamine d'oro orfiche: Istruzioni per il viaggio oltrremondano degli iniziati greci*. Milão: Adelphi, 2001.

RAGONE, Giuseppe. "Colofone, claro, notio: Un contesto per Senofane". In: BUGNO, Maurizio (Org.). *Senofane ed Elea tra Ionia e Magna Grecia*. Nápoles: Luciano, 2005. pp. 9-45.

RANGOS, Spyros. "Latent Meaning and Manifest Content in the Derveni Papyrus". *Rhizai: A Journal for Ancient Philosophy and Science*, v. 4, pp. 35-75, 2007.

RAPPE, Guido. "Wiedergeburt als Mnemotechnik zur Anthropologie bei Empedokles und Platon". In: SCHWEIDLER, Walter (Org.). *Wiedergeburt und kulturelles Erbe*. Sankt Augustin: Academia, 2001. pp. 61-85.

RECHENAUER, Georg (Org.). *Frühgriechisches Denken*. Göttingen: Vandenhoeck & Ruprecht, 2005.

RIEDWEG, Christoph. "Orphisches bei Empedokles". *Antike und Abendland*, v. 41, pp. 34-59, 1995.

_____. "'Pythagoras hinterliess keine einzige Schrift' — ein Irrtum? Anmerkungen zu einer alten Streitrage". *Museum Helveticum*, v. 54, pp. 65-92, 1997.

RIVIER, André. "Remarques sur les fragments 34 et 35 de Xénophane". *Revue de Philologie*, v. 30, pp. 37-61, 1956.

_____. *Études de littérature grecque: Théâtre, poésie lyrique, philosophie, médecine*. Org. de François Lasserre e Jacques Sulliger. Lausane: Faculté des Lettres de l'Université de Lausanne, 1975.

ROBB, Kevin. "Preliterate Ages and the Linguistic art of Heraclitus". In: _____ (Org.). *Language and Thought in Early Greek Philosophy*. La Salle: Heleger Institute, 1983a. pp. 153-206.

_____ (Org.). *Language and Thought in Early Greek Philosophy*. La Salle: Heleger Institute, 1983b.

ROBBIANO, Chiara. *Becoming Being: On Parmenides' Transformative Philosophy*. Sankt Augustin: Academia, 2006.

ROCHBERG, Francesca. "Mesopotamian Cosmology". In: SNELL, Daniel C. (Org.). *A Companion to the Ancient Near East*. Malden: Blackwell, 2005. pp. 333-52.

ROLLINGER, Robert; LUTHER, Andreas; WIESEHOFER, Josef (Orgs.). *Getrennte Wege?: Kommunikation, Raum Und Wahrnehmung in Der Alten Welt*. Frankfurt: Antike, 2007.

ROMEYER-DHERBEY, Gilbert. "'Mais quand brille un rayon accordé par le dieu': Le kairos chez Pindare". In: _____. *La parole archaïque*. Paris: Presses Universitaires de France, 1999. pp. 5-13.

ROOCHNIK, David. "The First Philosopher (and the Poet)". *Classical and Modern Literature*, v. 6, pp. 39-54, 1985.

ROSSETTI, Livio. "Ésope et le 'Miracle' du paradoxe à l'aube de la civilisation grecque". In: THIVEL, Antoine (Org.). *Le miracle grec*. Paris: Les Belles Lettres, 1992. pp. 69-79.

_____ (Org.). *Atti del Simposium Heracliteum 1981*. Roma: Ateneo, 1983.

_____; SANTANIELLO, Carlo (Orgs.). *Studi sul pensiero e sulla lingua di Empedocle*. Bari: Levante, 2004.

ROSSI, Luigi Enrico. "L'ideologia dell'oralità fino a Platone". In: CAMBIANO, Giuseppe; CANFORA, Luciano; LANZA, Diego (Orgs.). *Lo spazio letterario della Grecia antica*. v. 1. *La produzione e la circolazione del testo*; v. 2. *La polis*. Roma: Salerno, 1992. pp. 77-106.

ROSSI, Pietro (Org.). *La memoria del sapere: Forme di conservazione e strutture organizzative dall'antichità a oggi*. Bari: Laterza, 1988:

ROUSSEL, Denis (Org.). *La Guerre du Péloponnèse*. Paris: Gallimard, 2000.

ROUSSEL, Michel. "Rationalité et vocabulaire mystique: À propos de certains termes ayant une origine ou une connotation religieuse, en usage chez les présocratiques". In: MATTÉI, Jean-Françoise (Org.). *La naissance de la raison en Grèce*. Paris: Presses Universitaires de France, 1990. pp. 153-64.

ROWE, Christopher. "Archaic Thought in Hesiod". *Journal of Hellenic Studies*, v. 103, pp. 124-35, 1983.

RUDBERG, Gunnar. "Xenophanes Satiriker und Polemiker". *Symbolae Osloenses*, v. 26, n. 1, pp. 126-33, 1948.

SANTONI, Anna. "Temi e motivi di interesse socio-economico nella leggenda dei 'Sette Sapienti'". *Annali della Scuola Normale Superiore di Pisa*, série III, v. 13, n. 1, pp. 91-160, 1983.

SASSI, Maria Michela. *Le teorie della percezione in Democrito*. Florença: La Nuova Italia, 1978.

_____. "Cosmologie ioniche: Modelli e sviluppo". *La Parola del Passato*, v. 35, n. 191, pp. 81-103, 1980.

_____. "Dalla scienza delle religioni di Usener ad Aby Warburg". In: AR-RIGHETTI et al. (Orgs.). *Aspetti di Hermann Usener filologo della religione*. Pisa: Giardini, 1982a. pp. 65-92.

_____. "Xenophan. B 16 e Herodt. 4,108: Una nota sul significato di purrov". *Rivista di Filologia e di Istruzione Classica*, v. 39, pp. 391-3, 1982b.

_____. "La freddezza dello storico: Christian Gottlob Heyne". *Annali della Scuola Normale Superiore di Pisa*, série III, v. 16, n. 1, pp. 105-26, 1986.

_____. "Tra religione e scienza: Il pensiero pitagorico". In: CINGARI, Gaetano (Org.). *Storia della Calabria*. v. 1. *La Calabria antica*. Reggio Calabria: Gangemi, 1987. pp. 565-87.

_____. "Parmenide al bivio: Per un'interpretazione del proemio". *La Parola del Passato*, v. 43, pp. 383-96, 1988.

_____. *La scienza dell'uomo nella Grecia antica*. Turim: Bollati Boringhieri, 1988. [Ed. ing.: *The Science of Man in Ancient Greece*. Chicago: Chicago University Press, 2001.]

_____. "Il viaggio e la festa: Note sulla rappresentazione dell'ideale filosofico della vita". In: CAMASSA, Giorgio; FASCE, Silvana (Orgs.). *Idea e realtà del viaggio: Il viaggio nel mondo antico*. Gênova: ECIG, 1991. pp. 17-36.

_____. "La filosofia 'italica': Genealogia e varianti di una formula storiografica". In: CASSIO, Albio Cesare; POCCETTI, Piero (Orgs.). *Forme di religiosità e tradizioni sapienziali in Magna Grecia*. Nápoles: AION, 1994. pp. 29-53.

_____. "La storia del pensiero". In: SETTIS, Salvatore (Org.). *Noi e i Greci*. Turim: Einaudi, 1996. pp. 743-69. (Coleção I Greci: Storia Cultura Arte Società).

_____. "La naissance de la philosophie de l'esprit de la tradition". In: LAKS, André; LOUGUET, Claire (Orgs.). *Qu'est-ce que la philosophie présocratique?*. Lille: Presses Universitaires de Septentrion, 2002. pp. 55-81.

_____. "Da Senofane al Timeo: Il problema del discorso 'verosimile'". In: BUGNO, Maurizio (Org.). *Senofane ed Elea tra Ionia e Magna Grecia*. Nápoles: Luciano, 2005a. pp. 141-6.

SASSI, Maria Michela. "Poesie und Kosmogonie: der Fall Alkman". In: RECHENAUER, Georg (Org.). *Frühgriechisches Denken*. Göttingen: Vandenhoeck & Ruprecht, 2005b. pp. 63-80.

_____. "Anassimandro e la scrittura della 'legge' cosmica". In: _____ (Org.). *La costruzione del pensiero filosofico nell'età dei presocratici*. Pisa: Edizioni della Normale, 2006a. pp. 3-26.

_____. "Stili di pensiero ad Elea: Per una contestualizzazione degli inizi della filosofia". In: VELIA. *Atti del XLV Convegno di studi sulla Magna Grecia. Taranto-Marina di Ascea, 21-25 settembre 2005*. Taranto: Istituto per la Storia e l'Archeologia della Magna Grecia, 2006b. pp. 95-114.

_____. "Ordre cosmique et 'isonomia': En repensant 'Les origines de la pensée grecque' de Jean-Pierre Vernant". *Philosophie Antique*, n. 7, pp. 187-216, 2007.

_____. "Ionian Philosophy and Italic Philosophy: From Diogenes Laertius to Diels". In: PRIMAVESI, Oliver; LUCHNER, Katharina (Orgs.). *The Presocratics from the Latin Middle Ages to Hermann Diels*. Stuttgart: Franz Steiner, 2011.

_____ (Org.). *Platone: Apologia di Socrate. Critone*. Milão: Rizzoli, 1993.

_____ (Org.). *La costruzione del discorso filosofico nell'età dei presocratici*. Pisa: Edizioni della Normale, 2006.

SCARPI, Paolo (Org.). *Le religioni dei misteri*. Milão: Mondadori, 2002.

SCHEFER, Barbara. "Nur für Eingewehite! Heraklit und die Mysterien". *Antike und Abendland*, v. 46, pp. 46-75, 2000.

SCHENKEVELD, Dirk M. "Prose usages of Ἀκογειν 'To read'". *Classical Quarterly*, v. 42, n. 1, pp. 129-41, 1992.

SCHIBLI, Hermann S. *Pherekydes of Syros*. Oxford: Clarendon, 1990.

SCHICK, Carla. "Appunti per una storia della prosa greca: I. La lingua delle iscrizioni". *Rivista di Filologia e Istruzione Classica*, v. 83, pp. 361-90, 1955a.

_____. "Studi sui primordi della prosa greca". *Archivio Glottologico Italiano*, XL, pp. 89-135, 1955b.

_____. "Appunti per una storia della prosa greca: La lingua dei filosofi naturalisti ionici del V secolo: Anassagora, Diogene di Apollonia, Democrito". *Atti dell'Accademia delle Scienze di Torino*, v. 90, pp. 462-96, 1955-6.

SCHIEFSKY, Mark J. "On Ancient Medicine on the Nature of Human Beings". In: VAN DER EIJK, Philip J. (Org.). *Hippocrates in Context: Papers Read at the XITh International Hippocrates Colloquium, Newcastle upon Tyne, 27-31 August 2002*. Leiden: Brill, 2005. pp. 69-85.

_____ (Org.). *Hippocrates On Ancient Medicine*. Leiden: Brill, 2005.

SCHLESIER, Renate. *Kulte, Mythen und Gelehrte. Anthropologie der Antike seit 1800*. Frankfurt: Fischer, 1994.

SCHMALZRIEDT, Egidius. *Peri Physeos: zur Frühgeschichte der Buchtitel*. Munique: Fink, 1970.

SCHNAPP-GOURBEILLON, Annie. *Aux origines de la Grèce (XIII-VIII siècles avant notre ère): La genèse du politique*. Paris: Les Belles Lettres, 2002.

SCHOFIELD, Malcom. "Heraclitus' Theory of Soul and its Antecedents". In: EVERSON, Stephen (Org.). *Psychology. Companions to Ancient Thought*. v. 2. Cambridge: Cambridge University Press, 1991. pp. 13-34.

SCHWABL, Hans. "Weltschöpfung". *Pauly-Wissowa Realencyclopädie der classischen Altertumswissenschaft*, supl. 9, 1962, col. 1433-1582.

_____. "Hesiod und Parmenides. Zur Formung des parmenideschen Prooimions (28 B 1)". *Rheinisches Museum*, v. 106, n. 2, pp. 134-42, 1963.

SCHWEIDLER, Walter (Org.). *Wiedergeburt und kulturelles Erbe*. Sankt Augustin: Academia, 2001.

SCODEL, Ruth. "Self-Correction, Spontaneity, and Orality". In: WORTHINGTON, Ian (Org.). *Voice into Text: Orality and Literacy in Ancient Greece*. Leiden: Brill, 1966. pp. 59-79.

SCODEL, Ruth. "Poetic Authority and Oral Tradition in Hesiod and Pindar". In: WATSON, Janet (Org.). *Speaking Volumes*. Leiden: Brill, 2001. pp. 109-37.

_____. *Listening to Homer: Tradition, Narrative, and Audience*. Ann Arbor: University of Michigan Press, 2002.

SEAFORD, Richard. "Immortality, Salvation and the Elements". *Harvard Studies in Classical Philology*, v. 90, pp. 1-26, 1986.

_____. *Money and the Early Greek Mind Homer, Philosophy, Tragedy*. Cambridge: Cambridge University Press, 2004.

SEDLEY, David. "The Proems of Empedocles and Lucretius". *Greek, Roman, and Byzantine Studies*, v. 30, n. 2, pp. 269-96, 1989.

_____. *Lucretius and the Transformation of Greek Wisdom*. Cambridge: Cambridge University Press, 1998.

_____. *Creationism and Its Critics in Antiquity*. Berkeley: University of California Press, 2007.

_____ (Org.). *The Cambridge Companion to Greek and Roman Philosophy*. Cambridge: Cambridge University Press, 2003.

SELIGMAN, Paul. "Soul and Cosmos in Presocratic Philosophy". *Dionysius*, v. 2, pp. 5-17, 1978.

SETTIS, Salvatore. "Policleto fra '*sophia*' e '*mousike*'". *Rivista di Filologia e di Istruzione Classica*, v. 101, n. 21, pp. 303-17, 1973.

_____. "La trattatistica delle arti figurative". In: CAMBIANO, Giuseppe; CANFORA, Luciano; LANZA, Diego (Orgs.). *Lo spazio letterario della Grecia antica*. v. 1. *La produzione e la circolazione del testo*; v. 2. *La polis*. Roma: Salerno, 1992. pp. 469-98.

_____ (Org.). *Noi e i greci*. Turim: Einaudi, 1996. (Coleção: I Greci: Storia Cultura Arte Società).

SHAPIRO, Alan H. (Org.). *The Cambridge Companion to Archaic Greece*. Cambridge: Cambridge University Press, 2007.

SHARP, Kendall. "From Solon to Socrates: Proto-Socratic Dialogues in Herodotus". In: SASSI, Maria Michela (Org.). *La costruzione del pensiero filosofico nell'età dei presocratici*. Pisa: Edizioni della Normale, 2006. pp. 81-102.

SHARPLES, Robert W. (Org.). *Philosophy and the Sciences in Antiquity*. Aldeshot: Ashgate, 2005.

SIDER, David. "Heraclitus in the Derveni Papyrus". In: LAKS, André; MOST, Glenn (Orgs.). *Studies on the Derveni Papyrus*. Oxford: Clarendon, 1997. pp. 129-48.

SIMON, Joseph (Org.). *Nietzsche und die philosophische Tradition*. Wurtzburgo: Königshausen & Neumann, 1985.

SNELL, Bruno (Org.). *Leben und Meinungen der Sieben Weisen. Griechische und lateinische Quellen erläutert und übertragen von B. Snell*. Munique: Heimeran, 1938. [Ed. it.: *I Sette Sapienti: Vita e opinioni*. Trad. de Ilaria Ramelli. Milão: Bompiani, 2005.]

_____. "Die Sprache Heraklits". *Hermes*, v. 61, n. 4, pp. 353-81, 1926.

_____. "Die Nachrichten über die Lehren des Thales und die Anfänge der griechischen Philosophie und Literaturgeschichte". *Philologus*, v. 96, n. 1-2, pp. 170-82, 1944.

_____. *Die Entdeckung des Geistes: Studien zur Entstehung des europäischen Denkens bei den Griechen*. [S.l.]: Hamburg, Classen und Goverts, 1947. [Ed. it.: *La cultura greca e le origini del pensiero europeo*. Turim: Einaudi, 1963.]

_____. *Gesammelte Schriften*. Göttingen: Vandenhoeck & Ruprecht, 1966.

SNELL, Daniel C. (Org.). *A Companion to the Ancient Near East*. Malden: Blackwell, 2005.

SOLMSEN, Friedrich. *Hesiod and Aeschylus*. Ithaca: Cornell University Press, 1949.

_____. "Chaos and 'Apeiron'". *Studi Italiani di Filologia Classica*, v. 24, pp. 235-48, 1950.

_____. *Kleine Schriften I*. Hildesheim: Olms, 1968.

_____. "The Tradition about Zeno of Elesa Re-Examined". *Phronesis*, v. 16, pp. 116-41, 1971. Ver também: MOURELATOS, Alexander. P. D. (Org.). *The Presocratics: A Collection of Critical Essays*. Nova York: Anchor, 1974. pp. 368-93.

STADEN, Heinrich von. "Affinities and Elisions: Helen and Hellenocentrism". *Isis*, v. 83, n. 4, pp. 578-95, 1992.

STAFFORD, Emma; HERRIN, Judith (Orgs.). *Personification in the Greek World*. Aldershot: Ashgate, 2005.

STANNARD, Jerry. "The Presocratic Origin of Explanatory Method". *The Philosophical Quarterly*, v. 15, n. 60, pp. 193-206, 1965.

STEHLE, Eva. "The Addressees of Empedokles, Katharmoi Fr. B 112: Performance and Moral Implications". *Ancient Philosophy*, v. 25, n. 2, pp. 247-72, 2005.

STERN-GILLET, Suzanne; CORRIGAN, Kevin (Orgs.). *Reading Ancient Texts*. Leiden: Brill, 2007.

STRAUSS CLAY, Jenny. *Hesiod's Cosmos*. Cambridge: Cambridge University Press, 2003.

SVENBRO, Jesper. *Phrasikleia: Anthropologie de la lecture en Grèce ancienne*. Paris: La Découverte, 1988.

TANNERY, Paul. *Pour l'histoire de la science hellène de Thalès à Empédocle*. Paris: Gauthiers-Villars, 1930; Alcan, 1887.

TAPLIN, Oliver (Org.). *Literature in the Greek and Roman Worlds: A New Perspective*. Oxford: Oxford University Press, 2000.

THIVEL, Antoine (Org.). *Le miracle grec*. Paris: Les Belles Lettres, 1992.

THOMAS, Rosalind. "Written in Stone? Liberty, Equality, Orality and the Codification of Law". In: FOXHALL, Lin; LEWIS, Andrew D. E. (Orgs.). *Greek Law in Its Political Setting. Justifications not Justice*. Oxford: Clarendon, 1996. pp. 3-31.

_____. *Herodotus in Context: Ethnography, Science, and the Art of Persuasion*. Cambridge: Cambridge University Press, 2000.

_____. "Prose Performance Texts: Epideixis and Written Publication in the Late Fifth and Early Fourth Centuries". In: YUNIS, Harvey (Org.). *Written Texts and the Rise of Literate Culture in Ancient Greece*. Cambridge: Cambridge University Press, 2003. pp. 162-88.

_____. "Writing, Law, and Written Law". In: GAGARIN, Michael; COHEN, David J. (Orgs.). *The Cambridge Companion to Ancient Greek Law*. Cambridge: Cambridge University Press, 2005. pp. 41-60.

_____. "The Intellectual Milieu of Herodotus". In: DEWALD, Carolyn; MARINCOLA, John (Orgs.). *The Cambridge Companion to Herodotus*. Cambridge: Cambridge University Press, 2006. pp. 60-75.

THOMSON, George. "From Religion to Philosophy". *Journal of Hellenic Studies*, v. 73, pp. 77-83, 1953.

_____. *The First Philosophers: Studies in Ancient Greek Society*. London: Lawrence & Wishart, 1955.

THOMSON, James A. K. (Org.). *Essays in Honour of Gilbert Murray*. Londres: Allen & Unwin, 1936.

TORRANCE, James B. (Org.). *The Concept of Nature*. Oxford: Clarendon, 1992.

TORTORELLI GHIDINI, Marisa. *Figli della terra e del cielo stellato: Testi orfici con traduzione e commento*. Nápoles: D'Auria, 2006.

TRÉPANIER, Simon. *Empedocles: An Interpretation*. Londres: Routledge, 2004.

TULLI, Mauro. "La coscienza di sé in Parmenide". In: ARRIGHETTI, Graziano; MONTANARI, Franco (Orgs.). *La componente autobiografica nella poesia greca e latina fra realtà e artificio letterario*. Pisa: Giardini, 1993. pp. 141-62.

_____. "Esiodo nella memoria di Parmenide". In: ARRIGHETTI, Graziano; TULLI, Mauro (Orgs.). *Letteratura e riflessione sulla letteratura nella cultura classica*. Pisa: Giardini, 2000. pp. 65-81.

TURRINI, Guido. "Contributo all'analisi del termine eikos. I: L'età arcaica". *Acme*, v. 30, pp. 541-58, 1977.

VALERI, Valerio. "Miti cosmogonici e ordine". *Parole Chiave*, n. 178, pp. 93-110, 1995.

_____. *Uno spazio tra sé e sé*. Roma: Donzelli, 1999.

VAN DER EIJK, Philip J. "Towards a Rhetoric of Ancient Scientific Discourse: Some Formal Characteristics of Greek Medical and Philosophical Texts". In: BAKKER, Egbert J. (Org.). *Grammar as Interpretation: Greek Literature in Its Linguistic Context*. Leiden: Brill, 1997. pp. 77-129.

VAN DER EIJK, Philip J. (Org.). *Hippocrates in Context: Papers Read at the XITh International Hippocrates Colloquium, Newcastle upon Tyne, 27-31 August 2002*. Leiden: Brill, 2005.

VAN DONGEN, Erik. "Contacts between Pre-Classical Greece and the Near East in the Context of Cultural Influences: An Overview". In: ROLLINGER, Robert; LUTHER, Andreas; WIESEHOFER, Josef (Orgs.). *Getrennte Wege?: Kommunikation, Raum Und Wahrnehmung in Der Alten Welt*. Frankfurt: Antike, 2007. pp. 13-49.

VAN EFFENTERRE, Henri; RUZÉ, Françoise. *Nomima. Recueil d'inscriptions politiques et juridiques de l'archaïsme grec*. Roma: École Française de Rome, 1995.

VEGETTI, Mario. "Anima e corpo". In: _____ (Org.). *Introduzione alle culture antiche II*. Turim: Bollati Boringhieri, 1992a. pp. 201-28.

_____. "Iatromantis". In: BETTINI, Maurizio (Org.). *I signori della memoria e dell'oblio: Figure della comunicazione nella cultura antica*. Florença: La Nuova Italia, 1996a. pp. 65-81.

_____. "L'io, l'anima, il soggetto". In: SETTIS, Salvatore (Org.). *Noi e i Greci*. Turim: Einaudi, 1996b. pp. 431-67. (Coleção I Greci: Storia Cultura Arte Società).

_____. "Empedocle "medico e sofista" (Antica Medicina 20)". In: FISCHER, Klaus-Dietrich; NICKEL, Diethard; POTTER, Paul (Orgs.). *Text and Tradition. Studies in Ancient Medicine and Its Transmission presented to Jutta Kollesch*. Leiden: Brill, 1998. pp. 289-99.

_____. "Culpability, Responsibility, Cause: Philosophy, Historiography, and Medicine in the Fifth Century". In: LONG, Anthony A. (Org.). *The Cambridge Companion to Early Greek Philosophy*. Cambridge: Cambridge University Press, 1999. pp. 271-89.

VEGETTI, Mario. *Dialoghi con gli antichi*. Sankt Augustin: Academia, 2007.

_____ (Org.). *Introduzione alle culture antiche*. v. 2. *Il sapere degli antichi*. Turim: Bollati Boringhieri, 1992b.

VELARDI, Roberto. "Parola e immagine nella Grecia antica (e una pagina di Italo Calvino)". *AION, Annali dell'Università degli Studi di Napoli "L'Orientale"*, v. 26, pp. 191-219, 2004.

VELIA. *Atti del XLV Convegno di studi sulla Magna Grecia. Taranto-Marina di Ascea, 21-25 settembre 2005*. Taranto: Istituto per la Storia e l'Archeologia della Magna Grecia, 2006.

VERBEKE, Gérard. "Philosophie et conceptions préphilosophiques chez Aristote". *Revue Philosophique de Louvain*, v. 59, n. 63, pp. 405-30, 1961.

VERDENIUS, Willem Jacob. "Traditional and Personal Elements in Aristotle's Religion". *Phronesis*, v. 5, n. 1, pp. 56-70, 1960.

_____. "Der Logosbegriff bei Heraklit und Parmenides (I)". *Phronesis*, v. 11, n. 2, pp. 81-98, 1966.

VERNANT, Jean-Pierre. "Du mythe à la raison: La formation de la pensée positive dans la Grèce archaïque". *Annales ESC*, v. 12, pp. 183-206, 1957.

_____. *Les origines de la pensée grecque*. Paris: PUF, 1962. [Ed. it.: *Le origini del pensiero greco*. Roma: Editori Riuniti, 1976.]

_____. *Mythe et pensée chez les Grecs: Études de psychologie historique*. Paris: Maspero, 1965. [Ed. it.: *Mito e pensiero presso i Greci. Studi di psicologia storica*. Turim: Einaudi, 1970.]

_____. *Thétis et le poème cosmogonique d'Alcman*. In: AULOTT, Robert et al. (Orgs.). *Hommages à Marie Delcourt*. Bruxelas: Latomus, 1970. pp. 219-33.

_____. "Greek Religion". In: ELIADE, Mircea (Org.). *The Encyclopedia of Religion*. Londres: Macmillan, 1987, pp. 99-118. Ver também: *Mythe et religion en Grèce ancienne*. Paris: Seuil, 1990. [Ed. it.: *Mito e religione in Grecia antica*. Roma: Donzelli, 2003.]

_____. "Écriture et religion critique en Grèce". In: BOTTÉRO, Jean; HERRENSCHMIDT, Clarisse; VERNANT, Jean-Pierre. *L'Orient ancien et nous. L'écriture, la raison, les dieux*. Paris: Albin Michel, 1996; Hachette, 1998.

VETTA, Massimo (Org.). *Poesia e simposio nella Grecia antica*. Bari: Laterza, 1983.

VIDAL-NAQUET, Pierre. "Raison et déraison dans l'historie". In: ROUSSEL, Denis (Org.). *La Guerre du Péloponnèse*. Paris: Gallimard, 2000. pp. 5-30.

_____. *Les Grecs: Les historiens, la démocratie*. Paris: La Découverte, 2000.

VLASTOS, Gregory. "Solonian Justice". *Classical Philology*, v. 41, n. 2, pp. 65-83, 1946.

_____. "Equality and Justice in Early Greek Cosmologies". *Classical Philology*, v. 42, n. 3, pp. 156-78, 1947.

_____. "Theology and Philosophy in Early Greek Thought". *Philosophical Quarterly*, v. 2, n. 7, pp. 97-123, 1952. Ver também: FURLEY, David J.;

ALLEN, Reginald E. *Studies in Presocratic Philosophy*. Londres: Routledge & Kegan Paul, 1970. p. 92-129.

VLASTOS, Gregory. "Isonomia". *American Journal of Philology*, v. 74, n. 4 pp. 337-66, 1953.

_____. "Recensione di Cornford 1952". *Gnomon*, v. 27, pp. 65-76, 1955. [Republicado como "Cornford's *Principium sapientiae*". In: FURLEY, David J.; ALLEN, Reginald E. Studies in *Presocratic Philosophy*. Londres: Routledge; Kegan Paul, 1970. pp. 42-55.]

_____. "The Greeks Discover the Cosmos". In: _____. *Plato's Universe*. Seattle: University of Washington Press, 1975. [Ed. it.: *I Greci scoprono il cosmos*. In: LESZL, Walter (Org.). *I presocratici*. Bolonha: Il Mulino, 1982. pp. 189-208.]

VOELKE, André-Jean. *Aux origines de la philosophie grecque: La cosmogonie d'Alcman*. In: BOSS, Gilbert (Org.). *Métaphysique, histoire de la philosophie: Recueil d'études offert à Fernand Brunner*. Genebra: La Baconnière, 1981. pp. 13-24.

_____. "Vers une compréhension renouvelée des origines de la philosophie grecque: La cosmogonie d'Alcman". *Desmos*, v. 7, pp. 11-4, 1984.

_____. "La naissance de la philosophie selon Giorgio Colli". *Revue de Théologie et de Philosophie*, v. 117, n. 3, pp. 208-13, 1985.

WATSON, Janet (Org.). *Speaking Volumes*. Leiden: Brill, 2001.

WESENBERG, Burkhardt. "Zu den Schriften griechischer Architekten". In: AA.VV.*Bauplanung und Bautheorie der Antike*. Berlim: Wasmuth, 1984. pp. 39-47.

WESSELY, Anna (Org.). *Intellectuals and the Politics of the Humanities*. Budapeste: Collegium Budapest, 2002.

WEST, Martin L. "Three Presocratic Cosmologies (Alcman, Pherecydes, Thales)". *Classical Quarterly*, v. 13 n. 2, pp. 154-76, 1963.

_____. "Alcman and Pythagoras". *Classical Quarterly*, v. 17, n. 1, pp. 1-15, 1967.

_____. *Early Greek Philosophy and the Orient*. Oxford: Oxford University Press, 1971. [Ed. it.: *La filosofia greca arcaica e l'Oriente*. Bolonha: Il Mulino, 1993.]

_____ (Org.). *Hesiod, Theogony*. Oxford: Clarendon, 1966.

WILDBERG, Christian. "Commentary on Curd". *Proceedings of the Boston Area Colloquium in Ancient Philosophy*, v. 17, pp. 50-6, 2001.

WÖHRLE, Georg. "Zur Prosa der milesischen Philosophen". *Würzburger Jahrbücher*, v. 18, n. 1, pp. 33-47, 1992.

_____. "War Parmenides ein schlechter Dichter? Oder: zur Form der Wissensvermittlung in der Frühgriechischen Philosophie". In: KULLMANN, Wolfgang; ALTHOFF, Jochen; ASPER, Markus (Orgs.). *Gattungen wissenschaftlicher Literatur in der Antike*. Tübingen: Narr, 1988. pp. 167-80.

_____. "Xenophanes' parodistische Technik". In: AX, Wolfram; GLEI, Reinhold F. R. F. (Orgs.). *Literaturparodie in Antike und Mittelalter*. Tréveris: WVT, 1993. pp. 13-25.

WORTHINGTON, Ian (Org.). *Voice into Text: Orality and Literacy in Ancient Greece*. Leiden: Brill, 1966.

WRIGHT, Rosemary. "Philosopher Poets: Parmenides and Empedocles". In: ATHERTON, Catherine (Org.). *Form and Content in Didactic Poetry*. Bari: Levante, 1998. pp. 1-22.

XELLA, Paolo. "Prima delle Muse: Maestri, scribi e cantori nel vicino Oriente pre-classico". In: BETA, Simone (Org.). *I poeti credevano nelle loro Muse?* Fiesole: Cadmo, 2006. pp. 13-26.

YUNIS, Harvey. "Writing for Reading. Thucydides, Plato, and the Emergence of the Critical Reader". In: _____ (Org.). *Written Texts and the Rise of Literate Culture in Ancient Greece*. Cambridge: Cambridge University Press, 2003a. pp. 189-212.

_____ (Org.). *Written Texts and the Rise of Literate Culture in Ancient Greece*. Cambridge: Cambridge University Press, 2003b.

ZAICEV, Alexander. *Das grieschische Wunder*. Konstanz: Universitätsverlag Konstanz, 1993.

ZHMUD, Leonid. "Orphism and Graffiti from Olbia". *Hermes*, v. 120, n. 2, pp. 159-68, 1992.

_____. *Wissenschaft, Philosophie und Religion im frühen Pythagoreismus*. Berlim: Akademie, 1997.

_____. *Pythagoras and the Early Pythagoreans*. Oxford: Oxford University Press, 2012.

Índice onomástico

A

Ábaris, 99, 258
Ackerman, Robert, 291
Acusilau de Argos, 24, 111-2, 297, 315
Adomenas, Mantas, 292, 296
Aécio, 306, 322
Agatemero, 154
Ahiqar, 139
Alceu, 24, 163, 251
Álcman, 21, 24, 103-8, 125, 137
Alcméon de Crotona, 24, 69, 106, 128-30, 225, 230-5, 248, 251, 260, 274, 275, 301, 315
Algra, Keimpe, 298
Allan, William, 291
Anacreonte, 163
Anaxágoras, 25, 30, 58, 69, 96, 123, 141, 145, 216, 238, 263, 266, 283, 298, 306, 307, 311, 313
Anaximandro, 9, 16, 24, 32, 44, 46, 49, 78, 80-9, 91, 93, 95-6, 98-101, 103, 106, 110, 112-6, 124, 134, 138, 142-3, 145-58, 166, 168, 177-9, 184, 223, 262, 271, 285, 293, 295, 297, 301-3
Anaxímenes, 24, 32, 80, 85, 88, 90, 98, 101, 113-6, 134, 138, 145,

168, 184, 188, 191, 194, 216, 295, 298, 306
Andò, Valeria, 21
Anfidamante, 73, 94
Antifonte (sofista), 25, 70, 321
Apolodoro, 317
Aristágoras de Mileto, 155
Aristeas de Proconeso, 99, 195, 197-8, 258, 307
Aristófanes, 25
Aristóteles, 9-15, 17, 30-1, 33-6, 54, 57-68, 70-1, 78, 83, 85-6, 88-9, 96-9, 101-3, 105, 107, 114, 117, 119, 130, 138, 154-5, 168, 171, 185, 188, 197, 204-5, 217-9, 238, 246-7, 250-1, 260, 270, 272, 281, 284, 289-90, 293, 295-6, 298, 301-3, 310, 312, 318, 321
Arquíloco, 24, 108, 169, 251
Arquitas de Tarento, 25, 130, 263
Arrighetti, Graziano, 297, 313
Asper, Markus, 302
Assmann, Jan, 127, 133, 158, 299-300, 303
Ateneo de Náucratis, 256
Averincev, Sergej, 128, 299

B

Balaudé, Jean-François, 293
Barnes, Jonathan, 290, 310
Batilo (pitagórico), 129, 230
Baumgarten, Roland, 305, 309
Beall, E. F., 289
Beard, Mary, 291
Beltram, Fabio, 21
Bernabé, Alberto, 197, 205, 276, 297, 308-10, 312
Bertelli, Lucio, 301
Berti, Enrico, 293
Betegh, Gábor, 193-4, 272, 299, 307, 309, 311-3, 321
Blank, David L., 316
Blumenberg, Hans, 290
Bodei, Remo, 290
Bodnár, István M., 321
Böhme, Gernot, 322
Bollack, Jean, 213, 311-2, 318-9
Bolton, James D. P., 307
Bonanate, Ugo, 291
Bonazzi, Mauro, 274, 276, 321, 323
Bordigoni, Carlitria, 317
Borsche, Tilman, 290
Bottéro, Jean, 109, 290, 297
Bouvier, David, 322
Brancacci, Aldo, 289, 323
Bravo, Benedetto, 22, 201, 298, 302, 305, 309
Breglia Pulci Doria, Luisa, 297
Bréhier, Émile, 291
Bremmer, Jan, 308
Bresson, Alain, 301
Brillante, Carlo, 313
Brisson, Luc, 55, 292, 300
Broadie, Sarah, 272, 296, 319
Brodsky, Joseph, 226
Brontino, 129
Brotino (pitagórico), 230

Brucker, Johann J., 35
Buda, 16, 287
Burkert, Walter, 11, 50-4, 64, 82, 245, 289, 292, 295, 304-5, 308, 316
Burnet, John, 36
Burnyeat, Myles F., 301
Busch, Stephan, 301

C

Calame, Claude, 204, 276, 297, 309-10
Calder III, William Musgrave, 291
Calzolari, Alessandro, 314, 318-9
Camassa, Giorgio, 301
Cambiano, Giuseppe, 22, 115, 272, 289-90, 292, 294, 298-9, 305, 321
Cardona, Giorgio Raimondo, 300
Casadio, Giovanni, 310
Casertano, Giovanni, 292
Cassio, Albio Cesare, 316
Cassirer, Ernst, 39, 53, 292
Cavallo, Guglielmo, 305
Caveing, Maurice, 320
Cavini, Walter, 22
Centrone, Bruno, 307-8
Cerri, Giovanni, 245, 315-6, 319
Chadwick, John, 132
Chambers, Mortimer, 291
Cherniss, Harold, 9-10, 289, 293, 302, 315, 318
Cícero, Marco Túlio, 31
Cirno, 251
Classen, Carl Joachim, 293, 297, 303
Clemente de Alexandria, 35
Cleômenes (rapsodo), 256
Cleômenes I, rei de Esparta, 155
Clístenes, 24
Cole, Thomas, 320
Colli, Giorgio, 35-6, 290

Collins, Derek, 303
Confúcio, 16, 287
Cordero, Nestor Luis, 317
Cornford, Francis MacDonald, 11,
40-50, 53-4, 77, 80, 258-9, 261,
289, 291, 294, 296, 298, 317, 320-1
Corradi, Michele, 321
Couprie, Dirk L., 302
Cozzo, Andrea, 21, 292, 314
Creso, 136, 293
Crippa, Sabina, 305
Curd, Patricia, 273, 311, 314, 317, 319

D

D'Alessio, Giovan Battista, 317
Dante Alighieri, 41
Darwin, Charles, 42, 295
Deichgräber, Karl, 304
Demétrio de Faleros, 66, 139
Demócedes de Crotona, 130
Demócrito de Abdera, 25, 31, 145,
216-7, 249, 263, 266, 271, 298,
313, 321
Descartes, René, 186
Detienne, Marcel, 135, 259-61, 301,
308, 313, 320
Di Benedetto, Vincenzo, 22, 309
Di Donato, Riccardo, 22, 303, 320
Diágoras de Melos, 123
Dicearco de Messina, 256
Diels, Hermann, 10, 19, 35, 39, 70,
88, 148, 207, 251, 254-5, 280,
283, 289, 292, 303, 319
Diès, Auguste, 310, 320
Dilcher, Roman, 304
Diller, Hans, 294, 316
Diodoro Sículo, 205
Diógenes de Apolônia, 25, 145, 216-
7, 263-4, 266, 283, 295, 313, 321

Diógenes Laércio, 10, 31, 34, 66,
139, 143, 145, 160, 172, 178-9, 188,
197, 206, 236
Dodds, Eric R., 11, 289, 291, 308, 320
Drozdek, Adam, 296
Durkheim, Émile D., 42

E

Eberhard, Johann Augustus, 289
Edmonds, Radcliffe G., 310
Eisenstadt, Shmuel Noah, 289
Eliano, 197
Elkana, Yehuda, 223-4, 300, 313
Empédocles, 9-11, 16, 22, 25, 31, 43,
57-8, 69, 78, 89, 114, 131, 138,
145, 198, 206-17, 225, 237-8, 240,
249-59, 261-3, 265, 269-71, 273,
276-8, 283-5, 302, 310-4, 317-9,
321, 324
Engmann, Joyce, 303
Enópides de Quio, 25, 265, 321
Epicarmo, 101
Epimênides, 24, 36, 66, 97-9, 108,
111, 245, 258-9, 296-7
Eratóstenes de Cirene, 154
Espeusipo, 96
Ésquilo, 25, 41
Estobeu, 234
Estrabão, 305
Eurípedes, 23, 25, 136
Eutímenes de Marselha, 266
Everson, Stephen, 313

F

Ferécides de Atenas, 24, 112
Ferécides de Siro, 36, 56, 99-102, 104,
107, 109, 111-2, 143, 145-6, 148,
199, 258, 273-4, 297, 302, 315

Ferrari, Franco, 249, 301, 309-10, 314-5, 317
Festugière, André-Jean, 294
Fídias, 25
Filistião de Locros, 25, 269
Filolau de Crotona, 25, 130, 263, 310
Finkelberg, Margalit, 313
Föllinger, Sabine, 314
Ford, Andrew, 303, 313
Foster, Benjamin R., 300
Fowler, Robert L., 112, 297, 322
Fränkel, Hermann, 106, 229, 294, 297, 314
Frankfort, Henri e Henriette, 290, 292, 300
Frede, Dorothea, 307
Frede, Michael, 17, 22, 290, 293-4
Freudenthal, Gad, 295
Fritz, Kurt von, 295, 297, 303
Fronterotta, Francesco, 286, 313
Frontisi-Ducroux, Françoise, 314
Fuhrmann, Manfred, 304-5
Funghi, Maria Serena, 22, 297
Furley, David J., 297

G

Gagarin, Michael, 301-3
García Quintela, Marco Virgilio, 303
Gavrilov, Alexander K., 301
Gehrke, Hans-Joachim, 302-3
Gemelli Marciano, Maria Laura, 14, 22, 129, 246, 274, 289, 300, 304, 312, 314, 316, 318-9, 321
Gernet, Louis, 259, 261, 314, 316, 320
Gilbert, Otto, 316
Gill, Christopher, 306
Giordano-Zecharya, Manuela, 301
Giuliano, Fabio Massimo, 313
Goldhill, Simon, 302

Gomperz, Theodor, 36
Goody, Jack R., 132-4, 300
Górgias, 25, 136, 282
Gorman, Vanessa B., 303
Gostoli, Antonietta, 303
Graf, Fritz, 290, 309
Graham, Daniel W., 273, 279, 293
Granger, Herbert, 273, 304-5, 315-7
Gregory, Andrew, 295, 323
Guthrie, William K. C., 291, 309

H

Hahn, Robert, 302
Hankinson, Robert James, 293, 296, 298, 306
Harris, William V., 134, 300
Harrison, Jane, 40, 41
Hartog, François, 126, 299
Havelock, Eric A., 138, 159, 301, 303
Hecateu de Mileto, 24, 32, 69, 111, 120, 128-9, 131, 144, 155, 157-8, 169, 233-5, 260, 266, 301, 303, 315
Hegel, Georg Wilhelm Friedrich, 15, 31, 35, 187, 289
Heidegger, Martin, 260, 320
Heinemann, Gottfried, 322
Heitsch, Ernst, 314
Henrichs, Albert, 300, 308
Heráclito de Éfeso, 9, 16, 21, 24, 31, 35, 53-4, 57, 89-91, 93, 101, 131, 142, 145, 148, 166-80, 185-6, 189-94, 206, 208, 217, 233-6, 248, 258, 262-3, 267, 273, 276, 282-3, 285, 295-6, 302, 304-7, 313-4, 317, 322
Herder, Johann G., 39
Heródoto, 25, 33-4, 74, 110, 126, 135, 140, 155, 157-8, 195, 197, 199, 262, 264, 266-8, 282, 290, 293, 303, 307, 310, 321-2
Hershbell, Jackson P., 303

368

Hesíodo, 24, 37, 45-8, 52, 58-60, 63-
  4, 68, 73-4, 75, 77-80, 85-7, 89,
  93-5, 97-9, 101-2, 104-8, 110-
  1, 116, 120, 128, 137, 146, 159-
  62, 164, 169, 209, 223, 225, 227-
  9, 233, 235, 242-5, 251, 278, 290,
  292, 294-7, 313, 315, 319
Hesíquio, 294
Heyne, Christian G., 39
Hieron de Siracusa, 159
Hiparco de Atenas, 24, 139-40
Hípaso de Metaponto, 24, 130
Hípias de Atenas, 24
Hípias de Élide, 25, 63, 188
Hipócrates de Cós, 25, 278
Hipócrates de Quio, 25
Hipodamos de Mileto, 25, 70-1, 294
Hipólito (bispo), 294
Hölkeskamp, Karl-Joachim, 302
Hölscher, Uvo, 292, 296, 305
Homero, 54, 71, 73-4, 86-7, 89-91,
  104, 116, 150, 159-62, 164-5, 169,
  175, 186, 191, 221, 223, 240, 250,
  276, 290, 313-5, 320
Hornung, Erik, 52, 292
Horton, Robin, 298
Huffman, Carl A., 294, 311
Humphreys, Sally C., 296, 298-9,
  302
Hussey, Edward, 293, 298, 304, 306

I

Íbico, 163
Ico de Tarento, 130
Iles Johnston, Sarah, 309
Inwood, Brad, 311
Ioli, Roberta, 314
Íon de Quio, 197-8, 265, 308
Irwin, William, 290
Isócrates, 268

J

Jacob, Christian, 154, 303
Jacobsen, Thorkild, 290
Jacoby, Felix, 112
Jaeger, Werner, 9, 88, 148-9, 207,
  289-90, 295-6, 302, 311
Jâmblico, 130
Jaspers, Karl, 16
Jennings, Victoria, 321
João Filopono, 67, 293
Johansen, Thomas K., 292
Jouanna, Jacques, 322

K

Kahn, Charles H., 178, 213, 254, 302,
  304, 311-2, 318-9
Katsaros, Andrea, 321
Kingsley, Peter, 11, 245-6, 289, 311-
  2, 314-8
Kirk, Geoffrey S., 104, 114, 115, 298,
  307
Knox, Bernard M. W., 301
Körner, Reinhard, 305
Kouloumentas, Stavros, 274-5, 305
Kouremenos, Theokritos, 309
Krämer, Samuel Noah, 290, 297
Kranz, Walther, 19, 35, 88, 283, 289,
  292
Krischer, Tilman, 299
Kurke, Leslie V., 299

L

Laks, André, 12, 21, 143, 147, 271,
  279-81, 289, 292-3, 297, 302, 309,
  313, 316, 322, 324
Lambert, Wilfred G., 291

Lao-Tsé, 16
Laso de Hermíone, 294
Ledbetter, Grace M., 313
Leone (pitagórico), 129, 230
Lesher, James H., 314, 317
Leszl, Walter, 289, 292, 296, 322
Leucipo, 25, 263
Lévi-Strauss, Claude, 126
Lewis, John D., 294, 296
Lightfoot, Jane L., 305
Lima, Paulo Butti de, 290
Lincoln, Bruce, 22, 292
Lloyd, Geoffrey E. R., 14, 92-3,
    119-21, 130, 262, 268, 289, 292,
    294-9, 301, 318, 321, 324
Long, Anthony A., 71, 276, 294, 313
Lorenz, Konrad, 50
Louguet, Claire, 279, 289
Lucrécio, 250, 318, 321
Luraghi, Nino, 321-2
Luzzatto, Maria Jagoda, 301

M

Machinist, Peter, 299
Maltomini, Francesca, 301
Manetti, Giovanni, 305
Mansfeld, Jaap, 53-4, 289, 292-3,
    304, 307, 321
Marincola, John, 321-2
Martin, Alain, 289, 311, 319
Martin, Jochen, 303
Martin, Richard P., 293
Matson, Wallace I., 298
Mauss, Marcel, 42
Meier, Christian, 298
Mele, Alfonso, 297
Melisso de Samos, 25, 262, 275
Metágenes, 147
Meuli, Karl, 308
Miller, Mitchell H., 294

Miralles, Carles, 294
Mnesarco, 170
Mogyoródi, Emese, 290
Momigliano, Arnaldo, 290
Morgan, Catherine, 302, 316
Morgan, Kathryn A., 292
Mori, Luca, 22
Morrison, John S., 316
Most, Glenn W., 21, 104-6, 273, 280-
    2, 290-2, 294, 296-7, 299, 301,
    304, 309, 313, 315, 319, 323-4
Murray, Gilbert, 40
Murray, Penelope, 226, 292, 313

N

Naddaf, Gerard, 302
Nestle, Wilhelm, 40, 289, 291
Nieddu, Gian Franco, 301, 321
Nietzsche, Friedrich W., 39
Nightingale, Andrea Wilson, 12, 14,
    289, 322
Nussbaum, Martha C., 306-7

O

O'Brien, Denis, 311
O'Grady, Patricia F., 290
Obbink, Dirk, 310, 318-9
Ong, Walter J., 301
Osborne, Catherine, 207, 289, 311-2,
    315
Owen, Gwil E. L., 317

P

Padel, Ruth, 306
Palmer, John H., 277-8, 292
Palumbo, Lidia, 318

Parássoglou, George M., 309
Parmênides, 9, 16, 25, 43, 52-4, 59,
    69, 78, 89, 111, 131, 138, 141, 145,
    159, 165, 179, 196, 208, 216, 225,
    237, 238-40, 242-50, 252, 255,
    258-63, 278, 282, 284-5, 292,
    295, 297, 311, 315-7, 319-20
Patzer, Andreas, 293
Pausânias, 104, 215, 251-2, 278, 311,
    314
Pébarthe, Christophe, 300-1
Pellegrin, Pierre, 322
Pellizer, Ezio, 303
Periandro, 66
Péricles, 25, 123
Perilli, Lorenzo, 22, 179, 301, 305,
    321, 324
Perses, 251
Petit, Annie, 300
Philippson, Paula, 294
Pierris, Apostolos L., 296
Píndaro, 25, 108, 190, 201, 212, 229,
    234-5, 294, 310, 313-4, 317
Pirítoo, 129, 230
Pisístrato, 24, 86, 139
Pítaco, 66
Pitágoras, 11, 16, 24, 43, 69, 124-5,
    142, 169-70, 195-9, 210, 235-7,
    245, 255, 258-9, 261, 267, 304,
    308, 317, 322
Platão, 9-14, 25, 30-1, 33-4, 36, 43,
    55-8, 63, 68, 89, 104, 111, 138-9,
    141, 155-6, 164, 191, 193, 196, 200,
    202, 204, 217, 221-2, 239, 259-60,
    263, 268, 270, 282, 290, 292-3,
    295, 299, 301, 303, 307, 310,
    313-5, 317-8, 321-2
Plínio, o Velho, 147
Plutarco, 144, 255, 294-5
Policleto, 25, 70, 71, 294
Polícrates de Samos, 24

Pólux (lexicógrafo), 70
Popper, Karl, 114-6, 130, 183-6, 298,
    306
Porfírio, 130
Prauscello, Lucia, 309
Primavesi, Oliver, 272, 289, 311, 318-9
Protágoras, 25, 123, 138, 282, 321
Psamético I (faraó), 38
Pugliese Carratelli, Giovanni, 309,
    316

Q

Quersifrão, 147

R

Ragone, Giuseppe, 303
Ramelli, Ilaria, 293
Rampsinito (faraó fictício), 133
Rangos, Spyros, 305
Rappe, Guido, 312
Raven, John E., 104, 307
Rechenauer, Georg, 21
Renan, Ernest, 15
Riedweg, Christoph, 212, 304, 312
Rivier, André, 314
Robb, Kevin, 301, 304
Robbiano, Chiara, 316
Rochberg, Francesca, 290, 300
Rohde, Erwin, 39
Romeyer-Dherbey, Gilbert, 314
Roochnik, David, 313
Rossetti, Livio, 305
Rossi, Luigi Enrico, 137, 271, 301
Roussel, Denis, 305
Rowe, Christopher, 110, 297
Rudberg, Gunnar, 303

S

Safo, 24
Salmoxis, 195, 198
Santoni, Anna, 293
Sassi, Maria Michela, 277-8, 290,
    292-3, 295-7, 299, 302-3, 308,
    313-4, 316, 320-4
Scalera McClintock, Giuliana, 21
Scarpi, Paolo, 308
Schefer, Barbara, 305
Schenkeveld, Dirk M., 301
Schibli, Hermann S., 273, 297
Schick, Carla, 302, 321
Schiefsky, Mark J., 322
Schlesier, Renate, 291-2
Schmalzriedt, Egidius, 302
Schnapp-Gourbeillon, Annie, 300
Schofield, Malcom, 104, 272, 306-7
Schwabl, Hans, 292, 297, 315
Scodel, Ruth, 251, 313, 318
Seaford, Richard, 125-6, 287, 299,
    303, 312, 316, 324
Sedley, David, 22, 214, 307, 311-2,
    318-9
Seligman, Paul, 306, 311
Settis, Salvatore, 294, 302
Sexto Empírico, 238, 253, 321
Sharp, Kendall, 293
Sider, David, 305
Simônides de Samos, 108, 229
Simplício, 149, 238, 282, 302
Sivin, Nathan, 299, 301, 324
Snell, Bruno, 66, 128, 187, 190, 293,
    296, 304, 306
Sócrates, 13, 25, 29-34, 36-7, 39,
    65, 68, 123, 141-2, 270-1, 274-5,
    281-2, 290, 295, 299, 323
Sófocles, 25
Solmsen, Friedrich, 294, 296, 315

Sólon, 24, 66, 69, 86-7, 108, 135-6,
    153, 190, 223, 230, 293, 303
Staden, Heinrich von, 298
Stannard, Jerry, 298
Stazio, Attilio, 21
Stehle, Eva, 256, 319-20
Strauss Clay, Jenny, 228, 294, 313
Svenbro, 301

T

Tales, 9, 12-4, 24, 29, 32-8, 42, 44,
    53, 57, 60-6, 68-9, 80-1, 85-6,
    88-90, 112-4, 116-7, 119, 128, 134,
    142, 168, 184, 188, 266, 272, 289-
    90, 292-3, 296-7, 306
Tannery, Paul, 297
Temístio, 143
Teodoro (arquiteto), 147
Teodoro de Cirene, 130
Teofrasto, 149, 185, 302
Teógnis, 163, 251
Teron de Agrigento, 212
Thomas, Rosalind, 301, 321
Thomson, George, 125, 299, 305
Timeu de Lócrida, 56, 104, 106,
    217-8, 313, 321
Tortorelli Ghidini, Marisa, 276,
    309-10
Trasíbulo, 24
Trépanier, Simon, 319
Tsantsanoglou, Kyriakos, 309
Tucídides, 25, 41-2, 55, 110, 126, 140-
    1, 322
Tulli, Mauro, 316
Turrini, Guido, 314

U

Usener, Hermann, 39, 53

V

Valeri, Valerio, 297-8
Van der Eijk, Philip J., 321
Van Dongen, Erik, 290
Vegetti, Mario, 306, 311, 322
Velardi, Roberto, 318
Verbeke, Gérard, 292
Verdenius, Willem Jacob, 292, 306
Vernant, Jean-Pierre, 50, 94-6, 98-9,
    101-2, 120-1, 124, 261-2, 283, 289,
    291-2, 296-7, 320-1
Vetta, Massimo, 303
Vidal-Naquet, Pierre, 291
Vitrúvio, 147
Vlastos, Gregory, 291, 294-6, 299,
    303, 314
Voelke, André-Jean, 290, 297

W

Warburg, Aby, 39
Watt, Ian, 132-4, 300
Wesenberg, Burkhardt., 302
West, Martin L., 104, 108-9, 223,
    292, 295, 297, 308
Wilamowitz-Moellendorff, Ulrich
    von, 207
Wildberg, Christian, 311, 319
Wilson, John A., 290
Wöhrle, Georg, 302-3, 315
Wright, Rosemary, 315, 318

X

Xella, Paolo, 313
Xenófanes, 9, 16, 23-4, 69, 89, 108,
    114, 124, 138, 142, 159-65, 169,
    172, 185, 197, 225, 231-3, 235-7,
    248, 260, 262, 273, 277, 282, 285,
    303-4, 308
Xenofonte, 30, 131, 145, 180, 234,
    314, 322

Y

Yunis, Harvey, 301

Z

Zaicev, Alexander, 298
Zaratustra, 16, 34
Zeller, Eduard, 31, 35, 289
Zenão de Eleia, 25, 69, 141, 239,
    262, 315
Zhmud, Leonid, 22, 300, 305, 308
Zolla, Elémire, 292

*Esta obra foi traduzida com o apoio do Centro per il libro
e la lettura do Ministério de Cultura Italiano*

Gli inizi della filosofia: in Grecia © Maria Michela Sassi, 2009, 2020.
Bollati Boringhieri Editore, Turim.

Todos os direitos desta edição reservados à Todavia.

Grafia atualizada segundo o Acordo Ortográfico da Língua
Portuguesa de 1990, que entrou em vigor no Brasil em 2009.

capa
Daniel Trench
tradução de "Quinze adendos"/"Posfácio:
Dez anos depois" e preparação
Bruna Paroni
índice onomástico
Luciano Marchiori
revisão
Jane Pessoa
Karina Okamoto

Dados Internacionais de Catalogação na Publicação (CIP)

Sassi, Maria Michela (1955-)
   Os inícios da filosofia na Grécia / Maria Michela Sassi ;
tradução Dennys Garcia Xavier. — 1. ed. — São Paulo :
Todavia, 2025.

   Título original: Gli inizi della filosofia: in Grecia
   ISBN 978-65-5692-748-0

   1. Filosofia — história. 2. Grécia — filósofos. I. Aristóteles.
II. Platão. III. Sócrates. IV. Xavier, Dennys Garcia. V. Título.

CDD 180

Índice para catálogo sistemático:
1. Filosofia antiga 180

Bruna Heller — Bibliotecária — CRB 10/2348

todavia
Rua Luís Anhaia, 44
05433.020 São Paulo SP
T. 55 11 3094 0500
www.todavialivros.com.br

fonte
Register*
papel
Pólen natural 80 g/m²
impressão
Geográfica